Wirtschaftliche Vermögenszugehörigkeit im Bilanzrecht

Wirtschaftliche Vermögenszugehörigkeit im Bilanzrecht

von

Dr. Karsten Lorenz

IDW-VERLAG GMBH
Düsseldorf 2002

Die Deutsche Bibliothek – CIP-Einheitsaufnahme

Lorenz, Karsten:
Wirtschaftliche Vermögenszugehörigkeit im
Bilanzrecht / von Karsten Lorenz.
– Düsseldorf : IDW-Verl., 2002
    Zugl.: Frankfurt (Main), Univ., veränd. Diss.
    ISBN 3-8021-0927-9

ISBN 3-8021-0927-9

Gesamtherstellung: Bercker Graphischer Betrieb GmbH & Co. KG, Kevelaer

Geleitwort

Im Prinzip wirtschaftlicher Vermögenszugehörigkeit und dessen Anwendung auf das vielschichtige Problem der Mietereinbauten konzentriert sich das, was den Reiz und die Problematik des Bilanzrechts ausmacht: das Aufeinanderprallen von zivilrechtlicher und wirtschaftlicher Betrachtungsweise. Der Verfasser beherrscht beide Sichtweisen souverän und vermag daher überzeugend darzulegen, welche Vermögensgegenstände der Kaufmann bzw. Steuerpflichtige als „seine" (§ 242 Abs. 1 Satz 1 HGB) zu bilanzieren hat und ob diese Vermögensgegenstände als Sachen, Nutzungsrechte, Rechnungsabgrenzungsposten oder rein wirtschaftliche Güter – mit entsprechenden Bewertungskonsequenzen – zu erfassen sind. Das Erfordernis einer Einordnung des Prinzips wirtschaftlicher Vermögenszugehörigkeit in das GoB-System wird ebenso berücksichtigt wie die geradezu spannende Entwicklung der höchstrichterlichen Rechtsprechung; Judikatur und Schrifttum werden ungewöhnlich gründlich gewürdigt. Klarheit und Ausgewogenheit der Thesen des Verfassers sind ebenso vorbildlich wie Detailsorgfalt und Lesbarkeit – Eigenschaften, die man in Arbeiten zu Bilanzierungsfragen leider jedenfalls in dieser Kombination nur noch sehr selten antrifft. Das Buch ist ein Lichtblick in einer Zeit sich rasant ausbreitender Bilanzrechtsrhetorik.

Prof. Dr. Dr. h.c. mult. Adolf Moxter

V

Vorwort

Welche Vermögensgegenstände ein Kaufmann als „sein Vermögen" im Sinne des § 242 Abs. 1 Satz 1 HGB zu aktivieren hat, bildet bis heute eine der zentralen Fragestellungen des Bilanzrechts. Die Vielzahl der von Rechtsprechung und Schrifttum entwickelten Zurechnungskriterien verdeutlicht indes, daß eine mit dem System handelsrechtlicher Grundsätze ordnungsmäßiger Bilanzierung in Einklang stehende Präzisierung des Prinzips wirtschaftlicher Vermögenszugehörigkeit noch aussteht. Ziel der vorliegenden Arbeit, die in leicht veränderter Form vom Fachbereich Wirtschaftswissenschaften der Johann Wolfgang Goethe-Universität Frankfurt am Main als Dissertation angenommen wurde, ist es, einen Beitrag zur Konkretisierung dieses Prinzips zu leisten und die Implikationen der Anwendung des Prinzips auf die bilanzrechtlich besonders umstrittene Zurechnung von Mietereinbauten aufzuzeigen.

Meinem verehrten Doktorvater, Herrn Prof. Dr. Dr. h.c. mult. *Adolf Moxter*, gilt mein tief empfundener Dank für die umfassende Betreuung der Arbeit und die Förderung weit über fachliche Fragestellungen hinaus: Als Doktorvater in jeglichem Wortsinne wirkte er auch in persönlicher Hinsicht prägend auf mich, hierfür bin ich ihm in größter Dankbarkeit verbunden. Herrn Prof. Dr. *Hans-Joachim Böcking* danke ich für die Übernahme und rasche Erstellung des Zweitgutachtens. Herrn Prof. Dr. *Michael Hommel* schulde ich Dank für zahlreiche wertvolle Anregungen; meinen Kolleginnen und Kollegen am Treuhandseminar in Frankfurt, insbesondere Frau *Gerlinde Borkhataria*, Frau *Monika Hommel*, Herrn Dipl.-Kfm. *Andreas Rüdinger* und Herrn Dr. *Steffen Wagner* gilt mein Dank für die vorbildhafte Kollegialität. Besonders dankbar bin ich Herrn Dr. *Karlo Fresl* und Herrn Privatdozent Dr. *Jens Wüstemann* für wertvolle Kritik und Anstöße sowie ihre freundschaftliche Unterstützung. Danken möchte ich ferner der Dr. Max E. Pribilla-Stiftung sowie der Interessengemeinschaft Frankfurter Kreditinstitute für die großzügige Förderung der Arbeit. Herrn *Rainer von Büchau* danke ich für die Veröffentlichung der Dissertation im IDW-Verlag. Mein Dank gilt schließlich meiner Familie, insbesondere meinen Eltern, und meinen Freunden für das mir entgegengebrachte Verständnis und ihren Beistand. *Nathalie Pislar* danke ich für ihre liebevolle Unterstützung in allen Phasen meiner Promotion.

Karsten Lorenz

Inhaltsübersicht

Inhaltsverzeichnis

Zweites Kapitel

Kritische Würdigung der bilanzrechtlichen Behandlung von Mietereinbauten in der höchstrichterlichen Rechtsprechung

Abkürzungsverzeichnis

AER	The American Economic Review (Zeitschrift)
AG	Die Aktiengesellschaft (Zeitschrift)
AktG	Aktiengesetz
Anm. d. Verf.	Anmerkung des Verfassers
AO	Abgabenordnung
Aufl.	Auflage
BB	Betriebs-Berater (Zeitschrift)
Bem.	Bemerkung
BewG	Bewertungsgesetz
BFH	Bundesfinanzhof
BFHE	Sammlung der Entscheidungen des Bundesfinanzhofes
BFH/NV	Sammlung amtlich nicht veröffentlichter Entscheidungen des Bundesfinanzhofes
BFuP	Betriebswirtschaftliche Forschung und Praxis (Zeitschrift)
BGB	Bürgerliches Gesetzbuch
BGH	Bundesgerichtshof
BGHZ	Sammlung der Entscheidungen des Bundesgerichtshofes in Zivilsachen
BStBl	Bundessteuerblatt
BuW	Betrieb und Wirtschaft (Zeitschrift)
BVerfG	Bundesverfassungsgericht
BVerfGE	Sammlung der Entscheidungen des Bundesverfassungsgerichtes
DB	Der Betrieb (Zeitschrift)
DBW	Die Betriebswirtschaft (Zeitschrift)
DStJG	Deutsche Steuerjuristische Gesellschaft e.V.
DStR	Deutsches Steuerrecht (Zeitschrift)
DStRE	DStR-Entscheidungsdienst (Zeitschrift)
DStZ	Deutsche Steuerzeitung (Zeitschrift)
EFG	Entscheidungen der Finanzgerichte
ErbbauVO	Verordnung über das Erbbaurecht
EStG	Einkommensteuergesetz
EWiR	Entscheidungen zum Wirtschaftsrecht
FA	Finanzarchiv (Zeitschrift)
FGO	Finanzgerichtsordnung
FR	Finanz-Rundschau (Zeitschrift)

GAAP	Generally Accepted Accounting Principles
GEFIU	Gesellschaft für Finanzwissenschaft in der Unternehmensführung e.V.
GG	Grundgesetz
GmbH	Gesellschaft mit beschränkter Haftung
GmbHG	Gesetz betreffend die Gesellschaften mit beschränkter Haftung
GmbHR	GmbH-Rundschau (Zeitschrift)
GoB	Grundsätze ordnungsmäßiger Buchführung/Bilanzierung
GrS	Großer Senat
HFR	Höchstrichterliche Finanzrechtsprechung (Zeitschrift)
HGB	Handelsgesetzbuch
hrsg./Hrsg.	herausgegeben/Herausgeber
IAS	International Accounting Standard
IASC	International Accounting Standards Committee
IDW	Institut der Wirtschaftsprüfer in Deutschland e.V.
Inf	Die Information über Steuer und Wirtschaft (Zeitschrift)
JbFfSt	Jahrbuch der Fachanwälte für Steuerrecht
Jg.	Jahrgang
JITE	Journal of Institutional and Theoretical Economics (Zeitschrift)
JuS	Juristische Schulung (Zeitschrift)
JZ	Juristenzeitung (Zeitschrift)
KÖSDI	Kölner-Steuerdialog (Zeitschrift)
MDR	Monatsschrift für Deutsches Recht (Zeitschrift)
m.w.N.	mit weiteren Nachweisen
NJW	Neue Juristische Wochenschrift (Zeitschrift)
NJW-RR	NJW-Rechtsprechungs-Report Zivilrecht
NWB	Neue Wirtschaftsbriefe (Zeitschrift/Loseblatt)
PrOVGSt	Sammlung der Entscheidungen des Preußischen Oberverwaltungsgerichtes in Staatssteuersachen
PublG	Gesetz über die Rechnungslegung von bestimmten Unternehmen und Konzernen (Publizitätsgesetz)
RabelsZ	Zeitschrift für ausländisches und internationales Privatrecht
RAO	Reichsabgabenordnung
RFH	Reichsfinanzhof
RFHE	Sammlung der Entscheidungen und Gutachten des Reichsfinanzhofes
RGSt	Entscheidungen des Reichsgerichts in Strafsachen
RGZ	Entscheidungen des Reichsgerichts in Zivilsachen

Rdnr./Rdn.	Randnummer
RechkredV	Verordnung über die Rechnungslegung der Kreditinstitute (RechkredV) vom 10.2.1982
RStBl	Reichssteuerblatt
Rz.	Randziffer
S.	Seite
Sp.	Spalte
StAnpG	Steueranpassungsgesetz
StBJb	Steuerberater-Jahrbuch
StBp	Die steuerliche Betriebsprüfung (Zeitschrift)
StKgR	Steuerberater-Kongreß-Report
StuB	Steuern und Bilanzen (Zeitschrift)
StuW	Steuer und Wirtschaft (Zeitschrift)
StVj	Steuerliche Vierteljahresschrift (Zeitschrift)
Tz.	Textziffer
u.a.	unter anderem; und andere
VersR	Versicherungsrecht (Zeitschrift)
vgl.	vergleiche
Vol.	Volume
WM	Wertpapier-Mitteilungen (Zeitschrift)
WPg	Die Wirtschaftsprüfung (Zeitschrift)
ZfB	Zeitschrift für Betriebswirtschaft
ZfbF	Zeitschrift für betriebswirtschaftliche Forschung
ZfhF	Zeitschrift für handelswissenschaftliche Forschung
ZGR	Zeitschrift für Unternehmens- und Gesellschaftsrecht
ZgS	Zeitschrift für die gesamte Staatswissenschaft
ZHR	Zeitschrift für das gesamte Handels- und Wirtschaftsrecht
ZIP	Zeitschrift für Wirtschaftsrecht
ZMR	Zeitschrift für Miet- und Raumrecht
ZPO	Zivilprozeßordnung

Problemstellung

Das geltende deutsche Handelsrecht verpflichtet den Kaufmann, einen das Verhältnis *seines Vermögens* und seiner Schulden darstellenden Abschluß aufzustellen (§ 242 Absatz 1 Satz 1 HGB), der sämtliche Vermögensgegenstände, Schulden und Rechnungsabgrenzungsposten enthält (§ 246 Absatz 1 Satz 1 HGB). Da die gesetzlichen Vorschriften weitestgehend offenlassen, unter welchen Voraussetzungen ein Kaufmann Vermögensgegenstände als die seinigen anzusehen und zu bilanzieren hat und sowohl in der Rechtsprechung als auch im Schrifttum eine Vielzahl von Zurechnungskriterien zur Anwendung kommen, ist es ein Ziel der vorliegenden Arbeit, einen Beitrag zur Präzisierung des die (erstmalige) bilanzielle Erfassung von Vermögensgegenständen regelnden Prinzips wirtschaftlicher Vermögenszugehörigkeit zu leisten.

Eine mit dem geltenden System von handelsrechtlichen Grundsätzen ordnungsmäßiger Bilanzierung im Einklang stehende Konkretisierung des Prinzips wirtschaftlicher Vermögenszugehörigkeit bedingt Wertungen über die angemessene Gewichtung von wirtschaftlicher Betrachtungsweise und Objektivierung:[1] Die den wirtschaftlichen Normzweck betonende wirtschaftliche Betrachtungsweise steht im Konflikt mit den Rechtssicherheit herbeiführenden Objektivierungsprinzipien; auf der Ebene der Zurechnung kulminiert dieser Konflikt in der Frage, welche bilanzrechtliche Bedeutung dem sachenrechtlichen Eigentum (§ 903 BGB) zukommen soll.

Welches Maß an wirtschaftlicher Betrachtungsweise geeignet und welches Gewicht der Objektivierungsprinzipien geboten erscheint, das Prinzip wirtschaftlicher Vermögenszugehörigkeit zu präzisieren, hängt letztlich vom Sinn und Zweck der Rechnungslegung ab[2]: So wären bei einer Orientie-

---

1   Vgl. hierzu *Böcking, Hans-Joachim*: Verbindlichkeitsbilanzierung: wirtschaftliche versus formalrechtliche Betrachtungsweise, Wiesbaden 1994, S. 5-32.
    Vgl. ferner *Beisse, Heinrich*: Die wirtschaftliche Betrachtungsweise bei der Auslegung der Steuergesetze in der neueren deutschen Rechtsprechung, in: StuW, 58. (11.) Jg. (1981), S. 1-14, insbesondere S. 1-12 und *Mellwig, Winfried*: Laudatio anläßlich der Verleihung der Ehrendoktorwürde an Georg Döllerer am 16. Juni 1983 in der Aula der Universität, hrsg. vom Dekan des Fachbereichs Wirtschaftswissenschaften der Johann Wolfgang Goethe-Universität Frankfurt am Main, Frankfurt am Main 1983, S. 13-14.
2   Vgl. *Moxter, Adolf*: Zur wirtschaftlichen Betrachtungsweise im Bilanzrecht, in: StuW, 66. (19.) Jg. (1989), S. 232-241, hier S. 236-241.

rung am Primärzweck „Schuldendeckungskontrolle" und damit einhergehender Zurückdrängung der wirtschaftlichen Betrachtungsweise nur jene Vermögensgegenstände zu bilanzieren, die sich entweder im sachenrechtlichen Eigentum des Kaufmanns befinden oder für die Rechtsinhaberschaft oder Gläubigerstellung des Bilanzierenden vorliegt.[3]

Dagegen impliziert der Primärzweck „Zuweisung von Gewinnansprüchen" eine „an der wirtschaftlichen Realität orientierte[.] Rechtsfindung" bei „wirtschaftliche[r] Sachverhaltsanalyse".[4] Den zivilrechtlichen Eigentumsverhältnissen kommt lediglich eine „Präjudizfunktion"[5] zu; es gilt nur die (widerlegbare) *Vermutung*, daß die wirtschaftliche Vermögenszugehörigkeit dem sachenrechtlichen Eigentum folgt[6]. Im Hinblick auf die Widerlegung dieser Vermutung stellt sich aber die Frage, welche der von der Rechtsprechung angewandten und im Schrifttum diskutierten (wirtschaftlichen) Merkmale erfüllt sein müssen, um eine systemkonforme, dem wirtschaftlichen Normzweck entsprechende Zurechnung von Vermögensgegenständen zu erreichen.

Von betriebswirtschaftlicher Seite wird auch der Versuch unternommen, dieser Problematik mit einer an ökonomischen Kriterien orientierten Zurechnung von Eigentumsrechten zum Vermögen des Kaufmanns zu begegnen, wie sie sich im sog. Property-Rights-Ansatz manifestiert.[7] Ein solcher

---

3   Vgl. insoweit etwa *Hüffer, Uwe*: Kommentierung zu § 240 HGB, in: Großkommentar Handelsgesetzbuch, Rdn. 16.

4   Vgl. *Böcking, Hans-Joachim*: Betriebswirtschaftslehre und wirtschaftliche Betrachtungsweise im Bilanzrecht, in: FS Beisse, S. 85-103, hier S. 87 (beide Zitate).

5   Vgl. *Prahl, Reinhard/Naumann, Thomas K.*: Überlegungen für eine sachgerechte Bilanzierung der Wertpapierleihe, in: WM, 46. Jg. (1992), S. 1173-1181, hier S. 1176.

6   Vgl. *Mellwig, Winfried/Weinstock, Marc*: Die Zurechnung von mobilen Leasingobjekten nach deutschem Handelsrecht und den Vorschriften des IASC, in: DB, 49. Jg. (1996), S. 2345-2352, hier S. 2345-2346.

7   Vgl. *Löcke, Jürgen*: Steuerrechtliche Aktivierungsgrundsätze und Property-Rights-Theorie, in: StuW, 75. Jg. (1998), S. 124-132, hier S. 129.
     Vgl. zu diesem Ansatz grundlegend etwa *Alessi, Louis de*: Development of the Property Rights Approach, in: JITE/ZgS, Vol. 146 (1990), S. 6-11 und S. 19-23; *Demsetz, H.*: Towards a Theory of Property Rights, in: AER, Vol. 57 (1967), S. 347-359 und *Richter, Rudolf/Furubotn, Eirik*: Neue Institutionenökonomik. Eine Einführung und kritische Würdigung, Tübingen 1996, S. 79 ff. (zu absoluten Verfügungsrechten) und S. 135 ff. (zu relativen Verfügungsrechten).
     Vgl. ferner *Ordelheide, Dieter*: Institutionelle Theorie und Unternehmung, in: HWB, Sp. 1838-1855, hier Sp. 1842.

Ansatz ließe sich zwar eventuell mit einer dem Informationsvermittlungszweck des Jahresabschlusses stärker verpflichteten Bilanzierung begründen,[8] er erscheint für die Bilanz nach geltendem Recht gleichwohl ungeeignet, da das Gesetz die Aktivierung der Sache und nicht der Eigentumsrechte fordert.[9]

Der Property-Rights-Ansatz erhellt immerhin eine zweite Anforderung an das zu konkretisierende Prinzip wirtschaftlicher Vermögenszugehörigkeit: Neben der Präzisierung der Kriterien für die (erstmalige) Zurechnung von Vermögensgegenständen soll es zugleich die Frage nach dem „zutreffenden Bilanzierungsobjekt"[10] beantworten. Insbesondere bei (eventuell wirtschaftlich als Kauf anzusehenden) Nutzungsverhältnissen ergibt sich die Notwendigkeit, eindeutige Abgrenzungsmerkmale zu formulieren, nach denen zu entscheiden ist, ob die Zurechnung des Vermögensgegenstands zum Nutzungsberechtigten zu erfolgen hat, ob alternativ der Ansatz eines Nutzungsrechts zu erwägen ist oder aber der Grundsatz der Nichtbilanzierung schwebender Geschäfte einer Aktivierung entgegensteht.

In der bilanzrechtlichen Behandlung von Mietereinbauten[11] und Bauten auf fremden Grundstücken durch die Judikatur manifestieren sich diese Konkretisierungserfordernisse besonders deutlich; eine systemkonforme Lösung steht hier noch aus: „Die höchstrichterliche Rechtsprechung zur Bilanzierung von Mietereinbauten erscheint nicht durchgehend gefestigt; das Schrifttum ist es noch weniger"[12].

---

8   So ließe sich argumentieren, der Ansatz führe zu einer Annäherung des Reinvermögens an das Effektivvermögen; einer solchen Zielsetzung stünde indes das strenge Einzelbewertungsprinzip entgegen, vgl. *Wüstemann, Jens*: Ökonomische Theorie gesetzlicher Informationsprinzipien, unveröffentlichte Habilitationsschrift, Frankfurt am Main 2000, S. 70; vgl. auch *Ordelheide, Dieter*: Wertpotential und Objektivierung der IAS im Vergleich zu den Bilanzierungsvorschriften des dHGB und des öHGB, in: FS Seicht, S. 507-532, hier S. 510-511.

9   Vgl. hierzu *Böcking, Hans-Joachim*: Verbindlichkeitsbilanzierung: wirtschaftliche versus formalrechtliche Betrachtungsweise, a.a.O., S. 23 und *Moxter, Adolf*: Bilanzrechtsprechung, 5. Aufl., Tübingen 1999, S. 40: Die Aktivierung der Sache selbst sichert die richtige Erfolgsabgrenzung besser als der Ansatz eines Nutzungsrechts an der Sache.

10   *Gschwendtner, Hubert*: Mietereinbauten als Vermögensgegenstand und Wirtschaftsgut im Sinne des Handels- und Steuerbilanzrechts, in: FS Beisse, S. 215-233, hier S. 218.

11   Der Begriff „Mietereinbauten" wird in dieser Arbeit gleichbedeutend mit „Mieterumbauten" verwendet.

12   *Moxter, Adolf*: Zur bilanzrechtlichen Behandlung von Mietereinbauten nach der
/...

So ist bereits umstritten, ob die nicht im sachenrechtlichen Eigentum befindlichen Einbauten und Bauten auf fremden Grundstücken überhaupt Vermögensgegenstände beim Mieter bilden, da ein Mieter die Bauten weder einzeln veräußern noch ohne weiteres auf einen (potentiellen) Erwerber des Betriebs übertragen kann; Mietereinbauten wird im Schrifttum darüber hinaus zum Teil auch die selbständige Bewertbarkeit abgesprochen[13]. Eine zusätzliche Hürde ergibt sich aus dem Kriterium des selbständigen Wirtschaftsguts, weil die Rechtsprechung eine Aktivierung von Einbauten beim Mieter nur zuläßt, wenn diese gegenüber dem Gebäude als selbständige Wirtschaftsgüter anzusehen sind.

Der Hauptstreitpunkt im Hinblick auf die bilanzrechtliche Behandlung der Mietereinbauten resultiert aus der fehlenden Präzisierung des Prinzips wirtschaftlicher Vermögenszugehörigkeit: Im Rahmen der vorliegenden Arbeit ist zu prüfen, unter welchen Voraussetzungen die Zugehörigkeit der Einbauten zum Vermögen des Mieters gegeben ist und ob die Investition zur Aktivierung der Einbauten als Sache oder als Nutzungsrecht beim Mieter führen soll. Auch der jüngste Beschluß des Großen Senats des *Bundesfinanzhofes* zu Mietereinbauten liefert für diese kontrovers diskutierte Frage wohl keine abschließende Antwort: Obgleich der Senat betont, der Mieter habe kein ihm zuzurechnendes Wirtschaftsgut erworben, soll aus sog. „bilanztechnisch[en]" Gründen dennoch eine Aktivierung der Mieterinvestition erfolgen.[14]

Konkretisierungserfordernisse manifestieren sich ferner in der Diskussion um die Implikationen von Ersatzansprüchen des Mieters gegenüber dem Vermieter: Nur bei einer die wirtschaftliche Betrachtungsweise vernachlässigenden Orientierung am sachenrechtlichen Eigentum mag solchen Ansprüchen bilanzrechtlich keine Bedeutung beigemessen werden – hier scheint sich der vom Schrifttum geäußerte Eindruck zu bestätigen, die Behandlung der Mietereinbauten in Rechtsprechung und Literatur kranke an dem Versuch, die Zurechnungsproblematik mit zivilrechtlichen Kategorien zu lösen.[15]

---

neueren höchstrichterlichen Rechtsprechung, in: BB, 53. Jg. (1998), S. 259-263, hier S. 259.

13 Vgl. *Schilling, Claudia*: Bauten auf fremden Grundstücken im Einkommensteuerrecht, Köln u.a. 1997, S. 26.

14 Vgl. Beschluß des *Bundesfinanzhofes* vom 23.8.1999 GrS 1/97, DB, 52. Jg. (1999), S. 2087-2089, hier S. 2087-2088 (Zitat auf S. 2087).

15 Vgl. *Weber-Grellet, Heinrich*: Steuerbilanzrecht, München 1996, S. 112.

Als besonders strittig muß die Behandlung jener Mietereinbauten gelten, deren betriebsgewöhnliche Nutzungsdauer über die Laufzeit des Mietvertrages hinausgeht. Der *Bundesfinanzhof* lehnt die Bilanzierung der Mietereinbauten als Sache ab und fordert statt dessen den Ansatz eines Nutzungsrechts an den Einbauten, das „wie ein materielles Wirtschaftsgut" zu behandeln und deshalb ungeachtet des fehlenden entgeltlichen Erwerbs zu aktivieren sei. Dieses vom Schrifttum weithin abgelehnte „Konstrukt"[16] sichert zwar die Erfassung der Investition des Mieters in dessen Bilanz; da es der *Bundesgerichtshof* in einem jüngeren, zu Mietereinbauten ergangenen Urteil[17] jedoch nicht übernimmt, ist auch eine Neuorientierung der Rechtsprechung des *Bundesfinanzhofes* zu erwarten.[18]

Der Gang der Untersuchung ergibt sich daher wie folgt: Im grundlegenden ersten Kapitel dieser Arbeit werden die das Prinzip wirtschaftlicher Vermögenszugehörigkeit konkretisierenden Merkmale herausgearbeitet. Hierzu wird zunächst die Bedeutung der wirtschaftlichen Betrachtungsweise und der Objektivierungsprinzipien für die Erfüllung der Schutzzwecke des Jahresabschlusses dargestellt, danach werden die für die Themenstellung relevanten Prinzipien des geltenden GoB-Systems skizziert, aus dem die Konzeption des Prinzips wirtschaftlicher Vermögenszugehörigkeit abzuleiten ist.

Im Anschluß an die Darstellung der expliziten handelsrechtlichen Zurechnungsvorschriften werden die aus dem Realisationsprinzip und dem Imparitätsprinzip erwachsenden Anforderungen an das Prinzip wirtschaftlicher Vermögenszugehörigkeit aufgezeigt. Besonderes Augenmerk richtet sich dann auf die Frage der Bedeutung von § 39 AO, weil die Vorschrift in zahlreichen Judikaten zur Lösung der Zurechnungsfrage hinzugezogen wird. Im letzten Abschnitt des ersten Kapitels werden die Kriterien „Substanz und Ertrag vollständig und auf Dauer" auf ihre Eignung zur Konkretisierung des Prinzips wirtschaftlicher Vermögenszugehörigkeit geprüft und Einwände gegen ihre Anwendbarkeit analysiert.

Im zweiten Kapitel wird untersucht, inwieweit diese Kriterien bei der als besonders problematisch anzusehenden Bilanzierung von Mietereinbauten

---

16 *Groh, Manfred*: Bauten auf fremdem Grundstück: BGH versus BFH?, in: BB, 51. Jg. (1996), S. 1487-1492, hier S. 1490.

17 Vgl. Urteil des *Bundesgerichtshofes* vom 6.11.1995 II ZR 164/94, BB, 51. Jg. (1996), S. 155-157.

18 Vgl. *Groh, Manfred*: Bauten auf fremdem Grundstück: BGH versus BFH?, a.a.O., S. 1489-1491.

zu einer systemkonformen Lösung verhelfen können. In einem ersten Schritt ist zu prüfen, unter welchen Voraussetzungen Mietereinbauten als Vermögensgegenstände gelten können. Den möglichen Bilanzierungsobjekten folgend sind nach der Würdigung der höchstrichterlichen Rechtsprechung zu Scheinbestandteilen zunächst die Implikationen des Prinzips wirtschaftlicher Vermögenszugehörigkeit für diejenigen nicht im sachenrechtlichen Eigentum befindlichen Mietereinbauten zu untersuchen, die nach der Rechtsprechung des *Bundesfinanzhofes* als Sache zu aktivieren sind.

Eingehend zu erörtern ist danach die Problematik des „wie ein materielles Wirtschaftsgut" zu behandelnden Nutzungsrechts; an dieser Stelle ist darüber hinaus der Frage nachzugehen, welche Bedeutung dem entgeltlichen Erwerb bei Mietereinbauten zukommen soll. Der letzte Abschnitt widmet sich der alternativ vorgeschlagenen Bilanzierung von Mietereinbauten als Rechnungsabgrenzungsposten.

Die Arbeit schließt mit einer thesenförmigen Zusammenfassung.

Erstes Kapitel

Das Prinzip wirtschaftlicher Vermögenszugehörigkeit im System der Grundsätze ordnungsmäßiger Buchführung

A. Die wirtschaftliche Betrachtungsweise im System der Grundsätze ordnungsmäßiger Buchführung

I. Rechtsnorm- und Systemcharakter der Grundsätze ordnungsmäßiger Buchführung

a) Den Grundsätzen ordnungsmäßiger Buchführung (GoB) kommt im deutschen Bilanzrecht eine zentrale Funktion zu: Einerseits determinieren sie die Modalitäten der allgemeinen kaufmännischen Buchführungspflicht (§ 238 Absatz 1 Satz 1 HGB) und der Erstellung des Jahresabschlusses (§ 243 Absatz 1 HGB).[19] Andererseits relativieren sie das (nur für Kapitalgesellschaften geltende) Einblicksgebot des § 264 Absatz 2 Satz 1 HGB[20]; darüber hinaus finden sich steuerrechtliche Verweise auf die Grundsätze ordnungsmäßiger Buchführung in §§ 4 Absatz 2 und 5 Absatz 1 EStG.

Bestand über den Charakter der GoB lange Zeit Unsicherheit,[21] so ist (spätestens) mit ihrer weitgehenden Kodifizierung im Zuge der Transformation der Jahresabschlußrichtlinie[22] in deutsches Handelsrecht nunmehr geklärt, daß sie als Rechtsnormen[23] zu qualifizieren sind[24]. Die Grundsätze ord-

---

19 Vgl. ferner etwa die Verweise in § 239 Absatz 4 Satz 1 sowie § 241 Absatz 1 Satz 2, Absatz 2 und Absatz 3 Nr. 2 HGB.

20 Vgl. hierzu unten, Erstes Kapitel A.II.

21 Vgl. *Moxter, Adolf*: Bilanzrechtsprechung, 5. Aufl., a.a.O., S. 5-9 und *Euler, Roland*: Grundsätze ordnungsmäßiger Gewinnrealisierung, Düsseldorf 1989, S. 21-57.

22 Vgl. *Europäische Gemeinschaften*: Vierte Richtlinie des Rates vom 25.7.1978 aufgrund von Artikel 54 Absatz 3 Buchstabe g) des Vertrages über den Jahresabschluß von Gesellschaften bestimmter Rechtsformen (78/660/EWG), in: Amtsblatt der Europäischen Gemeinschaften Nr. L 222 vom 14.8.1978, S. 11 ff.

23 Diese Qualifikation grenzt die Grundsätze ordnungsmäßiger Buchführung ab von fachtechnischen Normen, die nicht durch Rechtsinstitutionen konkretisiert werden, vgl. *Hommelhoff, Peter/Schwab, Martin*: Gesellschaftliche Selbststeuerung im Bilanzrecht – Standard Setting Bodies und staatliche Regulierungsverantwortung nach deutschem Recht, in: BFuP, 50. Jg. (1998), S. 38-56, hier S. 38-40. Vgl. auch den Beschluß des *Arbeitsgerichts Duisburg* vom 31.12.1993 23 HR B 3193, BB, 49. Jg. (1994), S. 975, wonach Verlautbarungen des Instituts der Wirtschaftsprüfer keine rechtliche Verbindlichkeit besitzen.

24 Vgl. *Beisse, Heinrich*: Rechtsfragen der Gewinnung von GoB, in: BFuP, 42. Jg.
/...

nungsmäßiger Buchführung werden heute als ein „unbestimmte[r] Rechtsbegriff" verstanden;[25] dies impliziert deren Ermittlung und wertende Konkretisierung mittels der teleologischen Auslegung durch die Jurisprudenz.[26]

b) Die kodifizierten Bilanzierungsprinzipien und -normen erlauben die hierzu erforderliche exaktere Bestimmung des „objektivierte[n] Willens des Gesetzgebers"[27]: Ausgehend von der Vermutung einer Interdependenz[28] zwischen dem Sinn und Zweck des Gesetzes und dem Sinn und Zweck der Normen des Gesetzes können (vermeintlich) verbleibende Gesetzeslücken[29] durch die Gewinnung zweckbezogener Normen in einem

(1990), S. 499-514, hier S. 499; *Canaris, Claus-Wilhelm*: Handelsrecht, 22. Aufl., München 1995, S. 197-198; *Moxter, Adolf*: Die handelsrechtlichen Grundsätze ordnungsmäßiger Buchführung und das neue Bilanzrecht, in: ZGR, 9. Jg. (1980), S. 254-276; *Weber-Grellet, Heinrich*: Steuerbilanzrecht, a.a.O., S. 52-53. A. A. *Adler/Düring/Schmaltz*: Kommentierung zu § 243 HGB, Tz. 3-8: Die Rechtsnatur der GoB sei umstritten.

25 Vgl. hierzu Beschluß des *Bundesverfassungsgerichtes* vom 10.10.1961 2 BvL 1/59, BVerfGE 13, 153, hier 161 (auch Zitat) sowie die Urteile des *Bundesfinanzhofes* vom 12.5.1966 IV 472/60, BFHE 86, 119, hier 119; BStBl III 1966, 372 und vom 31.5.1967 I 208/63, BFHE 89, 191 hier 194; BStBl III 1967, 607.
Vgl. grundlegend *Döllerer, Georg*: Grundsätze ordnungsmäßiger Bilanzierung, deren Entstehung und Ermittlung, in: BB, 14. Jg. (1959), S. 1217-1221, hier S. 1217.

26 Vgl. *Beisse, Heinrich*: Rechtsfragen der Gewinnung von GoB, a.a.O., S. 506-507. Der Betriebswirtschaftslehre kommt hierbei eine unterstützende und beratende Funktion zu, vgl. *Beisse, Heinrich*: Wandlungen der Grundsätze ordnungsmäßiger Bilanzierung, in: GS Knobbe-Keuk, S. 385-409, hier S. 403. Vgl. hierzu auch *Leffson, Ulrich*: Zur Gemeinsamkeit juristischer und ökonomischer Ermittlung der Grundsätze ordnungsmäßiger Buchführung, in: WPg, 26. Jg. (1973), S. 582-585, passim.
Zu den Auslegungsmethoden, vgl. *Beisse, Heinrich*: Grundsatzfragen der Auslegung des neuen Bilanzrechts, in: BB, 45. Jg. (1990), S. 2007-2012, hier S. 2007; *Löw, Edgar*: Die externe Rechnungslegung der öffentlichen Verwaltung, Baden-Baden 1994, S. 53-54 und *Gruber, Thomas*: Der Bilanzansatz in der neueren BFH-Rechtsprechung, Stuttgart 1991, S. 9-12.

27 Beschluß des *Bundesverfassungsgerichtes* vom 17.5.1960 2 BvL 11/59, 11/60, BVerfGE 11, 126, hier 130.

28 Vgl. hierzu *Moxter, Adolf*: Zwölf Thesen zum Stand der Bilanzrechtstheorie, Frankfurt am Main 1985, nicht veröffentlicht, These 4 und *Böcking, Hans-Joachim*: Bilanzrechtstheorie und Verzinslichkeit, Wiesbaden 1988, S. 113-116.

29 Die eher fragmentarischen gesetzlichen Regelungen werden um ungeschriebene GoB ergänzt, vgl. *Beisse, Heinrich*: Normqualität und Normstruktur von Bilanzvorschriften und Standards. Adolf Moxter zum 70. Geburtstag, in: BB, 54. Jg. (1999), S. 2180-2186, hier S. 2182. Vgl. hierzu auch unten, Fußnote 106.
/...

hermeneutischen Erkenntnisprozeß geschlossen werden.[30] Neben die kodifizierten treten durch „richterrechtliche Konkretisierungen"[31] und ständige Rechtsprechung weitere GoB[32], die das so gewonnene, prinzipienbestimmte innere System[33] als lückenlos erscheinen lassen und geeignet sind, neu auftretende bilanzrechtliche Fragen sachgerecht zu lösen.[34] Als charakteristisch für das GoB-System[35] kann dessen Aufbau gelten: Den von *Beisse* als Leitprinzipien bezeichneten obersten Prinzipien folgen diese konkretisierende Unterprinzipien und ungeschriebene Einzelnormen, unter die kon-

---

Vgl. auch *Beisse, Heinrich*: Zehn Jahre „True and fair view", in: FS Clemm, S. 27-58, hier S. 33 und *Baetge, Jörg/Kirsch, Hans-Jürgen*: Grundsätze ordnungsmäßiger Buchführung, in: Küting/Weber, Rz. 240.
A. A. hinsichtlich der Existenz von Lücken *Kruse, Heinrich Wilhelm*: Grundsätze ordnungsmäßiger Buchführung, Köln 1970, S. 114 und S. 188.

30 Vgl. *Larenz, Karl*: Methodenlehre der Rechtswissenschaft, 6. Aufl., Berlin u. a. 1991, S. 206.
Zur Ermittlung von GoB, vgl. *Euler, Roland*: Grundsätze ordnungsmäßiger Gewinnrealisierung, a.a.O., S. 58-59 und bereits *Becker, Enno*: Grundfragen aus den neuen Steuergesetzen, in: StuW, 6. Jg. (1927), Sp. 959-972, hier Sp. 960-964.

31 *Beisse, Heinrich*: Normqualität und Normstruktur von Bilanzvorschriften und Standards. Adolf Moxter zum 70. Geburtstag, a.a.O., S. 2183.

32 Als GoB werden nicht nur obere Prinzipien, sondern auch die konkreten Einzelnormen bezeichnet, vgl. *Wüstemann, Jens*: Generally Accepted Accounting Principles. Zur Bedeutung und Systembildung der Rechnungslegungsregeln der USA, Berlin 1999, S. 99.

33 Vgl. *Beisse, Heinrich*: Zum neuen Bild des Bilanzrechtssystems, in: FS Moxter, S. 3-31, hier S. 13-23. Zur Notwendigkeit der Systembildung, vgl. *Canaris, Claus-Wilhelm*: Systemdenken und Systembegriff in der Jurisprudenz, 2. Aufl., Berlin 1983, S. 17-18; zur Anpassungsfähigkeit des Systems an neue Erkenntnisse, vgl. *Larenz, Karl*: Methodenlehre der Rechtswissenschaft, a.a.O., S. 486-487 und S. 170.

34 Vgl. *Beisse, Heinrich*: Normqualität und Normstruktur von Bilanzvorschriften und Standards. Adolf Moxter zum 70. Geburtstag, a.a.O., S. 2182-2183 und *Moxter, Adolf*: Zur neueren Bilanzrechtsprechung des I. BFH-Senats, in: DStR, 35. Jg. (1997), S. 433-436, hier S. 433-434.

35 Zum geltenden GoB-System, vgl. *Moxter, Adolf*: Grundsätze ordnungsmäßiger Buchführung – ein handelsrechtliches Faktum, von der Steuerrechtsprechung festgestellt, in: FS 75 Jahre Reichsfinanzhof – Bundesfinanzhof, S. 533-544, hier S. 534 ff. und *Beisse, Heinrich*: Zum neuen Bild des Bilanzrechtssystems, a.a.O., S. 9 ff.
Eine Würdigung verschiedener GoB-Systeme findet sich bei *Euler, Roland*: Das System der Grundsätze ordnungsmäßiger Bilanzierung, Stuttgart 1990, S. 109 ff. und *Jüttner, Uwe*: GoB-System, Einzelbewertungsprinzip und Imparitätsprinzip, Frankfurt am Main 1993, S. 63-99.

krete Sachverhalte subsumiert werden können.[36] Wegen des öffentlich-rechtlichen Charakters der GoB[37] und der im Anschluß darzustellenden Schutzzwecke des Jahresabschlusses[38] obliegt auch die Konkretisierung dieser Einzelnormen der höchstrichterlichen Rechtsprechung.[39]

II. Schutzzwecke im deutschen Bilanzrecht

1. Die Konkretisierung von Gewinnansprüchen als Primärschutzzweck handelsrechtlicher Bilanzierung

a) Der nach den Grundsätzen ordnungsmäßiger Buchführung aufzustellende Jahresabschluß ist als „ein vom Gesetzgeber diktierter Kompromiß zum Ausgleich der divergierenden Ziele von Anteilseignern, Unternehmensleitung und Gläubigern" zu bezeichnen;[40] seine zentrale Bedeutung liegt in der Konkretisierung von Gewinnansprüchen und Informationsinhalten[41]. Zwar steht es etwa Einzelkaufleuten (vorbehaltlich möglicher Gewinnbeteiligungsabreden)[42] oder Personengesellschaften im Rahmen des grundsätzlich dispositiven Handelsrechts frei,[43] von diesen Grundsätzen abweichende Regelungen zur Gewinnanspruchsermittlung festzulegen. Fehlen jedoch eigenständige gesellschaftsvertragliche Regelungen oder verweisen

---

36 Vgl. *Beisse, Heinrich*: Zum neuen Bild des Bilanzrechtssystems, a.a.O., S. 14-20 und *ders.*: Wandlungen der Grundsätze ordnungsmäßiger Bilanzierung, a.a.O., S. 401-403.

37 Vgl. *Beisse, Heinrich*: Normqualität und Normstruktur von Bilanzvorschriften und Standards. Adolf Moxter zum 70. Geburtstag, a.a.O., S. 2185; *Hüffer, Uwe*: Kommentierung zu § 238 HGB, in: Großkommentar Handelsgesetzbuch, vor § 238 HGB, Rdn. 1 und *Müller, Welf*: Der Jahresabschluß im Spannungsfeld zwischen öffentlichem Recht und Gesellschaftsrecht, in: FS Moxter, S. 75-99, hier S. 79 ff.

38 Vgl. *Moxter, Adolf*: Missverständnisse um das Maßgeblichkeitsprinzip, in: DStZ, 88. Jg. (2000), S. 157-161, hier S. 159.

39 Vgl. *Beisse, Heinrich*: Zum neuen Bild des Bilanzrechtssystems, a.a.O., S. 19-20.

40 Vgl. *Baetge, Jörg*: Rechnungslegungszwecke des aktienrechtlichen Jahresabschlusses, in: FS Leffson, S. 11-30, hier S. 23 (auch Zitat).

41 Vgl. zur Informationsaufgabe des Jahresabschlusses unten, Erstes Kapitel A.II.2.

42 Mit dem in der Bilanz von Einzelkaufleuten ausgewiesenen Gewinn sind andernfalls keine Rechtsansprüche verknüpft, er ist als bloße Ausschüttungsrichtgröße zu verstehen, vgl. *Moxter, Adolf*: Das Realisationsprinzip – 1884 und heute, in: BB, 39. Jg. (1984), S. 1780-1786, hier S. 1782.

43 Vgl. *Kübler, Friedrich*: Gesellschaftsrecht, 5. Aufl., Heidelberg 1998, S. 17.

Satzungen oder Gesetze auf die handelsrechtlichen Vorschriften, ist die Gewinnermittlung an diese Normen gebunden.[44]

b) Die gesetzliche Formulierung, wonach die Bilanz des Kaufmanns „das Verhältnis seines Vermögens und seiner Schulden" (§ 242 Absatz 1 Satz 1 HGB) darstellen soll, scheint darauf hinzudeuten, daß die handelsrechtliche Rechnungslegung vorrangig der Schuldendeckungskontrolle, also der Fähigkeit, bei fiktiver Zerschlagung des Unternehmens die fälligen Schulden begleichen zu können,[45] zu dienen habe.[46] Es hat den Anschein, als ob eine solche (zerschlagungsstatische) Bilanz auch den beiden gerade erwähnten Schutzfunktionen des Jahresabschlusses entspräche, weil ein (grundsätzlich ausschüttungsoffener) als Liquidationsvermögenszuwachs definierter Gewinn ermittelt wird und die Jahresabschlußadressaten über potentielle Ein- und Auszahlungen informiert werden.[47] Im Hinblick auf die Themenstellung dieser Arbeit wären vor allem die Implikationen für die Aktivierung richtungsweisend: Als Aktiva kämen in dieser Sichtweise nur isoliert veräußerbare, sich im zivilrechtlichen Eigentum des Kaufmanns befindliche Vermögenswerte in Frage.

Eine zerschlagungsorientierte Interpretation der Grundsätze ordnungsmäßiger Buchführung stünde jedoch im Widerspruch zu grundlegenden Prinzipien und Einzelnormen und ist daher abzulehnen.[48] Zur Bestimmung der

---

44 Vgl. *Berndt, Thomas*: Grundsätze ordnungsmäßiger passiver Rechnungsabgrenzung, Wiesbaden 1998, S. 5-10; *Wagner, Steffen*: Grundsätze ordnungsmäßiger Bilanzierung in Frankreich, Düsseldorf 2000, S. 219-221 und vertiefend *Wüstemann, Jens*: Generally Accepted Accounting Principles. Zur Bedeutung und Systembildung der Rechnungslegungsregeln der USA, a.a.O., S. 107-116.

45 Vgl. *Moxter, Adolf*: Bilanzlehre, Band I: Einführung in die Bilanztheorie, 3. Aufl., Wiesbaden 1984, S. 86.

46 Vgl. insoweit *Ekkenga, Jens*: Gibt es „wirtschaftliches Eigentum" im Handelsbilanzrecht?, in: ZGR, 26. Jg. (1997), S. 262-270, hier S. 268-269: „Im Vordergrund steht die Erhaltung des Schuldendeckungspotentials" (Zitat auf S. 269). Vgl. hierzu aber *Moxter, Adolf*: Bilanzlehre, Band II: Einführung in das neue Bilanzrecht, 3. Aufl., Wiesbaden 1986, S. 16-18.

47 Vgl. *Euler, Roland*: Das System der Grundsätze ordnungsmäßiger Bilanzierung, a.a.O., S. 44.

48 Beispielhaft sei auf die Regelungen der §§ 246 Absatz 1 Satz 2 und 249 Absatz 1 Satz 2 Nr. 1 und Nr. 2 HGB verwiesen. Vgl. hierzu eingehend *Euler, Roland*: Das System der Grundsätze ordnungsmäßiger Bilanzierung, a.a.O., S. 23-46. Vgl. ferner *Böcking, Hans-Joachim*: Bilanzrechtstheorie und Verzinslichkeit, a.a.O., S. 117-118 und *Fabri, Stephan*: Grundsätze ordnungsmäßiger Bilanzierung entgeltlicher Nutzungsverhältnisse, Bergisch Gladbach und Köln 1986,

/...

Schuldendeckungsfähigkeit bedarf es eines Finanzplans, weil mit der Bilanz weder sämtliche Einnahmen und (liquidationsspezifischen) Ausgaben noch die Zeitpunkte ihres Auftretens erfaßt werden.[49] Unter Objektivierungsgesichtspunkten muß die Bewertung der Aktiva angesichts üblicherweise auftretender, konkursspezifischer Wertminderungen als ebenso problematisch gelten wie etwa die Passivierung rein fiktiver liquidationsspezifischer Schulden.[50]

Abzulehnen ist aber auch der Versuch, den daraus resultierenden ausgeprägten Desobjektivierungstendenzen[51] mit einem als Objektivierungsprinzip verstandenen, auf Bewertungsfragen beschränkten Fortführungsprinzip (§ 252 Absatz 1 Nr. 2 HGB) zu begegnen[52]: Nach der hier vertretenen Auffassung folgt aus den Einzelvorschriften des Gesetzes, daß die Annahme

---

S. 44-45 (m.w.N.).

49 Der Grundsatz der Nichtbilanzierung schwebender Geschäfte verhindert etwa die Abbildung bereits eingegangener Zahlungsverpflichtungen in der Bilanz, vgl. *Moxter, Adolf*: Bilanzauffassungen, in: HWB, Sp. 500-510, hier Sp. 506. Liquidationsspezifische Lasten (z.B. Sozialplanlasten) bleiben ebenso unberücksichtigt wie rein wirtschaftliche Güter: „Schuldendeckungskontrolle mittels Veräußerungswert-Bilanzen [...] bedeutet lediglich Teilfinanzplanung", vgl. hierzu *Moxter, Adolf*: Betriebswirtschaftliche Gewinnermittlung, Tübingen 1982, S. 126-141 (Zitat auf S. 135).
Die künftige Liquidität läßt sich nur mittels eines (Grob-)Finanzplans darstellen, vgl. *Eibelshäuser, Manfred*: Die Aufgaben des Abschlußprüfers nach § 53 Haushaltsgrundsätzegesetz, in: FS Moxter, S. 919-950, hier S. 942.

50 Vgl. *Euler, Roland*: Das System der Grundsätze ordnungsmäßiger Bilanzierung, a.a.O., S. 35.
Die objektivierte Bestimmung der Liquidationswerte von Vermögensgegenständen wird auch dadurch erschwert, daß die Höhe der Werte je nach Zerschlagungsintensität und Zerschlagungsgeschwindigkeit stark schwanken kann, vgl. analog für die Ermittlung des Liquidationswertes eines Unternehmens *Moxter, Adolf*: Grundsätze ordnungsmäßiger Unternehmensbewertung, 1. Aufl., Wiesbaden 1976, S. 50-51.

51 Vgl. hierzu *Moxter, Adolf*: Ist bei drohendem Unternehmenszusammenbruch das bilanzrechtliche Prinzip der Unternehmensfortführung aufzugeben?, in: WPg, 33. Jg. (1980), S. 345-351, hier S. 348 ff. Vgl. auch *Lutter, Marcus*: Fortführung der Unternehmenstätigkeit, in: HuRB, S. 185-191, hier S. 188 ff.

52 So aber *Ley, Ursula*: Der Begriff „Wirtschaftsgut" und seine Bedeutung für die Aktivierung, 2. Aufl., Bergisch Gladbach und Köln 1987, S. 122-123 und *Lutz, Günter*: Der Vermögensgegenstand – ein Abbild der Gewinnerwartung?, in: Neuorientierung der Rechenschaftslegung, Bericht über die Fachtagung des Instituts der Wirtschaftsprüfer in Deutschland e.V., hrsg. vom IDW, Düsseldorf 1994, S. 81-100, hier S. 88 ff.

der Unternehmensfortführung (über den engeren Wortlaut hinaus) auch für den Bilanzansatz gilt.[53] Es mutet zudem zweifelhaft an, ob eine derart einseitig auf den Schutz der Gläubiger ausgerichtete Bilanzierung mit der (Kompromißcharakter aufweisenden) Schutzfunktion des Jahresabschlusses zu vereinbaren wäre: solange von der Unternehmensfortführung ausgegangen werden kann, interessiert etwa (potentielle) Anteilseigner nicht, welches Gläubigerzugriffsvermögen das Unternehmen verkörpert.[54]

c) Die herrschende Meinung sieht den rechtsformunabhängigen[55] Primärschutzzweck handelsrechtlicher Rechnungslegung heute in der vorsichtigen Ermittlung eines dem Unternehmen entziehbaren Betrages.[56] Der nach den Grundsätzen ordnungsmäßiger Buchführung ermittelte und in der Han-

---

53 Vgl. *Euler, Roland*: Das System der Grundsätze ordnungsmäßiger Bilanzierung, a.a.O., S. 134-136; *Hommel, Michael*: Bilanzierung immaterieller Anlagewerte, Stuttgart 1998, S. 41-43; *Jüttner, Uwe*: GoB-System, Einzelbewertungsprinzip und Imparitätsprinzip, a.a.O., S. 146-147 und *Tiedchen, Susanne*: Der Vermögensgegenstand im Handelsbilanzrecht, Köln 1991, S. 32-33 (m.w.N.).

54 Vgl. *Moxter, Adolf*: Bilanzlehre, Band I: Einführung in die Bilanztheorie, 3. Aufl., a.a.O., S. 6.

55 Vgl. *Moxter, Adolf*: Grundwertungen in Bilanzrechtsordnungen – ein Vergleich von überkommenem deutschen Bilanzrecht und Jahresabschlußrichtlinie, in: FS Beisse, S. 347-361, hier S. 348-349.

56 Vgl. *Beisse, Heinrich*: Gläubigerschutz – Grundprinzip des deutschen Bilanzrechts, in: FS Beusch, S. 77-97, hier S. 85 und *Moxter, Adolf*: Entziehbarer Gewinn?, in: FS Clemm, S. 231-241, hier S. 231.
Vgl. auch *Babel, Mathias*: Zum Saldierungsbereich bei Rückstellungen für drohende Verluste aus schwebenden Geschäften, in: ZfB, 68. Jg. (1998), S. 825-849, hier S. 827; *Böcking, Hans-Joachim*: Der Grundsatz umsatzbezogener Gewinnrealisierung beim Finanzierungsleasing, in: ZfbF, 41. Jg. (1989), S. 491-515, hier S. 494; *[Engel-]Ciric, Dejan*: Grundsätze ordnungsmäßiger Wertaufhellung, Düsseldorf 1995, S. 10; *Euler, Roland*: Zur Verlustantizipation mittels des niedrigeren beizulegenden Wertes und des Teilwertes, in: ZfbF, 43. Jg. (1991), S. 191-212, hier S. 192; *Fresl, Karlo*: Die Europäisierung des deutschen Bilanzrechts, Wiesbaden 2000, S. 16; *Friedemann, Bärbel*: Umweltschutzrückstellungen im Bilanzrecht, Wiesbaden 1996, S. 21; *Jäger, Rainer*: Grundsätze ordnungsmäßiger Aufwandsperiodisierung, Wiesbaden 1996, S. 49; *Mellwig, Winfried*: Niedrigere Tageswerte, in: Beck'sches Handbuch der Rechnungslegung, Abschnitt B 164, Rz. 9; *Wagner, Steffen*: Grundsätze ordnungsmäßiger Bilanzierung in Frankreich, a.a.O., S. 227; *Wüstemann, Jens*: Funktionale Interpretation des Imparitätsprinzips, in: ZfbF, 47. Jg. (1995), S. 1029-1043, hier S. 1032 und *Hommel, Michael*: Bilanzierung immaterieller Anlagewerte, a.a.O., S. 11 (m.w.N.) sowie *Schreiber, Jochem*: Kommentierung zu § 5 EStG, in: Blümich, Rz. 212 (mit Gegenmeinungen).

13

delsbilanz ausgewiesene, als (unten[57] noch näher zu definierender) Vermö-
genszuwachs konzipierte Gewinn stellt den für Zwecke der Thesaurierung
und Ausschüttung zur Verfügung stehenden, verteilbaren Gewinn dar.[58]
Bei Gesellschaftsverhältnissen kommt den Grundsätzen ordnungsmäßiger
Buchführung insbesondere die Aufgabe zu, einen „fairen Interessenausgleich"[59] zwischen den Jahresabschlußadressaten zu gewährleisten[60]: Einerseits dient die Konkretisierung von Gewinnansprüchen dem Schutz der Gewinnberechtigten vor Gewinnkürzungen, etwa um eine „Aushungerung"
von Minderheitsgesellschaftern zu verhindern; andererseits sollen die
Grundsätze ordnungsmäßiger Buchführung gleichsam als unternehmenser-
haltende Gewinnverteilungsschranke fungieren, wenn beispielsweise Gesellschafter von Personengesellschaften Ausschüttungen ohne Rücksicht
auf die Interessen der anderen Gesellschafter vornehmen wollen.[61] Die
hierbei erforderlichen Interessenwertungen sind Sache des Gesetzgebers
und der Rechtsprechung; sie können nicht durch von Rechnungslegenden
gebildete private Rechnungslegungsgremien vorgenommen werden[62], weil

---

57 Vgl. hierzu Erstes Kapitel A.IV dieser Arbeit.

58 Vgl. *Wüstemann, Jens*: US-GAAP: Modell für das deutsche Bilanzrecht?, in:
WPg, 49. Jg. (1996), S. 421-431, hier S. 429.

59 *Euler, Roland*: Grundsätze ordnungsmäßiger Gewinnrealisierung, a.a.O., S. 17.
Vgl. auch *Baetge, Jörg/Thiele, Stefan*: Gesellschafterschutz versus Gläubiger-
schutz – Rechenschaft versus Kapitalerhaltung. Zu den Zwecken des deutschen
Einzelabschlusses vor dem Hintergrund der internationalen Harmonisierung, in:
FS Beisse, S. 11-24, hier S. 18-20 und *Ballwieser, Wolfgang*: Ein neuer Ansatz
zur Theorie des Rechnungswesens?, in: ZfbF, 47. Jg. (1995), S. 726-734, hier
S. 730.

60 Vgl. auch *Claussen, Carsten Peter*: Zum Stellenwert des Rechnungslegungsrechts, in: FS Kropff, S. 431-444, hier S. 441-444: „Rechnungslegungsrecht als
Schutzrecht".

61 Vgl. *Moxter, Adolf*: Grundwertungen in Bilanzrechtsordnungen – ein Vergleich
von überkommenem deutschen Bilanzrecht und Jahresabschlußrichtlinie, a.a.O.,
S. 348-349; ders.: Das Realisationsprinzip – 1884 und heute, a.a.O., S. 1781 f.
und *Wüstemann, Jens*: Generally Accepted Accounting Principles. Zur Bedeutung und Systembildung der Rechnungslegungsregeln der USA, a.a.O., S. 107-
111.
Zum notwendigen Interessenausgleich, vgl. auch *Döllerer, Georg*: Zum Gewinn-
begriff des neuen Aktiengesetzes, in: FS Geßler, S. 93-110, hier S. 93 und analog
bei Unternehmensbewertungen *Großfeld, Bernhard*: Börsenkurs und Unternehmenswert, in: BB, 55. Jg. (2000), S. 261-266, hier S. 264 ff.

62 Vgl. *Moxter, Adolf*: Rechnungslegungsmythen, in: BB, 55. Jg. (2000), S. 2143-
2149, hier S. 2147-2148. Zu verfassungsrechtlichen Aspekten, vgl. *Budde, Wolfgang Dieter/Steuber, Elgin*: Normsetzungsbefugnis eines deutschen Standard

/...

„man es nicht den Kaufleuten überlassen darf, wie vor ihnen zu schützende Gruppen geschützt werden sollen"[63].

d) Solange nicht abschließend geklärt ist, wer in welchem Maße geschützt werden soll, bleiben die Schutzzwecke des Jahresabschlusses als Grundlage für die Bildung eines Systems handelsrechtlicher Grundsätze ordnungsmäßiger Buchführung (noch) zu vage.[64] Der hierbei auftretende Konflikt manifestiert sich auch bei „eine[m] noch in der Entwicklung befindlichen Teil" der Gewinnanspruchsermittlung, der Ausübung handelsrechtlicher Ansatz- und Bewertungswahlrechte[65]: Nach einem jüngeren Urteil des *Bundesgerichtshofes* sind bei der Ausübung von Wahlrechten auch „die besonderen Interessen einzelner Gesellschafter mitzuberücksichtigen" um eine sachgemäße Gewichtung der Regelungszwecke „Ausschüttungssicherung" und „Ausschüttungsbegrenzung" vorzunehmen.[66]

Wie auch hinsichtlich der Schutzzwecke stellt sich für die Wahlrechtsausübung somit die Frage, *welche* Gewichtung als sachgemäß anzusehen ist:

Setting Body, in: DStR, 36. Jg. (1998), S. 1181-1187; *dies.*: Verfassungsrechtliche Voraussetzungen zur Transformation internationaler Rechnungslegungsgrundsätze, in: DStR, 36. Jg. (1998), S. 504-508 und *Moxter, Adolf*: Deutsches Rechnungslegungs Standards Committee: Aufgaben und Bedeutung, in: DB, 51. Jg. (1998), S. 1425-1428.

63 *Ballwieser, Wolfgang*: Zur Frage der Rechtsform-, Konzern- und Branchenunabhängigkeit der Grundsätze ordnungsmäßiger Buchführung, in: FS Budde, S. 43-66, hier S. 45 (zur induktiven Ermittlung von Grundsätzen ordnungsmäßiger Buchführung).

64 Vgl. *Berndt, Thomas*: Grundsätze ordnungsmäßiger passiver Rechnungsabgrenzung, a.a.O., S. 9-10. Offen bleibt auch, durch welches Instrument die am Rechtsverkehr Beteiligten geschützt werden sollen; als Hilfsmittel kommen neben den Gewinnermittlungsregelungen auch Gewinnverwendungs- und Informationsregeln in Frage, vgl. *Ballwieser, Wolfgang*: Zum Nutzen handelsrechtlicher Rechnungslegung, in: FS Clemm, S. 1-25, hier S. 3.

65 Vgl. *Wüstemann, Jens*: Generally Accepted Accounting Principles. Zur Bedeutung und Systembildung der Rechnungslegungsregeln der USA, a.a.O., S. 112-115 (Zitat auf S. 112).

66 Vgl. Urteil des *Bundesgerichtshofes* vom 29.3.1996 II ZR 263/94, JZ, 51. Jg. (1996), S. 856-860 (Zitat auf S. 859). Vgl. hierzu auch *Moxter, Adolf*: Anmerkung zum Urteil des Bundesgerichtshofs vom 29.3.1996 II ZR 263/94, in: JZ, 51. Jg. (1996), S. 860-861; *Schulze-Osterloh, Joachim*: Aufstellung und Feststellung des handelsrechtlichen Jahresabschlusses der Kommanditgesellschaft, in: BB, 50. Jg. (1995), S. 2519-2525, hier S. 2521-2524 und *Ulmer, Peter*: Die Mitwirkung des Kommanditisten an der Bilanzierung der KG, in: FS Hefermehl, S. 207-224, hier S. 216-223.

Betonte man die (gegenwärtigen) Ausschüttungsinteressen der Gesellschafter, wäre eine Zurückdrängung des Vorsichtsprinzips zu erwarten; der ausgewiesene Periodengewinn ließe sich insofern auch besser als Träger entscheidungsrelevanter Informationen interpretieren.[67] Die von Vorsichts- und Objektivierungsprinzipien geprägten Normen der §§ 238 ff. HGB sprechen indes gegen ein solches Verständnis und lassen als gesetzgeberische Grundwertung einen Vorrang des Gläubigerschutzes erkennen.[68]

Wollte man nicht auf die allgemeine gesellschaftsrechtliche Treuepflicht rekurrieren[69], so könnte die teleologische Auslegung der Grundsätze ordnungsmäßiger Buchführung (gleichfalls) eine funktionsgerechte Ausübung der Wahlrechte ermöglichen:[70] Die vom Gesetzgeber vorgenommenen Beschränkungen von Wahlrechten für Kapitalgesellschaften[71] wie auch deren Behandlung bei der steuerbilanziellen Gewinnermittlung[72] ließen sich mit der „Relativität der GoB"[73] erklären, die eine Interpretation nach dem je-

---

67 Vgl. *Wagner, Steffen*: Grundsätze ordnungsmäßiger Bilanzierung in Frankreich, a.a.O., S. 224-225.
Vgl. zu den Grenzen einer solchen Konzeption *Berndt, Thomas*: Grundsätze ordnungsmäßiger passiver Rechnungsabgrenzung, a.a.O., S. 62-66.

68 Vgl. *Beisse, Heinrich*: Gläubigerschutz – Grundprinzip des deutschen Bilanzrechts, a.a.O., S. 82 ff.; *Hommelhoff, Peter*: Europäisches Bilanzrecht im Aufbruch, in: RabelsZ, Bd. 62 (1998), S. 381-404, hier S. 386-387 und *Siegel, Theodor*: Das Realisationsprinzip als allgemeines Periodisierungsprinzip?, in: BFuP, 46. Jg. (1994), S. 1-24, hier S. 8.
Als GoB mit Ausschüttungssperrcharakter sind exemplarisch das Verbot der Aktivierung nicht entgeltlich erworbener immaterieller Vermögensgegenstände des Anlagevermögens (§ 248 Absatz 2 HGB), das Gebot der Verlustantizipation im Sinne des Imparitätsprinzips sowie das Verbot der Gewinnrealisierung vor Umsatz nach dem Realisationsprinzip zu nennen.

69 Vgl. insoweit das Urteil des *Bundesgerichtshofes* vom 29.3.1996 II ZR 263/94, JZ, 51. Jg. (1996), S. 856-860, hier S. 859.

70 Vgl. zum Folgenden *Wüstemann, Jens*: Generally Accepted Accounting Principles. Zur Bedeutung und Systembildung der Rechnungslegungsregeln der USA, a.a.O., S. 112-115.

71 Vgl. beispielsweise § 279 Absatz 1 HGB.

72 Vgl. hierzu den Beschluß des *Bundesfinanzhofes* vom 3.2.1969 GrS 2/68, BFHE 95, 31, hier 36; BStBl II 1969, 291, hier 293.

73 Vgl. *Moxter, Adolf*: Missverständnisse um das Maßgeblichkeitsprinzip, a.a.O., S. 159 (auch Zitat). Vgl. auch *Beisse, Heinrich*: Die wirtschaftliche Betrachtungsweise bei der Auslegung der Steuergesetze in der neueren deutschen Rechtsprechung, a.a.O., S. 2 und *Wüstemann, Jens*: Generally Accepted Accounting Principles. Zur Bedeutung und Systembildung der Rechnungslegungsregeln der USA, a.a.O., S. 95-96.

/...

16

weiligen Zweck der Gewinnanspruchsermittlung bedingt. In dieser Sichtweise erlauben die GoB je nach gebotener Schutzzweckgewichtung die volle Ausnutzung von Wahlrechten (wie bei Einzelkaufleuten ohne Gewinnbeteiligungsabreden) oder verbieten Unterbewertungen (bei Gesellschaftsverhältnissen bzw. Gewinnbeteiligungsabreden).[74] Eine sachgemäße Gewichtung der Schutzzwecke käme demnach für das Steuerbilanzrecht in der von der Rechtsprechung geforderten Erfassung des „vollen Gewinns"[75] zum Ausdruck.

2. Die Konkretisierung von Informationsinhalten

a) Da der Gesetzgeber *allen* Kaufleuten die Pflicht zur Aufstellung des Jahresabschlusses auferlegt (§ 243 Absatz 1 HGB) und die Ermittlung von Gewinnansprüchen bei Einzelkaufleuten als alleiniger Zweck handelsrechtlicher Rechnungslegung ausscheidet[76], muß der handelsrechtliche Jahresabschluß auch dazu dienen, durch eine „Änderung der ,Informationsverteilung'"[77] Adressaten Informationen über die wirtschaftliche Lage des Unternehmens zu vermitteln und damit vor Nachteilen zu bewahren.[78]

Die gesetzliche Verpflichtung gilt selbst dann, wenn der Kaufmann den Jahresabschluß Außenstehenden nicht vorlegen muß:[79] Zum einen soll der

---

Vgl. ferner *Engisch, Karl*: Einführung in das juristische Denken, 8. Aufl., Stuttgart 1983, S. 78 und der auf diese Quelle bezugnehmende Beschluß des *Bundesverfassungsgerichtes* vom 27.12.1991 2 BvR 72/90, StuW, 69. (22.) Jg. (1992), S. 186-190, hier S. 187.

74 Vgl. *Moxter, Adolf*: Missverständnisse um das Maßgeblichkeitsprinzip, a.a.O., S. 159.

75 Beschluß des *Bundesfinanzhofes* vom 3.2.1969 GrS 2/68, BFHE 95, 31, hier 36; BStBl II 1969, 291.

76 Wenngleich der Einzelkaufmann hinsichtlich der Gewinnentnahme frei ist, soll er sich „über seine objektiviert bestimmten Konsummöglichkeiten zum Schutz der Gläubiger informieren, damit er im Hinblick auf den Erhalt des Unternehmens nur subjektiv verantwortbare Ausschüttungen vornimmt", vgl. *Euler, Roland*: Grundsätze ordnungsmäßiger Gewinnrealisierung, a.a.O., S. 65 (auch Zitat).

77 Vgl. *Moxter, Adolf*: Fundamentalgrundsätze ordnungsmäßiger Rechenschaft, in: FS Leffson, S. 87-100, hier S. 95 (im Original hervorgehoben).

78 Vgl. *Moxter, Adolf*: Zum Sinn und Zweck des handelsrechtlichen Jahresabschlusses nach neuem Recht, in: FS Goerdeler, S. 361-374, hier S. 369.

79 Vgl. *Leffson, Ulrich*: Die Grundsätze ordnungsmäßiger Buchführung, 7. Aufl., Düsseldorf 1987, S. 55-56 und *Moxter, Adolf*: Betriebswirtschaftliche Gewinnermittlung, a.a.O., S. 219-220.

Kaufmann durch die Selbstinformationspflicht einen Überblick über seine finanziellen Verhältnisse, insbesondere seine Schuldendeckungsmöglichkeiten, erhalten. Der Zweck der Selbstinformation liegt zum anderen aber auch darin, Dritte, wie etwa Gläubiger, zu schützen, indem ihnen Informationen über das Verhältnis von Vermögen und Schulden des Kaufmanns gewährt werden (§ 242 Absatz 1 HGB).[80] Diese im öffentlichen Interesse liegende Schutzfunktion manifestiert sich außerdem in den für den Fall der Nichteinhaltung der Selbstinformationspflicht drohenden strafrechtlichen Sanktionen[81], mit denen Fehlverhalten des Bilanzierenden bestraft wird, zugleich aber ungerechtfertigte Ansprüche Dritter abgewehrt werden.[82]

b) Um interessewahrende Entscheidungen treffen zu können, sollen Eigen- und Fremdkapitalgeber ein Mindestmaß an Informationen erlangen.[83] Der Gesetzgeber sah sich veranlaßt, für Unternehmen bestimmter Rechtsformen über den Zwang zur Selbstinformation hinausgehende Informationspflichten festzuschreiben: So werden Kapitalgesellschaften (einschließlich Kapitalgesellschaften & Co KG), Genossenschaften, Unternehmen bestimmter Größe oder einzelner Branchen zur Offenlegung der Jahresabschlüsse gezwungen.[84] Auch der Schutz außenstehender Dritter durch die den Rechnungslegenden auferlegten Informationspflichten ist sanktionsbewehrt, bei unrichtiger Darstellung der Verhältnisse des Unternehmens (§ 331 HGB) oder Verletzung der Berichtspflichten (§ 332 HGB) drohen Straf- und Bußgelder.[85]

Der oben für den Schutzzweck „Konkretisierung von Gewinnansprüchen" dargestellte Konflikt findet sich auch im Rahmen der Konkretisierung von Informationsinhalten wieder: Es besteht eine Divergenz zwischen Informationsinteressen Dritter und den durch die gesetzlichen Vorschriften konkre-

---

80 Vgl. hierzu *Mellwig, Winfried*: Rechnungslegungszwecke und Kapitalkonten bei Personengesellschaften, in: BB, 34. Jg. (1979), S. 1409-1418, hier S. 1410 f.

81 Vgl. §§ 283 und 283b StGB.

82 Vgl. *Berndt, Thomas*: Grundsätze ordnungsmäßiger passiver Rechnungsabgrenzung, a.a.O., S. 11-13.

83 Vgl. dazu *Moxter, Adolf*: Anlegerschutz durch Rechnungslegung bei Kapitalgesellschaften, in: FS Häuser, S. 257-272, hier S. 263-265.

84 Vgl. *Moxter, Adolf*: Publizität und Rechnungswesen, in: Handwörterbuch des Rechnungswesens, hrsg. von Erich Kosiol, Stuttgart 1970, Sp. 1478-1484, passim und *ders.*: Publizität, in: HWB, Sp. 3282-3288, passim. Zu den die Informationsfunktion betonenden gesetzlichen Vorschriften, vgl. auch *Berndt, Thomas*: Grundsätze ordnungsmäßiger passiver Rechnungsabgrenzung, a.a.O., S. 14-15.

85 Vgl. *Moxter, Adolf*: Bilanzlehre, Band II: Einführung in das neue Bilanzrecht, 3. Aufl., a.a.O., S. 150-152.

tisierten (und somit rechtlich durchsetzbaren) Informationsansprüchen der Jahresabschlußadressaten.[86] „Rechnungslegung von Unternehmungen bedeutet Realisierung von bestimmten Informationsverteilungen"[87]. Wie auch durch den *Europäischen Gerichtshof*[88] kürzlich bestätigt wurde, sind bei der Jahresabschlußerstellung die Interessen aller Betroffenen abzuwägen, die Befriedigung der Informationsinteressen Dritter hat dort ihre Grenzen, wo die Interessen der Gesellschaft gefährdet werden.[89]

III. Die Bedeutung der wirtschaftlichen Betrachtungsweise und der Objektivierungsprinzipien für die Erfüllung der Schutzzwecke des Jahresabschlusses

1. Das Zusammenwirken von wirtschaftlicher Betrachtungsweise und Objektivierungsprinzipien bei der Konkretisierung von Gewinnansprüchen

a) Das Erfordernis von wirtschaftlicher Betrachtungsweise und Objektivierungsprinzipien für die Konzeption der Regelungsprinzipien

aa) Die aus den eben skizzierten Schutzzwecken resultierenden grundlegenden Regelungsprinzipien des Bilanzrechts bedürfen einer wirtschaftlichen Betrachtungsweise: „wirtschaftlich sinnvolle Entscheidungen [...] setzen wirtschaftlich sinnvolle Bilanzinhalte voraus"[90]. Mit einer rein formal-

---

86 Vgl. *Moxter, Adolf*: Geleitwort des Betreuers, in: *Flury, Cornelia*: Gewinnerläuterungsprinzipien, Frankfurt am Main 1999, S. VII.

87 *Moxter, Adolf*: Bilanzlehre, 1. Aufl., Wiesbaden 1974, S. 390 (im Original mit Hervorhebungen).

88 Vgl. hierzu Urteil des *Europäischen Gerichtshofes* vom 14.9.1999 Rs. C-275/97, BB, 54. Jg. (1999), S. 2291-2294, hier S. 2293 (Tz. 27).

89 Vgl. *Moxter, Adolf*: Anmerkung zum EuGH-Urteil vom 14.9.1999 Rs. C-275/97, in: BB, 54. Jg. (1999), S. 2294. Zu den expliziten Offenlegungsschutzklauseln, vgl. § 286 HGB und *Flury, Cornelia*: Gewinnerläuterungsprinzipien, a.a.O., S. 188-197; *Schülen, Werner*: Allgemeine Schutzklauseln, in: Beck'sches Handbuch der Rechnungslegung, Abschnitt B 437, passim sowie *Löw, Edgar/Roggenbuck, Harald E.*: Neue Publizitätsanforderungen zu Anteilsbesitzverhältnissen für den Jahresabschluß 1999, in: DB, 52. Jg. (1999), S. 2481-2484, hier S. 2484. Zur Begrenzung der durch den gesetzlichen Jahresabschluß konkretisierten Informationsansprüche, vgl. *Moxter, Adolf*: Verletzt das Auskunftsverweigerungsrecht des § 131 Abs. 3 Nr. 3 AktG die Eigentumsgarantie des Grundgesetzes?, in: FS Börner, S. 305-321, hier S. 314-317. Zur Notwendigkeit der Beschränkung von Informationsinhalten, vgl. *Moxter, Adolf*: Der Einfluß von Publizitätsvorschriften auf das unternehmerische Verhalten, Köln und Opladen 1962, S. 4-64.

90 *Moxter, Adolf*: Das „matching principle": Zur Integration eines internationalen
/...

rechtlichen Betrachtungsweise, bei der die Aktiva nur jene Objekte umfassen, die selbständig vollstreckungsfähig sind, würde zwar der Ausschüttungssperraufgabe der Bilanz eher entsprochen. Für die Konkretisierung von Gewinnansprüchen kommt eine solche Sichtweise dagegen nicht in Betracht, vielmehr ist eine wirtschaftliche Vermögensbetrachtung vorzuziehen; das Vermögen bestimmt sich in dieser Sichtweise durch den von einem gedachten Erwerber des ganzen Unternehmens für das Unternehmen veranschlagten Preis.[91] Zahlreiche gesetzliche Vorschriften[92] und die ständige höchstrichterliche Rechtsprechung[93] belegen, daß Handels- und

---

Rechnungslegungs-Grundsatzes in das deutsche Recht, in: FS Havermann, S. 487-504, hier S. 492.

91   Vgl. *Moxter, Adolf*: Grundwertungen in Bilanzrechtsordnungen – ein Vergleich von überkommenem deutschen Bilanzrecht und Jahresabschlußrichtlinie, a.a.O., S. 351-352.

92   Vgl. §§ 246 Absatz 1 Satz 2, 249 Absatz 1 Satz 2, 251 Satz 1, 268 Absätze 4 und 5 HGB sowie die weiter unten (Erstes Kapitel B.I.1.a)) genannten Vorschriften. Vgl. auch vertiefend *Thies, Angelika*: Rückstellungen als Problem der wirtschaftlichen Betrachtungsweise, Frankfurt am Main u.a. 1996, S. 35-39.

93   Vgl. für die Rechtsprechung des *Bundesverfassungsgerichtes* insbesondere die Beschlüsse vom 14.1.1969 1 BvR 136/62, BVerfGE 25, 28, hier 35 und vom 27.12.1991 2 BvR 72/90, StuW, 69. (22.) Jg. (1992), S. 186-190, hier S. 187-188 sowie *Beisse, Heinrich*: Auslegung, in: HWStR, Bd. 1, S. 134-142, hier S. 136 (m.w.N.).
Für die Rechtsprechung des *Bundesgerichtshofes*, vgl. exemplarisch die Urteile vom 6.11.1995 II ZR 164/94, BB, 51. Jg. (1996), S. 155-157, hier S. 156 und vom 13.3.1970 V ZR 71/67, BGHZ 53, 324, hier 327 sowie den Beschluß vom 21.7.1994 II ZR 82/93, DB, 47. Jg. (1994), S. 1868-1869, hier S. 1868. Vgl. auch *Rittner, Fritz*: Die sogenannte wirtschaftliche Betrachtungsweise in der Rechtsprechung des Bundesgerichtshofs, Karlsruhe 1975, passim, insbesondere S. 16-17 (m.w.N.).
Aus der Rechtsprechung des *Bundesfinanzhofes*, vgl. etwa die Urteile vom 8.4.1992 XI R 34/88, BFHE 168, 124, hier 126; BStBl II 1992, 893, hier 894 und vom 22.11.1988 VIII R 62/85, BFHE 155, 322, hier 326 f.; BStBl II 1989, 359, hier 361 sowie die Nachweise bei *Beisse, Heinrich*: Die wirtschaftliche Betrachtungsweise im Steuerrecht, in: NSt, Neues Steuerrecht von A-Z, Lexikonkommentar zum gesamten Steuerrecht (in Loseblattform), Nr. 21/1978, S. 35-48, hier S. 44-48.
Für die Rechtsprechung des *Europäischen Gerichtshofes*, vgl. das Urteil vom 27.6.1996 Rs. C-234/94, Slg. 1996, I – 3133 und *Herzig, Norbert*: Anmerkung zum EuGH-Urteil vom 27.6.1996 Rs. C-234/94, in: DB, 49. Jg. (1996), S. 1401-1402, hier S. 1401: Der Gerichtshof habe mit diesem Urteil die wirtschaftliche Betrachtungsweise im Bilanzrecht akzeptiert; ebenso *Weber-Grellet, Heinrich*: Bilanzrecht im Lichte, Bilanzsteuerrecht im Schatten des EuGH, in: DB, 49. Jg.

/...

Steuerbilanzrecht in besonderem Maße von der wirtschaftlichen Betrachtungsweise geprägt werden.[94]

bb) Aus der Schutzfunktion und der Sanktionsbewehrung des Jahresabschlusses folgt neben der wirtschaftlichen Betrachtungsweise aber auch die Notwendigkeit, das rein subjektive Ermessen des Kaufmanns zurückzudrängen: Rechtsklarheit und Rechtssicherheit lassen sich nur durch Objektivierungsprinzipien erreichen,[95] die Regelungsprinzipien des Bilanzrechts müssen daher zugleich Objektivierungserfordernissen genügen.[96]

Das vorgenannte Beispiel zur Aktivierung läßt bereits den grundlegenden, nachfolgend noch zu veranschaulichenden Konflikt erkennen, der zwischen einer wirtschaftlichen Betrachtungsweise und einer mehr formalrechtlichen, die Rechtssicherheit stärker betonenden Bilanzierung besteht.

(1996), S. 2089-2092, hier S. 2089.

94 Die Relevanz der wirtschaftlichen Betrachtungsweise für das Handels- und Steuerbilanzrecht ist auch im Schrifttum unbestritten, vgl. *Beisse, Heinrich*: Auslegung, a.a.O., S. 136.
Vgl. ferner *Budde, Wolfgang Dieter/Kunz, Karlheinz*: Kommentierung zu § 240 HGB, in: Beck'scher Bilanz-Kommentar, Anm. 20; *Groh, Manfred*: Die wirtschaftliche Betätigung im rechtlichen Sinne, in: StuW, 66. (19.) Jg. (1989), S. 227-231, hier S. 230-231 und *Kruse, Heinrich Wilhelm*: Lehrbuch des Steuerrechts, Bd. I: Allgemeiner Teil, München 1991, S. 132.
Kritisch *Schneider, Dieter*: Bilanzrechtsprechung und wirtschaftliche Betrachtungsweise, in: BB, 35. Jg. (1980), S. 1225-1232, hier S. 1226-1229.
Gegen eine Anwendung der wirtschaftlichen Betrachtungsweise im Handelsbilanzrecht wendet sich *Ekkenga, Jens*: Gibt es „wirtschaftliches Eigentum" im Handelsbilanzrecht?, a.a.O., passim.

95 Vgl. *Moxter, Adolf*: Bilanzrechtsprechung, 3. Aufl., Tübingen 1993, S. 7.
Zum Begriff der Objektivierung, vgl. *Baetge, Jörg*: Möglichkeiten der Objektivierung des Jahreserfolges, Düsseldorf 1970, S. 16-17.

96 Vgl. *Ballwieser, Wolfgang*: Grenzen des Vergleichs von Rechnungslegungssystemen dargestellt anhand von HGB, US-GAAP und IAS, in: FS Kropff, S. 371-391, hier S. 376.
Vgl. auch *Flury, Cornelia*: Gewinnerläuterungsprinzipien, a.a.O., S. 8 und S. 12.

b) Wirtschaftliche Betrachtungsweise und Objektivierungsprinzipien auf der Ebene der Rechtsfindung

Die wirtschaftliche Betrachtungsweise tritt in zwei Grundformen auf[97]: Sie gebietet für den Bereich der Rechts*findung*, Rechtsnormen, gesetzliche Tatbestände und Begriffe „nach ihrer auf die ‚wirtschaftliche Wirklichkeit' gerichteten Bedeutung zu verstehen und fortzubilden". Darüber hinaus wirkt sie sich auf die Rechts*anwendung* aus, wenn bei der Beurteilung von Sachverhalten nicht die formalen (Vertrags-)Gestaltungen zugrunde zu legen sind, sondern deren wirtschaftliches Ergebnis betrachtet wird.[98] Sowohl auf der Ebene der Rechtsfindung als auch bei der Beurteilung von Sachverhalten geht eine stärkere Gewichtung der Objektivierung einher mit der Zurückdrängung wirtschaftlicher Bilanzinhalte.[99]

aa) Als Anwendungsform der eingangs erwähnten teleologischen Auslegungsmethode bezweckt die wirtschaftliche Betrachtungsweise auf der Ebene der Rechtsfindung, den möglichen Wortsinn einer Vorschrift zu ermitteln oder Mehrdeutigkeiten von Normen durch Berücksichtigung des Gesetzeszweckes zu beseitigen.[100] Aufgrund der unterschiedlichen Teleolo-

---

97   Im Hinblick auf die zunehmende Bedeutung internationaler Rechnungslegungsgrundsätze wird die wirtschaftliche Betrachtungsweise ferner als ein „wesentliches Konvergenzkriterium" angesehen, das künftig eine weltweite Verständigung über Fragen der Aktivierung und Passivierung erleichtern könnte, vgl. *Böcking, Hans-Joachim*: Betriebswirtschaftslehre und wirtschaftliche Betrachtungsweise im Bilanzrecht, a.a.O., S. 101-102 (Zitat auf S. 101).

98   Vgl. *Beisse, Heinrich*: Die wirtschaftliche Betrachtungsweise bei der Auslegung der Steuergesetze in der neueren deutschen Rechtsprechung, a.a.O., passim (Zitat auf S. 1).
Vgl. auch *ders.*: Wirtschaftliche Betrachtungsweise im Steuerrecht nach Wegfall des § 1 StAnpG, in: Inf, 31. Jg. (1977), S. 433-437, hier S. 436, wonach sich die beiden Ebenen in der Praxis „aufeinander zu bewegen".
Vgl. ferner *Kruse, Heinrich Wilhelm*: Ende oder neuer Anfang der wirtschaftlichen Betrachtungsweise?, in: JbFfSt 1975/76, S. 35-51, hier S. 42-46 und *Hübschmann, Walter*: Die Problematik der wirtschaftlichen Betrachtungsweise, in: FS Spitaler, S. 107-123, hier S. 112 ff.

99   Vgl. *Euler, Roland*: Das System der Grundsätze ordnungsmäßiger Bilanzierung, a.a.O., S. 121.

100 Vgl. *Beisse, Heinrich*: Die wirtschaftliche Betrachtungsweise im Steuerrecht, a.a.O., S. 35-38. Vgl. auch *Döllerer, Georg*: Gedanken zur „Bilanz im Rechtssinne", in: JbFfSt 1979/80, S. 195-205, hier S. 201-204 und *Söffing, Günter*: Sinn und Widersinn der wirtschaftlichen Betrachtungsweise, in: StVj, 4. Jg. (1992), S. 51-62, hier S. 54 ff.

gie[101] von Zivilrecht und Bilanzrecht impliziert dies erstens, dem Zivilrecht entnommene Begriffe bilanzrechtlich zu interpretieren.[102] Gerade im Hinblick auf die im zweiten Teil dieses ersten Kapitels folgende Konzeption des Prinzips wirtschaftlicher Vermögenszugehörigkeit ist zu unterstreichen, daß der zur Begründung einer formalrechtlichen Betrachtungsweise mitunter angeführte Verweis auf die „Einheit der Rechtsordnung"[103] insoweit nicht einschlägig sein kann.[104] Auch Befürworter einer solchen am Zivilrecht orientierten Sichtweise räumen ein, daß mit diesem sehr abstrakten Postulat keine Konkretisierung bilanzrechtlicher Begriffe zu erreichen ist.[105] Zweitens können „vermeintliche ‚Lücke[n]'"[106] im Gesetz durch die

---

101 Für das Verhältnis von Steuer- zu Zivilrecht, vgl. *Tipke, Klaus/Lang, Joachim*: Steuerrecht, 16. Aufl., Köln 1998, § 5, Rz. 110.

102 Vgl. *Beisse, Heinrich*: Die wirtschaftliche Betrachtungsweise bei der Auslegung der Steuergesetze in der neueren deutschen Rechtsprechung, a.a.O., S. 8.
Vgl. auch *Steinberg, Wilhelm*: Zur Problematik der sogenannten wirtschaftlichen Betrachtungsweise im Steuerrecht, in: StBp, 1. Jg. (1961), S. 181-190, hier S. 187 und *Ballwieser, Wolfgang*: Bilanzansatz, in: Handwörterbuch des Rechnungswesens, Sp. 221-229, hier Sp. 223: „Die wirtschaftliche Betrachtungsweise ist eine *bilanzrechtliche* Betrachtungsweise" (Hervorhebung im Original).

103 *Tipke, Klaus/Lang, Joachim*: Steuerrecht, a.a.O., § 1, Rz. 29.

104 So aber *Dornbach, Eike-Goetz*: Die Bedeutung und Funktion der „wirtschaftlichen Betrachtungsweise" in der höchstrichterlichen Rechtsprechung – Vergangenheit, Gegenwart und Zukunft, in: DStR, 15. Jg. (1977), S. 3-13, passim und jüngst *Crezelius, Georg*: Die Bilanz als Rechtsinstitut, in: FS Zimmerer, S. 509-522, hier S. 509-511 sowie *Ekkenga, Jens*: Gibt es „wirtschaftliches Eigentum" im Handelsbilanzrecht?, a.a.O., S. 265-266.
Vgl. dagegen *Beisse, Heinrich*: Die wirtschaftliche Betrachtungsweise bei der Auslegung der Steuergesetze in der neueren deutschen Rechtsprechung, a.a.O., S. 14; *ders.*: Grenzen der Gesetzesauslegung im Steuerrecht, in: DStR, 14. Jg. (1976), S. 176-178, passim; *Grimm, Claus*: Das Steuerrecht im Spannungsfeld zwischen wirtschaftlicher Betrachtungsweise und Zivilrecht, in: DStZ/A, 66. Jg. (1978), S. 283-290, hier S. 287-288 sowie das Urteil des *Bundesfinanzhofes* vom 5.10.1973 VIII R 78/70, BFHE 111, 43, hier 44-45; BStBl II 1974, 130.

105 Vgl. *Crezelius, Georg*: Steuerrechtliche Rechtsanwendung und allgemeine Rechtsordnung: Grundlagen für eine liberale Besteuerungspraxis, Herne und Berlin 1983, S. 209.

106 *Beisse, Heinrich*: Rechtsfragen der Gewinnung von GoB, a.a.O., S. 509.
Nach *Beisse* folgt aus dem Generalverweis auf die GoB, daß keine Gesetzeslücken verbleiben; aus dem GoB-System ließen sich vielmehr konkretisierende Normen gewinnen und scheinbare Lücken schließen, vgl. ebenda, S. 508-509.
Vgl. hierzu auch *Canaris, Claus-Wilhelm*: Die Feststellung von Lücken im Gesetz, 2. Aufl., Berlin 1983, S. 16 und S. 26-29: Die Existenz von Generalklauseln belege die Absicht des Gesetzgebers, Regelungen unbestimmt zu belassen, in

/...

wirtschaftliche Betrachtungsweise geschlossen werden, indem die Judikatur Ergänzungen und Berichtigungen vornimmt; sie ermöglicht damit die Bildung von Rechtsinstituten und Typusbegriffen.[107]

bb) Objektivierung als Prinzip der Rechtsfindung bedeutet, klare und praktikable Kriterien und Maßstäbe herauszuarbeiten, die aber zugleich noch einer wohlverstandenen wirtschaftlichen Betrachtungsweise entsprechen müssen.[108] In formeller Hinsicht dienen die Objektivierungsprinzipien hierbei der Einschränkung von Ermessensspielräumen: so muß der Jahresabschluß etwa klar, übersichtlich sowie vollständig sein (§§ 243 Absatz 2 und 247 Absatz 1 HGB).[109] Zentrale Bedeutung entfalten indes die Objektivierungsprinzipien im materiellen Sinne einer „Vergegenständlichung des Bilanzinhalts"[110]: Diese Prinzipien formulieren Tatbestandsmerkmale, die zu entscheiden erleichtern, welche Einnahmen- und Ausgabenpotentiale in der Bilanz zu berücksichtigen sind.[111]

cc) Das im zweiten Teil dieses Kapitels zu behandelnde Prinzip wirtschaftlicher Vermögenszugehörigkeit kann nach *Beisse* als Beispiel für die Bedeutung der wirtschaftlichen Betrachtungsweise auf der Ebene der Rechtsfindung gelten: Da die Zurechnung von Vermögensgegenständen im Handelsrecht nur für einige Ausnahmefälle explizit geregelt wird[112], habe die Rechtsprechung die bestehenden Vorschriften um das Rechtsinstitut des „wirtschaftlichen Eigentums" ergänzt und weiter konkretisiert.[113]

---

diesem Fall könne keine (zunächst als *planwidrige* Unvollständigkeit definierte) Lücke vorliegen.
Vgl. zum Lückenbegriff auch *Zippelius, Reinhold*: Juristische Methodenlehre, 7. Aufl., München 1999, S. 65.

107 Vgl. *Beisse, Heinrich*: Die wirtschaftliche Betrachtungsweise bei der Auslegung der Steuergesetze in der neueren deutschen Rechtsprechung, a.a.O., S. 7-11.

108 Vgl. *Beisse, Heinrich*: Gläubigerschutz – Grundprinzip des deutschen Bilanzrechts, a.a.O., S. 84.

109 Zu weiteren Anforderungen an den Jahresabschluß aufgrund der Objektivierung im formellen Sinne, vgl. *Beisse, Heinrich*: Zum neuen Bild des Bilanzrechtssystems, a.a.O., S. 16.

110 Ebenda, S. 17.

111 Vgl. *Euler, Roland*: Das System der Grundsätze ordnungsmäßiger Bilanzierung, a.a.O., S. 121.

112 Vgl. zu diesen expliziten Vorschriften unten, Gliederungspunkt Erstes Kapitel B.I.1.a).

113 Vgl. *Beisse, Heinrich*: Die wirtschaftliche Betrachtungsweise bei der Auslegung der Steuergesetze in der neueren deutschen Rechtsprechung, a.a.O., S. 3 und S. 10 und *Weber-Grellet, Heinrich*: Tendenzen der BFH-Rechtsprechung, in:

/...

c) Wirtschaftliche Betrachtungsweise und Objektivierungsprinzipien auf der Ebene der Sachverhaltsbeurteilung

aa) Auch auf der Ebene der Sachverhaltsbeurteilung erlangen wirtschaftliche Betrachtungsweise und Objektivierungsprinzipien zentrale Bedeutung[114]: Eine den Objektivierungserfordernissen entsprechende ermessensreduzierte Würdigung von Sachverhalten mittels der grundlegenden Regelungsprinzipien und der zu deren Konkretisierung entwickelten Kriterien wird zwar vornehmlich durch Orientierung an der Rechtsstruktur der Sachverhalte zu erreichen sein.[115] Die zivilrechtliche Freiheit zur Sachverhaltsgestaltung kann jedoch dazu führen, daß der tatsächliche Sachverhalt von der formalen Vertragsgestaltung abweicht.[116] Entspricht also ein Geschäft in seinem materiellen Gehalt nicht der von den Parteien gewählten Form, muß das Bilanzrecht von der zivilrechtlichen Qualifikation abgehen.[117]

Zu untersuchen ist hierbei, inwieweit eine gewählte zivilrechtliche Vertragsgestaltung mit dem wirklich Gewollten in Einklang steht.[118] Diese Prüfung umfaßt vier Fälle: Die Ernsthaftigkeit der Gestaltung, die Umdeutung gewählter Bezeichnungen, die Problematik von Verträgen zwischen nahestehenden Personen sowie die Feststellung von Gestaltungsmißbräuchen.[119]

Bilanzrechtlich relevant sind demnach nur solche Vertragsgestaltungen, die ernsthaft gemeint sind und die Grenze zum Gestaltungsmißbrauch nicht

---

StuW, 70. (23.) Jg. (1993), S. 195-212, hier S. 199.

114 Vgl. hierzu *Grimm, Claus*: Das Steuerrecht im Spannungsfeld zwischen wirtschaftlicher Betrachtungsweise und Zivilrecht, a.a.O., passim und schon *Becker, Enno*: Kommentierung zu § 4 RAO, in: Die Reichsabgabenordnung vom 13. Dezember 1919 nebst Ausführungsverordnungen, erläuterte Handausgabe von Enno Becker, Berlin 1922, S. 18 ff.

115 Vgl. dazu *Kirchhof, Paul*: Steuerumgehung und Auslegungsmethoden, in: StuW, 60. (13.) Jg. (1983), S. 173-183, hier S. 181: Kein Vorrang, sondern „Vorherigkeit der Anwendung des Zivilrechts".

116 Vgl. *Kirchhof, Paul*: Kommentierung zu § 2 EStG, in: Kirchhof/Söhn, Rdnr. A 224.

117 Vgl. *Kropff, Bruno*: Zur Wirksamkeit bilanzpolitisch motivierter Rechtsgeschäfte, in: ZGR, 22. Jg. (1993), S. 41-62, hier S. 46-47.

118 Vgl. bereits *Becker, Enno*: Von der Selbständigkeit des Steuerrechts. Klare Entwicklung seiner Grundgedanken als Lebensbedingungen des Steuerrechts. Zur wirtschaftlichen Betrachtungsweise, in: StuW, 11. Jg. (1932), Sp. 481-552, hier Sp. 497-507.

119 Vgl. *Beisse, Heinrich*: Die wirtschaftliche Betrachtungsweise bei der Auslegung der Steuergesetze in der neueren deutschen Rechtsprechung, a.a.O., S. 11-12.

überschreiten[120], dabei sind insbesondere Verträge zwischen Angehörigen einem Drittvergleich zu unterziehen.[121]

bb) Die Konsequenzen einer wohlverstandenen wirtschaftlichen Betrachtungsweise für die Würdigung von Sachverhalten lassen sich exemplarisch wiederum anhand der Frage der Vermögenszurechnung aufzeigen: Ein zivilrechtlich als Mietvertrag abgeschlossener Leasingvertrag ließe sich aufgrund des tatsächlichen Sachverhalts bilanzrechtlich als Ratenkauf, Kauf für Rechnung des Leasingnehmers, Rechtskauf oder Geschäftsbesorgungsvertrag einordnen[122]; eine solche Umqualifizierung könnte zur Zurechnung des Vermögensgegenstandes zum „Mieter" führen. Auch rechtsunwirksame Geschäfte wie formnichtige Grundstücksgeschäfte sind bilanzrechtlich relevant, wenn dies der Absicht der Vertragsparteien entspricht und bewirken die Zurechnung des Grundstücks zum Käufer[123].

2. Die Bedeutung der wirtschaftlichen Betrachtungsweise und der Objektivierungsprinzipien für die Konkretisierung von Informationsinhalten

a) Der Jahresabschluß kann seine Schutzfunktion „Konkretisierung von Informationsinhalten" nur erfüllen, wenn er den zu schützenden Personen interessengerechte Entscheidungen ermöglicht.[124] Dies bedingt eine an den ökonomischen Interessen der Informationsadressaten orientierte, funktionale Interpretation der Rechnungslegungsvorschriften; die wirtschaftliche Betrachtungsweise muß daher auch für den Schutzzweck „Konkretisierung von Informationspflichten" gelten.[125] Informationen über die wirtschaftli-

---

120 Vgl. zum Mißbrauch rechtlicher Gestaltungsmöglichkeiten im Steuerrecht § 42 AO.

121 Vgl. *Beisse, Heinrich*: Die wirtschaftliche Betrachtungsweise im Steuerrecht, a.a.O., S. 41-42. Vgl. dazu auch unten, Zweites Kapitel A.IV.1.b).

122 Vgl. *Kropff, Bruno*: Zur Wirksamkeit bilanzpolitisch motivierter Rechtsgeschäfte, a.a.O., S. 40-47. Vgl. dazu auch *Wallis, Hugo von*: Die wirtschaftliche Betrachtungsweise im Steuerrecht, in: FS Bühler, S. 249-277, hier S. 275.

123 Vgl. *Beisse, Heinrich*: Die wirtschaftliche Betrachtungsweise bei der Auslegung der Steuergesetze in der neueren deutschen Rechtsprechung, a.a.O., S. 12.

124 Vgl. *Moxter, Adolf*: Zur Prüfung des „true and fair view", in: FS Ludewig, S. 671-682, hier S. 675.

125 Vgl. *Wüstemann, Jens*: Internationale Rechnungslegungsnormen und Neue Institutionenökonomik, Frankfurt am Main 1999, S. 6.
Auf eine Generalnorm im Sinne des britischen *true and fair view* kann insofern verzichtet werden, vgl. *Ordelheide, Dieter*: True and fair view. A European and a German perspective, in: EAR, Vol. 1 (1993), S. 81-90, hier S. 86-87; *Beine,*

/...

che Lage des Unternehmens haben für die Adressaten andererseits aber nur dann Wert, wenn sie verläßlich sind und somit intersubjektiv nachprüfbar ermittelt werden.[126] Die auch hier bestehende Interessendivergenz zwischen den Rechnungslegenden und den Adressaten kann nur mit eindeutigen Informationsregelungen aufgelöst werden, es erscheint daher auch im Hinblick auf die Informationsaufgabe des Jahresabschlusses zwingend, auf Objektivierungsprinzipien zurückzugreifen.[127]

b) Eine der Erfüllung von Informationspflichten dienende Rechnungslegung bedarf freilich wegen der Erwartungsabhängigkeit der Informationsinhalte nicht des gleichen Maßes an Objektivierung wie die Konkretisierung von Gewinnansprüchen: Die Vermögens-, Finanz- und Ertragslage des Unternehmens läßt sich wegen der ungewissen Zukunftsentwicklung des Nettoausschüttungsstroms nicht einwertig vermitteln;[128] Prognosen über Zahlungsstromerwartungen und deren Determinanten sollten daher differenziert dargestellt werden, um interessengerechte Entscheidungen zu ermöglichen.[129]

Da die Konkretisierung von Gewinnansprüchen jedoch als Primärschutzzweck der handelsrechtlichen Rechnungslegung gilt, resultieren aus der stärkeren Gewichtung von Objektivierungsprinzipien im Gewinnermittlungsrecht Informationsdefizite, die, soweit es sich um (schutzwürdige) Informationsansprüche Dritter handelt, nur durch zusätzliche Informationen im Anhang oder in einem den Jahresabschluß ergänzenden Lagebericht beseitigt werden können.

Frank: Scheinkonflikte mit dem True and Fair View, in: WPg, 48. Jg. (1995), S. 467-475, hier S. 469-470 und *Arden, Mary*: True and fair view: a European perspective, in: EAR, Vol. 6 (1997), S. 675-679, hier S. 676 f.

126 Vgl. *Leffson, Ulrich*: Die Grundsätze ordnungsmäßiger Buchführung, a.a.O., S. 81.

127 Vgl. *Moxter, Adolf*: Buchbesprechung, in: ZHR 163 (1999), S. 486-487, hier S. 487.
Vgl. hierzu auch *ders*.: Die Jahresabschlußaufgaben nach der EG-Bilanzrichtlinie: Zur Auslegung von Art. 2 EG-Bilanzrichtlinie, in: AG, 24. Jg. (1979), S. 141-146, hier S. 143-145 und *ders*.: Der Kochsche Plangewinn und die Konzeption des objektivierten Plangewinns, in: FS Koch, S. 181-190, hier S. 186.

128 Vgl. *Moxter, Adolf*: Anlegerschutz durch Rechnungslegung bei Kapitalgesellschaften, a.a.O., S. 263-265; *ders*.: Standort Deutschland: Zur Überlegenheit des deutschen Rechnungslegungsrechts, in: FS Heigl, S. 31-41, hier S. 36 und *Rückle, Dieter*: Finanzlage, in: HuRB, S. 168-184, hier S. 173-176.

129 Vgl. *Moxter, Adolf*: Rechnungslegungsmythen, a.a.O., S. 2145 und S. 2147-2148.

Der Konflikt zwischen den beiden Schutzzwecken wird mittels dieser sogenannten „Abkopplungsthese"[130] zwar entschärft, eine nicht unerhebliche Diskrepanz „zwischen den (entscheidungsorientierten) Informationsbedürfnissen der Bilanzadressaten und den durch Bilanzen vermittelbaren (sehr pauschalen) Informationsinhalten"[131] bleibt indes bestehen.[132]

IV. Skizze des Systems der Grundsätze ordnungsmäßiger Buchführung

1. Vermögensermittlungsprinzipien

a) Das Prinzip des wirtschaftlichen Vermögenswertes

aa) Als charakteristisch für das geltende Bilanzrechtssystem darf das Zusammenwirken der beiden Gewinnanspruchsermittlungsprinzipien[133], des

---

130 Zur Diskussion der Abkopplungsthese, vgl. *Beisse, Heinrich*: Die Generalnorm des neuen Bilanzrechts und ihre steuerrechtliche Bedeutung, in: Handelsbilanz und Steuerbilanz, hrsg. von Winfried Mellwig u. a., Wiesbaden 1989, S. 15-31, hier S. 19 f.; *Budde, Wolfgang Dieter/Förschle, Gerhart*: Das Verhältnis des „True and fair view" zu den Grundsätzen ordnungsmäßiger Buchführung und zu den Einzelrechnungslegungsvorschriften, in: Einzelabschluß und Konzernabschluß, hrsg. von Winfried Mellwig u. a., Wiesbaden 1988, S. 27-45, hier S. 36-44; *Döllerer, Georg*: Handelsbilanz ist gleich Steuerbilanz, in: Der Jahresabschluß im Widerstreit der Interessen, hrsg. von Jörg Baetge, Düsseldorf 1983, S. 157-177, hier S. 163-168; *Moxter, Adolf*: Der Einfluß der EG-Bilanzrichtlinie auf das Bilanzsteuerrecht, in: BB, 33. Jg. (1978), S. 1629-1632, hier S. 1630; *ders.*: Zum Verhältnis von handelsrechtlichen Grundsätzen ordnungsmäßiger Bilanzierung und True-and-fair-view-Gebot bei Kapitalgesellschaften, in: FS Budde, S. 419-429, hier S. 420-428; *Ordelheide, Dieter*: True and fair view. A European and a German perspective, a.a.O., passim; *ders.*: True and fair view. A European and a German perspective II, in EAR, Vol. 5 (1996), S. 495-506, passim; *Schildbach, Thomas*: Die neue Generalklausel für den Jahresabschluß von Kapitalgesellschaften – zur Interpretation des Paragraphen 264 Abs. 2 HGB, in: BFuP, 39. Jg. (1987), S. 1-15, hier S. 13 und *Wüstemann, Jens*: Funktionale Interpretation des Imparitätsprinzips, a.a.O., S. 1032.

131 *Moxter, Adolf*: Entwicklung der Theorie der handels- und steuerrechtlichen Gewinnermittlung, in: ZfbF, Sonderheft 32 (1993), S. 61-84, hier S. 71.

132 Vgl. *Kübler, Friedrich*: Vorsichtsprinzip versus Kapitalmarktinformation, in: FS Budde, S. 361-375, hier S. 373.

133 Vgl. *Wüstemann, Jens*: Generally Accepted Accounting Principles. Zur Bedeutung und Systembildung der Rechnungslegungsregeln der USA, a.a.O., S. 158-160.
Die Informationsvermittlungsprinzipien (vgl. hierzu *Flury, Cornelia*: Gewinner-

/...

28

Vermögensermittlungs- und des Gewinnermittlungsprinzips, angesehen werden: Das in § 242 Absatz 1 Satz 1 HGB kodifizierte Vermögensermittlungsprinzip als „Basis des GoB-Systems"[134] konzipiert mit seinen Folgeprinzipien das Bilanzvermögen, indem es die Vermögens- und Schuldkriterien[135] definiert. Dem Vermögensermittlungsprinzip kommt dabei vor allem die Aufgabe zu, die Ansprüche der Gewinnberechtigten an die positive Veränderung der wirtschaftlichen Leistungsfähigkeit, den (Rein-)Vermögenszuwachs zu binden; darüber hinaus soll dem (nachrangigen) Zweck der Schuldendeckungskontrolle „in einem sehr allgemeinen Sinne" Genüge getan werden.[136] Die das Vermögensermittlungsprinzip dabei ergänzenden, präzisierenden und einschränkenden Gewinnermittlungsprinzipien[137] bezwecken die Bestimmung von Gewinnansprüchen.[138]

bb) Als zentrale Aufgaben des Vermögensermittlungsprinzips gelten der Ausschluß von Verrechnungsposten mittels des Prinzips wirtschaftlicher Vermögensermittlung und die (im folgenden Abschnitt b) zu behandelnde) Beschränkung der Erfassung von Vermögenswerten durch das Vermögensgegenstandsprinzip[139].

Das Prinzip wirtschaftlicher Vermögensermittlung setzt einen wirtschaftlichen Vermögenswert voraus, bloße Verrechnungsposten im Sinne der dy-

---

läuterungsprinzipien, a.a.O., S. 26 ff.) bilden nicht den Untersuchungsgegenstand dieser Arbeit.

134 *Euler, Roland*: Das System der Grundsätze ordnungsmäßiger Bilanzierung, a.a.O., S. 125. Eine umfassende Darstellung des Prinzips findet sich ebenda, S. 109-133.

135 Für eine eingehende Untersuchung der (hier nicht relevanten) Schuldkriterien, vgl. *Böcking, Hans-Joachim*: Verbindlichkeitsbilanzierung: wirtschaftliche versus formalrechtliche Betrachtungsweise, a.a.O., S. 33 ff.; *Eibelshäuser, Manfred*: Rückstellungsbildung nach neuem Handelsrecht, in: BB, 42. Jg. (1987), S. 860-866; *Euler, Roland*: Das System der Grundsätze ordnungsmäßiger Bilanzierung, a.a.O., S. 154-159, S. 164-166 und S. 172-177 sowie *Moxter, Adolf*: Bilanzrechtsprechung, 5. Aufl., a.a.O., S. 81-85.

136 Vgl. *Hommel, Michael*: Bilanzierung immaterieller Anlagewerte, a.a.O., S. 46-48 (Zitat auf S. 47) und *Wüstemann, Jens*: Funktionale Interpretation des Imparitätsprinzips, a.a.O., S. 1035. Zum nachrangigen Zweck der Schuldendeckungskontrolle, vgl. oben, Erstes Kapitel A.II.1.

137 Vgl. zu den Gewinnermittlungsprinzipien den folgenden Abschnitt b).

138 Vgl. *Wüstemann, Jens*: Generally Accepted Accounting Principles. Zur Bedeutung und Systembildung der Rechnungslegungsregeln der USA, a.a.O., S. 159.

139 Vgl. statt vieler *Hommel, Michael*: Bilanzierung immaterieller Anlagewerte, a.a.O., passim.

namischen Bilanz[140] oder Ausgaben, für die ein Gegenwert nicht erlangt wurde, können keinen Vermögensgegenstand konstituieren[141]; eine Aktivierung ist demnach nur in Betracht zu ziehen, wenn das Bilanzobjekt dem Unternehmen künftig einen Beitrag zur Erhöhung des Nettoeinnahmenpotentials leisten kann[142]. Im Prinzip wirtschaftlicher Vermögensermittlung kommt somit die wirtschaftliche Betrachtungsweise zum Ausdruck[143]: Den gesetzlichen Vorschriften und der sie konkretisierenden höchstrichterlichen Rechtsprechung ist zu entnehmen, daß der formale Nachweis einer Sache oder eines Rechts weder notwendiges[144] noch hinreichendes Kriterium für die Aktivierung als Vermögensgegenstand bildet.[145] Einerseits leisten nicht alle Sachen und Rechte einen Beitrag zur Stärkung des Nettoeinnahmenpotentials – für wirtschaftlich wertlose Objekte besteht ein Aktivie-

---

140 Vgl. *Schmalenbach, Eugen*: Die Abschreibung, in: ZfhF, 3. Jg. (1908/1909), S. 81-88, hier S. 88 und *ders.*: Dynamische Bilanz, 5. Aufl., Köln und Opladen 1931, S. 165 und S. 168. Vgl. hierzu *Moxter, Adolf*: Die Helmrich-Konzeption des Bilanzrichtlinien-Gesetzes: Bedeutung und Bedrohung, in: FS Helmrich, S. 709-719, hier S. 710-711.

141 Vgl. *Moxter, Adolf*: Bilanzrechtsprechung, 5. Aufl., a.a.O., S. 11 und das dort angeführte Urteil des *Reichsfinanzhofes* vom 21.9.1927 VI A 383/27, StuW, 6. Jg. (1927), Nr. 565, Sp. 803-806, hier Sp. 804.

142 Vgl. *Ballwieser, Wolfgang*: Sind mit der neuen Generalklausel zur Rechnungslegung auch neue Prüfungspflichten verbunden?, in: BB, 40. Jg. (1985), S. 1034-1043, hier S. 1042; *Breidert, Ulrike*: Grundsätze ordnungsmäßiger Abschreibungen auf abnutzbare Anlagegegenstände, Düsseldorf 1994, S. 3-4; *Ordelheide, Dieter*: Kapital und Gewinn. Kaufmännische Konvention als kapitaltheoretische Konzeption?, in: Zeitaspekte in betriebswirtschaftlicher Theorie und Praxis, hrsg. von Herbert Hax, Werner Kern und Hans-Horst Schröder, Stuttgart 1988, S. 21-41, hier S. 25 und *Wüstemann, Jens*: Generally Accepted Accounting Principles. Zur Bedeutung und Systembildung der Rechnungslegungsregeln der USA, a.a.O., S. 158.

143 Vgl. *Moxter, Adolf*: Grundsätze ordnungsmäßiger Buchführung – ein handelsrechtliches Faktum, von der Steuerrechtsprechung festgestellt, a.a.O., S. 535-536.

144 § 266 Absatz 2 A I 1 und 2 HGB weist unter den immateriellen Vermögensgegenständen „Konzessionen, gewerbliche Schutzrechte und ähnliche Rechte und *Werte*" (Hervorhebung nicht im Original) sowie den Geschäfts- oder Firmenwert aus. Die Vorschrift gilt zwar nur für Kapitalgesellschaften, da der Begriff des Vermögensgegenstandes aber rechtsformunabhängig zu bestimmen ist, enthalten die Gliederungsvorschriften keine Posten, die nicht auch die Kriterien des Vermögensgegenstandes erfüllen, vgl. *Gschwendtner, Hubert*: Mietereinbauten als Vermögensgegenstand und Wirtschaftsgut im Sinne des Handels- und Steuerbilanzrechts, a.a.O., S. 223.

145 Vgl. *Hommel, Michael*: Bilanzierung immaterieller Anlagewerte, a.a.O., S. 52-55.

rungsverbot. Andererseits können auch rein wirtschaftliche Güter und damit „tatsächliche Zustände, konkrete Möglichkeiten und sämtliche Vorteile für den Betrieb, deren Erlangung der Kaufmann sich etwas kosten läßt"[146] Vermögensgegenstand sein;[147] die hier anklingende, der gesetzlichen Teilwertdefinition entstammende Erwerbsfiktion dient der Rechtsprechung zudem zur Konkretisierung des Vermögenswertprinzips[148].

cc) Als eine weitere, für die Themenstellung dieser Arbeit[149] bedeutsame Präzisierung des Prinzips wirtschaftlicher Vermögensermittlung ist das „Prinzip des unternehmensspezifischen Nutzwertes" zu erachten[150]: Entscheidend für die Frage, ob ein Objekt einen wirtschaftlichen Vermögenswert verkörpert, ist dessen Eignung für die *innerbetriebliche* Nutzung zur Erzielung von Einnahmen; einer Aktivierung steht also nicht entgegen, daß das Objekt für andere Unternehmen wertlos sein kann.[151]

b) Das Vermögensgegenstandsprinzip

Die Existenz wirtschaftlicher Vermögenswerte kann im Einzelfall fraglich erscheinen und bedarf daher eines ermessenbeschränkenden Nachweises. Nur jene wirtschaftlichen Vermögenswerte, die auch den Objektivierungsrestriktionen der Bilanz im Rechtssinne genügen, bilden einen Vermögens-

---

146 Urteil des *Bundesfinanzhofes* vom 9.7.1986 I R 218/82, BFHE 147, 412, hier 413; BStBl II 1987, 14.
147 Vgl. *Moxter, Adolf*: Bilanzrechtsprechung, 5. Aufl., a.a.O., S. 11.
148 Vgl. etwa den Beschluß des *Bundesfinanzhofes* vom 2.3.1970 GrS 1/69, BFHE 98, 360; BStBl II 1970, 382, hier 383. Vgl. zu diesem Prinzip eingehend *Hommel, Michael*: Bilanzierung immaterieller Anlagewerte, a.a.O., S. 64-85.
149 Vgl. hierzu auch unten, Zweites Kapitel A.I.
150 Vgl. *Hommel, Michael*: Bilanzierung immaterieller Anlagewerte, a.a.O., S. 59-60. Das von der Rechtsprechung mitunter (vgl. etwa Urteile des *Bundesfinanzhofes* vom 28.5.1979 I R 1/76, BFHE 128, 367, hier 372; BStBl II 1979, 734 und vom 6.12.1990 IV R 3/89, BFHE 163, 126, hier 128; BStBl II 1991, 367) zur Konkretisierung des Vermögenswertprinzips verwendete Kriterium des *längerfristigen* Nutzens ist dagegen abzulehnen, vgl. *Eibelshäuser, Manfred*: Immaterielle Anlagewerte in der höchstrichterlichen Finanzrechtsprechung, Wiesbaden 1983, S. 170 und *Hommel, Michael*: Bilanzierung immaterieller Anlagewerte, a.a.O., S. 60-64.
151 Vgl. *Hommel, Michael*: Bilanzierung immaterieller Anlagewerte, a.a.O., S. 60-64. Vgl. auch *Walter, Norbert*: Zur Ansatzfähigkeit immaterieller Anlagewerte in der Handels- und Steuerbilanz, Berlin 1982, S. 178-180 und *May, Erich*: Das Wirtschaftsgut, Wiesbaden 1970, S. 51-52.

gegenstand[152]: Der Vermögenswert muß greifbar werthaltig, selbständig bewertbar und auf einen Dritten übertragbar sein.[153]

aa) Das Greifbarkeitsprinzip beschränkt den Umfang der Vermögensgegenstände auf greifbar werthaltige Vermögenswerte, indem es Typisierungsvermutungen formuliert:[154] Während für Sachen und Rechte die Annahme gilt, daß sie greifbar werthaltig sind, besteht für rein wirtschaftliche Vorteile die (entkräftbare) Wertlosigkeitsvermutung.[155] Mit den Vermutungsregeln lassen sich zwar Sorgfaltspflichten des Kaufmanns konkretisieren, gleichwohl verbleibt hinsichtlich des Nachweises der Werthaltigkeit der Einnahmenpotentiale ein nicht unerheblicher Ermessensspielraum.[156]

bb) Das aus dem Einzelbewertungsprinzip (§ 252 Absatz 1 Nr. 3 HGB) folgende Prinzip selbständiger Bewertung begrenzt als „ebenso altes wie selbstverständliches Aktivierungskriterium" den Umfang der Vermögensgegenstände auf die isoliert vom Geschäfts- oder Firmenwert bewertbaren Vermögenswerte.[157] Selbständige Bewertbarkeit ist aber weder mit einer vom Gesamtwert des Unternehmens vollständig unabhängigen Einzelbewertbarkeit noch mit einer exakten Ermittlung von Zugangs- und Folgebewertung gleichzusetzen,[158] sondern bedingt lediglich, daß der Vorteil „nach allgemeiner Verkehrsanschauung an und für sich einer besonderen Bewertung zugänglich"[159] ist. Die Rechtsprechung begnügt sich dabei schon mit

---

152 Vgl. *Moxter, Adolf*: Selbständige Bewertbarkeit als Aktivierungsvoraussetzung, in: BB, 42. Jg. (1987), S. 1846-1851, hier S. 1847.

153 Vgl. *Moxter, Adolf*: Bilanzrechtsprechung, 5. Aufl., a.a.O., S. 10-14.

154 Vgl. *Moxter, Adolf*: Grundsätze ordnungsmäßiger Buchführung – ein handelsrechtliches Faktum, von der Steuerrechtsprechung festgestellt, a.a.O., S. 536-537 (mit Rechtsprechungsnachweisen).

155 Zur Konkretisierung des Greifbarkeitsprinzips, vgl. *Hommel, Michael*: Bilanzierung immaterieller Anlagewerte, a.a.O., S. 152-197.
Zur Frage der greifbaren Werthaltigkeit von Mietereinbauten, vgl. unten, Zweites Kapitel A.IV.

156 Vgl. *Moxter, Adolf*: Besondere Aktivierungsgrundsätze, unveröffentlichtes Manuskript, Frankfurt am Main 1999, S. 8.

157 Vgl. *Moxter, Adolf*: Selbständige Bewertbarkeit als Aktivierungsvoraussetzung, a.a.O., S. 1846 (auch Zitat).

158 Vgl. ebenda, S. 1848. Vgl. hierzu auch *Mellwig, Winfried/Hastedt, Uwe-Peter*: Gewinnrealisation bei Unbestimmbarkeit der Gegenleistung – dargestellt am Beispiel des Wärmelieferungsvertrages, in: DB, 45. Jg. (1992), S. 1589-1592, hier S. 1591.

159 Urteil des *Reichsfinanzhofes* vom 27.3.1928 I A 470/27, RStBl 1928, 260; StuW, 7. Jg. (1928), Nr. 417, Sp. 705-710, hier Sp. 708.

„griffweisen Schätzungen"[160] und betrachtet die Folgebewertung bereits als gegeben, wenn sich der Zeitraum der Ertragswirksamkeit des Vermögensgegenstandes hinreichend genau bestimmen läßt[161].

cc) Um die greifbare Werthaltigkeit eines wirtschaftlichen Vermögenswertes zu konkretisieren, rekurriert die Judikatur zusätzlich auf das „Übertragbarkeitsprinzip"[162]: Als Vermögensgegenstände sind nur solche Vermögenswerte anzusehen, die auch auf Dritte übertragen werden können. Im Schrifttum finden sich verschiedene Interpretationen dieses Prinzips: Je nach Auffassung sollen die Vermögensgegenstände objektivierungsbedingt entweder auf einzelveräußerbare, einzelverwertbare oder mit dem gesamten Unternehmen übertragbare Vermögenswerte zu begrenzen sein. Eine Würdigung der drei Kriterien erscheint notwendig, da sie nicht nur den Umfang der Vermögensgegenstände unterschiedlich stark beschränken, sondern auch erheblichen Einfluß auf die Ausgestaltung des im Anschluß zu untersuchenden Prinzips wirtschaftlicher Vermögenszugehörigkeit haben[163].

(1) Das von Teilen der Literatur[164] zur Konkretisierung der Übertragbarkeit verwendete Kriterium der Einzelveräußerbarkeit impliziert zwar eine der hier vertretenen Auffassung über den Primärzweck der Bilanzierung entgegenstehende, vorrangige Orientierung an der Schuldendeckungskontrolle,[165] es weist aber gleichzeitig (scheinbar) den Vorteil auf, Objektivierungsaspekte stark zu betonen[166]: Legt man dieses Kriterium zugrunde, ge-

---

160 *Moxter, Adolf*: Bilanzrechtsprechung, 5. Aufl., a.a.O., S. 14. Vgl. auch Urteil des *Bundesfinanzhofes* vom 28.3.1966 VI 320/64, BFHE 85, 433, hier 437; BStBl III 1966, 456.

161 Vgl. *Hommel, Michael*: Bilanzierung immaterieller Anlagewerte, a.a.O., S. 216-217.

162 *Hommel, Michael*: Bilanzierung immaterieller Anlagewerte, a.a.O., S. 86.

163 Vgl. *Baetge, Jörg/Ballwieser, Wolfgang:* Ansatz und Ausweis von Leasingobjekten in Handels- und Steuerbilanz, in: DBW, 38. Jg. (1978), S. 3-19, hier S. 9.

164 Vgl. *Buciek, Klaus D.*: Zur Bilanzierung von Güterfernverkehrsgenehmigungen, in: BB, 42. Jg. (1987), S. 1979-1981, hier S. 1980; *Ekkenga, Jens*: Anlegerschutz, Rechnungslegung und Kapitalmarkt, Tübingen 1998, S. 305; *Knop, Wolfgang*: Kommentierung zu § 240 HGB, in: Küting/Weber, Rn. 17; *Ordelheide, Dieter/Hartle, Joachim*: Rechnungslegung und Gewinnermittlung von Kapitalgesellschaften nach dem Bilanzrichtlinien-Gesetz, in: GmbHR, 77. Jg. (1986), S. 9-19 und S. 38-42, hier S. 14 sowie die Literaturangaben bei *Hommel, Michael*: Bilanzierung immaterieller Anlagewerte, a.a.O., S. 87-88 (dortige Fußnote 378).

165 Vgl. *Gschwendtner, Hubert*: Mietereinbauten als Vermögensgegenstand und Wirtschaftsgut im Sinne des Handels- und Steuerbilanzrechts, a.a.O., S. 224.

166 Vgl. *Eibelshäuser, Manfred*: Der Bundesfinanzhof und die statische Bilanzauf-
/...

langen nur Nettoeinnahmenpotentiale zur Aktivierung, die isoliert „Gegenstand des Rechtsverkehrs" sein können.[167] Als Konsequenz aus dem engen Verständnis der Einzelveräußerbarkeit wäre indes selbst Gebäuden die Vermögensgegenstandseigenschaft abzusprechen, weil sie nur mit dem Grundstück oder einem grundstücksgleichen Recht veräußert werden können.[168] Auch bei weniger strenger Interpretation des Kriteriums verbleiben Positionen, denen Gesetz oder Rechtsprechung diese Eigenschaft zusprechen, die aber nicht einzeln veräußerbar sind.[169]

Darüber hinaus erscheint die Objektivierungswirkung des Merkmals nicht immer zweckadäquat: Obgleich die wirtschaftliche Betrachtungsweise massiv zugunsten einer formalrechtlichen Sichtweise verdrängt wird, lassen sich aus der bloßen Möglichkeit zur Veräußerung einzelner Gegenstände keine Aussagen über deren greifbare Werthaltigkeit ableiten.[170] Bei rein wirtschaftlichen Gütern kommt dem Kriterium eine objektivierende Bedeutung nicht zu, weil sogar (in ihrer Werthaltigkeit überaus fragliche) Objekte wie die Managementqualität oder Kundenbeziehungen einzeln veräußerbar sein können.[171] Als besonders problematisch erweist sich ferner, daß die Einzelveräußerbarkeit von greifbar werthaltigen Objekten vertraglich ausgeschlossen, durch Gesetz verboten oder technisch unmöglich sein kann[172]. Letztlich läge es daher im Belieben des Kaufmanns, einer Bilanzierung durch die Vereinbarung eines Veräußerungsverbots entgegenzuwirken.[173]

---

fassung, in: ZfbF, 33. Jg. (1981), S. 56-68, hier S. 67.

167 Vgl. *Knapp, Lotte*: Was darf der Kaufmann als seine Vermögensgegenstände bilanzieren?, in: DB, 24. Jg. (1971), S. 1121-1129, hier S. 1122 (auch Zitat).

168 Vgl. *Hommel, Michael*: Bilanzierung immaterieller Anlagewerte, a.a.O., S. 91.

169 Vgl. insbesondere § 266 Absatz 2 A I 2 HGB und die Urteile des *Bundesfinanzhofes* vom 26.2.1975 I R 72/73, BFHE 115, 243, hier 245; BStBl II 1976, 13 und vom 10.5.1990 IV R 41/89, BFH/NV, 6. Jg. (1990), S. 585-586, hier S. 586. Vgl. auch (mit Verweis auf § 247 Absatz 2 HGB) *Eibelshäuser, Manfred*: Abschreibungen und Realisationsprinzip, in: FS Beisse, S. 153-169, hier S. 162-163.

170 Vgl. *Freericks, Wolfgang*: Bilanzierungsfähigkeit und Bilanzierungspflicht in Handels- und Steuerbilanz, Köln u. a. 1976, S. 148.

171 Vgl. *Moxter, Adolf*: Selbständige Bewertbarkeit als Aktivierungsvoraussetzung, a.a.O., S. 1848 und *ders.*: Immaterielle Anlagewerte im neuen Bilanzrecht, in: BB, 34. Jg. (1979), S. 1102-1109, hier S. 1108 (zum Know-how).

172 Vgl. *Ballwieser, Wolfgang*: Ist das Maßgeblichkeitsprinzip überholt?, in: BFuP, 42. Jg. (1990), S. 477-498, hier S. 484.

173 Vgl. *Hommel, Michael*: Bilanzierung immaterieller Anlagewerte, a.a.O., S. 92.

Das ob dieses Mangels von einigen Autoren[174] vorgeschlagene Kriterium der „abstrakten Einzelveräußerbarkeit"[175] – nach dieser Konzeption ist von vorhandenen gesetzlichen oder vertraglichen Beschränkungen der Einzelveräußerbarkeit abzusehen – wird von *Ballwieser* als unscharf bezeichnet[176], weil sich nur kasuistisch entscheiden lasse, ob das Merkmal erfüllt ist[177]: es erscheint mitunter, wie bei Nießbrauch- oder Forderungsrechten, strittig, ob sie als abstrakt veräußerbar gelten.[178] Das Kriterium der Einzelveräußerbarkeit erscheint daher in beiden Varianten zu einer bilanzzweckkonformen Objektivierung der Werthaltigkeit nicht geeignet.

(2) Nach anderer Ansicht[179] soll die selbständige Verwertbarkeit eine Voraussetzung für das Vorliegen eines Vermögensgegenstandes sein. Das Kriterium erweitert den Kreis der potentiellen Vermögensgegenstände auf jene wirtschaftlichen Vermögenswerte, die „unternehmensextern verwertet werden"[180] können und damit einen Einzahlungsstrom für das Unternehmen begründen[181]. Als Verwertung gilt die rechtsgeschäftliche Nutzung

---

174 Vgl. *Hoyos, Martin/Schmidt-Wendt, Dietrich*: Kommentierung zu § 247 HGB, in: Beck'scher Bilanz-Kommentar, Anm. 390; *Knobbe-Keuk, Brigitte*: Bilanz- und Unternehmensteuerrecht, 9. Aufl., Köln 1993, S. 87-88; *Pfeiffer, Thomas*: Begriffsbestimmung und Bilanzfähigkeit des immateriellen Wirtschaftsguts, in: StuW, 61. (14.) Jg. (1984), S. 326-339, hier S. 334; sowie die weiteren Literaturangaben bei *Hommel, Michael*: Bilanzierung immaterieller Anlagewerte, a.a.O., S. 92-93 (dortige Fußnote 400).

175 *Schildbach, Thomas*: Der handelsrechtliche Jahresabschluß, 4. Aufl., Herne und Berlin 1995, S. 158.

176 Vgl. *Ballwieser, Wolfgang*: Ist das Maßgeblichkeitsprinzip überholt?, a.a.O., S. 484.

177 Vgl. *Tiedchen, Susanne*: Der Vermögensgegenstand im Handelsbilanzrecht, a.a.O., S. 34-36.

178 Vgl. hierzu *Hommel, Michael*: Bilanzierung immaterieller Anlagewerte, a.a.O., S. 93-94. Vgl. auch *Hoyos, Martin/Schmidt-Wendt, Dietrich*: Kommentierung zu § 247 HGB, in: Beck'scher Bilanz-Kommentar, Anm. 390.

179 Vgl. *Adler/Düring/Schmaltz*: Kommentierung zu § 246 HGB, Tz. 28; *Fabri, Stephan*: Grundsätze ordnungsmäßiger Bilanzierung entgeltlicher Nutzungsverhältnisse, a.a.O., S. 48-51; *Lamers, Alfons*: Aktivierungsfähigkeit und Aktivierungspflicht immaterieller Werte, München 1981, S. 205-216 sowie die Literaturangaben bei *Hommel, Michael*: Bilanzierung immaterieller Anlagewerte, a.a.O., S. 94-97 (dortige Fußnote 414).

180 *Kußmaul, Heinz*: Sind Nutzungsrechte Vermögensgegenstände bzw. Wirtschaftsgüter?, in: BB, 43. Jg. (1987), S. 2053-2065, hier S. 2053.

181 Vgl. *Fabri, Stephan*: Grundsätze ordnungsmäßiger Bilanzierung entgeltlicher Nutzungsverhältnisse, a.a.O., S. 39-40. Ähnlich auch *Lamers, Alfons*: Aktivierungsfähigkeit und Aktivierungspflicht immaterieller Werte, a.a.O., S. 211 ff.

des Objektes, also neben der Veräußerung auch dessen Überlassung zur Nutzung gegen Entgelt; das durch obligatorischen Überlassungsvertrag verwertbare Nießbrauchrecht bildete mithin einen Vermögensgegenstand.[182]

Die gegen das Kriterium der Einzelveräußerbarkeit vorgebrachten Einwände gelten hier jedoch analog: Auch die Möglichkeit zur Verwertung hängt regelmäßig von den frei gestaltbaren Vertragsmodalitäten ab, wiederum räumte man dem Kaufmann somit faktisch ein Aktivierungswahlrecht ein.[183] Bedenklich erscheint überdies, daß das Kriterium allein außerstande ist, eine Unterscheidung zwischen für sich aktivierbaren immateriellen wirtschaftlichen Vorteilen und bloßen Bestandteilen des Geschäftswertes vorzunehmen.[184] Erneut wäre etwa der (generell selbständig verwertbare) Kundenstamm als Vermögensgegenstand anzusehen, obgleich er beispielsweise bei Erwerb im Rahmen eines Unternehmenskaufs im allgemeinen nicht vom Geschäftswert isoliert werden kann.

Wie bei Orientierung an der Einzelveräußerbarkeit verwehrte auch dieses Kriterium jenen greifbar werthaltigen Objekten die Aktivierung, die sich nicht extern verwerten, sondern, wie etwa Spezialmaschinen, (faktisch) nur betriebsintern nutzen lassen. Die Übertragbarkeit im Sinne einer Einzelverwertbarkeit ist wegen dieser gravierenden Schwächen zur Konkretisierung des Greifbarkeitsprinzips nicht geeignet.

(3) Das bereits vom *Reichsfinanzhof* entwickelte und vom *Bundesfinanzhof* in ständiger Rechtsprechung übernommene Prinzip der Übertragbarkeit mit dem gesamten Unternehmen stellt darauf ab, ob ein fiktiver Erwerber des gesamten Betriebes unter der Annahme der Fortführung des Unternehmens den Vermögenswert im Rahmen der Kaufpreisermittlung berücksichtigte.[185]

---

182 Vgl. *Fabri, Stephan*: Grundsätze ordnungsmäßiger Bilanzierung entgeltlicher Nutzungsverhältnisse, a.a.O., S. 39.
   Nießbrauchrechte erfüllten in dieser Sichtweise die Vermögensgegenstandskriterien, weil dem Nießbraucher die schuldrechtliche Überlassung des Rechts gestattet ist (§ 1059 BGB).
183 Vgl. *Tiedchen, Susanne*: Der Vermögensgegenstand im Handelsbilanzrecht, a.a.O., S. 43.
184 Vgl. *Hommel, Michael*: Bilanzierung immaterieller Anlagewerte, a.a.O., S. 96.
185 Vgl. etwa die Urteile des *Reichsfinanzhofes* vom 27.3.1928 I A 470/27, RStBl 1928, 260; StuW, 7. Jg. (1928), Nr. 417, Sp. 705-710, hier Sp. 709 und vom 21.10.1931 VI A 2002/29, RFHE 30, 142, hier 146; RStBl 1932, 305, hier 307 sowie des *Bundesfinanzhofes* vom 18.6.1975 I R 24/73, BFHE 116, 474, hier

/...

Anders als bei den vorgenannten möglichen Interpretationen des Übertragbarkeitsprinzips wird somit beachtet, daß die Werthaltigkeit der Vermögenswerte nicht nur von deren externen Verwertungsmöglichkeiten, sondern auch vom Einsatz im Unternehmen abhängt.[186] Mit der Orientierung an der Übertragbarkeit mit dem gesamten Unternehmen wird nach Auffassung der Judikatur und von Teilen des Schrifttums[187] der notwendige Ausgleich zwischen wirtschaftlicher Betrachtungsweise und Objektivierung erreicht und eine zweckkonforme Konkretisierung des Greifbarkeitsprinzips ermöglicht.

Aus den soeben[188] erwähnten Werthaltigkeitstypisierungen für Sachen und Rechte sowie für rein wirtschaftliche Güter resultieren unterschiedliche Objektivierungsgewichtungen des Übertragbarkeitsprinzips.[189] So soll es bei Rechten nicht auf deren formale Übertragbarkeit ankommen; vielmehr begnügt sich die Judikatur, die wirtschaftliche Betrachtungsweise hervorhebend, mit der Möglichkeit einer wirtschaftlichen oder wertmäßigen Übertragbarkeit: Zivilrechtlich nicht auf Dritte übertragbare Güterfernverkehrskonzessionen sind demnach – vorbehaltlich der Zustimmung der Genehmigungsbehörde – prinzipiell mit dem gesamten Unternehmen *wirtschaftlich* übertragbar, wenn der Erwerber die Fortführung des Unternehmens plant.[190] Als ausreichend wird bei (zivilrechtlich grundsätzlich nicht

---

478; BStBl II 1975, 809, hier 811; vom 26.5.1982 I R 180/80, BFHE 136, 222, hier 223; BStBl II 1982, 695, hier 696 und vom 10.8.1989 X R 176-177/87, BFHE 158, 53, hier 56; BStBl II 1990, 15.

186 Vgl. *Hommel, Michael*: Bilanzierung immaterieller Anlagewerte, a.a.O., S. 101.

187 Vgl. *Beisse, Heinrich*: Handelsbilanzrecht in der Rechtsprechung des Bundesfinanzhofs, in: BB, 35. Jg. (1980), S. 637-646, hier S. 639; *Döllerer, Georg*: Handelsbilanz und Steuerbilanz nach den Vorschriften des Bilanzrichtlinien-Gesetzes, in: BB, 42. Jg. (1987), Beilage 12 zu Heft 16, S. 1-16, hier S. 13; *Groh, Manfred*: Nutzungseinlagen im Handels- und Steuerrecht, in: BB, 37. Jg. (1982), S. 133-142, hier S. 137; *Gschwendtner, Hubert*: Mietereinbauten als Vermögensgegenstand und Wirtschaftsgut im Sinne des Handels- und Steuerbilanzrechts, a.a.O., S. 225 ff.; *Moxter, Adolf*: Selbständige Bewertbarkeit als Aktivierungsvoraussetzung, a.a.O., S. 1848; *Ulmer, Peter*: Kommentierung zu § 5 GmbH-Gesetz, in: Hachenburg, Rdn. 38 ff.; *Winter, Heinz*: Kommentierung zu § 5 GmbH-Gesetz, in: Scholz, Anm. 44 und *Woerner, Lothar*: Korreferat zum Referat Dr. Söffing, in: JbFfSt 1978/79, S. 228-241, hier S. 229 ff.

188 Vgl. oben, Erstes Kapitel A.IV.1.b), Unterabschnitt aa).

189 Vgl. hierzu *Hommel, Michael*: Bilanzierung immaterieller Anlagewerte, a.a.O., S. 113-138.

190 Vgl. Urteile des *Bundesfinanzhofes* vom 4.12.1991 I R 148/90, BFHE 166, 472, hier 474; BStBl II 1992, 383 und vom 22.3.1986 II R 15/86; BFHE 157, 211,

/...

an Dritte übertragbaren) Nießbrauchrechten angesehen, daß die Überlassung an Dritte durch Vereinbarung eines obligatorischen Nutzungsvertrags die *wertmäßige* Übertragbarkeit der Rechte sichert.[191] Die weite Auslegung des Kriteriums bei Rechten läßt sich zwar mit der wirtschaftlichen Betrachtungsweise begründen, schränkt jedoch dessen Objektivierungswirkung nicht unerheblich ein.[192]

Anders dagegen bei rein wirtschaftlichen Gütern: An die Person des Bilanzierenden gebundene Vorteile müssen selbst dann unberücksichtigt bleiben, wenn sie werthaltig sind;[193] das Prinzip des unternehmensspezifischen Nutzwertes erfährt hier eine objektivierungsbedingte Beschränkung. Damit wird auch „Nutzungsüberlassungen aus Gefälligkeit" die Aktivierung versagt, weil die etwa aus familiären oder persönlichen Gründen gewährten Nutzungsvorteile vermutlich nicht auf Dritte übertragen werden können.[194] Aus dem Übertragbarkeitsprinzip ergibt sich ferner, daß im Allgemeingebrauch stehende betriebliche Vorteile nicht aktiviert werden dürfen: Ein potentieller Erwerber des Unternehmens vergütete diese Vorteile nicht, da er ohnehin über sie verfügen kann.[195]

Das Prinzip der Übertragbarkeit mit dem gesamten Unternehmen ermöglicht somit einen objektivierten Nachweis der Existenz eines wirtschaftlichen Vermögenswertes.[196] Da sich die Einzelveräußerbarkeit als Unterfall

---

hier 214; BStBl II 1989, 644.
Vgl. auch *Niehus, Karl*: Die bilanzielle Behandlung von Güterfernverkehrsgenehmigungen, in: BB, 42. Jg. (1987), S. 1429-1431, passim.
Zur Frage der Übertragbarkeit von Mietereinbauten , vgl. unten, Zweites Kapitel A.IV.1.

191 Vgl. Urteil des *Bundesfinanzhofes* vom 28.2.1974 IV R 60/69, BFHE 112, 257, hier 259; BStBl II 1974, 481, hier 482 sowie analog das zum Dauerwohnrecht ergangene Urteil vom 26.3.1974 VIII R 210/72, BFHE 112, 165, hier 167; BStBl II 1975, 6.

192 Vgl. insoweit *Euler, Roland*: Das System der GoB, a.a.O., S. 142-143.

193 Vgl. Urteil des *Bundesfinanzhofes* vom 10.3.1993 I R 116/91, BFH/NV, 9. Jg. (1993), S. 595-597, hier S. 597 und *Hommel, Michael*: Bilanzierung immaterieller Anlagewerte, a.a.O., S. 102-103 (m.w.N.).

194 Vgl. *Euler, Roland*: Das System der GoB, a.a.O., S. 146 (auch Zitat).
Vgl. auch unten, Zweites Kapitel A.IV.1.b).

195 Vgl. Urteile des *Bundesfinanzhofes* vom 28.3.1990 II R 30/89 BFHE 160, 278, hier 280; BStBl II 1990, 569, hier 570 und vom 23.11.1988 II R 209/82, BFHE 155, 132, hier 136; BStBl II 1989, 82, hier 83.

196 Vgl. *Hommel, Michael*: Bilanzierung immaterieller Anlagewerte, a.a.O., S. 138.
Die Objektivierungsfunktion dagegen bezweifelnd *Schildbach, Thomas*: Der handelsrechtliche Jahresabschluß, 4. Aufl., a.a.O., S. 159.

der Veräußerbarkeit mit dem Gesamtbetrieb verstehen läßt, kann das Kriterium der Einzelveräußerbarkeit als hinreichendes, die Veräußerbarkeit mit dem Gesamtbetrieb dagegen als notwendiges Kriterium der Greifbarkeit bezeichnet werden.[197]

2. Gewinnermittlungsprinzipien

Neben den Fundamentalprinzipien[198] Realisationsprinzip und Imparitätsprinzip bilden der Grundsatz der Nichtbilanzierung schwebender Geschäfte sowie das Prinzip des entgeltlichen Erwerbs für die Themenstellung bedeutsame Folgeprinzipien des Gewinnermittlungsprinzips[199].

a) Aus dem als grundlegendes Ansatz- und Bewertungsprinzip[200] konzipierten Realisationsprinzip[201] folgt zum einen, daß Einnahmen und Ausgaben solange erfolgsneutral zu halten sind, wie der Umsatz noch nicht realisiert ist.[202] Dieses als Erfolgsneutralitätsprinzip[203] bezeichnete Unterprinzip des Realisationsprinzips wird konkretisiert durch das Anschaffungswert-

---

197 Vgl. *Gruber, Thomas*: Der Bilanzansatz in der neueren BFH-Rechtsprechung, a.a.O., S. 127-132.

198 Vgl. *Böcking, Hans-Joachim*: Der Grundsatz der Nettobilanzierung von Zero-Bonds, in: ZfbF, 38. Jg. (1986), S. 930-955, hier S. 932; *Euler, Roland*: Der Ansatz von Rückstellungen für drohende Verluste aus schwebenden Dauerrechtsverhältnissen, in: ZfbF, 42. Jg. (1990), S. 1036-1056, hier S. 1040-1041 und *Groh, Manfred*: Adolf Moxter und der Bundesfinanzhof, in: FS Moxter, S. 61-74, hier S. 66-67.

199 Vgl. vertiefend *Euler, Roland*: Das System der GoB, a.a.O., S. 181 ff.

200 Vgl. insoweit *Moxter, Adolf*: Das Realisationsprinzip – 1884 und heute, a.a.O., S. 1784; *Groh, Manfred*: Rechtsprechung zum Bilanzsteuerrecht, in: StuW, 71. (24.) Jg. (1994), S. 90-96, hier S. 90 und *Herzig, Norbert*: Rückstellungen wegen öffentlich-rechtlicher Verpflichtungen, insbesondere Umweltschutz, in: DB, 43. Jg. (1990), S. 1341-1354, hier S. 1344. A. A. *Siegel, Theodor*: Metamorphosen des Realisationsprinzips?, in: FS Forster, S. 585-605, hier S. 595-605.

201 Zur Bedeutung des Realisationsprinzips für die Konzeption des Prinzips wirtschaftlicher Vermögenszugehörigkeit, vgl. unten, Erstes Kapitel B.I.1.b).

202 Vgl. *Moxter, Adolf*: Wirtschaftliche Gewinnermittlung und Bilanzsteuerrecht, a.a.O., S. 304-306; *ders.*: Periodengerechte Gewinnermittlung und Bilanz im Rechtssinne, in: FS Döllerer, S. 447-458, hier S. 453-454 und *ders.*: Ulrich Leffson und die Bilanzrechtsprechung, in: WPg, 39. Jg. (1986), S. 173-177, hier S. 174.

203 Vgl. zu den beiden Unterprinzipien des Realisationsprinzips *Burkhardt, Dietrich*: Grundsätze ordnungsmäßiger Bilanzierung für Fremdwährungsgeschäfte, Düsseldorf 1988, S. 31-36.

prinzip des § 253 HGB, das die erfolgsneutrale Bilanzierung im jeweiligen Zugangszeitpunkt sichert, indem es die im Hinblick auf die betriebliche Nutzung getätigten Ausgaben als zu aktivierende Anschaffungskosten des Vermögensgegenstandes definiert.[204]

Zum anderen präzisiert das Realisationsprinzip in seiner Ausprägung als Erfolgswirksamkeitsprinzip das Periodisierungsprinzip des § 252 Absatz 1 Nr. 5 HGB, wonach „Aufwendungen und Erträge des Geschäftsjahres [...] unabhängig von den Zeitpunkten der entsprechenden Zahlungen im Jahresabschluß zu berücksichtigen" sind. Die Vorschrift überträgt „die Einnahmen-Ausgaben-Rechnung in eine Ertrags-Aufwands-Rechnung"[205], läßt aber offen, welche Ausgaben bzw. Einnahmen Aufwendungen und Erträge des Geschäftsjahres im Sinne des Gesetzes darstellen. Erst das Realisationsprinzip bestimmt, welche Einnahmen als Ertrag und welche Ausgaben als Aufwand in der GVR zu berücksichtigen sind, indem es die Gewinnrealisierung an den Umsatzakt knüpft[206]: Während die Geschäftsjahresumsätze damit die „Erträge des Geschäftsjahres" verkörpern, muß sich der Aufwand des Geschäftsjahres aus den diesen Umsätzen zuzuordnenden Ausgaben ergeben[207]; die Gewinnrealisierung bedingt dabei den durch die zugrundeliegende Rechtsstruktur determinierten, weitgehenden Risikoabbau, der den Gewinn als „so gut wie sicher"[208] erscheinen läßt[209].

---

204 Zur Bedeutung des Realisationsprinzips für die erfolgsneutrale Behandlung von Herstellungskosten, vgl. *Mellwig, Winfried*: Herstellungskosten und Realisationsprinzip, in: FS Budde, S. 397-417, hier S. 403 ff.

205 Vgl. *Moxter, Adolf*: Bilanzrechtsprechung, 2. Aufl., Tübingen 1985, S. 6-7 (Zitat auf S. 6).
Vgl. auch *Moxter, Adolf*: Steuerliche Gewinn- und Vermögensermittlung, in: Handwörterbuch der Finanzwissenschaft, hrsg. von Fritz Neumark, Bd. 2, 3. Aufl., Tübingen 1980, S. 203-237, hier S. 204-210 und *Hommel, Michael*: Grundsätze ordnungsmäßiger Bilanzierung für Dauerschuldverhältnisse, Wiesbaden 1992, S. 22.

206 Vgl. *Moxter, Adolf*: Periodengerechte Gewinnermittlung und Bilanz im Rechtssinne, a.a.O., S. 449-450; *Kempermann, Michael*: Kommentierung zu § 5 EStG, in: Kirchhof/Söhn, Rdnr. B 83.

207 Vgl. *Moxter, Adolf*: Rückstellungskriterien im Streit, in: ZfbF, 47. Jg. (1995), S. 311-326, hier S. 315-316.

208 *Woerner, Lothar*: Grundsatzfragen zur Bilanzierung schwebender Geschäfte, in: FR, 39. (66.) Jg. (1984), S. 489-496, hier S. 494.

209 Vgl. Beschluß des *Bundesfinanzhofes* vom 11.12.1985 I B 49/85, BFH/NV, 1./2. Jg. (1985/86), S. 595-596, hier 596 und Urteil des *Bundesfinanzhofes* vom 25.2.1986 VIII R 134/80, BFHE 147, 8, hier 11; BStBl II 1986, 788.
Vgl. auch *Mellwig, Winfried/Hastedt, Uwe-Peter*: Gewinnrealisation bei Unbe-
/...

40

Vermögensgegenstände, deren Zugang keine Ausgaben induziert, können – als Folge des Realisationsprinzips – grundsätzlich nicht aktiviert werden: Selbst wenn man von der Problematik der objektivierten Bewertung der ausgabenlos zugegangenen Objekte absieht, dürfte deren Bilanzierung regelmäßig an den strengen Gewinnrealisierungskriterien scheitern;[210] das Gewinnermittlungsprinzip schränkt hier insoweit das Vermögensermittlungsprinzip ein.[211] Umgekehrt werden aber nicht alle angefallenen Ausgaben realisationsprinzipkonform in die Periode übertragen, in der sie ertragsalimentierend wirken; dem Gewinnermittlungsprinzip geht das Vermögensermittlungsprinzip in Gestalt des Vermögensgegenstandsprinzip insoweit objektivierungsbedingt vor.[212]

b) Ausgehend von den durch das Vermögensermittlungsprinzip als greifbar werthaltig und selbständig bewertbar konzipierten Nettoeinnahmenpotentialen gebietet das Imparitätsprinzip[213], aus dem späteren Abgang von Vermögensgegenständen drohende Aufwandsüberschüsse zu antizipieren, um Ausschüttungsbelastungen künftiger Perioden zu vermeiden.[214] Und da nur ein drohende Verluste berücksichtigender Gewinn als entziehbar gelten kann, erzwingt das Imparitätsprinzip handelsrechtlich zudem die Bildung von Rückstellungen für drohende Verluste aus schwebenden Geschäften.[215]

---

stimmbarkeit der Gegenleistung – dargestellt am Beispiel des Wärmelieferungsvertrages, a.a.O., S. 1590; *Mellwig, Winfried:* Beteiligungen an Personengesellschaften in der Handelsbilanz, in: BB, 45. Jg. (1990), S. 1162-1172, hier S. 1168 ff. und *Woerner, Lothar:* Die Gewinnrealisierung bei schwebenden Geschäften, in: BB, 43. Jg. (1988), S. 769-777, passim.

210 Vgl. *Moxter, Adolf:* Immaterielle Vermögensgegenstände des Anlagevermögens, in: HuRB, S. 246-250, hier S. 248.

211 Vgl. *Euler, Roland:* Das System der GoB, a.a.O., S. 198.

212 Vgl. *Beisse, Heinrich:* Zum neuen Bild des Bilanzrechtssystems, a.a.O., S. 17.

213 Zur Bedeutung des Imparitätsprinzips für die Konzeption des Prinzips wirtschaftlicher Vermögenszugehörigkeit, vgl. unten, Erstes Kapitel B.I.1.c).

214 Wertminderungen ergeben sich, wenn der die erwarteten Erträge verkörpernde gemeine Wert zum Abschlußstichtag unter die Anschaffungs- oder Herstellungskosten, die erwarteten Aufwendungen, fällt, vgl. *Moxter, Adolf:* Funktionales Teilwertverständnis, in: FS Loitlsberger, S. 473-481, hier S. 478-479. Vgl. auch *ders.:* Zur Klärung der Teilwertkonzeption, in: FS Klein, S. 827-839, hier S. 832 und *Mellwig, Winfried:* Für ein bilanzzweckadäquates Teilwertverständnis, in: FS Moxter, S. 1069-1088, hier S. 1085.

215 Vgl. *Groh, Manfred:* Verbindlichkeitsrückstellung und Verlustrückstellung: Gemeinsamkeiten und Unterschiede, in: BB, 43. Jg. (1988), S. 27-33, hier S. 28 und *Heddäus, Birgit:* Handelsrechtliche Grundsätze ordnungsmäßiger Bilanzierung für Drohverlustrückstellungen, Düsseldorf 1997, S. 13-15.

Das Imparitätsprinzip durchbricht insoweit den Periodisierungsgedanken des Realisationsprinzips zugunsten einer vorzeitigen Berücksichtigung von Verlusten im Zeitpunkt der Entstehung.[216]

c) Die bilanzielle Behandlung schwebender Geschäfte verdeutlicht das Zusammenwirken von Vermögens- und Gewinnermittlungsprinzipien: Ansprüche aus schwebenden Rechtsgeschäften mögen zwar grundsätzlich die Vermögensgegenstandskriterien erfüllen, sofern aber die Lieferung respektive Leistung noch nicht erbracht wurde, scheitert die ertragswirksame Erfassung von Forderungen aus schwebenden Geschäften am Realisationsprinzip.[217] Eine aus dem Realisationsprinzip oder dem Imparitätsprinzip folgende Durchbrechung des Grundsatzes der Nichtbilanzierung – etwa wegen der bilanziellen Berücksichtigung von Vorleistungen oder der imparitätsprinzipkonformen Antizipation von Ausgabenüberschüssen – bedingt, daß die Vorleistungen oder Ausgabenüberschüsse die aus dem Vermögensermittlungsprinzip resultierenden Ansatzkriterien erfüllen.[218]

d) Der Sinn und Zweck des Prinzips des entgeltlichen Erwerbs, das selbsterstellte immaterielle Vermögensgegenstände des Anlagevermögens von der Aktivierung grundsätzlich[219] ausschließt, besteht in einer Wertbestätigung der in ihrer Werthaltigkeit unsicheren immateriellen Vermögensgegenstände am Markt[220]: Indem der Kaufmann immaterielle Anlagewerte im Rahmen eines gegenseitigen Geschäfts von einem unabhängigen Vertragspartner[221] entgeltlich erwirbt, manifestiert sich typisierend deren Werthal-

---

216 Vgl. *Moxter, Adolf*: Das System der handelsrechtlichen Grundsätze ordnungsmäßiger Bilanzierung, in: FS von Wysocki, S. 17-28, hier S. 23-24.

217 Vgl. *Hommel, Michael*: Grundsätze ordnungsmäßiger Bilanzierung für Dauerschuldverhältnisse, a.a.O., S. 36-37. Vgl. auch *Döllerer, Georg*: Droht eine neue Aktivierungswelle?, in: BB, 35. Jg. (1980), S. 1333-1337, hier S. 1335 und *Woerner, Lothar*: Der schwebende Vertrag im Gefüge der Grundsätze ordnungsmäßiger Bilanzierung – Vollständigkeitsgebot, Vorsichtsprinzip, Realisationsprinzip, in: Handelsbilanz und Steuerbilanz, Beiträge zum neuen Bilanzrecht, hrsg. von Winfried Mellwig u.a., Wiesbaden 1989, S. 33-55, hier S. 40 ff.

218 Vgl. *Euler, Roland*: Das System der GoB, a.a.O., S. 185-187.

219 Als Ausnahmen sind Einlagevorgänge und der Erwerb mit einem Unternehmen zu nennen, vgl. *Moxter, Adolf*: Bilanzrechtsprechung, 5. Aufl., a.a.O., S. 30 f. (mit Rechtsprechungsnachweisen).

220 Vgl. etwa Urteile des *Bundesfinanzhofes* vom 3.8.1993 VIII R 37/92, BFHE 174, 31, hier 36; BStBl II 1994, 444, hier 447 und vom 8.11.1979 IV R 145/77, BFHE 129, 260, hier 261; BStBl II 1980, 146, hier 146-147.

221 Vgl. *Moxter, Adolf*: Bilanzrechtsprechung, 5. Aufl., a.a.O., S. 30. Vgl. auch *Löcke, Jürgen*: Aktivierung konzernintern erworbener immaterieller Vermögensgegenstände des Anlagevermögens, in: BB, 53. Jg. (1998), S. 415-419, passim.

tigkeit.[222] Es genügt demnach nicht, „daß gelegentlich des Erwerbs des immateriellen Wirtschaftsguts irgendwelche Aufwendungen entstanden sind", das Entgelt muß vielmehr „nach den Vorstellungen beider Vertragsteile die Gegenleistung für die erlangten Vorteile darstellen".[223] In wirtschaftlicher Betrachtungsweise erachtet die Judikatur schon eine „synallagmaäquivalente[.] Konkretisierung"[224] als ausreichend, sofern ein „enger Veranlassungszusammenhang" zwischen Leistung und Gegenleistung vorliegt[225].

Probleme birgt die für die Anwendung der Vorschrift bedeutsame Abgrenzung zwischen materiellen und immateriellen Vermögensgegenständen:[226] Es mag zwar zunächst naheliegen, materiell als „körperlich faßbar" zu interpretieren[227], angesichts der (als unkörperlich einzustufenden) Finanzaktiva und solcher Vermögensgegenstände, die sowohl körperlich als auch unkörperlich sind, verbleiben indes Zweifelsfälle[228]. In Ermangelung eines allgemein gültigen Abgrenzungskriteriums wird daher eine zweckorientierte Auslegung vorgeschlagen, die aus Vorsichtsgründen im Zweifel zur Einstufung als immaterieller Vermögensgegenstand führt.[229]

---

222 Vgl. *Moxter, Adolf*: Die Aktivierungsvoraussetzung „entgeltlicher Erwerb" im Sinne von § 5 Abs. 2 EStG, in: DB, 31. Jg. (1978), S. 1804-1809, hier S. 1808 und *ders.*: Erfahrungen mit dem Bilanzrichtlinien-Gesetz, in: Jahrbuch für Controlling und Rechnungswesen, hrsg. von Gerhard Seicht, Wien 1992, S. 139-150, hier S. 141.

223 Vgl. Urteil des *Bundesfinanzhofes* vom 3.8.1993 VIII R 37/92, BFHE 174, 31, hier 37 (erstes Zitat) und 36 (zweites Zitat); BStBl II 1994, 444.

224 Vgl. *Kronner, Markus*: Entgeltlicher Erwerb und Erwerb im Tauschwege bei immateriellen Wirtschaftsgütern des Anlagevermögens, in: DStR, 34. Jg. (1996), S. 1185-1191, hier S. 1186.

225 Vgl. insoweit das Urteil des *Bundesfinanzhofes* vom 26.8.1992 I R 24/91, BFHE 169, 163, hier 167-170 (Zitat auf S. 167); BStBl II 1992, 977.
A. A. *Jansen, Rudolf*: Zur Aktivierung von Transferentschädigungen nach den Vorschriften des Lizenzspielerstatuts des Deutschen Fußball-Bundes, in: DStR, 30. Jg. (1992), S. 1785-1789, hier S. 1788 f.

226 Vgl. hierzu *Kronner, Markus*: GoB für immaterielle Anlagewerte und Tauschgeschäfte, Düsseldorf 1995, S. 15-24.

227 Vgl. *Paulick, Heinz*: Immaterielle Wirtschaftsgüter und Posten der Rechnungsabgrenzung, in: FR, 23. (50.) Jg. (1968), S. 449-456 und S. 483-486, hier S. 452 (auch Zitat).

228 Vgl. *Reinhard, Herbert*: Kommentierung zu § 247 HGB, in: Küting/Weber, Rn. 27.

229 Vgl. *Moxter, Adolf*: Bilanzrechtsprechung, 5. Aufl., a.a.O., S. 30; *Gruber, Thomas*: Der Bilanzansatz in der neueren BFH-Rechtsprechung, a.a.O., S. 144-146.

B. Das Prinzip wirtschaftlicher Vermögenszugehörigkeit als Ausdruck der wirtschaftlichen Betrachtungsweise im System der Grundsätze ordnungsmäßiger Buchführung

I. Die Konzeption des Prinzips wirtschaftlicher Vermögenszugehörigkeit

1. Gesetzliche Grundlagen des Prinzips wirtschaftlicher Vermögenszugehörigkeit

a) Explizite handelsrechtliche Zurechnungsvorschriften

Bevor die Implikationen der fundamentalen Gewinnermittlungsprinzipien – des Realisationsprinzips und des Imparitätsprinzips – für die Konzeption des Prinzips wirtschaftlicher Vermögenszugehörigkeit untersucht werden, sind in einem ersten Schritt die expliziten handelsrechtlichen Zurechnungsnormen darzustellen.

aa) Das Handelsgesetzbuch bestimmt in mehreren Vorschriften, welche Vermögensgegenstände dem Kaufmann zuzurechnen sind: Gemäß § 238 Absatz 1 HGB hat der Kaufmann im Rahmen der Buchführung die Lage *seines* Vermögens nach den Grundsätzen ordnungsmäßiger Buchführung ersichtlich zu machen. Nach § 240 Absatz 1 HGB ist er dazu verpflichtet, „seine Grundstücke, seine Forderungen und Schulden, den Betrag seines baren Geldes, sowie seine sonstigen Vermögensgegenstände genau zu verzeichnen". Zum Ende jedes Geschäftsjahres hat der Kaufmann einen Abschluß zu erstellen, der das Verhältnis *seines* Vermögens und *seiner* Schulden darstellt (§ 242 Absatz 1 Satz 1 HGB).

Die Vorschriften beschränken das Kaufmannsvermögen auf die Vermögensgegenstände, die ihm gehören, ohne auszuführen, was unter „seinem" Vermögen zu verstehen sein soll.[230] Es scheint zunächst nahe zu liegen, zur Konkretisierung der gesetzlichen Regelungen auf das zivilrechtliche Eigentum an Sachen zu rekurrieren. Da jedoch der Umfang der zu bilanzie-

---

230 Vgl. zum Begriff „seine" im allgemeinen Sprachgebrauch *Schloßmann, Siegmund*: Über den Begriff des Eigenthums, in: IherJb 45 (1903), S. 289-390, hier S. 292-293: „[D]er so ausgedrückte Begriff ist viel weiter als der Begriff von dem, was wir Eigentum nennen, und man bezeichnet vieles als ‚mein', [...] was wir regelmäßigerweise wenigstens nicht Eigentum nennen würden. Jene Ausdrücke sprechen vielmehr nur ganz allgemein die Zugehörigkeit von etwas zu einer Person aus, eine Zugehörigkeit, die durch irgend eine dauernde oder vorübergehende, festere oder losere Beziehung jenes Etwas zu unserem Ich begründet wird [...].

renden Vermögensgegenstände neben Sachen auch Rechte und rein wirtschaftliche Vorteile umfaßt, scheidet das Eigentum als alleiniges Zurechnungsmerkmal aus.[231]

Darüber hinaus könnte mit dem verwendeten Possessivpronomen – nach juristischem Sprachgebrauch – auch das jeweilige „Vollrecht" gemeint sein; die handelsrechtliche Zurechnung von Vermögensgegenständen erfolgte damit (ausschließlich) aufgrund des zivilrechtlichen Eigentums an Sachen, der Inhaberschaft von Rechten sowie der Gläubigerstellung bei Forderungen.[232]

Gegen eine derartige Dominanz des Zivilrechts spricht aber das Prinzip wirtschaftlicher Betrachtungsweise,[233] das eine Bindung an den zivilrechtlichen Inhalt der Rechtsbegriffe auf die Fälle begrenzt, in denen „feststeht, daß der Gesetzgeber eben diesen zivilrechtlichen Inhalt gemeint hat".[234]
Als aufschlußreich erweist sich hier zum einen, daß die Verfasser des Handelsgesetzbuches nur den – nicht mit dem Rechtsbegriff „Eigentum" identischen – Ausdruck „Vermögen" gebrauchen und damit den direkten Bezug zum Zivilrecht vermeiden;[235] der von einigen Autoren[236] zur Begrün-

---

231 Vgl. *Freericks, Wolfgang*: Bilanzierungsfähigkeit und Bilanzierungspflicht in Handels- und Steuerbilanz, a.a.O., S. 165-166.

232 Vgl. *Hüffer, Uwe*: Kommentierung zu § 240 HGB, in: Großkommentar Handelsgesetzbuch, Rdn. 16-17 (Zitat in Rdn. 16; im Original hervorgehoben) und *Hutzler, Adolf*: Zum Ausweis des wirtschaftlichen Eigentums in der Handelsbilanz, in: WPg, 23. Jg. (1970), S. 14-17, passim.

233 Vgl. *Moxter, Adolf*: Zur wirtschaftlichen Betrachtungsweise im Bilanzrecht, a.a.O., S. 237.
Zur wirtschaftlichen Betrachtungsweise, vgl. oben, Gliederungspunkt Erstes Kapitel A.III.

234 Vgl. *Beisse, Heinrich*: Die wirtschaftliche Betrachtungsweise bei der Auslegung der Steuergesetze in der neueren deutschen Rechtsprechung, a.a.O., S. 8 (auch Zitat).

235 *Fahrholz, Bernd*: Leasing in der Bilanz: Die bilanzielle Zurechnung von Leasing-Gütern und die Frage der Aktivierbarkeit des Nutzungsrechtes des Leasing-Nehmers, Köln u. a. 1979, S. 47-48.

236 Vgl. *Labus, Otto*: Anmerkung zum Urteil des Bundesfinanzhofes vom 26.1.1970 IV R 144/66, in: BB, 25. Jg. (1970), S. 334; *Mutze, Otto*: Rechtliches oder wirtschaftliches Eigentum, in: NJW, 16. Jg. (1963), S. 513-517, hier S. 517 und *Eckhardt, Walter*: Das Steuerrecht und die Einheit der Rechtsordnung, in: StBJb 1961/62, S. 77-142, passim, insbesondere S. 137. Differenzierend *Offerhaus, Klaus*: Zur Bilanzierung von in Pension gegebenen Wirtschaftsgütern, in: BB, 38. Jg. (1983), S. 870-874, hier S. 871: Der Grundsatz der Einheit der Rechtsordnung sollte nur in eindeutigen Fällen durchbrochen werden.

dung einer zentralen Stellung des zivilrechtlichen Eigentums im Bilanzrecht angeführte Verweis auf das „Postulat ‚Einheit der Rechtsordnung'" vermag daher (auch hier) nicht zu überzeugen.[237]

Zum anderen schreiben die expliziten handelsrechtlichen Vorschriften eine vom zivilrechtlichen Eigentum abweichende Zurechnung von Vermögensgegenständen vor[238]: Unter Eigentumsvorbehalt erworbene oder an Dritte für eigene oder fremde Verbindlichkeiten verpfändete oder in anderer Weise als Sicherheit übertragene Vermögensgegenstände sind nicht in die Bilanz des Eigentümers, sondern in die Bilanz des Sicherungsgebers aufzunehmen (§ 246 Absatz 1 Satz 2 HGB);[239] eine Ausnahme gilt nur für Bareinlagen, die in der Bilanz des Sicherungsnehmers (und damit des Eigentümers) auszuweisen sind (§ 246 Absatz 1 Satz 3 HGB).[240] Bei der Bilanzierung von „Bauten auf fremden Grundstücken" tritt das zivilrechtliche Eigentum als Zurechnungskriterium zudem völlig zurück: § 266 Absatz 2 HGB[241] fordert unter dem Posten „Sachanlagen" die Aktivierung dieser Bauten, obgleich sie regelmäßig nicht im Eigentum des Bauherrn, sondern

---

237 Vgl. *Tipke, Klaus/Lang, Joachim*: Steuerrecht, a.a.O., § 1, Rz. 29 ff. (m.w.N.).
Vgl. zur Bedeutung des Gebots *Beisse, Heinrich*: Gläubigerschutz – Grundprinzip des deutschen Bilanzrechts, a.a.O., S. 85-86 und oben, Erstes Kapitel A.III.1.b).
Als zusätzliches Argument gegen einen Vorrang des zivilrechtlichen Eigentums aufgrund dieses Gebots ist das Fehlen eines für alle Rechtsgebiete einheitlichen Eigentumsbegriffs zu nennen, vgl. dazu unten, Erstes Kapitel B.I.3.a).

238 Argumentiert man wie *Ekkenga* mit der Liquidationsfiktion (vgl. *Ekkenga, Jens*: Gibt es „wirtschaftliches Eigentum" im Handelsbilanzrecht?, a.a.O., S. 265-266 (m.w.N.)), bleibt offen, warum der Gesetzgeber überhaupt eine vom juristischen Vollrecht abweichende Bilanzierung billigt (vgl. dazu *Fabri, Stephan*: Grundsätze ordnungsmäßiger Bilanzierung entgeltlicher Nutzungsverhältnisse, a.a.O., S. 57-59), hätte er doch (zumindest für die Zurechnung von Sachen) auf das zivilrechtliche Eigentum rekurrieren können.

239 Unter Eigentumsvorbehalt erworbene und vor vollständiger Bezahlung weiterveräußerte Vermögensgegenstände werden damit einem Bilanzierenden zugerechnet, der zu keiner Zeit zivilrechtlicher Eigentümer ist, vgl. auch *Bieg, Hartmut/Kußmaul, Heinz*: Externes Rechnungswesen, München 1996, S. 80-81.

240 Die Aktivierung der Bareinlagen beim zivilrechtlichen Eigentümer beruht darauf, daß eine Unterscheidung vom restlichen Barvermögen nicht möglich ist, vgl. *Adler/Düring/Schmaltz*: Kommentierung zu § 246 HGB, Tz. 273.

241 Die §§ 264 ff. HGB sind zwar ergänzendes Recht nur für Kapitalgesellschaften, § 266 HGB läßt sich indes auch als „Auffächerung der Anordnung des § 246 Abs. 1 HGB" interpretieren, vgl. *Mathiak, Walter*: Zur Bilanzierung dinglicher Rechtsverhältnisse, in: FS Döllerer, S. 397-409, hier S. 400 (auch Zitat).

des Grundstückseigentümers stehen werden[242]. Schließlich wird im Rahmen der ergänzenden Vorschriften für Kreditinstitute[243] in § 340b Absatz 4 Satz 1 HGB bestimmt, daß bei echten Pensionsgeschäften die an den Pensionsnehmer übertragenen Vermögensgegenstände weiterhin in der Bilanz des Pensionsgebers auszuweisen sind.

bb) Die expliziten handelsrechtlichen Zurechnungsvorschriften begründen den Vorrang einer Zurechnung nach wirtschaftlichen Gesichtspunkten; die „zivilrechtliche Zugehörigkeit" zum Vermögen stellt „weder eine notwendige noch eine hinreichende Aktivierungsvoraussetzung"[244] dar. Als entscheidend für die Zugehörigkeit zum Kaufmannsvermögen wird demnach anzusehen sein, ob der Bilanzierende „die grundsätzlich unbeschränkte wirtschaftliche Verfügungsmacht"[245] innehat. Der Vorrang einer Zurechnung nach wirtschaftlichen Gesichtspunkten entspricht ständiger Rechtsprechung des *Bundesfinanzhofes*[246] und des *Bundesgerichtshofes*[247]; sie steht damit in der Tradition der Rechtsprechung des *Reichsfinanzhofes*[248],

---

242 Gemäß § 94 BGB gehören (fest mit dem Grund und Boden verbundene) Gebäude zu den wesentlichen Bestandteilen eines Grundstücks.
Vgl. auch unten, Zweites Kapitel B.I.2.
243 Die Vorschrift des § 340b HGB steht im Einklang mit dem handelsrechtlichen Prinzip wirtschaftlicher Vermögenszugehörigkeit (vgl. *Naumann, Thomas K.*: Bewertungseinheiten im Gewinnermittlungsrecht der Banken, Düsseldorf 1995, S. 26-28) und gilt nach herrschender Meinung als allgemeiner GoB für alle Kaufleute (vgl. *Krumnow, Jürgen*: Kommentierung zu § 340b HGB, in: Rechnungslegung der Kreditinstitute, Kommentar zum Bankbilanzrichtlinie-Gesetz und zur RechKredV, Stuttgart 1994, Tz. 2-3).
Vgl. (für Konsortial- bzw. Treuhandgeschäfte) §§ 5 und 6 RechKredV sowie *Mathews, Kurt*: Bilanzierung von Treuhandvermögen, in: BB, 47. Jg. (1992), S. 738-740, hier S. 739.
244 *Moxter, Adolf*: Bilanzrechtsprechung, 5. Aufl., a.a.O., S. 37.
245 Ebenda, S. 39.
246 Vgl. etwa die Urteile des *Bundesfinanzhofes* vom 27.11.1996 X R 92/92, BFHE 182, 104, hier 106; BStBl II 1996, 97 (m.w.N.); vom 7.11.1991 IV R 43/90, BFHE 166, 329, hier 331 ff.; BStBl II 1992, 398, hier 399 und vom 13.10.1972 I R 213/69, BFHE 107, 418, hier 420; BStBl II 1973, 209.
247 Vgl. Urteil des *Bundesgerichtshofes* vom 6.11.1995 II ZR 164/94, BB, 51. Jg. (1996), S. 155-157, hier S. 155.
Vgl. auch Urteil des *Bundesgerichtshofes* vom 24.4.1985 VIII ZR 95/84, BGHZ 94, 195, hier 207-208.
248 Vgl. Urteile des *Reichsfinanzhofes* vom 13.12.1923 III A 538/22, RStBl I 1923, 154; vom 5.2.1929 I A 513/28, StuW, 8. Jg. (1929), Nr. 366, Sp. 687-691; RStBl I 1929, 210 und vom 22.3.1929 I A b 810/28, RStBl I 1929, 504.

des *Reichsgerichtes*[249] sowie des Preußischen *Oberverwaltungsgerichtes* in Staatssteuersachen[250].

Da das Handelsbilanzrecht keine weiteren expliziten Regelungen für die Zurechnung von Vermögensgegenständen enthält, ist im Anschluß zu untersuchen, wie ein den genannten Vorschriften und dem oben[251] skizzierten GoB-System entsprechendes Prinzip[252] wirtschaftlicher Vermögenszugehörigkeit ausgestaltet sein muß; hierbei kommt der Generalnorm[253] des § 243 Absatz 1 HGB, wonach die Aufstellung des Jahresabschlusses nach den Grundsätzen ordnungsmäßiger Buchführung zu erfolgen hat, eine wichtige Rolle zu[254]. Das oben skizzierte, insbesondere vom Realisationsprinzip und dem Imparitätsprinzip geprägte GoB-System[255] bildet die Grundlage für die Ableitung wichtiger Einzelprinzipien; die sich aus diesen beiden Prinzipien ergebenden Konsequenzen für die Zurechnung von Vermögensgegenständen sollen daher nachfolgend aufgezeigt werden.

---

249 Vgl. Urteile des *Reichsgerichtes* vom 23.12.1899 Rep. V. 233/99, RGZ 45, 80, hier 85; vom 3.6.1910 V 58/10, RGSt 43, 407, hier 418 (mit Einschränkungen); vom 9.10.1913 Rep. II. 360/13, RGZ 83, 172, hier 175; vom 10.10.1917 Rep. V. 159/17, RGZ 91, 12, hier 14.

250 Vgl. die Entscheidungen des Preußischen *Oberverwaltungsgerichtes* in Staatssteuersachen vom 6.6.1896 Rep. E. V. b. 8/96, PrOVGSt Bd. 5, 139, hier 143; vom 17.10.1896 Rep. E. XII. a. 59/96, PrOVGSt Bd. 5, 221, hier 222-223; vom 2.11.1896 Rep. E. XI. b. 49/96, PrOVGSt Bd. 5, 227, hier 227 und vom 3.12.1896 Rep. E. VII. a. 135/96, PrOVGSt Bd. 5, 224, hier 226-227. Vgl. auch den historischen Überblick bei *Stengel, Gerhard*: Die persönliche Zurechnung von Wirtschaftsgütern im Einkommensteuerrecht, Berlin 1990, S. 39-42.

251 Vgl. hierzu Gliederungspunkt Erstes Kapitel A.IV.

252 Mit *Beisse* sind unter „Prinzipien" die dem Gesetz immanenten „Grundentscheidungen" des Gesetzgebers zu verstehen, die für die Auslegung von besonderer Bedeutung sind und ihren Niederschlag im Gesetz gefunden haben. An diesen Prinzipien hat sich die Auslegung primär zu orientieren, vgl. *Beisse, Heinrich*: Grundsatzfragen der Auslegung des neuen Bilanzrechts, a.a.O., S. 2007-2008 unter Bezugnahme auf *Larenz, Karl*: Methodenlehre der Rechtswissenschaft, a.a.O., S. 318.

253 Vgl. *Beisse, Heinrich*: Zum neuen Bild des Bilanzrechtssystems, a.a.O., S. 24. Vgl. auch *Körner, Werner*: Wesen und Funktion der Grundsätze ordnungsmäßiger Buchführung, in: BB, 41. Jg. (1986), S. 1742-1749, hier S. 1748.

254 Vgl. *Moxter, Adolf*: Bilanzlehre, Band II: Einführung in das neue Bilanzrecht, 3. Aufl., a.a.O., S. 20.

255 Vgl. oben, Erstes Kapitel A.IV.2.

b) Die Bedeutung des Realisationsprinzips für die Ausgestaltung des Prinzips wirtschaftlicher Vermögenszugehörigkeit

aa) Eine Relevanz des Realisationsprinzips für Fragen der Zurechnung von Vermögensgegenständen besteht in zweierlei Hinsicht:[256] Aus dem Grundsatz der periodengerechten Erfolgsabgrenzung[257] in Verbindung mit dem Realisationsprinzip folgt als erste Anforderung für die Zurechnung von Vermögensgegenständen, angefallene Ausgaben für Vermögensgegenstände zu aktivieren und damit in das spätere Umsatzjahr zu übertragen, sofern sie Umsätzen künftiger Geschäftsjahre zugehörig sind.[258] Dieser Bedingung ist – als zwingendes Folgeprinzip des Realisationsprinzips – gleichzeitig der Grundsatz der Nichtbilanzierung schwebender Geschäfte zu entnehmen[259]: Anders als bereits angefallene Ausgaben müssen (potentielle) Ausgaben künftiger Perioden bilanziell unberücksichtigt bleiben, falls sie Umsätzen späterer Geschäftsjahre zuzurechnen sind und die Ausgeglichenheitsvermutung nicht entkräftet wird.[260]

Die Konsequenzen des Periodisierungsprinzips für die Konzeption des Prinzips wirtschaftlicher Vermögenszugehörigkeit lassen sich exemplarisch anhand des Kaufs und der Anmietung einer Maschine aufzeigen: Im Falle des Kaufs ist die Zurechnung der Maschine zum Erwerber geboten, damit jener die Ausgabengegenwerte aktivieren und auf die Perioden übertragen kann, in denen die Umsätze erzielt werden. Wurde die Maschine dagegen gemietet, wird dem Periodisierungsprinzip durch den Grundsatz der Nichtbilanzierung entsprochen, weil den potentiellen jährlichen Mietausgaben die künftigen Umsätze gegenüberstehen.[261]

---

256 Vgl. *Moxter, Adolf*: Das System der handelsrechtlichen Grundsätze ordnungsmäßiger Bilanzierung, a.a.O., S. 21-23.

257 Vgl. zu diesem Grundsatz *Leffson, Ulrich*: Die Grundsätze ordnungsmäßiger Buchführung, a.a.O., S. 298-299 und *Groh, Manfred*: Vor der dynamischen Wende im Bilanzsteuerrecht?, in: BB, 44. Jg. (1989), S. 1586-1588, hier S. 1587.

258 Vgl. *Moxter, Adolf*: Bilanzlehre, Band I: Einführung in die Bilanztheorie, a.a.O., S. 161; *ders.*: Bilanzrechtsprechung, 2. Aufl., a.a.O., S. 7; *Ballwieser, Wolfgang*: Grundsätze ordnungsmäßiger Bilanzierung, in: Beck'sches Handbuch der Rechnungslegung, Abschnitt B 105, Rz. 29-30 und *Kußmaul, Heinz*: Grundlagen, Bilanzierungsfähigkeit und Bilanzierungspflicht, in: Küting/Weber, Rn. 397.

259 Vgl. *Heibel, Reinhold*: Handelsrechtliche Bilanzierungsgrundsätze und Besteuerung, Köln 1981, S. 135.

260 Vgl. dazu *Hommel, Michael*: Bilanzierung immaterieller Anlagewerte, a.a.O., S. 152-157.

261 Zu den Anwendungsgrenzen eines nur durch das Realisationsprinzip und das Imparitätsprinzip konzipierten Prinzips wirtschaftlicher Vermögenszugehörigkeit,
/...

bb) In seiner Ausprägung als Erfolgsneutralitätsprinzip gebietet das Realisationsprinzip zweitens, im Zeitpunkt eines Passivenzugangs (in Form einer Verbindlichkeit) die Erfolgswirksamkeit des Vorgangs zu prüfen: Alimentiert der Vorgang zu erwartende *künftige* Umsätze, erfolgt – vorbehaltlich der (sogleich zu erläuternden) Einschränkungen durch das Vermögensermittlungsprinzip – mit der Aktivierung eine Neutralisierung dieser Verbindlichkeit; es gilt mithin „das Prinzip der verknüpften Zurechnung von Vermögensgegenständen und Verbindlichkeiten"[262]. Im Beispiel bedingt die verbindlichkeitsinduzierende Lieferung der Maschine – die wirtschaftliche Erfüllung durch den Vertragspartner – zeitgleich die Zurechnung der Maschine zum Vermögen des Käufers.

cc) Gleichwohl zu beachten ist das das GoB-System prägende Zusammenwirken von Gewinnermittlungs- und Vermögensermittlungsprinzipien, infolgedessen nicht alle Ausgaben, die eventuell Umsätzen künftiger Geschäftsjahre zuzurechnen sein könnten, durch Aktivierung erfolgsneutral in das jeweilige Umsatzjahr zu übertragen sind: Das Gewinnermittlungsprinzip erfährt hier eine objektivierungsbedingte Einschränkung durch Vermögensermittlungsprinzipien;[263] die am Realisationsprinzip orientierte Zurechnung kann nur für diejenigen Ausgaben erfolgen, die vom Kaufmann für Vermögensgegenstände geleistet wurden.[264]

Auch die für immaterielle Vermögensgegenstände des Anlagevermögens geltende Objektivierungsrestriktion des entgeltlichen Erwerbs durchbricht

---

vgl. unten, Erstes Kapitel B.I.2.

262 *Moxter, Adolf*: Grundsätze ordnungsmäßiger Buchführung – ein handelsrechtliches Faktum, von der Steuerrechtsprechung festgestellt, a.a.O., S. 539.
Vgl. auch *Moxter, Adolf*: Fremdkapitalbewertung nach neuem Bilanzrecht, in: WPg, 37. Jg. (1984), S. 397-408, hier S. 399.

263 Vgl. *Moxter, Adolf*: Zur wirtschaftlichen Betrachtungsweise im Bilanzrecht, a.a.O., S. 234-235; vgl. zu den Vermögensermittlungsprinzipien oben, Erstes Kapitel A.IV.1.

264 Vgl. *Moxter, Adolf*: Bilanzrechtsprechung, 3. Aufl., a.a.O., S. 34; *Groh, Manfred*: Zur Bilanztheorie des BFH, in: StbJb 1979/80, S. 121-139, hier S. 130-133 und *Euler, Roland*: Das System der Grundsätze ordnungsmäßiger Bilanzierung, a.a.O., S. 181; vgl. analog für die Passivseite, *Moxter, Adolf*: Rückstellungskriterien nach neuem Bilanzrecht, in: BB, 34. Jg. (1979), S. 433-440, hier S. 438 ff.
Auch Ausgaben für einen Reklamefeldzug alimentieren eventuell in künftigen Geschäftsjahren umsatzbedingte Gewinne. Eine Aktivierung der Ausgaben könnte indes nur erfolgen, wenn die Wirtschaftsgutkriterien erfüllt wären; dies ist aufgrund der fehlenden Greifbarkeit des für die Reklameausgaben erlangten Vermögenswertes jedoch nicht der Fall.

insoweit die beiden Ausprägungen des Realisationsprinzips, Periodisie-
rungs- und Erfolgsneutralitätsprinzip.[265]

dd) Das Prinzip wirtschaftlicher Vermögenszugehörigkeit als Folgeprinzip
des Realisationsprinzips zu betrachten, steht auch im Einklang mit den
oben[266] genannten expliziten handelsrechtlichen Zurechnungsvorschriften:
Dem Realisationsprinzip entspricht es beispielsweise, eine unter Eigentumsvorbehalt erworbene Maschine bereits vor dem Übergang des zivilrechtlichen Eigentums zu aktivieren.[267] Wiederum zeigt sich, daß mit einer
ausschließlichen Orientierung am Zivilrecht den Anforderungen an eine
systemkonforme wirtschaftliche Vermögenszurechnung nicht entsprochen
werden kann: Obgleich ein solcher Rückgriff auf das Zivilrecht auf den
ersten Blick eine stark vereinfachte und objektivierte bilanzielle Vermögensermittlung zu ermöglichen scheint,[268] wäre etwa durch die bloße Verlängerung des Zahlungsziels der Übergang des zivilrechtlichen Eigentums
im Beispiel beliebig gestaltbar; den Bilanzierenden würden hinsichtlich
des Aktivierungszeitpunktes Manipulationsspielräume eingeräumt.[269]

Das Periodisierungsprinzip gebietet einerseits, den Erträgen die sie alimen-
tierenden Aufwendungen zuzurechnen[270]: Der Kaufmann rechnete sich
reich, wenn er die Maschine erst mit dem (späteren) Eigentumsübergang
aktivierte und bis zu diesem Zeitpunkt nur die erzielten Umsatzerlöse,
nicht aber etwa die anteiligen Abschreibungen der Maschine berücksichtigte. Andererseits verstieße es gegen das Realisationsprinzip in seiner
Ausprägung als Erfolgsneutralitätsprinzip, den Zugang der Verbindlichkeit

---

265 Zum entgeltlichen Erwerb, vgl. oben, Erstes Kapitel A.IV.2, Abschnitt d).
266 Vgl. den vorigen Abschnitt a).
267 Übersteigen die erwarteten Instandhaltungskosten die künftigen Umsätze, ver-
     körpert die Maschine keinen Einnahmenüberschuß und darf nicht aktiviert wer-
     den; dies gilt selbst dann, wenn der Kaufmann zivilrechtlicher Eigentümer der
     Maschine ist, vgl. *Moxter, Adolf*: Das „matching principle": Zur Integration eines
     internationalen Rechnungslegungs-Grundsatzes in das deutsche Recht, a.a.O.,
     S. 494.
268 Vgl. dazu *Moxter, Adolf*: Betriebswirtschaftliche Gewinnermittlung, a.a.O.,
     S. 91-92 und S. 161-163.
     Vgl. auch *Münzinger, Rudolf*: Bilanzrechtsprechung der Zivil- und Strafgerichte,
     Wiesbaden 1987, S. 65.
269 Vgl. dagegen *Ekkenga, Jens*: Kommentar zum Beschluß des Bundesfinanzhofs
     vom 16.12.1998 I R 50/95, in: BB, 54. Jg. (1999), S. 1212-1214, hier S. 1213.
270 Den Erträgen aus dem Verkauf der mit der Maschine hergestellten Produkte müs-
     sen die anteiligen Abschreibungen zugerechnet werden.

erst zum Zeitpunkt des zivilrechtlichen Eigentumsübergangs mit der Aktivierung der Maschine zu kompensieren.[271]

c) Die Bedeutung des Imparitätsprinzips für die Ausgestaltung des Prinzips wirtschaftlicher Vermögenszugehörigkeit

aa) Das Prinzip wirtschaftlicher Vermögenszugehörigkeit ist auch als Folgeprinzip des Imparitätsprinzips zu begreifen, weil derjenige, der eingetretene Wertminderungen bzw. das Risiko künftiger Wertminderungen eines Vermögensgegenstandes trägt, „in wirtschaftlich enger Beziehung" zu diesem Vermögensgegenstand stehen muß[272]. Die in den Anschaffungs- oder Herstellungskosten verkörperten Nettoeinnahmenpotentiale spiegeln als „Risikoindikatoren"[273] die zukünftigen Einzahlungserwartungen aus der getätigten Investition wider[274]. Die Risiken bestehen darin, daß sich die Anschaffungs- oder Herstellungskosten des Vermögensgegenstandes nicht vollständig amortisieren, wenn der Gegenstand – infolge veränderter technischer bzw. wirtschaftlicher Rahmenbedingungen – nicht mindestens bis

---

271 Vgl. *Moxter, Adolf:* Bilanzrechtsprechung, 2. Aufl., a.a.O., S. 10.
Die Erfolgsneutralität des Anschaffungsvorgangs könnte zwar bis zum Eigentumsübergang auch durch die Aktivierung eines (quasi-dinglichen) Nutzungsrechts an der Maschine gewährleistet werden, es bestünde aber die Gefahr, daß einer degressiven Abnutzung der Sache nicht durch eine degressive Abschreibung entsprochen werden könnte, vgl. *Moxter, Adolf:* Bilanzrechtsprechung, 5. Aufl., a.a.O., S. 40.

272 Vgl. *Euler, Roland:* Das System der GoB, a.a.O., S. 170 (auch Zitat).
Vgl. auch *Ascher, Theodor:* Bilanzierung fremden Eigentums, in: Handwörterbuch der Betriebswirtschaftslehre, 3. Aufl., hrsg. von Hans Seischab u. a., Bd. I, Stuttgart 1956, Sp. 1130-1134, hier Sp. 1133: Die Zurechnung von Vermögensgegenständen bedingt vor allem, daß der Kaufmann das *wirtschaftliche Risiko* zu tragen hat.

273 *Ordelheide, Dieter:* Kapital und Gewinn. Kaufmännische Konvention als kapitaltheoretische Konzeption?, a.a.O., S. 25 (im Original kursiv).
Vgl. auch *Ballwieser, Wolfgang:* Ein Überblick über Ansätze zur ökonomischen Analyse des Bilanzrechts, in: BFuP, 48. Jg. (1996), S. 503-527, hier S. 515.

274 Vgl. *Ordelheide, Dieter:* Zu einer neoinstitutionalistischen Theorie der Rechnungslegung, in: Betriebswirtschaftslehre und Theorie der Verfügungsrechte, hrsg. von Dietrich Budäus, Elmar Gerum und Gebhard Zimmermann, Wiesbaden 1988, S. 269-295, hier S. 279-281 und *Hommel, Michael/Berndt, Thomas:* Wertaufhellung und funktionales Abschlussstichtagsprinzip, in: DStR, 38. Jg. (2000), S. 1745-1752, hier S. 1750-1751.

zum Amortisationszeitpunkt umsatzwirksam im Unternehmen einsetzbar ist.[275]

bb) Sobald der Kaufmann die in den Nettoeinnahmenpotentialen enthaltenen Investitionsrisiken und Investitionschancen und damit auch eintretende Wertminderungen zu tragen hat, wird ihm der Vermögensgegenstand zuzurechnen sein;[276] zeitgleich ist, dem gerade beschriebenen Erfolgsneutralitätsprinzip gemäß, eine Verbindlichkeit zu passivieren[277]. Dies kann – wie beim Kauf unter Eigentumsvorbehalt – schon vor dem Übergang des zivilrechtlichen Eigentums der Fall sein, weil den Bilanzierenden ab dem Zeitpunkt der Übergabe des Vermögensgegenstandes die Investitionsrisiken treffen.[278] Anhand der zivilrechtlichen Vertragsgestaltung ist zu prüfen, welche gegenseitigen Rechte und Pflichten sich die Vertragsparteien eingeräumt haben,[279] mithin, ob eine Investition „im Sinne einer *endgültigen* Bindung von Geldkapital in Sachwerten"[280] getätigt wurde oder ob die Möglichkeit besteht, sich der Risiken aus der Investition, vor allem der Produktions- und Absatzrisiken[281], noch zu entledigen[282]. Insofern ent-

---

275 Vgl. *Hommel, Michael*: Das Prinzip des wirtschaftlichen Eigentums – ein Stellungsfehler im GoB-System?, unveröffentlichtes Manuskript, S. 1-34, hier S. 6 (Fußnote 28).

276 Vgl. dazu auch *Borchers, Hans-Jürgen*: Untersuchung über die Abgrenzung des Bilanzvermögens unter besonderer Berücksichtigung der Bilanzierung fremden Eigentums, Diss. Mannheim 1964, S. 45-60.

277 Vgl. *Moxter, Adolf*: Grundsätze ordnungsmäßiger Buchführung – ein handelsrechtliches Faktum, von der Steuerrechtsprechung festgestellt, a.a.O., hier S. 539.

278 Eine Zurechnung kommt nur in Betracht, wenn den Bilanzierenden – wie beim „Handeln auf eigene Rechnung" – durch den Einsatz eigenen Vermögens (eigener oder fremdfinanzierter Mittel) die rechtlichen und wirtschaftlichen Folgen selbst treffen, vgl. dazu das zu Bauten auf fremden Grundstücken ergangene Urteil des *Bundesfinanzhofes* vom 6.3.1991 X R 6/88, BFH/NV, 7. Jg. (1991), S. 525-527, hier S. 527 (auch Zitat).

279 Vgl. *Fahrholz, Bernd*: Leasing in der Bilanz, a.a.O., S. 75 und beispielhaft Urteil des *Bundesfinanzhofes* vom 12.9.1991 III R 233/90, BFHE 166, 49, hier 52-54; BStBl II 1992, 182.

280 *Döllerer, Georg*: Leasing – wirtschaftliches Eigentum oder Nutzungsrecht?, in: BB, 26. Jg. (1971), S. 535-540, hier S. 539 (Hervorhebung nicht im Original) in Anlehnung an *Plathe, Peter*: Zur rechtlichen Beurteilung des Leasing-Geschäfts, in: BB, 25. Jg. (1970), S. 601-605, hier S. 604.

281 Vgl. *Ordelheide, Dieter*: Bilanzen in der Investitionsplanung und -kontrolle – Zur Berücksichtigung von Kommunikationsrisiken und -kosten bei der Entwicklung der finanziellen Zielfunktion der Unternehmung, in: FS Loitlsberger, S. 507-534, hier S. 528.

282 Vgl. *Ordelheide, Dieter*: Kaufmännischer Periodengewinn als ökonomischer Ge-
    /...

spricht es auch dem Imparitätsprinzip, gemietete Vermögensgegenstände nicht in der Bilanz auszuweisen[283]: Wurde zwischen dem Eigentümer einer Maschine und dem Nutzungsberechtigten ein kurzfristiges Kündigungsrecht vereinbart, vermag letzterer zwar während der Laufzeit des Mietvertrages über das Einnahmenpotential der Mietsache verfügen, kann aber ein sich konkretisierendes Wertminderungsrisiko – etwa bei Verschlechterung der Absatzmöglichkeiten der mit dieser Maschine hergestellten Produkte – durch Kündigung des Mietverhältnisses auf den Vertragspartner abwälzen. Handelt es sich dagegen um einen Mietkauf, bei dem der Mieter mit Abschluß des Vertrages eine Kaufoption zu einem fixierten Kaufpreis unter Anrechnung der Mietzahlungen erwirbt,[284] kann das Wertminderungsrisiko auf ihn übergehen.

Dem Prinzip wirtschaftlicher Vermögenszugehörigkeit entspricht ferner die explizite handelsrechtliche Zurechnungsvorschrift für Sicherungsübereignungen[285]; zugleich scheinen sich jedoch erste Schwächen des nur auf der Grundlage von Realisationsprinzip und Imparitätsprinzip konzipierten Prinzips zu offenbaren: Gemäß dem Imparitätsprinzip zu berücksichtigende Wertminderungen des übereigneten Vermögensgegenstandes treffen einerseits den Sicherungs*geber*, mithin den unmittelbaren Besitzer: Die Möglichkeiten, den Gegenstand bis zum Amortisationszeitpunkt im Unternehmen gewinnbringend einzusetzen, haben sich verringert. Andererseits partizipiert aber auch der Sicherungs*nehmer* als zivilrechtlicher Eigentümer des Sicherungsguts an den mit dem übereigneten Vermögensgegenstand verbundenen Wertminderungsrisiken, die sich (bis zur Rückübertragung) im Verwertungsfall realisieren könnten. Die Zurechnung anhand des Imparitätsprinzips scheint insofern nicht zu eindeutigen Ergebnissen zu führen.

---

winn – Zur Unsicherheitsrepräsentation bei der Konzeption von Erfolgsgrößen, in: FS Busse von Colbe, S. 275-302, hier S. 286.

283 Die Zurechnung gemieteter Vermögensgegenstände zum Nutzungsberechtigten wird vorrangig am dem Realisationsprinzip entstammenden Grundsatz der Nichtbilanzierung schwebender Geschäfte scheitern. Die Bestimmung jener Fälle, in denen das Prinzip wirtschaftlicher Vermögenszugehörigkeit die Durchbrechung dieses Grundsatzes gebietet, erfordert die weitere Konkretisierung der Zurechnungskriterien, vgl. auch unten, Erstes Kapitel B.I.2.

284 Vgl. etwa Urteil des *Bundesfinanzhofes* vom 8.8.1990 X R 149/88, BFHE 162, 251, hier 253-254; BStBl II 1991, 70.

285 Vgl. zur Sicherungsübereignung *Baur, Fritz*: Lehrbuch des Sachenrechts, 17. Aufl., München 1999, S. 705-729.

Die zur Sicherung übereigneten Vermögensgegenstände dennoch in die Bilanz des Sicherungsgebers aufzunehmen, kann jedoch widerspruchsauflösend mit dem Realisationsprinzip begründet werden: der Sicherungsgeber trug (als Investor) die Anschaffungskosten und nur ihm fließen die Erträge aus dem unmittelbaren Besitz und der Nutzung des Sicherungsguts zu; die *Investitions*risiken und Investitionschancen verbleiben auch während der Sicherungsübereignung somit gänzlich beim Sicherungsgeber.

2. *Erfordernis der weiteren Konkretisierung des (auf der Grundlage des Realisationsprinzips und des Imparitätsprinzips konzipierten) Prinzips wirtschaftlicher Vermögenszugehörigkeit*

a) Den soeben unter 1. b) und c) beschriebenen Fällen ist gemein, daß die wirtschaftliche Vermögenszurechnung nur zeitlich vor der (Rück-)Übertragung des zivilrechtlichen Eigentums an den Vermögensgegenständen liegt. Der spätere Eigentumsübergang auf den Bilanzierenden ist aber nach ständiger Rechtsprechung[286] und wohl herrschender Meinung im Schrifttum[287] keine notwendige Bedingung für das Prinzip wirtschaftlicher Vermögenszugehörigkeit, sondern bildet nur einen wichtigen Anwendungsfall. Im Hinblick auf den Begriff des zivilrechtlichen Eigentums lassen sich fünf Fallgruppen unterscheiden, bei denen die Zurechnung nach dem Prinzip wirtschaftlicher Vermögenszugehörigkeit erfolgen kann[288]:

(1) Zivilrechtliches Eigentum des Bilanzierenden liegt vor,

(2) Spätere Eigentumsübertragung auf den Bilanzierenden folgt (Grundstückserwerb, Eigentumsvorbehalt, Mietkauf, Versendungskauf),

---

286 Vgl. Urteile des *Bundesfinanzhofes* vom 26.1.1970 IV R 144/66, BFHE 97, 466, hier 483; BStBl II 1970, 264; vom 15.3.1973 VIII R 150/70, BFHE 109, 254, hier 259; BStBl II 1973, 591 und vom 2.6.1978 III R 4/76, BFHE 125, 240, hier 242-243; BStBl II 1978, 507. Vgl. dagegen Urteil des *Bundesfinanzhofes* vom 15.10.1965 VI 192/65 U, BFHE 83, 576, hier 579; BStBl III 1965, 709.

287 Vgl. nur *Brezing, Klaus*: Der Gegenstand der Bilanzierung und seine Zurechnung im Handels- und Steuerrecht, in: HdJ, Abt. I/4, Rn. 74; *Knobbe-Keuk, Brigitte*: Bilanz- und Unternehmensteuerrecht, a.a.O., S. 69; *Moxter, Adolf*: Bilanzrechtsprechung, 5. Aufl., a.a.O., S. 39.
A. A. *Werndl, Josef*: Wirtschaftliches Eigentum, Köln 1983, S. 242.

288 Vgl. auch die Übersichten bei *Ascher, Theodor*: Die Behandlung fremden Eigentums in den Handelsbilanzen, in: BFuP, 1. Jg. (1949), S. 225-251 und S. 417-423, hier S. 231-233 und *Borchers, Hans-Jürgen*: Untersuchung über die Abgrenzung des Bilanzvermögens unter besonderer Berücksichtigung der Bilanzierung fremden Eigentums, a.a.O., S. 98.

(3)   Eigentum lag vor und wird nur vorübergehend aufgegeben (z.b. Sicherungsübereignung, Übergabe an Treuhänder, echte Pensionsgeschäfte),

(4)   Nutzung ohne Eigentumserwerb (Leasing[289], Bauten auf fremden Grundstücken, Mietereinbauten) und

(5)   Eigentum lag vor, wird aber aufgegeben (z.b. Vorbehaltsnießbrauch, Nutzungsrecht mit Abbruchverpflichtung[290]).

Beim Abschluß eines jederzeit kündbaren Miet- bzw. Pachtvertrages wird hinsichtlich des Willens der Vertragsparteien noch davon auszugehen sein, daß der Vertrag unter das jeweilige Recht zu stellen und somit die Zurechnung zum Nutzungsberechtigten auszuschließen ist.[291] Das auf der Grundlage von Realisationsprinzip und Imparitätsprinzip konzipierte Prinzip wirtschaftlicher Vermögenszugehörigkeit muß aber vor allem[292] für jene Vertragsgestaltungen weiter konkretisiert werden, die eine „Partenteilung" begründen, bei denen das Einnahmenpotential des Vermögensgegenstandes also vorübergehend oder dauerhaft sowohl dem Eigentümer als auch einem (nutzungsberechtigten) Dritten zusteht (Fallgruppen (4) und (5)).[293] Im Gegensatz zu Veräußerungsgeschäften, bei denen der Käufer das Eigentum an dem Kaufgegenstand erwirbt, kann der Nutzungsberechtigte aus einem dinglichen oder obligatorischen Nutzungsverhältnis – je nach Ver-

---

289   Hierunter fallen diejenigen Vertragsgestaltungen, die dem Leasingnehmer keine Kaufoption einräumen, bei denen sich aber Grundmietzeit und betriebsgewöhnliche Nutzungsdauer decken, vgl. Urteil des *Bundesfinanzhofes* vom 26.1.1970 IV R 144/66 IV R 144/66, BFHE 97, 466, hier 486 (Gliederungspunkt d)); BStBl II 1970, 264. Je nach vertraglicher Vereinbarung wird andernfalls die Zuordnung zu Fallgruppe (2) in Betracht zu ziehen sein.

290   Vgl. Urteil des *Bundesfinanzhofes* vom 22.8.1984 I R 198/80, BFHE 142, 370; BStBl II 1985, 126.

291   Vgl. Urteil des *Bundesfinanzhofes* vom 1.10.1970 V R 49/70, BFHE 100, 272, hier 276; BStBl II 1971, 34, hier 35. Vgl. auch *Claussen, Carsten Peter*: Kommentierung zu § 151 AktG, in: Kölner Kommentar, Anm. 15 und *Knoppe, Helmut*: Pachtverhältnisse gewerblicher Betriebe im Steuerrecht, 5. Aufl., Düsseldorf 1979, S. 4-5.

292   Darüber hinaus können selbst bei Kaufgeschäften Abgrenzungsschwierigkeiten hinsichtlich des Übergangs des Wertminderungsrisikos auf den Käufer auftreten, wie unten zu erörtern sein wird, vgl. Erstes Kapitel B.III.2.a).

293   Vgl. *Euler, Roland*: Das System der GoB, a.a.O., S. 169-170 (Zitat auf S. 169). Zum Begriff der Partenteilung in der Finanzierungstheorie, vgl. *Schmidt, Reinhard H./Terberger, Eva*: Grundzüge der Finanzierungstheorie, 3. Aufl., Wiesbaden 1996, S. 264-265 und S. 434-435.

tragsinhalt – nur eine sich diesem Vollrecht annähernde Rechtsposition erlangen, ohne jemals zivilrechtlicher Eigentümer zu werden (Fallgruppe (4)).[294]

b) Einer Klärung bedarf insbesondere auch das Verhältnis des Prinzips wirtschaftlicher Vermögenszugehörigkeit zum Grundsatz der Nichtbilanzierung schwebender Geschäfte[295]: Zu konkretisieren ist, unter welchen Bedingungen das Prinzip die Durchbrechung dieses Grundsatzes und damit die Zurechnung des Vermögensgegenstandes zum Nutzungsberechtigten erzwingt. Vor dem Hintergrund der im zweiten Kapitel zu behandelnden Bilanzierung von Mietereinbauten fehlt es dem auf der Grundlage von Realisationsprinzip und Imparitätsprinzip konzipierten Prinzip wirtschaftlicher Vermögenszugehörigkeit (bislang) nicht nur an eindeutigen Abgrenzungsmerkmalen, die bestimmen, ob aus einem eventuell nur noch formal als Nutzungsverhältnis anzusehenden Rechtsverhältnis die Zurechnung resultiert[296]. Offen bleibt auch, ob statt dessen die Aktivierung eines Nutzungsrechts zu erwägen ist oder die Bilanzierung zu unterbleiben hat: So wäre (aus Sicht des Nutzungsberechtigten) bei langfristigen Nutzungsverhältnissen, wie zum Beispiel beim Abschluß eines Mietvertrages über neun Jahre für eine Maschine mit betriebsgewöhnlicher Nutzungsdauer von zehn Jahren, dem Realisationsprinzip in seinen Ausprägungen als Erfolgsneutralitätsprinzip bzw. Periodisierungsprinzip mit der Zurechnung zum Nutzungsberechtigten ebenso entsprochen wie durch Nichtaktivierung und Verbuchung des Nutzungsentgelts als Aufwand[297]; eintretende Wertminderungen ließen sich sowohl mittels Abschreibung auf den niedrigeren (Teil-)Wert als auch bei Nichtaktivierung (zumindest handelsrechtlich) mit der Bildung einer Drohverlustrückstellung imparitätsprinzipkonform berücksichtigen.

Das Konkretisierungserfordernis des Prinzips wirtschaftlicher Vermögenszugehörigkeit tritt auch bei Nutzungsverträgen mit Kaufoptionen (Fallgruppe (2)) zu Tage: Ein Mieter kann bei entsprechender Vertragsgestal-

---

294 Vgl. hierzu *Hommel, Michael*: Grundsätze ordnungsmäßiger Bilanzierung für Dauerschuldverhältnisse, a.a.O., S. 61.

295 Vgl. zu diesem Grundsatz oben, Erstes Kapitel A.IV.2.

296 Vgl. dazu die Urteile des *Bundesfinanzhofes* vom 2.6.1978 III R 4/76, BFHE 125, 240, hier 243; BStBl II 1978, 507 und vom 25.10.1963 IV 429/62 U, BFHE 78, 107, hier 108-109; BStBl III 1964, 44.

297 Vorleistungen des Mieters werden dagegen durch den Ansatz eines aktiven Rechnungsabgrenzungspostens erfaßt, vgl. *Moxter, Adolf*: Bilanzrechtsprechung, 5. Aufl., a.a.O., S. 70-71.

tung, etwa die Einräumung einer Kaufoption unter Anrechnung der Mietraten, die Anschaffungskosten des Vermögensgegenstandes vollständig übernehmen, obwohl die Kaufpreiszahlung durch den Vermieter erfolgte. Unterstellt man vereinfachend Aufwendungen in Form von Abschreibungen auf den Gegenstand sowie Mietraten in gleicher Höhe, wäre dem Realisationsprinzip aus ökonomischer Sicht wiederum sowohl mit der Bilanzierung (und Abschreibung) des Vermögensgegenstandes beim Mieter als auch mit dessen Nichtaktivierung (und Berücksichtigung der Mietraten in der GVR) Genüge getan. Die Frage nach der systemkonformen – bilanzrechtlichen – Zurechnung des Vermögensgegenstandes könnte durch die mit der Zuordnung des Wertminderungsrisikos eng verbundene Wahrscheinlichkeit der Wahrnehmung der Kaufoption beeinflußt werden; andernfalls, wie auch bei Fehlen einer Kaufoption, kann in Ermangelung konkretisierender Merkmale aus dem Prinzip wirtschaftlicher Vermögenszugehörigkeit vorerst keine überzeugende Lösung abgeleitet werden.

Zu klären bleibt daher, welche Kriterien eine systemkonforme Zurechnung des Vermögensgegenstandes zum Nutzungsberechtigten anzeigen; dazu erscheint es aus zwei Gründen sinnvoll, zunächst die Merkmale des (zivil-) rechtlichen Eigentums zu skizzieren. Zum einen kann das Innehaben des Eigentums in vielen Fällen als Indiz für die Zurechnung des Vermögensgegenstandes nach dem Prinzip wirtschaftlicher Vermögenszugehörigkeit gelten (Fallgruppe (1)): Der Eigentümer trägt regelmäßig das Wertminderungsrisiko und verfügt über das Einnahmenpotential des Vermögensgegenstandes.[298] Aus dieser Annahme folgt in Analogie zur Werthaltigkeitsvermutung[299] bei Sachen und Rechten die Vermutung der systemkonformen Zurechnung zum zivilrechtlichen Eigentümer, sofern dem nicht explizite handelsrechtliche Vorschriften bzw. das Prinzip wirtschaftlicher Vermögenszugehörigkeit entgegenstehen.[300] Der Auffassung von *Knapp*, wonach der Rückgriff auf das zivilrechtliche Eigentum für die wirtschaftliche

---

298 Vgl. *Moxter, Adolf*: Betriebswirtschaftslehre und Bilanzrecht, in: Zur Verleihung der Ehrendoktorwürde an Adolf Moxter, hrsg. vom Dekan des Fachbereichs IV: Wirtschafts- und Sozialwissenschaften/Mathematik der Universität Trier, Peter Hecheltjen, Trier 1992, S. 19-30, hier S. 29.

299 Vgl. zu dieser Vermutung oben, Erstes Kapitel A.IV.1.

300 Diese Vorgehensweise steht im Einklang mit der (steuerrechtlichen) Zurechnungsvorschrift der Abgabenordnung, nach der Wirtschaftsgüter grundsätzlich dem Eigentümer zuzurechnen sind, solange dieser auch das wirtschaftliche Eigentum innehat, vgl. *Mellwig, Winfried/Weinstock, Marc*: Die Zurechnung von mobilen Leasingobjekten nach deutschem Handelsrecht und den Vorschriften des IASC, a.a.O., S. 2346 und zu § 39 AO unten, Erstes Kapitel B.II.

Vermögenszugehörigkeit ein „überflüssiger Umweg"[301] sei, kann daher nicht zugestimmt werden.[302]
Zum anderen muß das durch Realisationsprinzip und Imparitätsprinzip definierte, *noch* konturlose Prinzip wirtschaftlicher Vermögenszugehörigkeit weiter konkretisiert werden; da die Rechtsprechung für die bilanzielle Zurechnung aber mitunter auch auf einzelne Merkmale des zivilrechtlichen Eigentums rekurriert,[303] wird nach der sich anschließenden Darstellung der Inhalte des (zivil-)rechtlichen Eigentums im darauffolgenden Abschnitt b) zu prüfen sein, ob eine dem GoB-System entsprechende Konkretisierung dieses Prinzips durch die Merkmale des Eigentums erfolgen kann.

3. Konkretisierung des Prinzips wirtschaftlicher Vermögenszugehörigkeit durch Merkmale zivilrechtlichen Eigentums?

a) Inhalte des (zivil-)rechtlichen Eigentums

aa) *Verfassungsrechtlich* wird das Eigentum durch Artikel 14 Absatz 1 Satz 1 GG garantiert und umfaßt dort „grundsätzlich alle vermögenswerten Rechte [...], die dem Berechtigten von der Rechtsordnung in der Weise zugeordnet sind, daß er die damit verbundenen Befugnisse nach eigenverantwortlicher Entscheidung zu seinem privaten Nutzen ausüben darf"[304]. Da auch Rechte, die, wie die Rechtsposition eines Mieters, nur eingeschränkte Nutzungs- und Verwertungsbefugnisse beinhalten, nach der jüngeren Rechtsprechung des *Bundesverfassungsgerichtes* unter den Eigentumsbegriff des Grundgesetzes fallen,[305] erscheint Artikel 14 GG für die hier inter-

---

301 *Knapp, Lotte*: Was darf der Kaufmann als seine Vermögensgegenstände bilanzieren?, a.a.O., S. 1122.
    Vgl. auch *Borchers, Hans-Jürgen*: Untersuchung über die Abgrenzung des Bilanzvermögens unter besonderer Berücksichtigung der Bilanzierung fremden Eigentums, a.a.O., S. 66-68.

302 Vgl. *Moxter, Adolf*: Rückstellungskriterien im Streit, a.a.O., S. 320: Der Zurechnungszeitpunkt wird „konzeptionell vom Wechsel des rechtlichen Eigentums [...] gelöst, wenn auch gewiß die jeweilige Zivilrechtsstruktur bestimmt, ob überhaupt wirtschaftliches Eigentum zu bejahen ist".

303 Vgl. Urteile des *Bundesfinanzhofes* vom 12.9.1991 III R 233/90, BFHE 166, 49, hier 51; BStBl II 1992, 182 und vom 3.8.1988 I R 157/84, BFHE 154, 321, hier 325 f.; BStBl II 1989, 21.

304 Beschluß des *Bundesverfassungsgerichtes* vom 9.1.1991 1 BvR 929/89, BVerfGE 83, 201, hier 209.

305 Vgl. die Naßauskiesungsentscheidung, Beschluß des *Bundesverfassungsgerichtes* /...

essierende Konkretisierung des Prinzips wirtschaftlicher Vermögenszugehörigkeit auf den ersten Blick wenig hilfreich. Beachtenswert erscheint indes, daß erst die Gesamtschau aller verfassungsmäßigen Gesetze Aufschluß über den Eigentumsbegriff des Artikels 14 GG gibt;[306] die private
Eigentumsordnung soll dabei *nicht* maßgebend sein.[307] Die Existenz unter-
schiedlicher gesetzlicher Eigentumsbegriffe entkräftet somit das von den
Befürwortern einer zentralen bilanzrechtlichen Bedeutung des zivilrechtlichen Eigentums angeführte Argument des Gebots der Einheit der Rechtsordnung[308].

bb) Das verfassungsrechtliche Eigentum des Artikel 14 GG geht deutlich
weiter als das *zivilrechtliche* Eigentum,[309] das auf körperliche Gegenstände

---

vom 15.7.1981 1 BvL 77/78, BVerfGE 58, 300, hier 334-335. Vgl. auch den Beschluß des *Bundesverfassungsgerichtes* vom 12.6.1979 1 BvL 19/76, BVerfGE
52, 1, hier 29.
Anders dagegen die ältere Rechtsprechung, welche die Identität von verfassungs-
rechtlichem und privatrechtlichem Eigentum betonte, vgl. Urteil des *Bundesverfassungsgerichtes* vom 30.4.1952 1 BvR 14, 25, 167/52, BVerfGE 1, 264, hier
278 und die Beschlüsse des *Bundesverfassungsgerichtes* vom 4.5.1960 1 BvL
17/57, BVerfGE 11, 64, hier 70 und vom 18.3.1970 2 BvO 1/65, BVerfGE 28,
119, hier 142.

306 Vgl. Beschluß des *Bundesverfassungsgerichtes* vom 15.7.1981 1 BvL 77/78,
BVerfGE 58, 300, hier 336. Vgl. auch *Baur, Fritz*: Lehrbuch des Sachenrechts,
a.a.O., S. 271 und *Seiler, Hans Hermann*: Vorbemerkung zu § 903 BGB, in:
Staudingers Kommentar zum Bürgerlichen Gesetzbuch, Rz. 27-29.

307 Vgl. hierzu Beschluß des *Bundesverfassungsgerichtes* vom 15.7.1981 1 BvL
77/78, BVerfGE 58, 300, hier 335: „Der Begriff des von der Verfassung garan-
tierten Eigentums muß aus der Verfassung selbst gewonnen werden. Aus Normen des einfachen Rechts [...] kann weder der Begriff des Eigentums im verfassungsrechtlichen Sinne abgeleitet, noch kann aus der privatrechtlichen Rechtsstellung der Umfang der Gewährleistung des konkreten Eigentums bestimmt
werden". Vgl. auch *Seiler, Hans´Hermann*: Vorbemerkung zu § 903 BGB, in:
Staudingers Kommentar zum Bürgerlichen Gesetzbuch, Rz. 29.

308 Vgl. dazu oben, Erstes Kapitel B.I.1.a) dieser Arbeit.

309 Vgl. *Säcker, Franz Jürgen*: Kommentierung zu § 903 BGB, in: Münchner Kommentar, Bd. 4, 2. Aufl., RdNr. 1 sowie *Schwab, Karl Heinz/Prütting, Hanns*: Sachenrecht, 25. Aufl., München 1994, S. 124-125.
Die Kritik des Schrifttums an der Hinwendung zu diesem gegenüber dem Zivilrecht weiteren Eigentumsbegriff in der neueren Rechtsprechung des *Bundesverfassungsgerichtes* weist Analogien auf zur Argumentation der Befürworter einer
zentralen bilanzrechtlichen Bedeutung des zivilrechtlichen Eigentums, wenn etwa der dadurch zur Verfügung stehende Gestaltungsrahmen kritisiert wird, vgl.
Baur, Fritz: Die „Naßauskiesung" – oder wohin treibt der Eigentumsschutz?, in:
NJW, 35. Jg. (1982), S. 1734-1736, hier S. 1734-1735 und *Mayer-Maly, Theo*:

/...

beschränkt bleibt[310]: „Der Eigentümer einer Sache kann, soweit nicht das Gesetz oder Rechte Dritter entgegenstehen, mit der Sache nach Belieben verfahren und andere von jeder Einwirkung ausschließen" (§ 903 BGB). Dem Wortlaut der Vorschrift ist zu entnehmen, daß die Befugnisse des zivilrechtlichen Eigentümers in zwei Richtungen wirken:[311] zum einen ergibt sich eine auf das rechtliche Verhältnis zwischen dem Eigentümer und der in seinem Eigentum befindlichen Sache abzielende *positive* Wirkung, indem der Eigentümer nach Belieben mit der Sache verfahren kann. Die positive Wirkung erlaubt es dem Eigentümer, die Sache tatsächlich oder im Rahmen eines Rechtsgeschäftes zu nutzen: Während die tatsächliche Nutzung der Sache durch den Eigentümer das Recht auf Besitz, Benutzung, Verbrauch, Veränderung oder Vernichtung umfaßt, kann er im Rahmen eines Rechtsgeschäftes die Sache veräußern, mit dinglichen Rechten belasten, vererben oder Dritten (entgeltlich oder unentgeltlich) zum Besitz überlassen.[312]

Die *negativen* Inhalte des Eigentums bestehen hingegen darin, daß der Eigentümer Dritte von jeder Einwirkung auf die Sache ausschließen kann und beziehen sich demnach auf das Verhältnis der Rechte des Eigentümers an einer Sache zu den Befugnissen Dritter hinsichtlich dieser Sache. Mittels des Ausschließungsrechts können Dritte beispielsweise an der Wegnahme, Zerstörung, Beschädigung oder Benutzung der Sache gehindert werden. Der Umfang dieses Rechts ergibt sich allerdings erst aus dem po-

---

Das Eigentumsverständnis der Gegenwart und die Rechtsgeschichte, in: FS Hübner, S. 145-158, hier S. 148 und S. 157; zustimmend dagegen *Böhmer, Werner*: Grundfragen der verfassungsrechtlichen Gewährleistung des Eigentums in der Rechtsprechung des Bundesverfassungsgerichts, in: NJW, 41. Jg. (1988), S. 2561-2574, hier S. 2571-2574 und *Dörr, Dieter*: Die neuere Rechtsprechung des Bundesverfassungsgerichts zur Eigentumsgarantie des Art. 14 GG, in: NJW, 41. Jg. (1988), S. 1049-1054, hier S. 1050.

310 Vgl. *Seiler, Hans Hermann*: Kommentierung zu § 903 BGB, in: Staudingers Kommentar zum Bürgerlichen Gesetzbuch, Rz. 3.
Dagegen umfaßt der verfassungsrechtliche Eigentumsschutz beispielsweise auch das Urheberrecht, vgl. ebenda, Rz. 17 und die dort angeführten Entscheidungen des *Bundesverfassungsgerichtes*.

311 Vgl. zum Folgenden *Säcker, Franz Jürgen*: Kommentierung zu § 903 BGB, in: Münchner Kommentar, Bd. 4, 2. Aufl., RdNr. 4-6; *Schwab, Karl Heinz/Prütting, Hanns*: Sachenrecht, a.a.O., S. 125-126 und *Seiler, Hans Hermann*: Kommentierung zu § 903 BGB, in: Staudingers Kommentar zum Bürgerlichen Gesetzbuch, Rz. 2-25.

312 Vgl. *Seiler, Hans Hermann*: Kommentierung zu § 903 BGB, in: Staudingers Kommentar zum Bürgerlichen Gesetzbuch, Rz. 10.

sitiven Inhalt des Eigentums, da Dritte von solchen Einwirkungen auf die Sache nicht ausgeschlossen werden dürfen, die ihnen aufgrund rechtlicher Maßnahmen (Verfügungen) des Eigentümers zustehen;[313] darüber hinaus kann die Rechtsmacht des Eigentümers durch Gesetze weiter beschränkt werden.[314]

cc) Zivilrechtliches Eigentum eignet sich als Zurechnungskriterium, wenn der Eigentümer ohne jegliche Einschränkungen über sämtliche der gerade beschriebenen Rechte verfügt[315]: Die Zurechnung zum Eigentümer steht sodann im Einklang mit dem oben skizzierten Prinzip wirtschaftlicher Vermögenszugehörigkeit, weil ihm das Einnahmenpotential des Vermögensgegenstandes zusteht und er das Wertminderungsrisiko trägt.

b) Anwendungsgrenzen der Merkmale zivilrechtlichen Eigentums

Vor allem für die Fälle der Partenteilung stellt sich die Frage, inwieweit eine durch rechtliche Maßnahmen (eventuell weitgehend) eingeschränkte Eigentümerstellung noch Rückschlüsse auf die systemkonforme Zurechnung erlaubt; nachfolgend wird daher zu prüfen sein, ob bereits die Erfüllung *einzelner* der dargestellten positiven oder negativen Kriterien zivilrechtlichen Eigentums ausreicht, um zu einer den GoB entsprechenden Zurechnung zu gelangen.

aa) Die „tatsächliche Nutzung" des Vermögensgegenstandes als (konkretisierendes) Zurechnungskriterium steht scheinbar im Einklang mit dem Realisationsprinzip, weil dem Nutzenden die Erträge aus dem Vermögensgegenstand zufließen werden. Gegen dieses Kriterium spricht jedoch, daß bei Partenteilungen, bei denen neben dem Eigentümer (mindestens) einem weiteren Nutzungsberechtigten Erträge zufließen, Abgrenzungsprobleme auftreten. Das Recht auf Besitz oder Benutzung kann etwa einem dinglichen oder obligatorischen Nutzungsberechtigten zustehen, ohne daß aus dem Realisationsprinzip bzw. dem Imparitätsprinzip die Zurechnung des Vermögensgegenstandes zum Nutzungsberechtigten folgte.[316]

---

313 Vgl. ebenda, Rz. 10-11.
314 Vgl. ebenda, Rz. 13-25.
315 Vgl. *Schreiber, Jochem*: Kommentierung zu § 5 EStG, in: Blümich, Rz. 513 und *Kußmaul, Heinz*: Kommentierung zu § 246 HGB, in: Küting/Weber, Rn. 7.
     Vgl. auch Urteil des *Bundesfinanzhofes* vom 26.5.1982 I 163/78, BFHE 136, 217, hier 220; BStBl II 1982, 693, hier 694.
316 Wie oben dargestellt, erzwingt das Realisationsprinzip die Zuordnung der Auf-
     /...

Auch das Recht, den Vermögensgegenstand zerstören oder entfernen zu dürfen, bildet kein geeignetes Zurechnungskriterium: Zwar besteht (vermeintlich) eine Übereinstimmung mit der handelsrechtlichen Vorschrift, wonach Bauten auf fremden Grundstücken gemäß § 266 Absatz 2 HGB beim Erbauer zu aktivieren sind.[317] Handelt es sich bei den Bauten um sogenannte Scheinbestandteile,[318] verfügt der Erbauer über ein Entfernungsrecht. Auch dem Realisationsprinzip scheint insoweit entsprochen zu werden: der Erbauer, der die Anschaffungskosten getragen hat, könnte die Aufwendungen mittels Abschreibungen den Erträgen aus den Bauten zuordnen. Die Aktivierung dieser Bauten beim Erbauer wird aber in ständiger Rechtsprechung[319] und nach herrschender Meinung in der Literatur[320] nicht von dem Recht abhängig gemacht, sie jederzeit entfernen zu können. Die Bedeutungsgrenzen dieses Merkmals zeigen sich ferner bereits darin, daß es weder notwendiges noch hinreichendes Kriterium für (zivilrechtliches) Eigentum darstellt,[321] es kann daher nicht zu einer Konkretisierung des Prinzips wirtschaftlicher Vermögenszugehörigkeit beitragen.

---

wendungen zu den (durch sie alimentierten) Erträgen. Aufwendungen aus der Sicht des Nutzungsberechtigten ergeben sich dabei nicht aus der Abschreibung des genutzten Gegenstandes, sondern als Entgelt im Rahmen des Nutzungsverhältnisses. Sofern der Nutzungsberechtigte keine Vorleistungen erbringt, gilt für schwebende Geschäfte jedoch der Grundsatz der Nichtbilanzierung, vgl. etwa die Urteile des *Bundesfinanzhofes* vom 20.11.1980 IV R 126/78, BFHE 132, 418, hier 419; BStBl II 1981, 398; vom 20.1.1983 IV R 158/80 BFHE 138, 53, passim; BStBl II 1983, 413; vom 8.12.1988 IV R 33/87, BFHE 155, 532, hier 534; BStBl II 1989, 407 und vom 4.6.1991 X R 136/87, BFHE 165, 349, hier 352; BStBl II 1992, 70.

317 Für das Entfernungsrecht als maßgebliches Zurechnungskriterium bei Bauten auf fremden Grundstücken plädiert *Baltzer*, [ohne Vorname]: Die steuerliche Zurechnung von Gebäuden auf fremdem Grund und Boden, in: StuW, 30. Jg. (1953), Sp. 651-662, hier Sp. 655 und Sp. 658.

318 Vgl. § 95 BGB und unten, Zweites Kapitel B.I.1.

319 Vgl. dazu unten, Zweites Kapitel B.I.2 und die dortigen Rechtsprechungsnachweise.

320 Vgl. dazu *Schiffbauer, Siegfried*: Zurechnung von Gebäuden auf fremdem Grund und Boden, in: DB, 8. Jg. (1955), S. 736-737, hier S. 737.
A. A. *Joussen, Edgar*: Das wirtschaftliche Eigentum an Gebäuden – Hinweise zur Vertragsgestaltung –, in: WPg, 52. Jg. (1999), S. 388-401, hier S. 393.

321 *Seeliger* legt dar, daß die soziale Bedeutung des Eigentums zum Beispiel die Zerstörung von Wohnraum verbieten kann; zudem können auch Dritte zur Zerstörung des Wirtschaftsguts berechtigt sein, ohne daß ihnen das Wirtschaftsgut zuzurechnen wäre, vgl. *Seeliger, Gerhard*: Der Begriff des wirtschaftlichen Eigentums im Steuerrecht, Stuttgart 1962, S. 33-37.

Ob eine Konkretisierung durch das zweite positive Merkmal „Nutzung im Rahmen eines Rechtsgeschäftes" möglich ist, hängt davon ab, ob das Kriterium der Veräußerungs- oder Überlassungsbefugnis als GoB-konform gelten darf. Dies ist jedoch beispielsweise[322] bei Sicherungsübereignungen nicht der Fall: Während der Sicherungsnehmer Eigentümer der übereigneten Vermögensgegenstände wird,[323] behält der Sicherungsgeber den unmittelbaren Besitz sowie die Nutzungsbefugnis; obgleich letzterem für die Dauer der Übereignung keine Veräußerungs- oder Überlassungsbefugnis zusteht,[324] sind die übereigneten Vermögensgegenstände in seine Bilanz aufzunehmen. Es ist somit zu konstatieren, daß die positiven Eigentumsmerkmale einer systemkonformen Konkretisierung des Prinzips wirtschaftlicher Vermögenszugehörigkeit nicht zuträglich sind.

bb) Auch die (sich in Ausschließungsrechten manifestierenden) negativen Befugnisse des Eigentümers können eine solche Konkretisierung nicht bewirken[325]: Die Schwächen des Ausschließungskriteriums liegen bereits in

---

322 Auch bei echten Pensionsgeschäften kann der Pensionsnehmer die erhaltenen Wertpapiere weiterveräußern, weil sich die Rückgabepflicht häufig nur auf gleichartige Vermögensgegenstände erstreckt, vgl. *Prahl, Reinhard/Naumann, Thomas K.*: Überlegungen für eine sachgerechte Bilanzierung der Wertpapierleihe, in: WM, 46. Jg. (1992), S. 1173-1181, hier S. 1175 und *Hartung, Werner*: Wertpapierleihe und Bankbilanz: Ist § 340 b HGB richtlinienkonform?, in: BB, 48. Jg. (1993), S. 1175-1177, hier S. 1176. Dennoch sind die übertragenen Vermögensgegenstände gemäß § 340b Absätze 2 und 4 HGB dem Pensionsgeber zuzurechnen.

323 Vgl. *Baur, Fritz*: Lehrbuch des Sachenrechts, a.a.O., S. 706-707; *Seeliger, Gerhard*: Der Begriff des wirtschaftlichen Eigentums im Steuerrecht, a.a.O., S. 30 und *Theis, Winfried*: Sicherungsübereignung, in: HWStR, Bd. 2, S. 1203-1204, hier S. 1203. Vgl. auch *Serick, Rolf*: Eigentumsvorbehalt und Sicherungsübereignung, Bd. II, Heidelberg 1965, S. 95-104 und das Urteil des *Bundesfinanzhofes* vom 22.10.1952 II 67/52 U, BFHE 56, 809, hier 811; BStBl III 1952, 310. Dagegen plädiert *Werndl* dafür, den Eigentumsübergang von der Übergabe des Sicherungsguts an den Sicherungsnehmer abhängig zu machen, vgl. *Werndl, Josef*: Wirtschaftliches Eigentum, a.a.O., S. 188-193.

324 Vgl. *Baur, Fritz*: Lehrbuch des Sachenrechts, a.a.O., S. 711. *Larenz* weist darauf hin, daß das hier übertragene Eigentum nach dem Willen der Vertragspartner nicht die normale Rechtsmacht des Eigentums gewähren soll, sondern nur eine mindere, vgl. *Larenz, Karl*: Kennzeichen geglückter richterlicher Rechtsfortbildungen, in: Schriftenreihe der juristischen Studiengesellschaft Karlsruhe, Heft 64, Karlsruhe 1965, S. 6-7. Vgl. zum (ähnlichen) Kriterium der „Verwertbarkeit" unten, Erstes Kapitel B.III.3.a).

325 Vgl. zum (wirtschaftlichen) Ausschluß des zivilrechtlichen Eigentümers im Sinne des § 39 Absatz 2 Nr. 1 Satz 1 AO unten, Erstes Kapitel B.II.3.a)bb).

dessen Konzeption begründet, die den Blick einzig auf unberechtigte, außenstehende Dritte richtet; in den hier interessierenden Fällen der Partenteilung geht es indes um das Verhältnis zwischen rechtlichem Eigentümer und berechtigtem Dritten. Zu klären bleibt, ab wann die Rechtsmacht des Eigentümers gegenüber jenem Dritten so gering wird, daß die Zurechnung des Vermögensgegenstandes zum Nichteigentümer zu erwägen ist.

Gerade bei Partenteilungen resultiert aus der Möglichkeit, andere von der Einwirkung auf die Sache auszuschließen, nicht zwangsläufig eine systemkonforme Zurechnung: Zwar kann der Inhaber eines dinglichen Rechts, etwa ein Erbbauberechtigter, fremde Dritte von der Einwirkung auf das Grundstück ausschließen; er wird darüber hinaus auch Eigentümer der auf dem Grundstück errichteten baulichen Anlagen[326]. Gleichwohl entspricht es dem Imparitätsprinzip, das Grundstück beim Erbbauverpflichteten zu bilanzieren, der (auch für die Dauer des Nutzungsverhältnisses) das Wertminderungsrisiko trägt. Ein nur vorübergehender Ausschluß des Eigentümers oder der Ausschluß fremder Dritter reicht mithin nicht aus, um den Übergang des Risikos auf den Erbbauberechtigten anzunehmen.

Das Ausschließungsrecht als (alleiniges) Merkmal ist somit nicht geeignet, zur Konkretisierung des Prinzips wirtschaftlicher Vermögenszugehörigkeit beizutragen.[327] Eine Konkretisierung des Prinzips wirtschaftlicher Vermögenszugehörigkeit durch den zivilrechtlichen Eigentumsbegriff erscheint lediglich in Fällen möglich, in denen keine Partenteilung erfolgt. Damit erweist sich aber der Rückgriff auf den Eigentumsbegriff nur dann als hilfreich, wenn bereits die Zurechnung gemäß Realisationsprinzip und Imparitätsprinzip regelmäßig zu eindeutigen Ergebnissen führt.

---

326 Vgl. § 14 ErbbauVO sowie die Urteile des *Bundesfinanzhofes* vom 2.5.1984 VIII R 276/81, BFHE 141, 498, hier 502; BStBl II 1984, 820 und vom 26.2.1970 I R 42/68, BFHE 98, 486, hier 488; BStBl II 1970, 419.

327 Das Ausschließungsrecht bildet auch den Ausgangspunkt für das unten zu untersuchende wirtschaftliche Eigentum der Abgabenordnung, für das jedoch nur der *wirtschaftliche* Ausschluß des (zivilrechtlichen) Eigentümers gefordert wird, vgl. Urteil des *Bundesfinanzhofes* vom 30.5.1984 I R 146/81, BFHE 141, 509; hier 512-513; BStBl II 1984, 825. Die auf *Seeliger* zurückgehende Definition des wirtschaftlichen Eigentums betont ferner das Erfordernis der *Dauerhaftigkeit* des Ausschlusses des zivilrechtlichen Eigentümers (vgl. *Seeliger, Gerhard*: Der Begriff des wirtschaftlichen Eigentums im Steuerrecht, a.a.O., S. 45-47).

II. Die Bedeutung von § 39 Absatz 2 Nr. 1 Satz 1 AO für die wirtschaftliche Vermögenszugehörigkeit

1. Die Maßgeblichkeit des Prinzips wirtschaftlicher Vermögenszugehörigkeit für die Steuerbilanz

a) Vorrang von § 39 AO vor § 5 EStG?

aa) Ob dem (handelsrechtlichen) Prinzip wirtschaftlicher Vermögenszugehörigkeit auch für die Zurechnung von Wirtschaftsgütern in der Steuerbilanz Bedeutung zukommt, könnte in zweierlei Hinsicht fraglich erscheinen: Zum einen existiert mit § 39 AO[328] eine eigenständige steuerliche Vorschrift für die Zurechnung von Wirtschaftsgütern, die wegen ihres systematischen Standortes unter dem zweiten Abschnitt „Steuerschuldverhältnis" im zweiten Teil („Steuerschuldrecht") der Abgabenordnung für alle Steuerarten gilt[329] und (daher) von einigen Autoren als maßgeblich für die steuerbilanzielle Zurechnung angesehen wird. Zum anderen werden im Schrifttum grundsätzliche Bedenken gegen das Maßgeblichkeitsprinzip vorgebracht und eine Zurechnung nach eigenständigen steuerrechtlichen Zurechnungskriterien proklamiert[330]; je nach Reichweite der Maßgeblichkeit der Grundsätze ordnungsmäßiger Buchführung für die Steuerbilanz könnte also eine getrennte Untersuchung der steuerrechtlichen Zurechnung notwendig werden.

Ob sich die Zurechnung von Wirtschaftsgütern in der Steuerbilanz nach dem Prinzip wirtschaftlicher Vermögenszugehörigkeit oder § 39 AO richtet, bedarf auch deswegen einer Klärung, weil die Anwendung der beiden Prinzipien nach Auffassung von Teilen des Schrifttums zumindest in Einzelfällen[331] zu unterschiedlichen Ergebnissen für die Zurechnung von Wirt-

---

328 In diesem Abschnitt soll nur untersucht werden, ob die Zurechnungsvorschrift der Abgabenordnung gegenüber § 5 Absatz 1 Satz 1 EStG vorrangig ist. Ob die in § 39 AO kodifizierten Merkmale eine Konkretisierung des Prinzips wirtschaftlicher Vermögenszugehörigkeit herbeiführen können, wird unten, Erstes Kapitel B.II.3.a) zu prüfen sein.

329 Vgl. *Knobbe-Keuk, Brigitte*: Bilanz- und Unternehmensteuerrecht, a.a.O., S. 75.

330 Vgl. hierzu den folgenden Gliederungspunkt b).

331 Unterschiede konstatieren für Pensionsgeschäfte *Hinz, Michael*: Bilanzierung von Pensionsgeschäften, in: BB, 46. Jg. (1991), S. 1153-1156, hier S. 1155-1156 und (zusätzlich auch für Leasing) *Stobbe, Michael*: Ist der Maßgeblichkeitsgrundsatz bei der Zurechnung des wirtschaftlichen Eigentums anwendbar?, in: BB, 45. Jg. (1990), S. 518-525, hier S. 524; für unberechtigten Eigenbesitz *Stengel, Gerhard*: Die persönliche Zurechnung von Wirtschaftsgütern im Einkommensteuerrecht, a.a.O., S. 13-19 und *Hommel, Michael*: Bilanzierung immateriel-

/...

schaftsgütern führen kann.[332] Für die Steuerbilanz stellt sich daher die Frage, inwiefern zwischen den beiden Vorschriften Gesetzeskonkurrenz[333] besteht, wie also der (scheinbare) Konflikt zwischen beiden Vorschriften aufzulösen ist. Die hinsichtlich der Bedeutung der Vorschriften für die steuerbilanzielle Zurechnung differierenden Literaturmeinungen sollen im folgenden kritisch gewürdigt werden.

bb) Eine erste Gruppe von Autoren, die für einen Vorrang von § 39 AO gegenüber § 5 EStG eintritt, verweist zur Begründung auf den Wegfall der noch in § 11 Satz 1 StAnpG[334] enthaltenen Subsidiaritätsklausel „soweit nichts anderes bestimmt ist". Mit der Gesetzesänderung komme nunmehr anstelle spezieller Zurechnungsregeln für *alle* Gebiete der Besteuerung § 39 AO zur Anwendung.[335]

---

ler Anlagewerte, a.a.O., S. 170-171, für Mietereinbauten *Moxter, Adolf*: Bilanzrechtsprechung, 5. Aufl., a.a.O., S. 40 (unter c)) sowie für Bauten auf fremden Grundstücken *Weber-Grellet, Heinrich*: Steuerbilanzrecht, a.a.O., S. 107.

332 Vgl. *Knobbe-Keuk, Brigitte*: Bilanz- und Unternehmensteuerrecht, a.a.O., S. 73-75; *Thies, Angelika*: Rückstellungen als Problem der wirtschaftlichen Betrachtungsweise, a.a.O., S. 19-20 und analog für § 11 StAnpG, vgl. *Knapp, Lotte*: Problematischer Leasing-Erlaß, in: DB, 24. Jg. (1971), S. 685-691, hier S. 685-686; *dies.*: Leasing in der Handelsbilanz, in: DB, 25. Jg. (1972), S. 541-549, hier S. 546.

333 „Gesetzeskonkurrenz" liegt vor, wenn die Tatbestandsmerkmale mehrerer Rechtssätze auf einen Sachverhalt zutreffen, vgl. *Larenz, Karl*: Methodenlehre der Rechtswissenschaft, a.a.O., S. 267 (dortige Fußnote 25).

334 Die bis zum Inkrafttreten der Abgabenordnung von 1977 maßgebliche Zurechnungsregel des § 11 Satz 1 StAnpG von 1934 lautete: „Für die Zurechnung bei der Besteuerung gelten, soweit nichts anderes bestimmt ist, die folgenden Vorschriften [...]", Steueranpassungsgesetz vom 16.10.1934, in: RGBl I 1934, 925. Bereits § 80 RAO 1919 und wortgleich § 98 RAO 1931 bestimmten: „Wer einen Gegenstand als ihm gehörig besitzt, wird im Sinne der Steuergesetze wie ein Eigentümer behandelt", vgl. *Fischer, Peter*: Kommentierung zu § 39 AO, in: Hübschmann/Hepp/Spitaler, Anm. 1.

335 Vgl. *Fischer, Hermann J.*: Grunderwerbsteuerbare Treuhandgeschäfte und Zurechnungsvorschriften der Abgabenordnung, in: BB, 33. Jg. (1978), S. 1772-1774, hier S. 1772.
Ähnlich auch *Nelgen, Volker/Klug, Rainer*: Investitionszulage und wirtschaftliches Eigentum, in: BB, 34. Jg. (1979), S. 1286-1292, hier S. 1287: aus dem Wegfall der Subsidiaritätsklausel könne gefolgert werden, „daß der Gesetzgeber die Klärung dieser Frage noch der Rechtsprechung und Literatur überlassen möchte" (Zitat auf S. 1287).

Als zusätzliches Argument für die These einer weitreichenden Geltung der Vorschrift ließe sich anführen, daß der Gesetzgeber in der Begründung[336] zu § 39 AO auf die zur steuerlichen Gewinnermittlung ergangene Rechtsprechung des *Bundesfinanzhofes* zum Leasing rekurriert und damit dieser Norm auch für das Bilanzrecht Bedeutung beizumessen scheint.[337]

Aus der Entstehungsgeschichte geht indes eindeutig hervor, daß der Gesetzgeber mit der Neufassung der Vorschrift gerade *keine* Änderung der ursprünglichen Rechtslage herbeiführen wollte.[338] Der Verweis auf die Rechtsprechung zum Leasing könnte daher lediglich auf die Absicht des Gesetzgebers hindeuten, die vom *Bundesfinanzhof* im Bereich des Einkommensteuerrechts entwickelten Kriterien für das allgemeine Steuerrecht zu übernehmen.

cc) Die Thesen einer zweiten Gruppe von Autoren, die ebenfalls § 39 AO als einschlägig für die bilanzsteuerrechtliche Zurechnung betrachtet, beruhen auf einem von der hier vertretenen Auffassung abweichenden GoB-Verständnis.

So bezeichnet *Nieland* den Verweis auf die GoB in § 5 EStG als bedeutungslos, da diese zur Zurechnung nichts besagten.[339] Auch *Ruppel* negiert die Relevanz handelsrechtlicher GoB für die bilanzsteuerrechtliche Zurechnung: § 39 AO als kodifiziertes Recht lasse keinen Spielraum für GoB, die wegen des Fehlens eines normativen Charakters auch nicht als lex specialis anzusehen seien. GoB seien keine Rechtsnormen, „[i]hre Regeln sind den Handelsbräuchen, den Verkehrssitten des Handelsrechts, zu-

---

336 Vgl. *Deutscher Bundestag*: Begründung des Finanzausschusses zu § 39 AO 1977, in: Bundestagsdrucksache 7/4292, S. 19.

337 Vgl. *Stengel, Gerhard*: Die persönliche Zurechnung von Wirtschaftsgütern im Einkommensteuerrecht, a.a.O., S. 107.

338 Vgl. *Deutscher Bundestag*: Begründung des Finanzausschusses zu § 39 AO 1977, a.a.O., S. 19: „Mit der Neufassung ist [...] keine Änderung des Begriffs ‚wirtschaftliches Eigentum' beabsichtigt".
Vgl. auch *Baetge, Jörg/Ballwieser, Wolfgang:* Ansatz und Ausweis von Leasingobjekten in Handels- und Steuerbilanz, a.a.O., S. 5 und *Hoffmann, Ralph*: Kommentierung zu § 39 AO, in: Koch/Scholtz, Rz. 1. Vgl. analog zu § 1 Absatz 2 StAnpG, *Beisse, Heinrich*: Die wirtschaftliche Betrachtungsweise bei der Auslegung der Steuergesetze in der neueren deutschen Rechtsprechung, a.a.O., S. 1.

339 Vgl. *Nieland, Hubert*: Kommentierung zu §§ 4, 5 EStG, in: Littmann/Bitz/Hellwig, Rn. 91.

zuordnen, womöglich auch den Vorformen des Handelsbrauchs, der Verkehrsanschauung"[340]; daher habe § 39 AO umfassende Bedeutung auch im Bilanzsteuerrecht.[341]

Zwar fehlt es an einer allgemeinen expliziten handelsrechtlichen Zurechnungsvorschrift; wie bereits oben dargelegt wurde,[342] besteht das moderne GoB-System jedoch aus geschriebenen wie ungeschriebenen Grundsätzen; es erweist sich als geeignet, „jede neu aufkommende bilanzrechtliche Frage sachgerecht zu lösen".[343] Wegen des nach geltendem Recht unfraglichen Rechtsnormcharakters der GoB[344] kann auch den Thesen *Ruppel*s für das moderne Bilanzrecht nicht gefolgt werden.

dd) Eine andere Begründung für den Vorrang von § 39 AO findet sich bei *Ekkenga*, der die wirtschaftliche Betrachtungsweise und damit auch eine wirtschaftliche Vermögenszurechnung für das Handelsrecht generell ablehnt.[345] Zwar sei die Bilanzierung von Vermögensgegenständen beim Nichteigentümer in § 246 Absatz 1 Satz 2 HGB vom Gesetzgeber kodifiziert worden, dabei handele es sich jedoch um eine „rechtlich determinierte Vermögenszurechnung". Diese Vermögenszurechnung unterscheide sich hinsichtlich möglicher vollstreckungs- und insolvenzrechtlicher Konsequenzen von einer wirtschaftlichen Zurechnung.[346] Während für die Zu-

---

340 *Ruppel, Alfred*: Der Grundstücks-(Gebäude-)teil mit Eigenfunktion – Ersatzfigur des wirtschaftlichen Eigentums?, in: DStR, 17. Jg. (1979), S. 69-72, hier S. 69.
Die Auffassung *Ruppels* bezieht sich allerdings auf das HGB a.f. und damit auf weitgehend unkodifiziertes Bilanzrecht, vgl. zur Entwicklung der GoB *Moxter, Adolf*: Bilanzrechtsprechung, 4. Aufl., Tübingen 1996, S. 5-9.

341 Vgl. *Ruppel, Alfred*: Der Grundstücks-(Gebäude-)teil mit Eigenfunktion – Ersatzfigur des wirtschaftlichen Eigentums?, a.a.O., hier S. 69-70.
Für eine Dominanz von § 39 AO wohl auch *Knoppe, Helmut*: Pachtverhältnisse gewerblicher Betriebe im Steuerrecht, a.a.O., S. 74 und S. 92; *Hütz, Jürgen*: Das wirtschaftliche Eigentum im Urteil des BFH, in: FR, 34. (61.) Jg. (1979), S. 607-612, hier S. 607 und S. 612 sowie *Bilsdorfer, Peter*: Bilanzierung von Nutzungsmöglichkeiten an im Miteigentum stehenden Gebäuden und Gebäudeteilen, in: BB, 35. Jg. (1980), S. 197-199, hier S. 198.

342 Zum Systemcharakter der GoB, vgl. oben, Erstes Kapitel A.I, Abschnitt b).

343 Vgl. *Beisse, Heinrich*: Gläubigerschutz – Grundprinzip des deutschen Bilanzrechts, a.a.O., S. 79-80 (Zitat auf S. 80).

344 Zum Rechtsnormcharakter der GoB, vgl. oben, Erstes Kapitel A.I, Abschnitt a).

345 Vgl. *Ekkenga, Jens*: Zur Aktivierung und Einlagefähigkeit von Nutzungsrechten nach Handelsbilanz- und Gesellschaftsrecht, in: ZHR 161 (1997), S. 599-627, hier S. 606.

346 Vgl. *Ekkenga, Jens*: Gibt es „wirtschaftliches Eigentum" im Handelsbilanzrecht?, a.a.O., S. 270 (auch Zitat); vgl. dagegen *Döllerer, Georg*: Leasing – wirtschaftli-

/...

rechnung in der Handelsbilanz sonst (zivilrechtliches) Eigentum an den Vermögensgegenständen erforderlich sei, käme im Steuerbilanzrecht die in § 39 AO verankerte wirtschaftliche Betrachtungsweise zum Tragen[347].

Die Thesen *Ekkenga*s müssen in engem Zusammenhang mit seiner Auffassung vom Sinn und Zweck handelsrechtlicher Bilanzierung und daraus resultierenden Implikationen für den Vermögensgegenstandsbegriff gewürdigt werden: Für diesen Begriff sei auf die Verwertungsbefugnis eines Konkursverwalters im Falle der Insolvenz abzustellen, weil die Handelsbilanz die Darstellung des Gläubigerzugriffspotentials bezwecke.[348] Fraglich erscheint indes bereits, ob die handelsrechtlichen Vorschriften mit dem von *Ekkenga* propagierten Zweck in Einklang zu bringen sind: Wie bereits ausgeführt,[349] sieht die herrschende Meinung den Primärzweck handelsrechtlicher Bilanzierung in der Ermittlung von Gewinnansprüchen, Rückschlüsse auf eine Gläubigergefährdung im insolvenzrechtlichen Sinne erlaubt die handelsrechtliche Vermögensermittlung nur sehr begrenzt.[350]

Döllerer legt dar, daß dem (zivilrechtlichen) Eigentümer in wichtigen Fällen die Verwertungsbefugnis fehlt: So kann etwa ein beweglicher Leasing-Gegenstand dem Leasingnehmer während der Grundmietzeit durch Zwangsvollstreckung nicht entzogen werden.[351] Da sich der Gegenstand nicht im Gewahrsam des Schuldners, des Gläubigers oder eines zur Herausgabe bereiten Dritten befindet (§§ 808, 809 ZPO), kann er nicht durch

---

ches Eigentum oder Nutzungsrecht?, a.a.O., S. 537 und *Fabri, Stephan*: Grundsätze ordnungsmäßiger Bilanzierung entgeltlicher Nutzungsverhältnisse, a.a.O., S. 57-59 (m.w.N.). Vgl. auch *Heilmann, Klaus/Klopp, Onno*: Insolvenzrechts-Handbuch, hrsg. von Peter Gottwald, München 1990, § 26, Rdn. 2: Der treuhändisch übertragene Vermögensgegenstand gehöre gewohnheitsrechtlich zur Konkursmasse des Treugebers.

347 *Ekkenga, Jens*: Gibt es „wirtschaftliches Eigentum" im Handelsbilanzrecht?, a.a.O., S. 267.
348 Ebenda, S. 264 (zum Zugriffspotential) und S. 269 (zur Verwertungsbefugnis). Vgl. auch *Reithmeier, Hans*: Die Bilanzierung von Leasing-Verträgen über bewegliche Gegenstände nach Aktienrecht, Frankfurt am Main u. a. 1979, S. 59-62.
349 Vgl. hierzu oben, Erstes Kapitel A.II.1.
350 Vgl. *Döllerer, Georg*: Das Kapitalnutzungsrecht als Gegenstand der Sacheinlage bei Kapitalgesellschaften, in: FS Fleck, S. 35-51, hier S. 41-42 und S. 46-47 sowie *Hommel, Michael*: Überschuldungsmessung nach neuem Insolvenzrecht: Probleme und Lösungsmerkmale, in: ZfB, 68. Jg. (1998), S. 297-322, hier S. 306-308.
351 Zu den Bedingungen einer Pfändung des Nutzungsrechts des Leasingnehmers, vgl. Beschluß des *Oberlandesgerichts Düsseldorf* vom 17.2.1988 3 W 494/87, NJW, 41. Jg. (1988), S. 1676-1677, passim.

die Gläubiger gepfändet werden.[352] Auch bei Vermögensgegenständen, die nur mit dem gesamten Unternehmen übertragbar sind[353], ergeben sich hinsichtlich einer Pfändung Schwierigkeiten;[354] die von *Ekkenga* angeführten Argumente für einen Vorrang von § 39 AO gegenüber § 5 EStG können daher nicht überzeugen.

ee) Aus unterschiedlichen Zielsetzungen von Handels- und Steuerbilanz folgert *Runge* die Spezialität von § 39 AO gegenüber § 5 EStG: Während der Sinn und Zweck der Steuerbilanz darin bestehe, den Einzelnen nach dessen steuerlicher Leistungsfähigkeit zu besteuern und den vollen Gewinn zu erfassen, führe die Orientierung am Grundsatz des Gläubigerschutzes und am Vorsichtsprinzip handelsrechtlich zu anderen Bilanzansätzen.[355] *Littmann* vertritt schließlich die Ansicht, durch das Maßgeblichkeitsprinzip seien im wesentlichen nur GoB im Sinne formeller Buchführungsvorschriften erfaßt. Daraus folge, daß für Fragen des Ansatzes von Wirtschaftsgütern in der Steuerbilanz eine Maßgeblichkeit der GoB nicht bestehe.[356]

---

352 Vgl. *Döllerer, Georg*: Leasing – wirtschaftliches Eigentum oder Nutzungsrecht?, a.a.O., S. 537-538; *Hartmann, Peter*: Kommentierung zu § 857 ZPO, in: Beck'scher Kurz-Kommentar, Bd. I, Zivilprozeßordnung mit Gerichtsverfassungsgesetz und anderen Nebengesetzen, 56. Aufl., München 1998, Rn. 7 und *Hüffer, Uwe*: Kommentierung zu § 240 HGB, in: Großkommentar Handelsgesetzbuch, Rdn. 20.

353 Hier ist insbesondere der (derivative) Geschäfts- oder Firmenwert zu nennen; weiterhin existieren auch zivilrechtliche Rechtspositionen, die nicht übertragbar und gleichwohl zu aktivieren sind, wie z.B. §§ 399, 413, 1059 BGB, vgl. *Döllerer, Georg*: Die Rechtsprechung des Bundesfinanzhofs zum Steuerrecht der Unternehmen, in: ZGR, 14. Jg. (1985), S. 386-418, hier S. 387. Vgl. dazu auch die Urteile des *Bundesfinanzhofes* vom 30.5.1984 I R 146/81, BFHE 141, 509, hier 513; BStBl II 1984, 825 und vom 23.11.1988 II R 209/82, BFHE 155, 132, hier 134; BStBl II 1989, 82, hier 83 sowie *Wacker, Roland*: Kommentierung zu § 4 EStG, in: Blümich, Rz. 129.

354 Vgl. *Döllerer, Georg*: Leasing – wirtschaftliches Eigentum oder Nutzungsrecht?, a.a.O., S. 536. Vgl. auch *ders.*: Das Kapitalnutzungsrecht als Gegenstand der Sacheinlage bei Kapitalgesellschaften, a.a.O., S. 41-42.

355 Vgl. *Runge, Berndt/Bremser, Horst/Zöller, Günter*: Leasing – Betriebswirtschaftliche, handels- und steuerrechtliche Grundlagen, Heidelberg 1978, S. 257-262. Ebenso *Meyer[-Scharenberg], Dirk*: Einkommensteuerliche Behandlung des Nießbrauchs und anderer Nutzungsüberlassungen, Herne und Berlin 1984, S. 129-130 und *Hutzler, Adolf*: Zum Ausweis des wirtschaftlichen Eigentums in der Handelsbilanz, a.a.O., S. 14.

356 Vgl. *Littmann, Eberhard*: Zur Tragweite der neugefaßten §§ 5, 6 EStG, in: DStR, /...

Die kritische Würdigung der Thesen *Runges* und *Littmann*s berührt vor allem die grundsätzliche Frage der Bedeutung des Maßgeblichkeitsprinzips. Da sich auch die Argumentation der Befürworter einer speziellen steuerrechtlichen Zurechnung gegen dieses Prinzip richtet, wird nachfolgend in einem ersten Schritt zunächst deren Auffassung dargestellt; im Anschluß daran wird die Reichweite des GoB-Verweises eingehender untersucht.

b) Vorrang spezieller steuerrechtlicher Zurechnungsvorschriften?

aa) Im Schrifttum wird die Meinung vertreten, spezielle steuerliche Gewinnermittlungsgrundsätze gingen sowohl § 39 AO als auch § 5 EStG vor; eine Gesetzeskonkurrenz der beiden Vorschriften bestehe daher nicht, vielmehr seien handelsrechtliche und steuerrechtliche Rechtssätze sowie Begriffe aus „ihrem jeweiligen systematischen Zusammenhang heraus zu interpretieren". Dies bedeute, daß im Fall divergierender Regelungen von § 39 AO und § 5 EStG die Zurechnung in der Steuerbilanz nach speziellen Gewinnermittlungsgrundsätzen des Einkommensteuerrechts zu erfolgen habe.[357]

So wird von *Stengel* die These aufgestellt, einkommensteuerliche Zurechnungsgrundsätze seien Teil eines eigenständigen Steuerbilanzrechts,[358] weder die GoB noch die Zurechnungsvorschrift der Abgabenordnung erwiesen sich als geeignet, steuerbilanzielle Zurechnungsfragen zu lösen[359]: Der handelsrechtliche Grundsatz einer wirtschaftlichen Vermögenszugehörigkeit werde vom Maßgeblichkeitsprinzip nicht umfaßt,[360] denn er bedinge wegen des Vorsichtsprinzips die „rechtliche Absicherung der tatsächlichen Sachherrschaft"[361]. Im Rahmen der steuerlichen Messung der Leistungsfähigkeit sei diese Absicherung hingegen nicht erforderlich.

Darüber hinaus fehle § 39 AO eine eigenständige normative Bedeutung, die Vorschrift erzwinge somit lediglich die teleologische Auslegung der Steuergesetze; § 39 AO, § 5 Absatz 1 EStG und die einkommensteuerlichen Zurechnungsgrundsätze stünden daher in einem „gestaffelten lex

---

7. Jg. (1969), S. 321-325, hier S. 324.

357 Vgl. dazu *Plückebaum, Rudolf*: Kommentierung zu § 4 EStG, in: Kirchhof/Söhn, Rdnr. B 29-B 36 (Zitat in Rdnr. B 35).

358 Vgl. *Stengel, Gerhard*: Die persönliche Zurechnung von Wirtschaftsgütern im Einkommensteuerrecht, a.a.O., S. 129-133.

359 Ebenda, S. 43-50.

360 Ebenda, S. 177.

361 Ebenda, S. 129 (auch Zitat).

specialis Verhältnis zueinander"[362]. Ansätze für eine eigenständige steuerrechtliche Regelung der Zurechnung von Wirtschaftsgütern in der Steuerbilanz erblickt *Stengel* in der Rechtsprechung zu den in §§ 7 und 9 EStG geregelten Absetzungen für Abnutzung, die eine steuertatbestandliche Interpretation auch bei Zurechnungsfragen ermögliche.[363]

bb) Der Ansatz *Stengels*, die Zurechnung an die gesetzlichen AfA-Bestimmungen zu koppeln, erscheint zunächst wenig hilfreich, da eine Absetzungspflicht regelmäßig[364] nicht Grund, sondern Folge der Zurechnung ist.[365] Unklar bleibt auch, inwieweit den §§ 7 und 9 EStG konkrete Vorgaben für die Zurechnung entnommen werden können: So spricht etwa § 7 Absatz 1 Satz 1 EStG von Wirtschaftsgütern, „deren Verwendung oder Nutzung" der Erzielung von Einkünften dient; hierunter ließen sich sowohl gemietete als auch im (rechtlichen) Eigentum stehende Wirtschaftsgüter subsumieren. Darüber hinaus ist fraglich, ob die vorgeschlagene Beurteilung der Zurechnungsfragen anhand von Einzelsteuertatbeständen den Objektivierungserfordernissen der Bilanz im Rechtssinne gerecht werden kann[366]; es drohte eine (noch weitergehende) kasuistische Auffächerung.

Die vorgebrachten Einwände dürften auch *Stengels* Vorgehensweise erklären, der – obgleich er doch für den Vorrang spezieller einkommensteuerlicher Grundsätze eintritt – zur Lösung der Zurechnungsproblematik ausschließlich auf die in § 39 AO kodifizierten Merkmale oder die von der

---

362 Ebenda, S. 133-134 (Zitat auf S. 134).
363 Ebenda, S. 48 (mit Nachweis in dortiger Fußnote 110) und S. 132-133.
364 Eine Ausnahme bildet wohl nur die Rechtsprechung zum Vorbehaltsnießbrauch, vgl. etwa die Urteile des *Bundesfinanzhofes* vom 16.11.1993 IX R 103/90, BFH/ NV, 10. Jg. (1994), S. 539-540, hier S. 540 und vom 28.7.1981 VIII R 35/79, BFHE 134, 133, hier 134; BStBl II 1982, 380. Vgl. auch Urteil des *Bundesfinanzhofes* vom 24.4.1990 IX R 9/86, BFHE 160, 522, hier 524; BStBl II 1990, 888.
365 Vgl. *Schiffbauer, Siegfried*: Zurechnung von Gebäuden auf fremdem Grund und Boden, a.a.O., S. 737; *Werndl, Josef*: Kommentierung zu § 7 EStG, in: Kirchhof/ Söhn, Rdnr. A 100; *Stuhrmann, Gerd*: Kommentierung zu § 7 EStG, in: Hartmann/Böttcher/Nissen/Bordewin, Rz. 33 und *Wacker, Roland*: Kommentierung zu § 4 EStG, in: Blümich, Rz. 138; differenzierend *Drenseck, Walter*: Kommentierung zu § 7 EStG, in: Schmidt, Rz. 25 und Rz 30.
366 Diese Beschränkung von Ermessensspielräumen folgt aus dem Erfordernis der Rechtssicherheit, vgl. dazu *Moxter, Adolf*: Bilanzauffassungen, a.a.O., Sp. 501 und *Beisse, Heinrich*: Die Generalnorm des neuen Bilanzrechts, in: FS Döllerer, S. 25-44, hier S. 29; vgl. zum Rechtssicherheitsgebot *Tipke, Klaus/Lang, Joachim*: Steuerrecht, a.a.O., § 4, Rz. 167-193.

Rechtsprechung zu deren Konkretisierung entwickelten Kriterien zurückgreift.[367]

Da sowohl Befürworter des Vorrangs von § 39 AO als auch die Vertreter eigenständiger steuerrechtlicher Zurechnungsgrundsätze ihre Auffassungen zuvorderst mit einer begrenzten Reichweite des Maßgeblichkeitsprinzips begründen und der Geltungsbereich des Prinzips im Schrifttum umstritten zu sein scheint, ist nachfolgend zu prüfen, inwieweit § 5 Absatz 1 EStG[368] die handelsrechtlichen Aktivierungsgrundsätze und insbesondere das Prinzip wirtschaftlicher Vermögenszugehörigkeit umfaßt.

c) Die Reichweite des Maßgeblichkeitsprinzips gemäß § 5 Absatz 1 Satz 1 EStG

aa) § 5 Absatz 1 EStG bindet die steuerbilanzielle Gewinnermittlung an die handelsrechtlichen Grundsätze ordnungsmäßiger Buchführung[369], soweit nicht die in den Absätzen 2 bis 6 enthaltenen (besonderen oder allgemeinen) Gesetzesvorbehalte deren Maßgeblichkeit einschränken.[370]

Da diese Vorbehalte sowie die darüber hinaus bestehenden steuerrechtlichen Ansatz- und Bewertungsvorbehalte lediglich als Klarstellungen zu begreifen sind oder – wie die AfA-Regelungen – auf in steuerlichen Massenverfahren notwendige Typisierungen zielen, bezieht sich § 5 Absatz 1 Satz 1 HGB auf die (primär) der handelsrechtlichen Gewinnanspruchser-

---

367 Vgl. *Stengel, Gerhard*: Die persönliche Zurechnung von Wirtschaftsgütern im Einkommensteuerrecht, a.a.O., S. 177-178.

368 Ob der (Sonder-) Fall des unberechtigten Eigenbesitzes eine „teleologische Reduktion" des Maßgeblichkeitsprinzips erforderlich macht, soll hier nicht untersucht werden (vgl. *Stengel, Gerhard*: Die persönliche Zurechnung von Wirtschaftsgütern im Einkommensteuerrecht, a.a.O., S. 176).
Gegen eine solche Vorgehensweise könnte aber das vorrangige Interesse an Rechtssicherheit sprechen, vgl. dazu *Larenz, Karl*: Methodenlehre der Rechtswissenschaft, a.a.O., S. 391-392 und *Mathiak, Walter*: Unmaßgeblichkeit von kodifiziertem Handelsrechnungslegungsrecht für die einkommensteuerrechtliche Gewinnermittlung?, in: FS Beisse, S. 323-334, hier S. 331.

369 Eine Würdigung der sog. umgekehrten Maßgeblichkeit (vgl. hierzu *Kempermann, Michael*: Kommentierung zu § 5 EStG, in: Kirchhof/Söhn, Rdnr. B 140 und B 145-150 und *Ballwieser, Wolfgang*: Ist das Maßgeblichkeitsprinzip überholt?, a.a.O., S. 491-492) kann hier unterbleiben, da § 5 Absatz 1 Satz 2 EStG nur die Ausübung steuerrechtlicher *Wahlrechte* betrifft.

370 Vgl. hierzu *Mathiak, Walter*: Kommentierung zu § 5 EStG, in: Kirchhof/Söhn, Rdnr. A 6.

mittlung dienenden Grundsätze ordnungsmäßiger Buchführung;[371] die von *Littmann* postulierte Begrenzung der Maßgeblichkeit auf formelle GoB ist daher abzulehnen.

Der Wortlaut der Vorschrift läßt aber noch offen, ob damit auf das von der höchstrichterlichen Rechtsprechung konkretisierte handelsrechtliche GoB-System und infolgedessen auch auf das Prinzip wirtschaftlicher Vermögenszugehörigkeit verwiesen wird[372] oder ob, wie zum Teil im Schrifttum[373] gefordert, nur obere Grundsätze Geltung erlangen sollen. Träfe letzteres zu, könnte eine Relevanz von § 39 AO für die steuerbilanzielle Zurechnung verbleiben.

Für eine weitestgehende Anknüpfung des Steuerbilanzrechts an die Grundsätze ordnungsmäßiger Buchführung werden mitunter Vereinfachungs-[374] und Rechtssicherheitserwägungen[375] angeführt: Das Maßgeblichkeitsprinzip ermögliche durch die Nutzung der handelsrechtlichen Gewinnermittlungsgrundsätze auch für die Steuerbilanz die Aufstellung einer „Ein-

---

371 Vgl. *Moxter, Adolf*: Missverständnisse um das Maßgeblichkeitsprinzip, a.a.O., S. 159 und *Fresl, Karlo*: Die Europäisierung des deutschen Bilanzrechts, a.a.O., S. 5 ff.
Als GoB-widrig ist indes das Verbot von Drohverlustrückstellungen zu bezeichnen (§ 5 Absatz 4a EStG), vgl. hierzu *Moxter, Adolf*: Zur Abgrenzung von Verbindlichkeitsrückstellungen und (künftig grundsätzlich unzulässigen) Verlustrückstellungen, in: DB, 50. Jg. (1997), S. 1477-1480, hier S. 1477 f.; *Heddäus, Birgit*: Grenzen der Bilanzierung von Drohverlustrückstellungen nach geltendem Recht und nach dem Entwurf eines Steuerreformgesetzes 1998, in: BB, 52. Jg. (1997), S. 1463-1470, passim und *Naumann, Thomas K.*: Zur Abgrenzung von künftig ertragsteuerlich nicht mehr zu bildenden Drohverlustrückstellungen, insbesondere bei Kreditinstituten, in: BB, 53. Jg. (1998), S. 527-531, hier S. 527.
372 Vgl. *Moxter, Adolf*: Missverständnisse um das Maßgeblichkeitsprinzip, a.a.O., S. 157.
Zum Anwendungsbereich, vgl. auch *Dziadkowski, Dieter*: Verhältnis von Handelsbilanz und Steuerbilanz, in: Beck'sches Handbuch der Rechnungslegung, Abschnitt B 120, Rz. 25 ff.
373 Vgl. etwa *Schulze-Osterloh, Joachim*: Herstellungskosten in der Handels- und Steuerbilanz, in: StuW, 66. (19.) Jg. (1989), S. 242-249, hier S. 247-249; *ders.*: Handelsbilanz und steuerrechtliche Gewinnermittlung, in: StuW, 68. (21.) Jg. (1991), S. 284-296, hier S. 285 und *Weber-Grellet, Heinrich*: Steuerbilanzrecht, a.a.O., S. 69-70.
374 Vgl. *Schreiber, Ulrich*: Rechnungslegung im Einzelabschluß nach internationalen Grundsätzen?, in: FS Fischer, S. 879-912, hier S. 901.
375 Vgl. *Tipke, Klaus/Lang, Joachim*: Steuerrecht, a.a.O., § 4, Rz. 50-64.

heitsbilanz"[376], die Beachtung der Bilanzierungsgrundsätze sei zudem sanktionsbewehrt und daher wegen des Gebots der Widerspruchsfreiheit der Grundwertungen einer Rechtsordnung auch für das Steuerbilanzrecht zwingend[377]. Nach *Euler* vermögen Vereinfachungs- und Objektivierungsaspekte *allein* indes das Maßgeblichkeitsprinzip nicht (mehr) zu rechtfertigen.[378]

bb) Als die wohl entscheidende Voraussetzung für eine bilanzsteuerrechtliche Bindung an das GoB-System darf die Identität der Schutzzwecke von Handels- und Steuerbilanz gelten. Gegen eine solche Identität wird eingebracht, die handelsrechtliche Gewinnermittlung diene zugleich auch der Informationsvermittlung und dem Gläubigerschutz und sei somit noch anderen Zwecken als der Erfassung des „vollen Gewinns" verpflichtet, die Anwendung des Maßgeblichkeitsprinzips führe daher zu einer „Deformation" des Steuerrechts;[379] insbesondere das handelsrechtliche Vorsichtsprinzip[380] stehe der Zwecksetzung des Steuerbilanzrechts entgegen.[381]

---

376 *Beisse, Heinrich*: Die steuerrechtliche Bedeutung der neuen deutschen Bilanzgesetzgebung, in: StVj, 1. Jg. (1989), S. 295-310, hier S. 298-301.
  Vgl. auch *Döllerer, Georg*: Handelsbilanz ist gleich Steuerbilanz, a.a.O., passim und *Mellwig, Winfried*: Meinungsspiegel, in: BFuP, 41. Jg. (1989), S. 159-175, hier S. 161-163.
377 Vgl. *Döllerer, Georg*: Maßgeblichkeit der Handelsbilanz in Gefahr, in: BB, 26. Jg. (1971), S. 1333-1335, hier S. 1335.
378 Vgl. (mit Verweis auf die hohe Besteuerung des Einkommens) *Euler, Roland*: Steuerbilanzielle Konsequenzen der internationalisierten Rechnungslegung, in: StuW, 75. (28.) Jg. (1998), S. 15-24, hier S. 15.
  Vgl. ferner *Moxter, Adolf*: Missverständnisse um das Maßgeblichkeitsprinzip, a.a.O., S. 159 und *Weber-Grellet, Heinrich*: Adolf Moxter und die Bilanzrechtsprechung, in: BB, 49. Jg. (1994), S. 30-33.
379 Vgl. jüngst *Siegel, Theodor*: Rückstellungen, Teilwertabschreibungen und Maßgeblichkeitsprinzip, in: StuB, 1. Jg. (1999), S. 195-201, hier S. 196 und *Wagner, Franz W.*: Aufgabe der Maßgeblichkeit bei einer Internationalisierung der Rechnungslegung?, in: DB, 51. Jg. (1998), S. 2073-2077, hier S. 2075.
380 Das Vorsichtsprinzip gilt nach *Beisse* gewohnheitsrechtlich für Ansatz und Bewertung, vgl. *Beisse, Heinrich*: Zum neuen Bild des Bilanzrechtssystems, a.a.O., S. 16.
  A. A. *Siegel, Theodor*: Allgemeine Bewertungsgrundsätze, in: Beck'sches Handbuch der Rechnungslegung, Abschnitt B 161, Rz. 106-111.
381 Vgl. etwa *Wagner, Franz W.*: Die umgekehrte Maßgeblichkeit der Handelsbilanz für die Steuerbilanz, in: StuW, 67. (20.) Jg. (1990), S. 3-14, hier S. 11-13 und *Weber-Grellet, Heinrich*: Steuerbilanzrecht, a.a.O., S. 20-21.

Eine Einschränkung des Maßgeblichkeitsprinzips erschiene wohl unvermeidlich, wenn man, ein dominantes handelsrechtliches Einblicksgebot zugrundelegend, den Primärzweck handelsrechtlicher Bilanzierung in der Vermittlung von Informationen sähe.[382] Wie oben dargelegt[383], gilt die Konkretisierung von Informationsinhalten gegenüber der Gewinnanspruchsermittlung jedoch nur als nachrangiger Schutzzweck. Angesichts übereinstimmender Primärzwecke wird bezweifelt, ob partiell divergierende (Neben-)Zwecke unterschiedliche Gewichtungen von Objektivierung und wirtschaftlicher Betrachtungsweise erzwingen: „Es gibt keine spezifisch steuerrechtliche Leistungsfähigkeit"[384], beide Bilanzen ermitteln vielmehr die wirtschaftliche Leistungsfähigkeit.[385]

Entgegen der Auffassung *Stengels* und *Runges* läuft das (gläubigerschützende) Vorsichtsprinzip dem nicht zuwider, sondern sichert mit seinen Folgeprinzipien erst die Entziehbarkeit des sich bei „Gewinnquellenerhaltung" ergebenden Überschusses.[386] Aufgrund des Erfordernisses der Gleichbehandlung aller Steuerpflichtigen ist aber auch ein ausgewogenes Maß an Vorsicht und Objektivierung zu fordern.[387] Die Relativität der

---

382 Vgl. hierzu auch *Moxter, Adolf:* Heinrich Beisse 65 Jahre, in: StVj, 4. Jg. (1992), S. 187-189, hier S. 188.

383 Vgl. Erstes Kapitel A.II und die in Fußnote 130 angegebene Literatur.

384 *Döllerer, Georg:* Maßgeblichkeit der Handelsbilanz in Gefahr, a.a.O., S. 1334.

385 Vgl. *Mellwig, Winfried:* Bilanzrechtsprechung und Betriebswirtschaftslehre, in: BB, 38. Jg. (1983), S. 1613-1620, hier S. 1616-1618; *Ballwieser, Wolfgang:* Ist das Maßgeblichkeitsprinzip überholt?, a.a.O., S. 493 und *Gruber, Thomas:* Der Bilanzansatz in der neueren BFH-Rechtsprechung, a.a.O., S. 14; a. A. dagegen *Saelzle, Rainer:* Steuerbilanzziele und Maßgeblichkeitsprinzip. Ein Beitrag zur Auslegung von § 5 I EStG, in: AG, 22. Jg. (1977), S. 181-189, hier S. 187-188. Alternative (de lege ferenda-)Ansätze zur Ermittlung der wirtschaftlichen Leistungsfähigkeit, wie etwa eine konsumorientierte Besteuerung, bleiben im Rahmen dieser Arbeit unberücksichtigt, vgl. etwa *Rose, Manfred:* Konsumorientierung des Steuersystems – theoretische Konzepte im Lichte empirischer Erfahrungen, in: Steuersysteme der Zukunft, Jahrestagung des Vereins für Socialpolitik, Gesellschaft für Wirtschafts- und Sozialwissenschaften, in Kassel 1996, hrsg. von Gerold Krause-Junk, Berlin 1998, S. 247-278; *Wagner, Franz W.:* Aufgabe der Maßgeblichkeit bei einer Internationalisierung der Rechnungslegung?, a.a.O., S. 2076-2077 und *Weber-Grellet, Heinrich:* Bestand und Reform des Bilanzsteuerrechts, in: DStR, 36. Jg. (1998), S. 1343-1349, hier S. 1348-1349.

386 Vgl. *Moxter, Adolf:* Missverständnisse um das Maßgeblichkeitsprinzip, a.a.O., S. 160 (auch Zitat).

387 Vgl. *Kraus-Grünewald, Marion:* Steuerbilanzen – Besteuerung nach der Leistungsfähigkeit contra Vorsichtsprinzip?, in: FS Beisse, S. 285-297, hier S. 292.

GoB[388] verhindert, daß durch die Ausübung handelsrechtlicher Ansatzwahlrechte Unterbewertungen die Gewinnansprüche des Fiskus schmälern.[389] Eine Einschränkung des Maßgeblichkeitsprinzips erschiene daher lediglich geboten, wenn man – entgegen der herrschenden und hier vertretenen Auffassung[390] – den Primärzweck handelsrechtlicher Bilanzierung in der Schuldendeckungskontrolle erblickte und beispielsweise durch die Beschränkung des Bilanzvermögens auf im rechtlichen Eigentum stehende Vermögenswerte eine stärkere Gewichtung des Vorsichtsprinzips vornähme[391].

Die Übernahme des handelsrechtlichen GoB-Systems (einschließlich des Prinzips wirtschaftlicher Vermögenszugehörigkeit) läßt sich demnach mit der Identität des Primärschutzzwecks von Handels- und Steuerbilanz begründen[392]: Die von Objektivierungsprinzipien geprägten Grundsätze ordnungsmäßiger Buchführung begrenzen auch die Gewinnansprüche des Fiskus[393], der Schutz vor überhöhten Ausschüttungen erstreckt sich also ebenfalls auf Begehrlichkeiten dieses „stille[n] Teilhaber[s] des Unternehmens"[394] und damit auf zu hohe Steuerbelastungen; gleichzeitig werden aufgrund der Regelungsschärfe steuerverkürzende Mißbräuche verhindert.[395] Mit der Bindung an das GoB-System wird der Forderung nach Besteuerung der wirtschaftlichen Leistungsfähigkeit Genüge getan.[396]

---

388 Vgl. hierzu oben, Gliederungspunkt Erstes Kapitel A.II.1 dieser Arbeit.

389 Vgl. *Moxter, Adolf*: Missverständnisse um das Maßgeblichkeitsprinzip, a.a.O., S. 160.

390 Vgl. Erstes Kapitel A.II.1, dortiger Abschnitt b).

391 Vgl. insoweit *Ekkenga, Jens*: Gibt es „wirtschaftliches Eigentum" im Handelsbilanzrecht?, a.a.O., passim.

392 Vgl. *Ballwieser, Wolfgang*: Buchbesprechung, in: NJW, 51. Jg. (1998), S. 46, hier S. 46.

393 Vgl. hierzu *Söffing, Günter*: Für und Wider den Maßgeblichkeitsgrundsatz, in: FS Budde, S. 635-673, hier S. 655. Vgl. auch *Woerner, Lothar*: Spielraum der Rechtsanwendung im steuerlichen Eingriffsrecht, in: GS Knobbe-Keuk, S. 967-986, hier S. 985-986.

394 *Döllerer, Georg*: Steuerbilanz und Beutesymbol, in: BB, 43. Jg. (1988), S. 238-241, hier S. 238. Vgl. auch *ders.*: Maßgeblichkeit der Handelsbilanz in Gefahr, a.a.O., S. 1334.

395 Vgl. *Moxter, Adolf*: Zum Verhältnis von Handelsbilanz und Steuerbilanz, in: BB, 52. Jg. (1997), S. 195-199, hier S. 198.
     A. A. *Siegel, Theodor*: Mangelnde Ernsthaftigkeit des Gläubigerschutzes als offene Flanke der deutschen Rechnungslegungsvorschriften, in: FS Baetge, S. 117-149, hier S. 132.

396 Vgl. *Mathiak, Walter*: Kommentierung zu § 5 EStG, in: Kirchhof/Söhn, Rdnr.
/...

Gegen eine Beschränkung der Maßgeblichkeit auf obere Grundsätze sprechen insbesondere die Entstehungsgeschichte des Dritten Buches des HGB und die ständige höchstrichterliche Rechtsprechung.[397] *Mathiak* belegt zudem, daß der enge Anschluß an das Handelsbilanzrecht sowohl dem Wortsinn und der Systematik als auch dem Sinn und Zweck der Vorschrift des § 5 Absatz 1 Satz 1 EStG entspricht.[398]

Im Hinblick auf die Schutzfunktion wird kritisiert, Schutz vor dem Fiskus biete nicht das Maßgeblichkeitsprinzip, sondern das Verfassungsrecht und die dem Verfassungsrecht zu entnehmenden steuerrechtlichen Prinzipien.[399] Es erscheint allerdings fraglich, ob das Verfassungsrecht aufgrund der geringen Konkretheit der Normen eine solche Schutzfunktion ausüben kann, wie sie durch die Anbindung an das regelungsscharfe und von Objektivierungsprinzipien dominierte Handelsbilanzrecht gewährleistet wird.[400]

cc) Zu konstatieren ist somit, daß das handelsrechtliche Prinzip wirtschaftlicher Vermögenszugehörigkeit vom Maßgeblichkeitsprinzip umfaßt wird und somit auch für die Zurechnung von Wirtschaftsgütern in der Steuerbilanz einschlägig ist. Der herrschenden Meinung[401] entsprechend ist § 5

A 172 und A 181; *Moxter, Adolf*: Maßgeblichkeitsprinzip am Ende?, in: BB, 55. Jg. (2000), Heft 8, S. I und *Krumnow, Jürgen*: Die deutsche Rechnungslegung auf dem Weg ins Abseits? Ein Ausblick nach der vorläufig abgeschlossenen EG-Harmonisierung, in: FS Moxter, S. 679-698, hier S. 692-693.

397 Vgl. *Fresl, Karlo*: Die Europäisierung des deutschen Bilanzrechts, a.a.O., S. 34-35 (mit zahlreichen Nachweisen aus der Rechtsprechung). Zu dem dieser Arbeit zugrundeliegenden GoB-Verständnis, vgl. oben, Erstes Kapitel A.I.

398 Vgl. *Mathiak, Walter*: Unmaßgeblichkeit von kodifiziertem Handelsrechnungslegungsrecht für die einkommensteuerrechtliche Gewinnermittlung?, a.a.O., passim. Auch § 141 AO läßt sich zur Begründung nicht anführen, vgl. ebenda, S. 328-330.

399 Vgl. *Weber-Grellet, Heinrich*: Maßgeblichkeitsschutz und eigenständige Zielsetzung der Steuerbilanz, in: DB, 47. Jg. (1994), S. 288-291, hier S. 290; *ders.*: Maßgeblichkeitsgrundsatz in Gefahr?, in: DB, 50. Jg. (1997), S. 385-391, hier S. 389 und *ders.*: Der Maßgeblichkeitsgrundsatz im Lichte aktueller Entwicklungen, in: BB, 54. Jg. (1999), S. 2659-2666, hier S. 2662.

400 Vgl. *Söffing, Günter*: Für und Wider den Maßgeblichkeitsgrundsatz, a.a.O., S. 656.

401 Vgl. *Fischer, Peter*: Kommentierung zu § 39 AO, in: Hübschmann/Hepp/Spitaler, Anm. 16-17; *Tipke, Klaus/Kruse, Heinrich Wilhelm*: Kommentierung zu § 39 AO, in: Tipke/Kruse, Tz. 4a; *Hoffmann, Ralph*: Kommentierung zu § 39 AO, in: Koch/Scholtz, Rz. 2; *Sikorski, Ralf/Wüstenhöfer, Ulrich*: Abgabenordnung, 4. Aufl., München 1996, Rz. 4 und *Knobbe-Keuk, Brigitte*: Bilanz- und Unternehmensteuerrecht, a.a.O., S. 76. Zu § 11 StAnpG, vgl. *Döllerer, Georg*: Lea-

/...

EStG als Spezialvorschrift gegenüber § 39 AO anzusehen; aus den Regeln der Methodenlehre zur Auflösung von Gesetzeskonkurrenzen[402] folgt, daß § 5 EStG als spezielle die allgemeinere Norm des § 39 AO verdrängt.[403]

dd) Nicht absehbar erscheint derzeit, inwieweit mögliche „Aufweichungstendenzen"[404] die Existenz des Maßgeblichkeitsprinzips künftig in Frage stellen könnten, es lassen sich (mindestens) drei solcher Tendenzen ausmachen:

(1) Auf eine Abkehr vom Maßgeblichkeitsgrundsatz könnten die in jüngerer Zeit durch den Gesetzgeber vorgenommenen, zum Teil wohl haushaltspolitisch motivierten Änderungen und Einfügungen hindeuten,[405] mit denen die Maßgeblichkeit der handelsrechtlichen Grundsätze ordnungsmäßiger Buchführung eingeschränkt wurde.[406] Diese Abkehr und die damit verbundene Aufgabe des Prinzips der Einheitsbilanz werden unter Verweis auf das Rechtssicherheitspostulat kritisiert.[407]

---

sing, wirtschaftliches Eigentum oder Nutzungsrecht?, a.a.O., S. 535.

402 Vgl. *Larenz, Karl*: Methodenlehre der Rechtswissenschaft, a.a.O., S. 266-270. Vgl. auch *Knobbe-Keuk, Brigitte*: Bilanz- und Unternehmensteuerrecht, a.a.O., S. 75-77.

403 Vgl. Urteile des *Bundesfinanzhofes* vom 10.7.1980 IV R 136/77, BFHE 131, 313, hier 318; BStBl II 1981, 84 und vom 30.5.1984 I R 146/81, BFHE 141, 509; hier 511; BStBl II 1984, 825.

404 *Fresl, Karlo*: Die Europäisierung des deutschen Bilanzrechts, a.a.O., S. 8.

405 Vgl. die Übersicht bei *Mathiak, Walter*: Kommentierung zu § 5 EStG, in: Kirchhof/Söhn, Rdnr. A 149-154. Vgl. auch *Groh, Manfred*: Sechs Thesen und ein Nachwort zum Maßgeblichkeitsprinzip, in: DB, 51. Jg. (1998), Heft 47, S. I.

406 Zu § 5 Absatz 3 EStG, vgl. *Moxter, Adolf*: Einschränkung der Rückstellungsbilanzierung durch das Haushaltsbegleitgesetz 1983?, in: BB, 37. Jg. (1982), S. 2084-2087; zu § 5 Absatz 4 EStG, vgl. *Ballwieser, Wolfgang*: Bilanzielle Vorsorge zur Bewältigung des personellen Strukturwandels, in: ZfbF, 41. Jg. (1989), S. 955-973, hier S. 959-961; zu § 5 Absatz 4a EStG, vgl. die oben, in Fußnote 371 aufgeführte Literatur. Problematisch erscheint auch die Neuregelung des § 6 Absatz 1 Nr. 3 und Nr. 3a lit. e) EStG, die ein zwingendes Abzinsungsgebot vorsieht, vgl. hierzu *Moxter, Adolf*: Bilanzrechtliche Abzinsungsgebote und -verbote, in: FS Schmidt, S. 195-207. Vgl. auch *Groh, Manfred*: Steuerentlastungsgesetz 1999/2000/2002: Imparitätsprinzip und Teilwertabschreibung, in: DB, 52. Jg. (1999), S. 978-984, passim; *Scholtz, Rolf-Detlev*: „Objektivierung der Gewinnermittlung", in: DStZ, 87. Jg. (1999), S. 698-700, passim und vertiefend *Fresl, Karlo*: Die Europäisierung des deutschen Bilanzrechts, a.a.O., S. 6-8.

407 Vgl. *Schön, Wolfgang*: Steuerliche Einkünfteermittlung, Maßgeblichkeitsprinzip und Europäisches Bilanzrecht, in: FS Flick, S. 573-586, hier S. 580-581; *Gail, Winfried*: Rechtliche und faktische Abhängigkeiten von Steuer- und Handelsbi-

/...

(2) Derzeit ist noch nicht absehbar, welchen Einfluß die Rechtsprechung des *Europäischen Gerichtshofes* auf das Handelsrecht (und damit mittelbar auch auf das Bilanzsteuerrecht) nehmen wird.[408] Bei divergierender Auslegung der Gewinnanspruchs-GoB erschiene eine Normspaltung des handelsrechtlichen Gewinnermittlungsrechts für Kapitalgesellschaften unvermeidbar, mithin wäre die Aushöhlung des Maßgeblichkeitsgrundsatzes zu erwarten.[409]

(3) Aus den Globalisierungstendenzen der Wirtschaft folgt schließlich, daß internationale Rechnungslegungsgrundsätze zunehmende Bedeutung erlangen.[410] Durch eine eventuelle Anknüpfung an solche Grundsätze mag das Gewicht des Vorsichtsprinzips bei der handelsbilanziellen Gewinnermittlung (wie von Gegnern des Maßgeblichkeitsprinzips gefordert) zurückgedrängt werden. Schwer vorstellbar erscheint jedoch zur Zeit, daß internationale Rechnungslegungsgrundsätze maßgeblich für die Steuerbilanz würden,[411] da sie als weniger regelungsscharf gelten[412] und dem Verantwor-

---

lanzen, in: FS Havermann, S. 109-141, hier S. 117-118. A. A. *Hallerbach, Dorothee*: Der Einfluß des Zivilrechts auf das Steuerrecht, in: DStR, 37. Jg. (1999), S. 2125-2130, hier S. 2129, die eine Aufweichung für geboten hält, um den unterschiedlichen Zwecken von Handels- und Steuerbilanz gerecht zu werden.

408 Vgl. dazu insbesondere *Fresl, Karlo*: Die Europäisierung des deutschen Bilanzrechts, a.a.O., passim. Vgl. auch *Beisse, Heinrich*: Rechtsfortbildung durch den Europäischen Gerichtshof, in: StVj, 4. Jg. (1992), S. 42-50.

409 Vgl. *Beisse, Heinrich*: Zehn Jahre „True and fair view", a.a.O., S. 27-58, hier S. 50-53; *ders.*: „True and fair view" in der Steuerbilanz?, in: DStZ, 86. Jg. (1998), S. 310-317, hier S. 314.

410 Vgl. dazu etwa *Böcking, Hans-Joachim/Orth, Christian*: Offene Fragen und Systemwidrigkeiten bei den neuen Rechnungslegungs- und Prüfungsvorschriften des KonTraG und des KapAEG, in: DB, 51. Jg. (1998), S. 1873-1879, hier S. 1874-1977 und *Löw, Edgar*: Deutsche Bankabschlüsse nach IAS, Stuttgart 2000, S. 1-7.
    Zum (möglichen) Einfluß auf das Bilanzsteuerrecht, vgl. *Schmidt, Peter-Jürgen*: Besteuerung ausländischer Betriebsstätten, in: FS Beisse, S. 461-470, hier S. 462. Nach *Schreiber* erzwingt der internationale Steuerwettbewerb die Senkung der tariflichen Steuersätze und bietet daher einen wirksameren Schutz vor überhöhten Ansprüchen des Fiskus, vgl. *Schreiber, Ulrich*: Rechnungslegung im Einzelabschluß nach internationalen Grundsätzen?, a.a.O., S. 901-902; *ders.*: Hat das Maßgeblichkeitsprinzip noch eine Zukunft?, in: FS Beisse, S. 491-509, hier S. 503.

411 Vgl. hierzu *Kahle, Holger*: Zur Bedeutung der US-GAAP für die steuerliche Gewinnermittlung, in: StuB, 1. Jg. (1999), S. 1145-1151 und *Oestreicher, Andreas/Spengel, Christoph*: IAS, Maßgeblichkeitsprinzip und Besteuerung, in: DB, 52. Jg. (1999), S. 593-600.

tungsbereich des deutschen Gesetzgebers entzogen sind[413]; die Aufgabe des Maßgeblichkeitsprinzips wäre die wohl zwangsläufige Folge einer derartigen Entwicklung.[414]

ee) Aus der Maßgeblichkeit der handelsrechtlichen Grundsätze ordnungsmäßiger Buchführung für die Steuerbilanz folgt, daß der *Bundesfinanzhof*[415] (in erheblichem Umfang) handelsrechtliche Vorfragen zu beurteilen hat;[416] das geltende, dieser Arbeit zugrundeliegende Bilanzrechtssystem

---

412 Dies konstatieren für die US-GAAP *Wüstemann, Jens*: Generally Accepted Accounting Principles. Zur Bedeutung und Systembildung der Rechnungslegungsregeln der USA, a.a.O., S. 164-165; *Schildbach, Thomas*: Harmonisierung der Rechnungslegung – ein Phantom, in: BFuP, 50. Jg. (1998), S. 1-22, hier S. 3-7 und (bezüglich der Aktivierung) *Kuhlewind, Andreas-Markus*: Grundlagen einer Bilanzrechtstheorie in den USA, Frankfurt am Main 1997, S. 219-221. Zu den IAS, vgl. *Mellwig, Winfried*: Die bilanzielle Darstellung von Leasingverträgen nach den Grundsätzen des IASC, in: DB, 51. Jg. (1998), Beilage Nr. 12 zu Heft 35, S. 1-16, hier S. 8; *Moxter, Adolf*: Rückstellungen nach IAS: Abweichungen vom geltenden deutschen Bilanzrecht, in: BB, 54. Jg. (1998), S. 519-525, passim; *Moxter, Adolf*: Besitzen IAS-konforme Jahres- und Konzernabschlüsse im Hinblick auf die Unternehmens- und Konzernsteuerung Vorteile gegenüber den Rechnungslegungstraditionen im EWR?, in: FS Seicht, S. 497-505, hier S. 499-500 und *Löw, Edgar/Töttler, Claus R.*: Bankspezifische Aspekte der Umstellung auf IAS, in: Die Umstellung der Rechnungslegung auf IAS/US-GAAP, hrsg. von Kurt V. Auer, Wien 1998, S. 271-309, hier S. 286.

413 Vgl. zu den Bedenken gegen den Verweis auf internationale Rechnungslegungsnormen *Wüstemann, Jens*: Generally Accepted Accounting Principles. Zur Bedeutung und Systembildung der Rechnungslegungsregeln der USA, a.a.O., S. 103-106 und *Hommelhoff, Peter/Schwab, Martin*: Gesellschaftliche Selbststeuerung im Bilanzrecht – Standard Setting Bodies und staatliche Regulierungsverantwortung nach deutschem Recht, a.a.O., S. 47-52.

414 Vgl. *Moxter, Adolf*: Wege zur Vereinfachung des Steuerrechts, in: FS Offerhaus, S. 619-630, hier S. 621-622.

415 Gleiches galt im übrigen schon für den *Reichsfinanzhof*, vgl. *Flechtheim*, [ohne Vorname]: Die Bedeutung der Rechtsprechung des Reichsfinanzhofs für das Handelsrecht, in: StuW, 12. Jg. (1933), Sp. 401-420, passim.

416 Vgl. *Crezelius, Georg*: Die Bilanz als Rechtsinstitut, a.a.O., S. 515-517; *Döllerer, Georg*: Die neueste Rechtsprechung des Bundesfinanzhofes zum Bilanzrecht in handelsrechtlicher Sicht, in: BB, 19. Jg. (1964), S. 95-99, hier S. 95. Vgl. auch *Moxter, Adolf*: Buchbesprechung, in: ZIP, 8. Jg. (1987), S. 608-611, hier S. 610.
Kritisch bezüglich der Klärung gesellschaftsrechtlicher Vorfragen durch die Finanzgerichtsbarkeit äußert sich *Röhricht, Volker*: Das Wettbewerbsverbot des Gesellschafters und des Geschäftsführers, in: WPg, 45. Jg. (1992), S. 766-786, hier S. 786.

fußt daher im wesentlichen auf den Entscheidungen des obersten Finanzgerichts[417].

Der handelsrechtlichen Rechtsprechung des *Bundesfinanzhofes* kommt dabei die gleiche faktische Präjudizwirkung zu wie den Entscheidungen des *Bundesgerichtshofes*.[418] Letzterer ist gemäß § 2 Absatz 1 des Gesetzes zur Wahrung der Einheitlichkeit der Rechtsprechung der obersten Gerichte des Bundes zur Vorlage an den *Gemeinsamen Senat der obersten Gerichtshöfe des Bundes* verpflichtet, wenn er in einer Rechtsfrage von der Entscheidung des *Bundesfinanzhofes* abweichen will.[419]

Eine Abweichung ist nach einer Entscheidung des *Gemeinsamen Senats* bereits dann gegeben, wenn eine in verschiedenen Gesetzen geregelte Rechtsfrage einen „im wesentlichen übereinstimmenden Wortlaut" hat und „diese Vorschriften nach denselben Prinzipien auszulegen sind und ihr Regelungsinhalt übereinstimmt".[420] Wie *Döllerer* hervorhebt, könnte der *Bun-*

---

417 Vgl. *Moxter, Adolf*: Bilanzrechtsprechung, 5. Aufl., a.a.O., S. 6.
Vgl. auch *Beisse, Heinrich*: Zur Bilanzauffassung des Bundesfinanzhofs – Korreferat zum Referat Professor Dr. Kruse, in: JbFfSt 1978/79, S. 186-196, hier S. 192.

418 Vgl. *Döllerer, Georg*: Handelsrechtliche Entscheidungen des Bundesfinanzhofs, in: FS Klein, S. 699-714, hier S. 710; *Knobbe-Keuk, Brigitte*: Bilanz- und Unternehmensteuerrecht, a.a.O., S. 20; *Winnefeld, Robert*: Bilanz-Handbuch, 2. Aufl., München 2000, S. 25 f. und (grundsätzlich zustimmend) *Liebs, Rüdiger*: Zur Maßgeblichkeit von Entscheidungen des Bundesfinanzhofs für den Wirtschaftsprüfer, in: AG, 23. Jg. (1978), S. 44-50, hier S. 45 ff.
Einschränkend („eine unter mehreren Erkenntnisquellen für die Ableitung von GoB") *Baetge, Jörg/Fey, Dirk/Fey, Gerd*: Kommentierung zu § 243 HGB, in: Küting/Weber, Rn. 6-10 (Zitat in Rn. 10).
Keine Bindung der Zivilgerichte sieht dagegen *Rudolph, Karl*: Gesonderte AfA für Gebäude und Einrichtungen als Grundsatz ordnungsmäßiger Buchführung, in: DB, 27. Jg. (1974), S. 1495-1499, hier S. 1499.

419 Vgl. *Döllerer, Georg*: Handelsrechtliche Entscheidungen des Bundesfinanzhofs, a.a.O., S. 711; *ders.*: Die Rechtsprechung des Bundesfinanzhofs und die Wirtschaftsprüfung, in: Wirtschaftsprüfung heute: Entwicklung oder Reform, hrsg. von Walter Busse von Colbe und Marcus Lutter, Wiesbaden 1977, S. 185-193, hier S. 191-193 und *Crezelius, Georg*: Die Bilanz als Rechtsinstitut, a.a.O., S. 515.
Vgl. auch Artikel 95 Absatz 3 GG: Zur Wahrung der Einheitlichkeit der Rechtsprechung ist ein Gemeinsamer Senat [...] zu bilden. Vgl. hierzu *Beisse, Heinrich*: Von der Aufgabe des Großen Senats, in: FS von Wallis, S. 45-59, hier S. 48-49.

420 Vgl. Beschluß des *Gemeinsamen Senats der obersten Gerichtshöfe des Bundes* vom 6.2.1973 GmS-OGB 1/72, BFHE 109, 206, hier 207-208 (erstes Zitat

/...

desgerichtshof ohne die Anrufung des Gemeinsamen Senats beispielsweise keine von der höchstrichterlichen Finanzrechtsprechung differierenden Vermögensgegenstandskriterien entwickeln;[421] aufgrund der gerade zitierten Entscheidung des Gemeinsamen Senats dürfte dies auch für den Fall einer von der (engen) Auslegung des *Bundesfinanzhofes* abweichenden Interpretation des in Handels- und Steuerrecht kodifizierten entgeltlichen Erwerbs (§ 248 Absatz 2 HGB bzw. § 5 Absatz 2 EStG) durch den *Bundesgerichtshof* gelten.[422] Sieht man von steuerrechtlichen Ansatzvorbehalten ab, erscheint eine weitgehende Übereinstimmung von Handels- und Steuerbilanz bezüglich der hier relevanten Aktivierungskriterien damit zwingend[423]: Zum einen steht die Identität des bilanzsteuerrechtlichen Begriffs des Wirtschaftsgutes und des handelsrechtlichen Begriffs des Vermögensgegenstandes (mittlerweile[424]) nach ständiger Rechtsprechung und herrschender Meinung im Schrifttum außer Frage,[425] zum anderen folgt daraus,

---

S. 207, zweites Zitat S. 208).

421 Vgl. *Döllerer, Georg*: Handelsrechtliche Entscheidungen des Bundesfinanzhofs, a.a.O., S. 711. A. A. *Schneider, Dieter*: Rechtsfindung durch Deduktion von Grundsätzen ordnungsmäßiger Buchführung aus gesetzlichen Jahresabschlußzwecken?, in: StuW, 60. (13.) Jg. (1983), S. 121-160, hier S. 142.

422 Während die unterschiedliche Teleologie von Zivilrecht und Bilanzrecht (vgl. Erstes Kapitel A.III.1.b), Nachweis in Fußnote 101) gegen eine zentrale Bedeutung des zivilrechtlichen Eigentums für die Bilanz im Rechtssinne spricht, ermöglicht die Identität der Primärschutzzwecke von Handels- und Steuerbilanz eine einheitliche Interpretation des entgeltlichen Erwerbs.

423 Vgl. *Döllerer, Georg*: Die Vierte EG-Richtlinie und das Steuerrecht, in: JbFfSt 1981/82, S. 369-388, hier S. 372-373; *ders.*: Die Verknüpfung handels- und steuerrechtlicher Rechnungslegung, in: ZHR 157 (1993), S. 349-354, hier S. 351 und *Beisse, Heinrich*: Wandlungen der Grundsätze ordnungsmäßiger Bilanzierung, a.a.O., S. 400-401.

Dies gilt auch für aktive Rechnungsabgrenzungsposten, vgl. *Beisse, Heinrich*: Wandlungen der Rechnungsabgrenzung, in: FS Budde, S. 67-85, hier S. 80-81.

424 Zur historischen Entwicklung der beiden Begriffe, vgl. *Babel, Mathias*: Ansatz und Bewertung von Nutzungsrechten, Frankfurt am Main u. a. 1997, S. 97-101.

425 Vgl. *Moxter, Adolf*: Bilanzrechtsprechung, 5. Aufl., a.a.O., S. 12-13.

Vgl. etwa Beschluß des *Bundesfinanzhofes* vom 26.10.1987 GrS 2/86, BFHE 151, 523, hier 532 (m.w.N.); BStBl II 1988, 348 und Urteil des *Bundesfinanzhofes* vom 26.8.1992 I R 24/91, BFHE 169, 163, hier 164; BStBl II 1992, 977.

Vgl. bereits *Döllerer, Georg*: Rechnungslegung nach dem neuen Aktiengesetz und ihre Auswirkungen auf das Steuerrecht, in: BB, 20. Jg. (1965), S. 1405-1417, hier S. 1405; ferner *Brezing, Klaus*: Der Gegenstand der Bilanzierung und seine Zurechnung im Handels- und Steuerrecht, a.a.O., Rn. 6 (m.w.N.); *Förschle, Gerhart/Kofahl, Günther*: Kommentierung zu § 247 HGB, in: Beck'scher Bilanz-

/...

daß das Prinzip wirtschaftlicher Vermögenszugehörigkeit in Handels- und Steuerbilanz gilt.

2. Wirtschaftliches Eigentum im Sinne der Abgabenordnung als handelsrechtliches Gewohnheitsrecht?

a) Voraussetzungen für Gewohnheitsrecht

aa) Trotz der Maßgeblichkeit des Prinzips wirtschaftlicher Vermögenszugehörigkeit für die Steuerbilanz könnte eine zentrale Bedeutung der Zurechnungsvorschrift der Abgabenordnung für das (Handels- und Steuer-) Bilanzrecht verbleiben: *Beisse* vertritt die Ansicht, bei der handelsrechtlichen Bilanzierung sei das in § 39 Absatz 2 Nr. 1 Satz 1 AO kodifizierte, sogenannte „wirtschaftliche Eigentum" erforderlich und ausreichend;[426] man könne „insoweit von einem bilanziellen Gewohnheitsrecht sprechen"[427]. Gewohnheitsrechtliche GoB stünden den gesetzlichen Vorschriften gleich und seien daher für die Gerichte bindend.[428] Das wirtschaftliche Eigentum sei ein Beispiel für deckungsgleiche Normierungen im Handels- und Steuerrecht[429] und daher ein Schlüsselbegriff des Bilanzrechts.[430] Eine gewohnheitsrechtliche Bedeutung des wirtschaftlichen Eigentums resultie-

---

Kommentar, Anm. 12 sowie *Groh, Manfred*: Nutzungseinlage, Nutzungsentnahme und Nutzungsausschüttung, in: DB, 41. Jg. (1988), S. 514-524 und S. 571-575, hier S. 515.

426 Vgl. *Beisse, Heinrich*: Handelsbilanzrecht in der Rechtsprechung des Bundesfinanzhofs, a.a.O., S. 640. Vgl. auch *ders.*: Tendenzen der Rechtsprechung des Bundesfinanzhofs zum Bilanzrecht, in: DStR, 18. Jg. (1980), S. 243-252, hier S. 248.

427 *Beisse, Heinrich*: Handelsbilanzrecht in der Rechtsprechung des Bundesfinanzhofs, a.a.O., S. 640. A. A. *Stengel, Gerhard*: Die persönliche Zurechnung von Wirtschaftsgütern im Einkommensteuerrecht, a.a.O., S. 132 (dortige Fußnote 171).

428 Vgl. *Beisse, Heinrich*: Normqualität und Normstruktur von Bilanzvorschriften und Standards. Adolf Moxter zum 70. Geburtstag, a.a.O., S. 2183.

429 Vgl. *Beisse, Heinrich*: Handelsbilanzrecht in der Rechtsprechung des Bundesfinanzhofs, a.a.O., S. 640. Das Maßgeblichkeitsprinzip umfaßt auch gewohnheitsrechtliche GoB, vgl. *Mathiak, Walter*: Kommentierung zu § 5 EStG, in: Kirchhof/Söhn, Rdnr. A 162.

430 Vgl. *Beisse, Heinrich*: Zum Verhältnis von Bilanzrecht und Betriebswirtschaftslehre, in: StuW, 61. (14.) Jg. (1984), S. 1-14, hier S. 12. Vgl. auch *Mathiak, Walter*: Rechtsprechung zum Bilanzsteuerrecht, in: StuW, 60. (13.) Jg. (1983), S. 262-269, hier S. 263: Das wirtschaftliche Eigentum sei ein anerkannter Grundsatz ordnungsmäßiger Buchführung.

re aus dem Prinzip der Einheitsbilanz; bei der handelsrechtlichen Bilanzierung kämen steuerrechtliche Regelungen zur Anwendung, ohne daß nach einer besonderen Rechtsgrundlage gefragt werde.[431]

Adler/Düring/Schmaltz scheinen sich der Auffassung *Beisse*s hinsichtlich einer gewohnheitsrechtlichen Bedeutung des wirtschaftlichen Eigentums anzuschließen: Da die GoB nach herrschender Meinung als Rechtsnormen qualifiziert werden,[432] gelten sie entweder als kodifiziertes, auslegungsbedürftiges Recht oder als Gewohnheitsrecht[433]. Wenn die Autoren die Grundsätze wirtschaftlichen Eigentums als (überwiegend) nicht kodifizierte GoB charakterisieren,[434] resultiert daraus ebenfalls eine gewohnheitsrechtliche Bedeutung des wirtschaftlichen Eigentums.

Eine im Ergebnis ähnliche Position findet sich schließlich bei *Freericks*, der in der gesetzlichen Verankerung des wirtschaftlichen Eigentums in der Abgabenordnung die Absicht des Gesetzgebers erkennen will, einen umstrittenen GoB durchzusetzen.[435] Um zu prüfen, inwieweit dem wirtschaftlichen Eigentum im Sinne der Abgabenordnung eine solche Bedeutung für das Bilanzrecht zukommt, soll nachfolgend kurz skizziert werden, an welche Voraussetzungen die Entstehung von Gewohnheitsrecht geknüpft ist. Für die bilanzrechtliche Verwendung wird zu beachten sein, daß das wirtschaftliche Eigentum „eindeutig gefaßt und begrifflich abgegrenzt"[436] werden muß.

---

431 Vgl. *Beisse, Heinrich*: Grundsatzfragen der Auslegung des neuen Bilanzrechts, a.a.O., S. 2010.

432 Vgl. zum Rechtsnormcharakter der GoB oben, Erstes Kapitel A.I.

433 Vgl. *Euler, Roland*: Der Ansatz von Rückstellungen für drohende Verluste aus schwebenden Dauerrechtsverhältnissen, a.a.O., S. 1038 mit Verweis auf *Larenz, Karl*: Methodenlehre der Rechtswissenschaft, a.a.O., S. 356-360 und *Kruse, Heinrich Wilhelm*: Grundsätze ordnungsmäßiger Buchführung, a.a.O., S. 13-20 und S. 52-67.
Vgl. auch *Adler/Düring/Schmaltz*: Kommentierung zu § 243 HGB, Tz. 4: „Handelsbräuche stellen keine Rechtsnormen, insb. kein Gewohnheitsrecht dar [...]".

434 Vgl. *Adler/Düring/Schmaltz*: Kommentierung zu § 246 HGB, Tz. 266.

435 Vgl. *Freericks, Wolfgang*: Bilanzierungsfähigkeit und Bilanzierungspflicht in Handels- und Steuerbilanz, a.a.O., S. 171-172: „Dieser Weg [der Kodifizierung eines strittigen GoB; Anm. d. Verf.] wurde vom Gesetzgeber oftmals gewählt" (Zitat auf S. 172).
Vgl. auch (für das HGB a.F.) *ders.*: Moderne Buchführungsverfahren und Grundsätze ordnungsmäßiger Buchführung, Diss. Würzburg 1966, S. 121.

436 *Leffson, Ulrich*: Die Darstellung von Leasingverträgen im Jahresabschluß, in: DB, 29. Jg. (1976), S. 637-641 und S. 685-690, hier S. 641.

bb) *Fikentscher* bezeichnet als Gewohnheitsrecht die nicht vom Gesetzgeber erlassenen Teile des objektiven Rechts, die gesetzesgleiche Geltung entfalten.[437] Diese Geltung bedarf keines Verweises durch Rechtsnormen, die Bedeutung des Gewohnheitsrechtes wird im Zivilrecht[438] wie in den anderen Rechtsgebieten allgemein anerkannt.[439] Bezüglich der Entstehung von Gewohnheitsrecht ist zu differenzieren zwischen Gewohnheitsrecht im ursprünglichen Wortsinne, verstanden als eine über einen längeren Zeitraum durchweg befolgte Regel zwischenmenschlichen Verhaltens, die Ausdruck einer Rechtsüberzeugung ist und dem durch Präjudizien geschaffenen „Richterrecht"[440], das ebenfalls den Grad von Gewohnheitsrecht erlangen kann.[441] Gewohnheitsrecht im ursprünglichen Sinne kommt für die Bilanz im Rechtssinne keine zentrale Bedeutung zu, weil es mit der Interessenausgleichsfunktion[442] des Jahresabschlusses nicht zu vereinbaren wäre, Auffassungen und Gebräuchen der bilanzierenden Kaufleute zur Rechnungslegung zu folgen.[443] Zwar vermögen deren Erkenntnisse auf den ver-

---

437 Vgl. *Fikentscher, Wolfgang*: Methoden des Rechts in vergleichender Darstellung, Band 3. Mitteleuropäischer Rechtskreis, Tübingen 1976, S. 691-700.

438 Artikel 2 EGBGB legt fest, daß jede Rechtsnorm (und damit auch die gewohnheitsrechtlich gebildete Norm) Gesetz im Sinne des BGB und des EGBGB ist, vgl. *Säcker, Franz Jürgen*: Einleitung, in: Münchner Kommentar, Bd. 1, 3. Aufl., RdNr. 78.

439 Vgl. Beschlüsse des *Bundesverfassungsgerichtes* vom 13.5.1981 1 BvR 610/77 und 451/80, BVerfGE 57, 121, hier 132-133; vom 20.4.1982 1 BvR 522/78, BVerfGE 60, 215, hier 230 und vom 19.10.1982 2 BvE 1/81, BVerfGE 61, 149, hier 203-204: die Entstehung von Gewohnheitsrecht bedingt neben der ständigen, gleichmäßigen Übung auch, daß diese Übung von den Beteiligten als „verbindliche Rechtsnorm anerkannt wird" (Zitat auf S. 203).

440 Als Richterrecht werden von einigen Autoren die sich zu einer gefestigten Rechtspraxis verdichteten Präjudizien bezeichnet, zum Teil wird darunter auch nur die einen abstrakt-generellen Regelcharakter aufweisende Rechtsprechung subsumiert, vgl. *Barth, Rainer*: Richterliche Rechtsfortbildung im Steuerrecht, Berlin 1996, S. 42-43.

441 Vgl. *Larenz, Karl*: Methodenlehre der Rechtswissenschaft, a.a.O., S. 356; Teile des Schrifttums verstehen unter „Richterrecht" diejenigen Normen, die nicht dem Gesetzes- und Gewohnheitsrecht zuzuordnen sind (vgl. *Raisch, Peter*: Zur Abgrenzung von Gewohnheitsrecht und Richterrecht im Zivil- und Handelsrecht, in: ZHR 150 (1986), S. 117-140, hier S. 137-140 m.w.N.), dagegen wird von anderen Autoren auch das Gewohnheitsrecht als Teil des Richterrechts gesehen (so etwa bei *Beisse, Heinrich*: Rechtsfragen der Gewinnung von GoB, a.a.O., S. 499).

442 Vgl. zur Gewinnanspruchsermittlung oben, Erstes Kapitel A.II.1.

443 Vgl. Urteil des *Bundesfinanzhofes* vom 22.1.1980 VIII R 74/77, BFHE 129, 485, hier 487; BStBl II 1980, 244: Für die Bildung von Gewohnheitsrecht „genügt

/...

schiedenen Stufen des Rechtsgewinnungsprozesses zur Lösung eines Problems beitragen,[444] die GoB bestehen jedoch unabhängig von allgemeinen Überzeugungen als „objektive Gebote".[445]

Eine gewohnheitsrechtliche Bedeutung des wirtschaftlichen Eigentums bedingt somit zunächst das Vorhandensein einer ständigen Rechtsprechung.[446] Die faktische Bindungswirkung von Präjudizien ist unbestritten und entspricht zugleich dem Willen des Gesetzgebers, die Einheitlichkeit und Kontinuität der Rechtsprechung zu wahren[447] – dies kommt insbesondere in der Einrichtung der Großen Senate und des *Gemeinsamen Senats der obersten Gerichtshöfe des Bundes*[448] zum Ausdruck[449]. Da aber die Gerichte auch von einer ständigen Rechtsprechung wieder abgehen können, kann erst eine über lange Zeit konstante Rechtsprechung Gewohnheitsrecht begründen.[450] Die erhebliche Länge der Zeit bildet indes nur eine *erste* (notwendige) Voraussetzung für die Entstehung von Gewohnheitsrecht; die ergangenen Urteile müssen überdies einer weitgehenden Rechtsüberzeugung entsprechen, mithin als bindende Normen allgemein anerkannt sein[451]. *Larenz* spricht bezüglich dieser *zweiten* Anforderung von dem

---

nicht allein die ständige Übung durch die beteiligten Kreise", auch eine jahrelange Verwaltungsübung schafft noch kein Gewohnheitsrecht.
Vgl. auch Urteil des *Bundesfinanzhofes* vom 27.6.1963 IV 111/59 U, BFHE 77, 586, hier 589; BStBl III 1963, 534 und *Euler, Roland*: Grundsätze ordnungsmäßiger Gewinnrealisierung, a.a.O., S. 16-17. Zur Abgrenzung von Handelsbrauch und Gewohnheitsrecht, vgl. *Beisse, Heinrich*: Handelsbrauch, in: HWStR, Bd. 1, S. 747.

444 Vgl. zu den drei Stufen *Beisse, Heinrich*: Zum Verhältnis von Bilanzrecht und Betriebswirtschaftslehre, a.a.O., S. 6-8.

445 Vgl. *Döllerer, Georg*: Grundsätze ordnungsmäßiger Bilanzierung, deren Entstehung und Ermittlung, a.a.O., S. 1217-1218 (Zitat auf S. 1218).
Zur Entstehung gewohnheitsrechtlicher GoB, vgl. *Beisse, Heinrich*: Wandlungen der Grundsätze ordnungsmäßiger Bilanzierung, a.a.O., passim.

446 Die zentrale Bedeutung des Richterrechts für die Bildung von Gewohnheitsrecht entspricht der wohl herrschenden Lehre, wird aber auch kritisiert, vgl. hierzu *Säcker, Franz Jürgen*: Einleitung, in: Münchner Kommentar, Bd. 1, 3. Aufl., RdNr. 80.

447 Vgl. *Larenz, Karl*: Methodenlehre der Rechtswissenschaft, a.a.O., S. 429-434.

448 Vgl. dazu Artikel 95 GG und oben, Erstes Kapitel B.II.1.c).

449 Vgl. *Beisse, Heinrich*: Von der Aufgabe des Großen Senats, a.a.O., S. 47-48.

450 Vgl. *Larenz, Karl*: Methodenlehre der Rechtswissenschaft, a.a.O., S. 433.
Vgl. dagegen *Nipperdey, Hans Carl*: Allgemeiner Teil des bürgerlichen Rechts, 1. Halbband, 15. Aufl., Tübingen 1959, S. 265, wonach an den Zeitraum keine besonderen Anforderungen zu stellen seien.

451 Vgl. Urteile des *Bundesfinanzhofes* vom 15.1.1969 I R 18/65, BFHE 95, 92, hier
/...

Erfordernis einer „Rechtsüberzeugung in den beteiligten Kreisen", die Rechtsprechung müsse im Schrifttum wie in der öffentlichen Meinung angenommen worden sein.[452] Die beiden soeben dargestellten Voraussetzungen der Entstehung von Gewohnheitsrecht sind nun im Hinblick auf eine gewohnheitsrechtliche Bedeutung des wirtschaftlichen Eigentums der Abgabenordnung im Bilanzrecht zu untersuchen.

b) Hinweise auf eine gewohnheitsrechtliche Bedeutung des wirtschaftlichen Eigentums

aa) Für eine gewohnheitsrechtliche Bedeutung des wirtschaftlichen Eigentums könnten diejenigen Urteile sprechen, in denen der *Bundesfinanzhof* die Zurechnung ausschließlich nach den Kriterien des § 39 AO vornimmt: So prüft etwa der IV. Senat in einem Urteil zur Bilanzierung von Zinsansprüchen (ohne auf die handelsrechtlichen GoB einzugehen), ob sich diese Ansprüche im wirtschaftlichen Eigentum des Kaufmanns befinden.[453] Weitere Hinweise auf eine solche Bedeutung finden sich in der Rechtsprechung, wenn die Kriterien wirtschaftlichen Eigentums mit der Zurechnung nach den handelsrechtlichen GoB gleichgesetzt werden: Der I. Senat des *Bundesfinanzhofes* verweist beispielsweise in einem Leasing-Urteil zunächst auf die Bedeutung der GoB für die steuerbilanzielle Zurechnung und prüft anschließend die Kriterien wirtschaftlichen Eigentums.[454] Der III. Senat konstatiert in einer jüngeren Entscheidung, die wirtschaftliche Vermögenszugehörigkeit nach den handelsrechtlichen GoB stimme „im wesentlichen" mit der Regelung der Abgabenordnung überein.[455] In einem

---

95; BStBl II 1969, 310 und vom 22.1.1980 VIII R 74/77, BFHE 129, 485, hier 487; BStBl II 1980, 244. Sehr zurückhaltend auch das Urteil des *Bundesfinanzhofes* vom 23.11.1983 I R 216/78, BFHE 139, 398, hier 400-402; BStBl II 1984, 277.

452 Vgl. *Larenz, Karl*: Methodenlehre der Rechtswissenschaft, a.a.O., S. 433. Vgl. auch *Adler/Düring/Schmaltz*: Kommentierung zu § 243 HGB, Tz. 5.

453 Vgl. Urteil des *Bundesfinanzhofes* vom 11.3.1982 IV R 46/79, BFHE 135, 457, hier 461; BStBl II 1982, 542. Vgl. auch Urteil des *Bundesfinanzhofes* vom 22.8.1984, BFHE 142, 370, hier 372-373; BStBl II 1985, 126.

454 Vgl. Urteil des *Bundesfinanzhofes* vom 30.5.1984 I R 146/81, BFHE 141, 509, hier 511 und 512-513; BStBl II 1984, 825. Vgl. auch Urteil des *Bundesfinanzhofes* vom 5.5.1983 IV R 43/80, BFHE 139, 36, hier 39; BStBl II 1983, 631: Das wirtschaftliche Eigentum sei Ausdruck eines entsprechenden Grundsatzes ordnungsmäßiger Bilanzierung.

455 Vgl. Urteil des *Bundesfinanzhofes* vom 12.9.1991 III R 233/90, BFHE 166, 49, /...

Urteil zu Bauten auf fremden Grundstücken hebt der *Bundesgerichtshof* zunächst hervor, über die Zugehörigkeit zum Vermögen entscheide die wirtschaftliche Zurechenbarkeit, wie sie sich aus § 242 Absatz 1 HGB ergebe und untersucht im weiteren, ob der Kaufmann wirtschaftlicher Eigentümer des Gebäudes geworden ist.[456]

bb) Die Übereinstimmung ließe sich ferner mit der Entstehungsgeschichte des § 39 AO begründen, weil der Wortlaut der Vorschrift dem ersten Leasing-Urteil[457] entnommen wurde, in dem der *Bundesfinanzhof* handelsrechtliche GoB auslegte.[458] Schließlich scheint eine gewohnheitsrechtliche Bedeutung des wirtschaftlichen Eigentums der herrschenden Literaturmeinung zu entsprechen, weil der Begriff auch für die bilanzrechtliche Zurechnung verwendet wird.[459]

c) Einwände gegen eine gewohnheitsrechtliche Bedeutung des wirtschaftlichen Eigentums

aa) Gegen eine gewohnheitsrechtliche Bedeutung der Zurechnungsvorschrift der Abgabenordnung im Bilanzrecht dürfte das Fehlen einer über lange Zeit konstanten Rechtsprechung sprechen, weil die Gerichte nur zum Teil allein mit den gesetzlichen Kriterien wirtschaftlichen Eigentums argumentieren. Einige Urteile orientieren sich hingegen ausschließlich an den

---

hier 51 (auch Zitat); BStBl II 1992, 182.

456 Vgl. Urteil des *Bundesgerichtshofes* vom 6.11.1995 II ZR 164/94, BB, 51. Jg. (1996), S. 155-157, hier S. 155-156.

457 Vgl. Urteil des *Bundesfinanzhofes* vom 26.1.1970 IV R 144/66, BFHE 97, 466, hier 483; BStBl II 1970, 264.

458 Vgl. *Federmann, Rudolf:* Bilanzierung nach Handelsrecht und Steuerrecht, 9. Aufl., Berlin 1992, S. 190.

459 Vgl. *Kußmaul, Heinz:* Grundlagen, Bilanzierungsfähigkeit und Bilanzierungspflicht, in: Küting/Weber, Rn. 398: „Gesetzliche Regelungen zum wirtschaftlichen Eigentum finden sich einerseits [...] in § 246 ", „andererseits in umfassender Form in § 39 Abs. 1 Satz 2 AO".
Vgl. ferner *Baetge, Jörg:* Bilanzen, 4. Aufl., Düsseldorf 1996, S. 155-157; *Budde, Wolfgang Dieter/Karig, Klaus Peter:* Kommentierung zu § 246 HGB, in: Beck'scher Bilanz-Kommentar, Anm. 4-6; *Offerhaus, Klaus:* Zur Bilanzierung von in Pension gegebenen Wirtschaftsgütern, a.a.O., S. 873; *Schildbach, Thomas:* Der handelsrechtliche Jahresabschluß, 4. Aufl., a.a.O., S. 184-185 und *Wiedmann, Harald:* Kommentierung zu § 246 HGB, in: Bilanzrecht: Kommentar zu den §§ 238-342a HGB, München 1999, Rz. 6.

handelsrechtlichen GoB, ohne diese Kriterien zu prüfen[460]. In anderen Judikaten wird die Zurechnung davon abhängig gemacht, ob der Bilanzierende „über die Substanz wie ein Eigentümer [...] verfügen darf"[461], das Risiko von Wertminderungen und die Chance der Wertsteigerung trägt,[462] die Verfügungsmacht erlangt hat[463], über die Gegenstände wie eigenes Vermögen verfügt[464] oder den Eigentümer von der Einwirkung ausschließen kann[465]. Weitere relevante Zurechnungskriterien sind nach Auffassung der Rechtsprechung zum Beispiel der Übergang von Besitz, Nutzungen und Lasten[466] oder von Eigenbesitz, Gefahr und Nutzen,[467] der Zufluß von Erträ-

---

460 Vgl. Urteil des *Bundesfinanzhofes* vom 3.8.1988 I R 157/84, BFHE 154, 321, hier 324 und 327; BStBl II 1989, 21. Vgl. analog für § 11 StAnpG die Urteile des *Bundesfinanzhofes* vom 18.11.1970 I 133/64, BFHE 100, 516, hier 521; BStBl II 1971, 133 und vom 13.10.1972 I R 213/69, BFHE 107, 418, hier 420; BStBl II 1973, 209.

461 Urteil des *Bundesfinanzhofes* vom 17.4.1962 I 296/61, DB, 15. Jg. (1962), S. 1031-1032, hier S. 1031. Vgl. auch das Urteil des *Bundesfinanzhofes* vom 7.10.1997 VIII R 63/95, BFH/NV, 13. Jg. (1997), S. 1202-1204, hier S. 1204: Die Zurechnung von Wirtschaftsgütern bedinge deren Nutzung bis zur Erschöpfung der wirtschaftlichen Substanz.

462 Vgl. Urteil des *Bundesfinanzhofes* vom 10.3.1988 IV R 226/85, BFHE 153, 318, hier 321; BStBl II 1988, 832.

463 Vgl. Urteil des *Bundesfinanzhofes* vom 3.8.1988 I R 157/84, BFHE 154, 321, hier 325; BStBl II 1989, 21.
Vgl. dagegen Urteil des *Bundesfinanzhofes* vom 27.9.1988 VIII R 193/83, BFHE 154, 525, hier 528; BStBl II 1989, 414, hier 415: „seine sehr weitgehenden Verfügungsmöglichkeiten machten ihn noch nicht zum Eigentümer".

464 Vgl. Urteil des *Bundesfinanzhofes* vom 3.11.1976 VIII R 170/74, BHFE 120, 393, hier 394; BStBl II 1977, 206.

465 Vgl. Urteile des *Bundesfinanzhofes* vom 31.10.1978 VIII R 182/75, BFHE 127, 163, hier 166; BStBl II 1979, 399 und vom 2.11.1965 I 51/61 S, BFHE 84, 171, hier 175-176; BStBl III 1966, 61: Die Zurechnung eines Wirtschaftsguts setzt die tatsächliche Herrschaftsgewalt über das Wirtschaftsgut voraus.

466 Vgl. Urteile des *Bundesfinanzhofes* vom 7.12.1989 IV R 1/88, BFHE 159, 177, hier 179; BStBl II 1990, 317, hier 318 und vom 2.3.1990 III R 70/87, BFHE 160, 22, hier 25; BStBl II 1990, 733. Vgl. dagegen etwa Urteil des *Bundesfinanzhofes* vom 1.10.1997 X R 91/94, HFR, 38. Jg. (1998), S. 478-479, hier S. 479: Trotz der Erfüllung der Kriterien „Besitz, Nutzung und Lasten" lehnt der Senat die Zurechnung zum Nießbraucher ab.

467 Vgl. Urteile des *Bundesfinanzhofes* vom 25.1.1996 IV R 114/94, BFHE 180, 57, hier 59; BStBl II 1997, 382, hier 383; vom 7.11.1991 IV R 43/90, BFHE 166, 329, hier 332; BStBl II 1992, 398, hier 400 und vom 28.4.1977 IV R 163/75, BFHE 122, 121, hier 124; BStBl II 1977, 560. Allerdings können sowohl Eigen- als auch Fremdbesitz wirtschaftliches Eigentum begründen, vgl. hierzu Urteil des

/...

gen bei gleichzeitiger Ausübung der Sachherrschaft über das Wirtschafts-gut[468] sowie bei Grundstücken die Befugnis zur Veräußerung oder dinglichen Belastung[469].

Es wird daher zu bezweifeln sein, daß die erste Voraussetzung für eine gewohnheitsrechtliche Bedeutung der Zurechnungsvorschrift der Abgabenordnung – eine über lange Zeit konstante Rechtsprechung – gegeben ist. Zwar lehnen sich einzelne der genannten Kriterien an die kodifizierten Merkmale an, die Judikatur prüft aber nur zum Teil explizit die gesetzlichen Kriterien wirtschaftlichen Eigentums; wenn letztere aber noch einer weiteren Konkretisierung durch die erwähnten Kriterien bedürfen, ist fraglich, ob bereits Gewohnheitsrecht vorliegt. Die Vielzahl der unterschiedlichen Kriterien vermittelt eher den Eindruck, die Rechtsprechung sei hinsichtlich der relevanten Zurechnungskriterien (noch) nicht gefestigt;[470] diese Auffassung könnte auch durch Urteile des *Bundesgerichtshofes* gestützt werden, der etwa jüngst „unterschiedliche [...] Formulierungen" des wirtschaftlichen Eigentums konstatierte.[471]

bb) Die Untersuchung der Rechtsüberzeugung der beteiligten Kreise mutet problematisch an, weil die Erfüllung dieses zweiten Kriteriums nach *Larenz* „nicht immer leicht zu beurteilen" sein wird.[472] Nach einer Würdigung des Schrifttums legt *Münzinger* dar, Einigkeit herrsche nur hinsichtlich der Ablehnung des zivilrechtlichen Eigentums, eine einheitliche Auf-

---

Bundesfinanzhofes vom 30.11.1984 III R 121/83, BFHE 143, 472, hier 474; BStBl II 1985, 451.

468 Vgl. Urteil des *Bundesfinanzhofes* vom 18.11.1970 I 133/64, BFHE 100, 516, hier 522; BStBl II 1971, 133.

469 Vgl. Urteil des *Schleswig-Holsteinischen Finanzgerichts* vom 17.8.1998 III 635/93, EFG, 46. Jg. (1998), S. 1512-1513, hier S. 1513.

470 Vgl. *Mellwig, Winfried/Weinstock, Marc*: Die Zurechnung von mobilen Leasingobjekten nach deutschem Handelsrecht und den Vorschriften des IASC, a.a.O., S. 2346, die das Fehlen einer eindeutigen Definition des wirtschaftlichen Eigentums konstatieren und hinzufügen, Literatur und Rechtsprechung hätten „eine Vielzahl von Begriffsbestimmungen und Kriterien hervorgebracht".
Vgl. auch *Helmschrott, Harald*: Leasinggeschäfte in der Handels- und Steuerbilanz, Wiesbaden 1997, S. 101-104, der eine gewohnheitsrechtliche Bedeutung der Leasing-Erlasse verneint.

471 Vgl. Urteil des *Bundesgerichtshofes* vom 6.11.1995 II ZR 164/94, BB, 51. Jg. (1996), S. 155-157, hier S. 156.

472 Vgl. dazu *Larenz, Karl*: Methodenlehre der Rechtswissenschaft, a.a.O., S. 433.
Vgl. auch *Leffson, Ulrich*: Die Grundsätze ordnungsmäßiger Buchführung, a.a.O., S. 136-137.

fassung über die Zuordnungskriterien existiere indes nicht.[473] Auch das bis heute stetige Herantragen von Zurechnungsfragen an die Gerichte deutet nicht auf eine allgemeine Rechtsüberzeugung und damit auf eine zu Gewohnheitsrecht erstarkte Bedeutung der Vorschrift hin.[474]

cc) Es erscheint zweckmäßig, zwischen einer gewohnheitsrechtlichen Bedeutung der *Vorschrift* der Abgabenordnung und der verbreiteten bloßen Verwendung des *Begriffs* „wirtschaftliches Eigentum", der sich, wie *Seeliger* bemerkt, „schon seit Jahrzehnten eingebürgert" hat, zu differenzieren.[475] Der Gebrauch des Begriffs muß indes noch nicht auf eine gewohnheitsrechtliche Bedeutung der Vorschrift (und damit der gesetzlichen Kriterien) hindeuten, der Ausdruck fand lange vor seiner Kodifizierung in § 39 AO sowohl im bilanzrechtlichen Schrifttum[476] als auch in der Rechtsprechung des *Reichsfinanzhofes*[477] und in frühen Urteilen des *Bundesfinanzhofes*[478] Verwendung und soll die Notwendigkeit einer wirtschaftli-

---

473 Vgl. *Münzinger, Rudolf*: Bilanzrechtsprechung der Zivil- und Strafgerichte, a.a.O., S. 62-113, insbesondere die Nachweise auf S. 66, dortige Fußnote 77. Vgl. die Darstellungen der unterschiedlichen Literaturmeinungen bei *Roland, Helmut*: Der Begriff des Vermögensgegenstandes im Sinne der handels- und aktienrechtlichen Rechnungslegungsvorschriften, Göttingen 1980, S. 113-136; *Kußmaul, Heinz*: Nutzungsrechte an Grundstücken in Handels- und Steuerbilanz, Hamburg 1987, S. 55-77 und *Hommel, Michael*: Grundsätze ordnungsmäßiger Bilanzierung für Dauerschuldverhältnisse, a.a.O., S. 58-61.

474 Vgl. hierzu *Kruse, Heinrich Wilhelm*: Über Gewohnheitsrecht, in: StuW, 36. Jg. (1959), Sp. 209-256, hier Sp. 239 und *Freericks, Wolfgang*: Moderne Buchführungsverfahren und Grundsätze ordnungsmäßiger Buchführung, a.a.O., S. 108-109.

475 Vgl. *Seeliger, Gerhard*: Wirtschaftliches Eigentum und steuerliche Zurechnung, in: DStR, 1. Jg. (1962/63), S. 645-648 (Zitat auf S. 645). Ebenso *Fischer, Peter*: Kommentierung zu § 39 AO, in: Hübschmann/Hepp/Spitaler, Anm. 16.

476 Vgl. *Strutz, Georg*: Kommentierung zu § 13 EStG, in: Kommentar zum Einkommensteuergesetz vom 10.8.1925 nebst den Ausführungsbestimmungen, Bd. 1, Berlin 1927, Anm. 43 a); *Becker, Enno/Riewald, Alfred/Koch, Carl*: Kommentierung zu § 11 StAnpG, in: Becker/Riewald/Koch, Anm. 2 und *Martens, Joachim*: Eigenbesitz als wirtschaftliches Eigentum, in: NJW, 15. Jg. (1962), S. 1849-1851, passim.

477 Vgl. etwa die Urteile des *Reichsfinanzhofes* vom 18.12.1925 I A 129/25, RFHE 18, 73, hier 73; vom 2.9.1939 III 185/39, StuW, 18. Jg. (1939), Nr. 500, Sp. 807-809, passim.

478 Vgl. beispielsweise die Urteile des *Bundesfinanzhofes* vom 23.4.1953 IV 494/52 U, BStBl III 1953, 171, hier 172; vom 6.5.1960 VI 223/59 U, BStBl III 1960, 289, hier 290 und vom 22.7.1960 III 242/59 S, BFHE 71, 454, hier 459; BStBl III 1960, 420, hier 422.

chen Vermögenszurechnung unterstreichen[479]: das (so verstandene) wirt-schaftliche Eigentum war „die erste Rechtsfigur, bei der sich das Steuer-recht deutlich vom Zivilrecht abhob", weil sich das bürgerlich-rechtliche Eigentum „geradezu als Hindernis" für die Behandlung der wirtschaft-lichen Wirklichkeit erwies.[480]

Breite Verwendung im Bilanzrecht findet der Begriff des wirtschaftlichen Eigentums nach der hier vertretenen Einschätzung daher nicht aufgrund ei-ner gewohnheitsrechtlichen Bedeutung der gesetzlichen Kriterien der Ab-gabenordnung, sondern eher wegen seiner „starken Bildhaftigkeit"[481]: Un-geachtet aller Kritik[482] trägt er vor allem dem „allgemeinen Gedanken" einer wirtschaftlichen Zugehörigkeit Rechnung.[483] Er verkörpert somit ei-nen „sprachlichen Kompromiß" für den von *Beisse* beschriebenen Konflikt zwischen notwendiger Objektivierung einerseits sowie wirtschaftlicher Be-trachtungsweise andererseits;[484] dessen Ausführungen zur gewohnheits-

---

479 Vgl. *Freericks, Wolfgang*: Bilanzierungsfähigkeit und Bilanzierungspflicht in Handels- und Steuerbilanz, a.a.O., S. 168 (dortige Fußnote 185) und *Roland, Helmut*: Der Begriff des Vermögensgegenstandes im Sinne der handels- und ak-tienrechtlichen Rechnungslegungsvorschriften, a.a.O., S. 112-113.
Vgl. auch Urteil des *Bundesgerichtshofes* vom 6.11.1995 164/94, BB, 51. Jg. (1996), S. 155-157, hier S. 156.

480 Vgl. *Haas, Josef*: Das Verhältnis des Zivilrechts zum Steuerrecht und das wirtschaftliche Eigentum in der Rechtsprechung des BFH, in: DStZ/A, 63. Jg. (1975), S. 363-367, hier S. 363 (beide Zitate).

481 *Seeliger, Gerhard*: Wirtschaftliches Eigentum und steuerliche Zurechnung, a.a.O., S. 645.

482 Zu differenzieren ist dabei zwischen Kritik am Begriff des wirtschaftlichen Ei-gentums (vgl. dazu *Körner, Werner*: Die wirtschaftliche Betrachtungsweise im Bilanzsteuerrecht, in: BB, 29. Jg. (1974), S. 797-802, hier S. 798: „mißratene[r] Begriff" und *Scheuffele, Peter*: Zur Anwendung der erhöhten Absetzungen bei Wohngebäuden, in: BB, 25. Jg. (1970), S. 1429-1434, hier S. 1429 sowie bereits *Becker, Enno*: Steuerrecht und Privatrecht, in: StuW, 13. Jg. (1934), Sp. 299-328, hier Sp. 319: „irreführend als wirtschaftliches Eigentum bezeichnet") und Kritik, die sich allgemein gegen eine Zurechnung nach wirtschaftlichen Kriterien wen-det (vgl. etwa *Sigloch, Heinrich*: Strukturfehler der Steuergesetze, in: JbFfSt 1977/78, S. 45-81, hier S. 71-75 sowie *Ekkenga, Jens*: Gibt es „wirtschaftliches Eigentum" im Handelsbilanzrecht?, a.a.O., passim).

483 Vgl. Urteil des *Bundesfinanzhofes* vom 18.11.1970 I 133/64, BFHE 100, 516, hier 521-522 (Zitat auf S. 521); BStBl II 1971, 133.
Vgl. auch *Stendel, Eberhard*: Grundlagen steuerrechtlicher Betrachtungsweise, in: JbFfSt 1975/76, S. 52-77, hier S. 60-61.

484 Vgl. dazu *Beisse, Heinrich*: Die wirtschaftliche Betrachtungsweise bei der Ausle-gung der Steuergesetze in der neueren deutschen Rechtsprechung, a.a.O., S. 3

/...

94

rechtlichen Bedeutung des wirtschaftlichen Eigentums dürften mithin vor allem die Abgrenzung zu einer ausschließlich am zivilrechtlichen Eigentum orientierten Zurechnung bezwecken[485]. Auch *Döllerer* weist zutreffend darauf hin, der *„Ausdruck* wirtschaftliches Eigentum" habe sich „als Kurzbezeichnung für einen Tatbestand, der die Zurechnung eines Vermögensgegenstands an eine bestimmte Person rechtfertigt, eingebürgert".[486] Bei der Verwendung des Begriffs „wirtschaftliches Eigentum" wird einerseits zu beachten sein, daß er eine wohl weder gesetzessystematisch[487] noch gewohnheitsrechtlich begründbare Verbindung zur Vorschrift der Abgabenordnung herstellt. Andererseits suggeriert der Begriff aber auch eine Nähe zum zivilrechtlichen Eigentum, die – ob der Bedeutungsgrenzen des Eigentums – nicht unproblematisch erscheint.[488]

Die Kriterien des wirtschaftlichen Eigentums im Sinne der Abgabenordnung sind also für das Bilanzrecht nicht einschlägig, sie stehen daher – wie auch in der Rechtsprechung des *Bundesfinanzhofes* – mit zahlreichen anderen tatsächlichen und rechtlichen Kriterien in einem substitutionalen Verhältnis.[489] Nachfolgend sollen in einem ersten Schritt die Kriterien der Abgabenordnung auf ihre Eignung untersucht werden, das Prinzip wirtschaftlicher Vermögenszugehörigkeit systemkonform zu konkretisieren.

---

sowie oben, Erstes Kapitel A.III.

485 Vgl. dazu *Beisse, Heinrich:* Die steuerrechtliche Bedeutung der neuen deutschen Bilanzgesetzgebung, a.a.O., S. 299: Die Anwendbarkeit des wirtschaftlichen Eigentums im Handelsrecht sei auf das Prinzip der Einheitsbilanz zurückzuführen. Zur Einheitsbilanz, vgl. oben, Erstes Kapitel B.II.1.c).

486 Vgl. *Döllerer, Georg:* Leasing – wirtschaftliches Eigentum oder Nutzungsrecht?, a.a.O., S. 535 (beide Zitate; Hervorhebung nicht im Original).
    Ebenso bereits *Weber, Heinz:* Der Begriff des wirtschaftlichen Eigentums im Steuerrecht, Diss. Münster 1955, S. 97-98 und *Schiffbauer, Siegfried:* Das wirtschaftliche Eigentum im Steuerrecht, in: StuW, 33. Jg. (1956), Sp. 457-484, hier Sp. 471: Der Ausdruck „ist [...] gewohnheitsrechtlich anerkannt".

487 Vgl. dazu den vorigen Abschnitt Erstes Kapitel B.II.1.a).

488 Vgl. *Weber, Heinz:* Der Begriff des wirtschaftlichen Eigentums im Steuerrecht, a.a.O., S. 97; zu den Anwendungsgrenzen des rechtlichen Eigentums, vgl. oben, Erstes Kapitel B.I.3.b).

489 Vgl. *Euler, Roland:* Bilanzrechtstheorie und internationale Rechnungslegung, in: FS Beisse, S. 171-188, hier S. 178.

3. Konkretisierung des Prinzips wirtschaftlicher Vermögenszugehörigkeit durch die Kriterien des wirtschaftlichen Eigentums im Sinne der Abgabenordnung?

a) Bedeutung und Bedeutungsgrenzen der kodifizierten Kriterien

aa) Die Kriterien „im Regelfall" und „für die gewöhnliche Nutzungsdauer"

aaa) Als zentrales Kriterium wirtschaftlichen Eigentums nennt § 39 Absatz 2 Nr. 1 Satz 1 AO[490] die „tatsächliche Herrschaft" eines Nichteigentümers über das Wirtschaftsgut.[491] Die Vorschrift enthält *drei* Merkmale, die präzisieren[492], wann eine solche Herrschaft gegeben ist: Sie muß *im Regelfall* und *für die gewöhnliche Nutzungsdauer* zum *wirtschaftlichen Ausschluß* des zivilrechtlichen Eigentümers von der Einwirkung auf das Wirtschaftsgut führen, so daß dessen Befugnis, über das Wirtschaftsgut zu verfügen, kein wirtschaftliches Gewicht mehr hat.[493]

Als für eine Konkretisierung des Prinzips wirtschaftlicher Vermögenszugehörigkeit weniger relevant kann das erste Kriterium („im Regelfall") bezeichnet werden: Das Kriterium ist nicht im Sinne einer (auch Ausnahme-

---

490 Eine Untersuchung von § 39 Absatz 2 Nr. 1 Satz 2 AO, der die Zurechnung bei Treuhandverhältnissen, Sicherungsübereignung und Eigenbesitz regelt, kann unterbleiben, da aus der Vorschrift keine von Satz 1 abweichende Zurechnung resultiert, vgl. *Fahrholz, Bernd*: Leasing in der Bilanz, a.a.O., S. 46 (dortige Fußnote 95).
A. A. *Brezing, Klaus*: Der Gegenstand der Bilanzierung und seine Zurechnung im Handels- und Steuerrecht, a.a.O., Rn. 80: Satz 2 bedürfe es, um die „traditionellen Fälle" des wirtschaftlichen Eigentums zu behandeln, die durch den auf die (für Leasing und Mietkauf relevante) Nutzungsdauer abstellenden Satz 1 nicht getroffen seien.

491 Vgl. analog Urteile des *Bundesfinanzhofes* vom 15.3.1973 VIII R 150/70, BFHE 109, 257, hier 258; BStBl II 1973, 593 und vom 14.11.1974 IV R 3/70, BFHE 114, 22, hier 26; BStBl II 1975, 281.

492 Vgl. insoweit *Fischer, Peter*: Kommentierung zu § 39 AO, in: Hübschmann/Hepp/Spitaler, Anm. 46; *Hoffmann, Ralph*: Kommentierung zu § 39 AO, in: Koch/Scholtz, Rz. 7/1; *Schmieszek, Hans Peter*: Kommentierung zu § 39 AO, in: Beermann, Rdnr. 9 und *Tipke, Klaus/Kruse, Heinrich Wilhelm*: Kommentierung zu § 39 AO, in: Tipke/Kruse, Tz. 11.

493 In § 42 Nr. 4 des Entwurfs einer Abgabenordnung von 1974 hieß es dagegen noch sehr allgemein, Wirtschaftsgüter, über die jemand die Herrschaft gleich einem Eigentümer ausübe, seien jenem zuzurechnen, vgl. *Deutscher Bundestag*: Entwurf einer Abgabenordnung, Begründung zu § 42 AO 1977, in: Bundestagsdrucksache VI/1982, S. 113-114, hier S. 114.

fälle zulassenden) bloßen Regelzurechnung zu verstehen[494], sondern gebietet, in typisierender Betrachtungsweise auf den für die gewählte Vertragsgestaltung üblichen Verlauf abzustellen, nämlich auf das vertragsgemäße Verhalten der beteiligten Parteien[495]. Zur Erfüllung des Kriteriums genügt bereits der wahrscheinliche[496] Ausschluß des Eigentümers in dem für die jeweilige Situation typischen Fall[497]. Nicht als Regelfall anzusehen sind etwa Sachverhalte, in denen der ein Wirtschaftsgut unter Eigentumsvorbehalt besitzende Kaufmann die vereinbarten Kaufpreisraten nicht zahlt[498] oder ein an sich unkündbarer Vertrag bei Aufgabe des Gewerbebetriebs vorzeitig beendet werden kann[499].

bbb) Das zweite Kriterium („für die gewöhnliche Nutzungsdauer") soll ausdrücken, daß ein nur vorübergehender Ausschluß des Eigentümers, wie er beispielsweise aus einem kurzfristigen Miet- oder Pachtverhältnis folgt, für die Annahme wirtschaftlichen Eigentums nicht ausreicht.[500] Vielmehr

---

494 A. A. *Ehlig, Frank*: Steuerliche Zurechnung von Grundstücken im Privatvermögen nach Schenkung im Wege vorweggenommener Erbfolge unter Vorbehaltsklauseln, in: DStR, 34. Jg. (1996), S. 1629-1636, hier S. 1632. Diese Auffassung vertreten jüngst auch das *Finanzgericht München* (Urteil vom 18.10.1997 8 K 1927/93, EFG, 45. Jg. (1997), S. 774-775, hier S. 775) und das *Hessische Finanzgericht* (Urteil vom 26.6.1997 1 K 2331/95, HFR, 38. Jg. (1998), S. 610-612, hier S. 611). Vgl. dazu auch *Ley, Ursula*: Steuerliche Zurechnung von Nießbrauchsgegenständen, in: DStR, 22. Jg. (1984), S. 676-680, hier S. 676.

495 Vgl. Urteil des *Bundesfinanzhofes* vom 26.1.1978 V R 137/75, BFHE 124, 259, hier 264; BStBl II 1978, 280 und neuerdings das Urteil des *Finanzgerichts Düsseldorf* vom 11.3.1999 11 K 6985/96 BG, DStRE, 3. Jg. (1999), S. 486-488, hier S. 488.

496 Vgl. Urteil des *Bundesfinanzhofes* vom 14.11.1974 IV R 3/70, BFHE 114, 22, hier 27; BStBl II 1975, 281.

497 Vgl. Urteile des *Bundesfinanzhofes* vom 27.11.1996 X R 92/92, BFHE 182, 104, hier 108 f.; BStBl II 1996, 97 und vom 26.1.1970 IV R 144/66, BFHE 97, 466, hier 483; BStBl II 1970, 264.
Vgl. auch *Hoffmann, Ralph*: Kommentierung zu § 39 AO, in: Koch/Scholtz, Rz. 7/3; *Fischer, Peter*: Kommentierung zu § 39 AO, in: Hübschmann/Hepp/Spitaler, Anm. 52 und *Becker, Enno/Riewald, Alfred/Koch, Carl*: Kommentierung zu § 11 StAnpG, in: Becker/Riewald/Koch, Anm. 2.

498 Vgl. Urteil des *Bundesfinanzhofes* vom 26.1.1970 IV R 144/66, BFHE 97, 466, hier 484-485; BStBl II 1970, 264. Vgl. auch *Fischer, Peter*: Kommentierung zu § 39 AO, in: Hübschmann/Hepp/Spitaler, Anm. 52.

499 Vgl. insoweit Urteil des *Bundesfinanzhofes* vom 2.6.1978 III R 4/76, BFHE 125, 240, hier 243; BStBl II 1978, 507.

500 Vgl. *Seeliger, Gerhard*: Der Begriff des wirtschaftlichen Eigentums im Steuerrecht, a.a.O., S. 46-47.

muß der wirtschaftliche Eigentümer aus tatsächlichen oder rechtlichen Gründen dauerhaft die Möglichkeit haben, dem rechtlichen Eigentümer das Wirtschaftsgut vorzuenthalten. Dies entspricht auch dem Prinzip wirtschaftlicher Vermögenszugehörigkeit im oben[501] definierten Sinne: das kurzfristige Tragen von Wertminderungsrisiken durch einen Mieter oder Pächter kann nicht zur Zurechnung des Wirtschaftsgutes führen.

Das Kriterium „für die gewöhnliche Nutzungsdauer" läßt sich auch aus Sicht des Prinzips wirtschaftlicher Vermögenszugehörigkeit als Mindestanforderung interpretieren. Eine Vertragsgestaltung, die es dem Eigentümer ermöglichte, den Nutzungsberechtigten innerhalb der betriebsgewöhnlichen Nutzungsdauer von der Einwirkung auf das Wirtschaftsgut abzuhalten, wäre mit diesem Prinzip unvereinbar: Fragwürdig erscheint insofern die in einem der Leasing-Erlasse[502] enthaltene Vorgabe, wonach bei Vollamortisationsverträgen mit einer Grundmietzeit unter 40% der betriebsgewöhnlichen Nutzungsdauer Wirtschaftsgüter selbst dann dem Leasingnehmer zuzurechnen sind, wenn dieser keine Option auf Kauf oder Verlängerung hat[503] und somit weder gänzlich über das Einnahmenpotential des Wirtschaftsgutes verfügt, noch das Risiko der Wertminderung dauerhaft trägt. Zusätzliche Bedeutungsgrenzen des Kriteriums ergeben sich aus § 39 Absatz 2 Nr. 1 Satz 2 AO, weil die dort beispielhaft aufgeführten Treuhandverhältnisse sowie Sicherungsübereignungen Wirtschaftsgüter umfassen können, für die keine betriebsgewöhnliche Nutzungsdauer existiert.[504]

Die Kritik *Schulze-Osterloh*s, das Kriterium impliziere, Wirtschaftsgüter schon bei voraussichtlich baldigem Abgang nicht mehr dem rechtlichen Eigentümer zuzurechnen,[505] läßt die von *Seeliger* betonte enge Verbindung

---

501 Vgl. hierzu oben, Erstes Kapitel B.I.1.

502 Vgl. *Bundesminister der Finanzen*: Schreiben des Bundesministers der Finanzen vom 19.4.1971 IV B/2 – S 2170 – 31/71, BStBl I 1971, 264, hier 265.

503 Vgl. *Baetge, Jörg/Ballwieser, Wolfgang*: Ansatz und Ausweis von Leasingobjekten in Handels- und Steuerbilanz, a.a.O., S. 6; *Freericks, Wolfgang*: Bilanzierungsfähigkeit und Bilanzierungspflicht in Handels- und Steuerbilanz, a.a.O., S. 189 und *Stobbe, Michael*: Ist der Maßgeblichkeitsgrundsatz bei der Zurechnung des wirtschaftlichen Eigentums anwendbar?, a.a.O., S. 521.

504 Vgl. *Heidner, Hans-Hermann*: Die rechtsgeschäftliche Treuhand im Steuerrecht, in: DStR, 27. Jg. (1989), S. 305-309, hier S. 305 und *ders.*: Die Behandlung von Treuhandverhältnissen in der Abgabenordnung, in: DB, 49. Jg. (1996), S. 1203-1212, hier S. 1203.

505 Vgl. *Schulze-Osterloh, Joachim*: Die Rechnungslegung der Innengesellschaft – insbesondere der stillen Gesellschaft –, in: WPg, 27. Jg. (1974), S. 393-401, hier S. 395.

des Kriteriums der Dauerhaftigkeit mit dem wirtschaftlichen Ausschluß des rechtlichen Eigentümers außer acht: Nur bei isolierter Betrachtung der Kriterien scheint die Zeitkomponente überhaupt keine Rolle zu spielen, indes vermag zum Beispiel der Vergleich von Grundmietzeit und betriebsgewöhnlicher Nutzungsdauer von Leasingobjekten Hinweise für deren Zurechnung liefern.[506] Inwieweit das Kriterium der Dauerhaftigkeit geeignet ist, das Prinzip wirtschaftlicher Vermögenszugehörigkeit zu konkretisieren, kann daher erst in Verbindung mit dem nun zu erörternden dritten Kriterium des § 39 Absatz 2 Nr. 1 Satz 1 AO deutlicher zu Tage treten.

bb) Das Kriterium des „wirtschaftlichen Ausschlusses" des Eigentümers

aaa) Der wirtschaftliche Ausschluß des zivilrechtlichen Eigentümers hat in der Judikatur des *Bundesfinanzhofes* zur Konsequenz, daß dessen Herausgabeanspruch für die Nutzungsdauer des Wirtschaftsgutes entweder aufgrund fehlender Durchsetzbarkeit keine wirtschaftliche Bedeutung mehr hat oder überhaupt nicht besteht.[507]

Aus Sicht des Prinzips wirtschaftlicher Vermögenszugehörigkeit erscheint die der Vorschrift zugrundeliegende Annahme, zur Erlangung der wirtschaftlichen Sachherrschaft genüge *stets* der Ausschluß des Eigentümers für die Nutzungsdauer des Wirtschaftsgutes, zunächst nicht unproblematisch: Der Gesetzgeber rekurriert in § 39 Absatz 2 Nr. 1 Satz 1 AO auf den Ausschluß für die „gewöhnliche Nutzungsdauer", die anhand der in den amtlichen AfA-Tabellen[508] festgelegten betriebsgewöhnlichen Nutzungsdauer zu bestimmen sein soll.[509] Gegen die Orientierung an der den AfA-

---

506 Vgl. *Bundesminister der Finanzen*: Schreiben des Bundesministers der Finanzen vom 19.4.1971 IV B/2 – S 2170 – 31/71, BStBl I 1971, 264 und vom 22.12.1975 IV B 2 – S 2170 – 161/75, in: DB, 29. Jg. (1976), S. 172-173, hier S. 173.
Vgl. dazu auch *Stoll, Gerold*: Leasing, steuerrechtliche Beurteilungsgrundsätze, 2. Aufl., Köln 1977, S. 113. A. A. *Frotz, Gerhard*: Leasing in Österreich und seine Rechtsfragen, in: FS Hämmerle, S. 97-126, hier S. 117.

507 Vgl. Urteile des *Bundesfinanzhofes* vom 21.5.1992 X R 61/91, BFHE 168, 261, hier 263; BStBl II 1992, 944; vom 20.9.1989 X R 140/87, BFHE 158, 361, hier 364; BStBl II 1990, 368 und vom 22.8.1984 I R 198/80, BFHE 142, 370, hier 372; BStBl II 1985, 126.

508 Die AfA-Tabellen besitzen keinen Gesetzesnormrang, vgl. *Drenseck, Walter*: Kommentierung zu § 7 EStG, in: Schmidt, Rz. 84.

509 Vgl. etwa Urteil des *Bundesfinanzhofes* vom 7.10.1997 VIII R 63/95, BFH/NV, 13. Jg. (1997), S. 1202-1204, hier S. 1203.
Der *technischen* Nutzungsdauer kommt keine zentrale Bedeutung zu, vgl. *Runge,*
/...

Tabellen entnommenen Nutzungsdauer wird eingebracht, Wirtschaftsgüter verfügten selbst nach deren Ablauf häufig noch über einen nicht unerheblichen Restwert (im Sinne eines Nutzungs- oder Schrottwertes), so daß der Herausgabeanspruch doch wirtschaftliche Bedeutung habe.[510] Liegt aber die individuelle wirtschaftliche Nutzungsdauer des Wirtschaftsgutes über der Nutzungsdauer laut AfA-Tabellen, verbleiben Teile des Einnahmenpotentials und auch das Wertminderungsrisiko beim Eigentümer[511]: Beispielsweise wird ein für 50 Jahre gemietetes Gebäude mit ebensolcher betriebsgewöhnlichen Nutzungsdauer an ihrem Ende mehr als einen zu vernachlässigenden Restwert aufweisen und schwerlich dem Nutzungsberechtigten zuzurechnen sein.[512]

Diese Schwachstelle in der gesetzlichen Definition des wirtschaftlichen Eigentums führt *Fahrholz* auf die Übernahme der von der Rechtsprechung zu einem speziellen Sachverhalt entwickelten Kriterien zurück: Im Ausschußbericht zu § 39 AO heißt es, Absatz 2 Nr. 1 Satz 1 enthalte die „im Rahmen der Leasing-Rechtsprechung entwickelte[.] Auffassung"[513], die sich insbesondere im grundlegenden Leasing-Urteil des IV. Senats[514] wie-

---

Berndt: Finanzierungs-Leasing in der Behandlung der Finanzverwaltung, in: DB, 24. Jg. (1971), S. 973-976, hier S. 974 und *Knapp, Lotte*: Problematischer Leasing-Erlaß, a.a.O. S. 687; sie kann jedoch zur Bestimmung der wirtschaftlichen Nutzungsdauer dienlich sein, vgl. *Moxter, Adolf*: Bilanzrechtsprechung, 5. Aufl., a.a.O., S. 236.

510   Vgl. *Döllerer, Georg*: Leasing – wirtschaftliches Eigentum oder Nutzungsrecht?, a.a.O., S. 537; *Flume, Werner*: Die Frage der bilanziellen Behandlung von Leasing-Verhältnissen, in: DB, 26. Jg. (1973), S. 1661-1667, hier S. 1664; *Baetge, Jörg/Ballwieser, Wolfgang*: Ansatz und Ausweis von Leasingobjekten in Handels- und Steuerbilanz, a.a.O., S. 6-7 und *Buchloh, Hans-Jürgen*: Der Leasing-Erlaß im Spiegel des Leasing-Urteils, in: BB, 26. Jg. (1971), S. 776-779, hier S. 778.
         Vgl. auch Urteil des *Bundesfinanzhofes* vom 19.11.1997 X R 78/94, BFHE 184, 522, hier 525; BStBl II 1998, 59: Der Satz laut amtlicher AfA-Tabelle „verstößt gegen das Prinzip periodengerechter Gewinnermittlung" und Urteil des *Finanzgerichts Baden-Württemberg* vom 24.9.1997 13 K 369/93, DStRE, 2. Jg. (1998), S. 361-362, hier S. 362.

511   Vgl. dazu auch *Baetge, Jörg/Ballwieser, Wolfgang*: Ansatz und Ausweis von Leasingobjekten in Handels- und Steuerbilanz, a.a.O., S. 7.

512   Vgl. *Meyer[-Scharenberg], Dirk*: Einkommensteuerliche Behandlung des Nießbrauchs und anderer Nutzungsüberlassungen, a.a.O., S. 166.

513   Vgl. *Deutscher Bundestag*: Begründung des Finanzausschusses zu § 39 AO 1977, in: Bundestagsdrucksache 7/4292, S. 19.

514   Vgl. Urteil des *Bundesfinanzhofes* vom 26.1.1970 IV R 144/66, BFHE 97, 466; BStBl II 1970, 264. Vgl. auch *Degener, Thomas*: Die Leasingentscheidung bei

/...

derfindet. Außer acht bleibe indes, daß dem Urteil der (Ausnahme-)Fall des Spezial-Leasings zugrunde liege, in welchem einem Leasinggeber kein Restwert zufalle und der wirtschaftliche Ausschluß des Eigentümers für die Nutzungsdauer daher immer als gegeben angesehen werden könne.[515] Die Auffassung von *Fahrholz* findet zumindest insofern Bestätigung, als der Senat, wenn er andere Vertragsgestaltungen des Leasings in seine Erwägungen mit einbezieht, auch für diese den völligen wirtschaftlichen Verbrauch der Gegenstände anzunehmen scheint.[516]

Obgleich die Vorschrift zudem von der Definition *Seeliger*s abweicht, der für die Erlangung wirtschaftlichen Eigentums den unbegrenzten[517], dauerhaften Ausschluß des Eigentümers bis zum voraussehbaren Untergang oder bis zur Erschöpfung des Wirtschaftsgutes fordert[518], scheint die

---

beweglichen Anlagegütern – ein Vorteilhaftigkeitsvergleich zwischen Leasing und Kreditkauf aus der Sicht gewerblicher Investoren, Frankfurt am Main 1986, S. 21-31.

515 Vgl. *Fahrholz, Bernd*: Leasing in der Bilanz, a.a.O., S. 56-58, der ein „Wertungsdefizit" (Zitat auf S. 58) zwischen der im Ausschußbericht zu § 39 AO und der in der gesetzlichen Vorschrift vorgenommenen Wertung konstatiert.

516 Für diese These spricht zum einen der Verweis auf die Analogie zum sog. Gasflaschenurteil, in dem die Rückgabe der vermieteten Flaschen vertraglich praktisch ausgeschlossen wurde; überdies waren die Flaschen nach Ablauf der Nutzungsdauer regelmäßig wirtschaftlich verbraucht, vgl. Urteil des *Bundesfinanzhofes* vom 25.10.1963 IV 429/62 U, BFHE 78, 107, hier 108-109; BStBl III 1964, 44. Zum anderen scheint der Senat in seiner Urteilsbegründung (wie auch *Seeliger*) „auf Dauer" noch mit der völligen Abnutzung des Wirtschaftsgutes gleichzusetzen, vgl. Urteil des *Bundesfinanzhofes* vom 26.1.1970 IV R 144/66, BFHE 97, 466, hier 484 (unter 2. b)); BStBl II 1970, 264.

517 *Seeliger* läßt dem der Arbeit *Schloßmann*s entnommenen Kriterium „unbegrenzt" eine neue Bedeutung zukommen, vgl. *Werndl, Josef*: Wirtschaftliches Eigentum, a.a.O., S. 96-97: *Schloßmann* wollte diesen Begriff nicht *zeitlich* verstanden wissen, sondern damit zum Ausdruck bringen, daß die Rechte des Eigentümers „durch einen Zweck nicht begrenzt[.]" werden können, vgl. *Schloßmann, Siegmund*: Über den Begriff des Eigenthums, a.a.O., S. 345 (auch Zitat).

518 Das Kriterium „auf Dauer" sei als erfüllt anzusehen, wenn die Rechtslage „für einen unbestimmten und im Vorwege auch nicht bestimmbaren Zeitraum" oder aber „so lange besteht, wie sich in tatsächlicher oder rechtlicher Hinsicht nichts ändert", vgl. *Seeliger, Gerhard*: Der Begriff des wirtschaftlichen Eigentums im Steuerrecht, a.a.O., S. 46-47 (beide Zitate auf S. 47, im Original teilweise mit Hervorhebungen); *ders.*: Zur Zurechnung von Gegenständen eines Leasing-Vertrages – Zugleich Besprechung des BFH-Urteils IV R 144/66 vom 26.1.70, in: FR, 25. (52.) Jg. (1970), S. 254-260, hier S. 257-258 und *ders.*: Das wirtschaftliche Eigentum im Steuerrecht als Reflex eines Ausschließungsrechts, in: StuW,

/...

grundsätzliche Orientierung an den AfA-Tabellen aus Vereinfachungs- und Objektivierungsgründen unabdingbar, weil nur so eine einheitliche und praktikable Anwendung der Kriterien gewährleistet ist.[519]

Die nicht durchgehend gefestigte Rechtsprechung zum Nießbrauch veranschaulicht die drohende Aufweichung des Kriteriums: Der *Bundesfinanzhof* trat vorübergehend bereits bei Einräumung eines *lebenslangen* Vorbehaltsnießbrauchs an Wirtschaftsgütern mit langer oder unbegrenzter Nutzungsdauer für eine „Umqualifizierung"[520] in wirtschaftliches Eigentum an diesen Wirtschaftsgütern ein.[521] Als unerheblich sollte demnach gelten, „daß der Eigentümer [...] nicht für die gewöhnliche Nutzungsdauer, sondern lediglich für die Lebenszeit des Einwirkungsberechtigten von der Einwirkung auf das Wirtschaftsgut ausgeschlossen"[522] wird; die zeitlich derart begrenzte Einräumung eines Nutzungsrechts kann jedoch nicht als

---

40. Jg. (1963), Sp. 17-24, hier Sp. 24.
Diese Formulierung findet sich jedoch in der Rechtsprechung nur sehr sporadisch, vgl. etwa Urteile des *Bundesfinanzhofes* vom 8.3.1977 VIII R 180/74, BFHE 122, 64, hier 66; BStBl II 1977, 629; vom 10.2.1988 VIII R 28/86, BFH/ NV, 5. Jg. (1989), S. 94-95, hier S. 95 und vom 8.8.1990 X R 149/88, BFHE 162, 251, hier 253; BStBl II 1991, 70.

519 Vgl. *Clausen, Uwe*: Kommentierung zu § 5 EStG, in: Herrmann/Heuer/Raupach, Anm. 1138; *Hastedt, Uwe-Peter*: Gewinnrealisation beim Finanzierungs-Leasing, Wiesbaden 1992, S. 65 (dortige Fußnote 92); *Müller-Dahl, Frank P.*: Betriebswirtschaftliche Probleme der handels- und steuerrechtlichen Bilanzierungsfähigkeit, Berlin 1979, S. 140 und *Runge, Berndt*: Finanzierungs-Leasing in der Behandlung der Finanzverwaltung, a.a.O., S. 974.
Für die (betriebs-)individuelle tatsächliche Nutzungsdauer plädieren dagegen *Knapp, Lotte*: Problematischer Leasing-Erlaß, a.a.O., S. 687; *Ehlig, Frank*: Steuerliche Zurechnung von Grundstücken im Privatvermögen nach Schenkung im Wege vorweggenommener Erbfolge unter Vorbehaltsklauseln, a.a.O., S. 1632 und *Ziegler, Frank*: Die steuerliche Behandlung von Mietkauf- und Leasing-Verträgen, in: StBp, 11. Jg. (1971), S. 279-285, hier S. 284-285.

520 *Thiel, Jochen*: Die Bilanzierung von Nutzungsrechten, in: DStJG 1991, S. 161-198, hier S. 177.

521 Vgl. Urteile des *Bundesfinanzhofes* vom 12.11.1964 IV 240/64, HFR, 5. Jg. (1965), S. 163-164, hier S. 164; vom 2.8.1983 VIII R 15/80, BFHE 139, 79, hier 84; BStBl II 1983, 736 und vom 2.8.1983 VIII R 170/78, BFHE 139, 76, hier 78; BStBl II 1983, 735.
Vgl. auch *Fischer, Peter*: Kommentierung zu § 39 AO, in: Hübschmann/Hepp/ Spitaler, Anm. 79. Kritisch *Ley, Ursula*: Steuerliche Zurechnung von Nießbrauchsgegenständen, a.a.O., S. 676-677.

522 Urteil des *Bundesfinanzhofes* vom 26.11.1998 IV R 39/98, BFHE 187, 390, hier 394; BStBl II 1999, 263, hier 265.

ausreichend für die systemkonforme Zurechnung zum Nießbraucher angesehen werden.[523]

Die grundsätzliche Orientierung an der betriebsgewöhnlichen Nutzungsdauer dient ausschließlich der Klärung der Frage, ob einem Nutzungsberechtigten das volle Einnahmenpotential des Vermögensgegenstandes zusteht und er das Wertminderungsrisiko übernimmt: Nur wenn mit Ablauf der Nutzungsdauer das Einnahmenpotential des Vermögensgegenstandes erschöpft ist und keine Wertminderungsrisiken verbleiben, wird eine systemkonforme Zurechnung zum Nutzungsberechtigten in Frage kommen. In (vom Bilanzierenden nachzuweisenden) Ausnahmefällen könnte dies auch schon vor Ablauf der betriebsgewöhnlichen Nutzungsdauer der Fall sein,[524] die alleinige Orientierung am „endgültig[en]"[525] Ausschluß des zivilrechtlichen Eigentümers hilft daher nicht weiter.

bbb) Der Haupteinwand gegen eine Konkretisierung des Prinzips wirtschaftlicher Vermögenszugehörigkeit durch die Kriterien der Abgabenordnung beruht auf deren Ableitung aus den Merkmalen bürgerlich-rechtlichen Eigentums: Wie bereits oben[526] gezeigt wurde, sind weder die positiven noch die negativen Eigentumsmerkmale geeignet, im Falle der Partenteilung dieses Prinzip zu konkretisieren. Die Definition *Seeligers* geht aber primär auf Ausführungen *Schloßmanns* zum zivilrechtlichen Eigentum zurück, in denen jener das Verhältnis zwischen dem Eigentümer und außenstehenden Dritten charakterisiert: *Schloßmann* legt dar, daß ein Eigentümer mit den ihm zur Verfügung gestellten Rechtsmitteln jeden *fremden* Dritten von der Sache ausschließen kann.[527] Dieses Ausschlußmerkmal überträgt *Seeliger* auf das „Innenverhältnis" zwischen Eigentümer und Nutzungsberechtigten, ohne nunmehr durch positive Kriterien

---

523 Dies wird durch die zu dinglichen (Dauer-)Wohnrechten ergangene Rechtsprechung bestätigt, vgl. Urteile des *Bundesfinanzhofes* vom 1.10.1997 X R 91/94, HFR, 38. Jg. (1998), S. 478-479, hier S. 479, des *Finanzgerichts Münster* vom 26.3.1997 14 (12) K 3591/94 F, EFG, 47. Jg. (1999), S. 653-654, hier S. 654 und des *Schleswig-Holsteinischen-Finanzgerichts* vom 17.8.1998 III 635/93, EFG, 46. Jg. (1998), S. 1512-1513, hier S. 1513.

524 Vgl. auch *Hahn, Hans*: Zum Begriff „wirtschaftlicher Verschleiß" – Anmerkung zum Urteil des BFH vom 19.11.1997 –, in: DStZ, 87. Jg. (1999), S. 845-853, hier S. 848-849.

525 Vgl. *Stengel, Gerhard*: Die persönliche Zurechnung von Wirtschaftsgütern im Einkommensteuerrecht, a.a.O., S. 149-153 (Zitat auf S. 150).

526 Vgl. dazu oben, Erstes Kapitel B.I.3.

527 Vgl. *Schloßmann, Siegmund*: Über den Begriff des Eigenthums, a.a.O., S. 341-342.

festzulegen, welche Rechte und Pflichten des nutzungsberechtigten Dritten den wirtschaftlichen Ausschluß des Eigentümers erwirken.[528]

§ 39 Absatz 2 Nr. 1 Satz 1 AO läßt offen, ab welchem „Umfang" einer Nutzungsberechtigung die Zurechnung des Wirtschaftsgutes zum Nichteigentümer erfolgen soll; damit bleibt die Vorschrift aber genau in jenen Fällen vage, in denen das auf der Grundlage von Realisationsprinzip und Imparitätsprinzip konzipierte Prinzip wirtschaftlicher Vermögenszugehörigkeit durch die Merkmale der steuerlichen Zurechnungsvorschrift zu konkretisieren wäre: Gemietete Wirtschaftsgüter wären – streng nach dem Wortlaut der Vorschrift – schon einem Nutzungsberechtigten zuzurechnen, wenn der Eigentümer aufgrund vertraglicher Gestaltung für deren verbleibende betriebsgewöhnliche Nutzungsdauer von der Einwirkung auf sie ausgeschlossen werden kann.[529]

Die Unbestimmtheit des Kriteriums des „wirtschaftlichen Ausschlusses" läßt sich schließlich auch anhand der Bilanzierung von Pachtverhältnissen belegen: Der *Bundesfinanzhof*[530] vertritt die Auffassung, daß Wirtschaftsgüter, die ein Pächter aufgrund vertraglicher Vereinbarung im Rahmen einer Betriebspacht nutzt, weiterhin dem Verpächter zuzurechnen sind.[531]

---

528 Vgl. *Fahrholz, Bernd*: Leasing in der Bilanz, a.a.O., S. 53-54, der diese Problematik als die „offene Flanke" in der Argumentation *Seeliger*s bezeichnet (Zitat auf S. 54).

529 So wohl *Adler/Düring/Schmaltz*: Kommentierung zu § 246 HGB, Tz. 402. Beträgt zum Beispiel die verbleibende betriebsgewöhnliche Nutzungsdauer einer Maschine maximal fünf Jahre, führte der Abschluß eines fünfjährigen Mietvertrages zur Zurechnung der Maschine zum Mieter, weil der Vermieter von der Einwirkung auf sie ausgeschlossen ist.

530 Vgl. Urteil des *Bundesfinanzhofes* vom 17.2.1998 VIII R 28/95, BFHE 186, 29; hier 36; BStBl II 1998, 505, hier 509; als Begründung wird auf die Verpflichtung des Pächters verwiesen, die (noch anzuschaffenden) Ersatzgegenstände dem Verpächter zukommen zu lassen. Für *Schiffbauer* spricht gerade die Pachterneuerungsverpflichtung „sehr deutlich für das Vorliegen wirtschaftlichen Eigentums", vgl. *Schiffbauer, Siegfried*: Das wirtschaftliche Eigentum im Steuerrecht, a.a.O., Sp. 475.

531 Dies entspricht ständiger Rechtsprechung, vgl. Urteile des *Bundesfinanzhofes* vom 2.11.1965 I 51/61 S, BFHE 84, 171, hier 176-177; BStBl III 1966, 61; vom 21.12.1965 IV 228/64 S, BFHE 84, 407, hier 409; BStBl III 1966, 147 und vom 23.6.1966 IV 75/64, BFHE 86, 625, hier 626-627; BStBl III 1966, 589.
Vgl. auch § 588 Absatz 2 BGB a.F., wonach die während der Vertragslaufzeit durch den Pächter angeschafften Wirtschaftsgüter in das Eigentum des Verpächters übergehen.

/...

Unter Berufung auf das Kriterium wird dagegen in der Literatur zumindest für Wirtschaftsgüter, die während der Vertragslaufzeit verbraucht werden oder ausscheiden, die Zurechnung zum Pächter gefordert, weil jener den Eigentümer von der Einwirkung auf die Wirtschaftsgüter ausschließen kann und somit die tatsächliche Herrschaft über sie ausübt.[532]

Angesichts der dargestellten Mängel der Merkmale des wirtschaftlichen Eigentums der Abgabenordnung überrascht es nicht, daß die kodifizierten Merkmale in der Rechtsprechung zu Zurechnungsfragen zeitweilig ungeprüft bleiben[533] und der *Bundesfinanzhof* statt dessen dazu übergegangen ist, sich positiver Kriterien zu bedienen. Es stellt sich die Frage, ob diese positiven Merkmale, die eine Präzisierung der Zurechnungsvorschrift bezwecken, einer Konkretisierung des Prinzips wirtschaftlicher Vermögenszugehörigkeit zuträglich sind; in der Rechtsprechung kommt insbesondere das sogenannte „Gesamtbild der Verhältnisse im jeweiligen Einzelfall"[534] zur Anwendung.

b) Die Problematik der Orientierung am Gesamtbild der Verhältnisse

aa) Die Vielzahl der zur Konkretisierung des wirtschaftlichen Eigentums der Abgabenordnung verwendeten Kriterien[535] wird mit dessen Eigenschaft

---

Bemerkenswert erscheint das Urteil des *Reichsfinanzhofes* vom 8.5.1941 IV 10/41, RStBl 1941, 548, hier 548-549: Zu prüfen sei, wer die Gefahr der *Verschlechterung der Pachtsache* zu tragen habe; der Pächter habe dafür nicht aufzukommen, ihm obliege nur die Instandhaltung.

532 Vgl. *Körner, Werner/Weiken, Heinz:* Wirtschaftliches Eigentum nach § 5 Abs. 1 Satz 1 EStG, in: BB, 47. Jg. (1992), S. 1033-1042, hier S. 1041-1042; *Knoppe, Helmut:* Pachtverhältnisse gewerblicher Betriebe im Steuerrecht, a.a.O., S. 141; *Rabe, Otmar:* Die bilanzsteuerrechtliche Behandlung des eisern verpachteten Grundstücksinventars, in: BB, 42. Jg. (1987), S. 439-444, hier S. 443.
Vgl. auch *Flume, Werner:* Das Rechtsverhältnis des Leasing in zivilrechtlicher und steuerrechtlicher Sicht, in: DB, 25. Jg. (1972), S. 1-6, S. 53-61, S. 105-109 und S. 152-155, hier S. 107: „Der Verpächter ist hinsichtlich der bis zum Ende der Pachtzeit ausscheidenden Gegenstände [...] ‚für dauernd' von einer Einwirkung auf die Gegenstände ausgeschlossen".

533 Vgl. etwa die Urteile des *Bundesfinanzhofes* vom 3.8.1988 I R 157/84, BFHE 154, 321; BStBl II 1989, 21 und vom 11.6.1997 XI R 77/96, BFHE 183, 455, hier 458; BStBl II 1997, 774 sowie das Urteil des *Niedersächsischen Finanzgerichts* vom 25.8.1998 VI 390/96, EFG, 47. Jg. (1999), S. 98-99.

534 Urteil des *Bundesfinanzhofes* vom 12.9.1991 III R 233/90, BFHE 166, 49, hier 52; BStBl II 1992, 182.

535 Vgl. dazu auch die Darstellung in Gliederungspunkt Erstes Kapitel B.II.2.c).

als (eindeutige Merkmale ausschließender) Typusbegriff[536] begründet: Das wirtschaftliche Eigentum entziehe sich einer Definition im strengen Sinne, da es „allenfalls ein Sammelausdruck für eine Mehrzahl ungleichartiger privatrechtlicher Konstruktionen"[537] sei und werde durch mehrere gleichwertige Merkmale bestimmt, die kumulativ verbunden sind, in einem alternativen Verhältnis stehen oder sich gegenseitig ausschließen.[538] Die *einzelnen* Merkmale eines Typus bilden für sich genommen nur „Anzeichen oder Indizien", erst deren Zahl und Stärke im Gesamtbild der Verhältnisse des jeweiligen Sachverhalts ermöglicht Rückschlüsse auf die Zuordnung zum Typus.[539] Läßt dieses Gesamtbild in einer wirtschaftlichen Betrachtungsweise[540] erkennen, daß der Nichteigentümer eine dem zivilrechtlichen Eigentum nahekommende Rechtsposition innehat, soll er wirtschaftlicher Eigentümer sein.[541]

In der beschriebenen Vorgehensweise manifestiert sich zunächst nochmals die Unzulänglichkeit (und das damit einhergehende Konkretisierungserfordernis) der steuerlichen Zurechnungsvorschrift, da die Orientierung am „Gesamtbild des Einzelfalls" in der Rechtsprechung „regelmäßig das Fehlen einer klaren Definition" indiziert.[542] Sollen die Merkmale zur Konkretisierung des Prinzips wirtschaftlicher Vermögenszugehörigkeit beitragen bzw. wenigstens *Anzeichen* für die wirtschaftliche Zugehörigkeit eines Vermögensgegenstandes zum Unternehmen liefern, müßten sie den der Bilanz im Rechtssinne inhärenten Anforderungen hinsichtlich Objektivierung und damit Rechtssicherheit genügen; die in der Rechtsprechung haupt-

---

536 Vgl. zum Begriff *Tipke, Klaus/Lang, Joachim*: Steuerrecht, a.a.O., § 5, Rz. 45 und *Becker, Enno/Riewald, Alfred/Koch, Carl*: Kommentierung zu § 1 StAnpG, in: Becker/Riewald/Koch, Anm. 2 e).

537 *Tischer, Frank*: Der Übergang des wirtschaftlichen Eigentums bei schwebender Verschmelzung, in: WPg, 49. Jg. (1996), S. 745-751, hier S. 746.

538 Vgl. hierzu *Weber-Grellet, Heinrich*: Der Typus des Typus, in: FS Beisse, S. 551-569, hier S. 553 und *Stengel, Gerhard*: Die persönliche Zurechnung von Wirtschaftsgütern im Einkommensteuerrecht, a.a.O., S. 154-155.

539 Vgl. *Larenz, Karl*: Methodenlehre der Rechtswissenschaft, a.a.O., S. 221-222 (Zitat auf S. 221).

540 Vgl. dazu *Beisse, Heinrich*: Die wirtschaftliche Betrachtungsweise bei der Auslegung der Steuergesetze in der neueren deutschen Rechtsprechung, a.a.O., S. 10.

541 Vgl. etwa die Urteile des *Bundesfinanzhofes* vom 27.11.1996 X R 92/92, BFHE 182, 104, hier 107; BStBl II 1996, 97; vom 14.11.1974 IV R 3/70, BFHE 114, 22, hier 26; BStBl II 1975, 281 und vom 27.10.1970 II 72/65, BFHE 101, 126, hier 130; BStBl II 1971, 278.

542 Vgl. *Scheuffele, Peter*: Zur Anwendung der erhöhten Absetzungen bei Wohngebäuden, a.a.O., S. 1429 (auch Zitat).

sächlich verwendeten Merkmale Eigenbesitz, Nutzen, Lasten und Gefahren sind daher nachfolgend auf ihre Eignung zu untersuchen, eine eindeutige (und systemkonforme) Zurechnung herbeizuführen.[543]

bb) Das Merkmal des Eigenbesitzes wird von einigen Autoren sogar als über die Funktion des Typusmerkmals hinausgehendes, zentrales Zurechnungskriterium angesehen.[544] Auf eine solche Stellung mag auch der Umstand hindeuten, daß der Eigenbesitz in § 39 Absatz 2 Nr. 1 Satz 2 AO sowie in der Vorgängervorschrift § 11 Ziffer 4 StAnpG[545] gesetzlich verankert wurde und zudem über ein zivilrechtliches Pendant verfügt: Ein Eigenbesitzer übt gemäß § 872 BGB die tatsächliche Sachherrschaft unter Ausschluß anderer Personen aus[546], zu der in § 39 Absatz 2 Nr. 1 Satz 1 AO geforderten „tatsächlichen Herrschaft" bestehen mithin augenscheinlich Analogien.[547] Wie bei der gesetzlichen Regelung des wirtschaftlichen Eigentums wäre aber der zivilrechtlich auf Sachen beschränkte Eigenbesitz bilanzrechtlich zunächst auf alle Wirtschaftsgüter auszudehnen. Bliebe man ansonsten bei dem zivilrechtlichen Verständnis, umfaßte der Eigenbe-

---

543 Der in einigen Urteilen anstelle des Eigenbesitzes als Typusmerkmal verwendete bloße *Besitz* eines Wirtschaftsgutes erlaubt keine systemkonforme Zurechnung, vgl. oben, Erstes Kapitel B.I.3.b).

544 Vgl. *Hofmann, Ruth*: Kommentierung zu § 39 AO, in: Kühn, Bem. 2 a) (S. 105) und wohl auch *Carlé, Dieter/Felix, Günther*: Wirtschaftliches Eigentum, in: HWStR, Bd. 2, S. 1632-1633, hier S. 1633 sowie *Tipke, Klaus/Kruse, Heinrich Wilhelm*: Kommentierung zu § 39 AO, in: Tipke/Kruse, Tz. 24, die unter Bezugnahme auf das (wirtschaftliches Eigentum anerkennende) Urteil des *Bundesfinanzhofes* vom 6.5.1960 223/59 U, BStBl III 1960, 289 *Eigenbesitz* des Dauerwohnberechtigten konstatieren. Das Kriterium des Eigenbesitzes kommt auch im Urteil des *Bundesfinanzhofes* vom 25.1.1996 IV R 114/94, BFHE 180, 57; hier 59; BStBl II 1997, 382, hier 383 zur Anwendung.
Vgl. aus der älteren Literatur *Martens, Joachim*: Eigenbesitz als wirtschaftliches Eigentum, a.a.O., passim; *Reiche, Astrid*: Leasing, zivilrechtliche Beurteilung und steuerrechtliche Zurechnung, Diss. Marburg 1972, S. 156-159 und *Zöller, Artur*: Wirtschaftliches Eigentum im Steuerrecht (§ 11 Ziff. 4 StAnpG), in: WPg, 11. Jg. (1958), S. 576-580, hier S. 576.

545 So schon § 80 Absatz 1 Satz 1 RAO 1919: „Wer einen Gegenstand als ihm gehörig besitzt, wird im Sinne der Steuergesetze als Eigentümer behandelt".

546 Vgl. *Joost, Detlev*: Kommentierung zu § 872 BGB, in: Münchner Kommentar, Bd. 4, 2. Aufl., RdNr. 3 (mit Nachweisen aus der Rechtsprechung des *Bundesgerichtshofes*).

547 Vgl. *Weber-Grellet, Heinrich*: Drittaufwand – Konsequenzen aus dem Beschluß des Großen Senats vom 30.1.1995 GrS 4/92, in: DB, 48. Jg. (1995), S. 2550-2560, hier S. 2558.

sitz eine objektive und eine subjektive Komponente:[548] Als objektives Tatbestandsmerkmal gilt die *tatsächliche Herrschaft* über das Wirtschaftsgut, daneben tritt als subjektives Merkmal der sogenannte animus domini, der natürliche Wille des Besitzers, die Herrschaft wie ein Eigentümer auszuüben.

Gegen eine zentrale Bedeutung des Kriteriums und dessen Eignung als Typusmerkmal sprechen indes gewichtige Argumente: Die vage Umschreibung des Eigenbesitzes im Zivilrecht erschwert seine Anwendung im Bilanzrecht; die gesetzliche Formulierung, wonach der Eigenbesitzer die Sache als ihm gehörend besitzt, läßt offen, welche Kriterien hierfür erfüllt sein müssen. *Sigloch* kritisiert die „viel zu schmale Auslegungsgrundlage" des Eigenbesitzes, der schon im BGB nur in sehr speziellen Zusammenhängen zur Anwendung komme und wegen seiner Unbestimmtheit für das Steuerrecht ungeeignet sei.[549] Auch *Seeliger* legt dar, die aus dem Merkmal des Eigenbesitzes resultierenden „sich [...] ständig ergebenden Rechtsunsicherheitsfaktoren" seien auf die Vorschrift des § 11 Ziffer 4 StAnpG zurückzuführen.[550] Aus seinen Ausführungen geht außerdem hervor, daß er mit der später in § 39 AO eingegangenen Definition wirtschaftlichen Eigentums gerade die Determination eines umfassenderen Eigenbesitzes bezweckte[551]; der Versuch einer (umgekehrten) Konkretisierung des wirtschaftlichen Eigentums durch das Merkmal „Eigenbesitz" muß daher scheitern.

---

548 Vgl. dazu *Tipke, Klaus/Kruse, Heinrich Wilhelm*: Kommentierung zu § 39 AO, in: Tipke/Kruse, Tz. 23.
Vgl. auch *Kühn, Rolf*: Kommentierung zu § 11 StAnpG, in: Reichsabgabenordnung, Steueranpassungsgesetz/Nebengesetze, 3. Aufl., Stuttgart 1954, S. 591.
549 Vgl. *Sigloch, Heinrich*: Strukturfehler der Steuergesetze, a.a.O., S. 76 (auch Zitat).
Vgl. auch *Fischer, Peter*: Kommentierung zu § 39 AO, in: Hübschmann/Hepp/Spitaler, Anm. 185-188.
550 Vgl. *Seeliger, Gerhard*: Wirtschaftliches Eigentum und steuerliche Zurechnung, a.a.O., S. 646 (auch Zitat).
551 Vgl. *Seeliger, Gerhard*: Der Begriff des wirtschaftlichen Eigentums im Steuerrecht, a.a.O., S. 53 ff.
In diesem Sinne auch *Reiche, Astrid*: Leasing, zivilrechtliche Beurteilung und steuerrechtliche Zurechnung, a.a.O., die zunächst den Begriff des wirtschaftlichen Eigentums als unvereinbar mit § 11 StAnpG ablehnt (S. 146), um anschließend zu prüfen, ob Eigenbesitz eines Leasingnehmers vorliegt (S. 147 ff.) und dazu die Grundsätze *Seeliger*s hinzuzieht (S. 149).

Die Orientierung am Eigenbesitz verstieße ferner gegen explizite handelsrechtliche Zurechnungsvorschriften, weil sowohl bei Sicherungsübereignungen als auch beim Kauf unter Eigentumsvorbehalt der Eigentümer als Eigenbesitzer anzusehen ist.[552] In wichtigen Fällen, wie bei Leasingverhältnissen oder Bauten auf fremden Grundstücken[553], bleibt zudem unklar, unter welchen Bedingungen Eigenbesitz vorliegen soll;[554] die Gerichte greifen häufig – wohl wegen dieser Nachteile – anstelle des Eigenbesitzes auf andere Merkmale zurück[555].

Schließlich spricht auch die Entstehungsgeschichte des § 39 AO gegen einen behaupteten gesetzgeberischen Willen, dem Eigenbesitz eine vorrangige Bedeutung zukommen zu lassen: Noch in § 42 des Entwurfs einer Abgabenordnung bekundete der Gesetzgeber die Absicht, auf das Merkmal gänzlich zu verzichten.[556] Rückschlüsse auf eine hervorgehobene Stellung läßt die „stiefmütterlich[e]"[557] Erwähnung des Eigenbesitzes in der heutigen Fassung der Abgabenordnung aber genauso wenig zu. Das Merkmal ist daher zu einer Präzisierung der wirtschaftlichen Vermögenszugehörigkeit nicht imstande.

---

552 Vgl. *Bassenge, Peter*: Kommentierung zu § 872 BGB, in: Palandt, Rn. 1 und *Bund, Elmar*: Kommentierung zu § 872 BGB, in: Staudingers Kommentar zum Bürgerlichen Gesetzbuch, Rz. 6.

553 Vgl. Urteil des *Bundesfinanzhofes* vom 11.12.1987 III R 188/81, BFHE 152, 125, hier 126-127; BStBl II 1988, 493: Der Senat erwähnt zunächst den Eigenbesitz und prüft anschließend, ob der dauerhafte Ausschluß des Eigentümers von der Einwirkung auf das Wirtschaftsgut gegeben ist.
So auch *Seeliger, Gerhard*: Der Begriff des wirtschaftlichen Eigentums im Steuerrecht, a.a.O., S. 71-81, der Eigenbesitz an den Bauten annimmt, wenn der Eigentümer dauerhaft von der Einwirkung ausgeschlossen wird.

554 Vgl. *Joost, Detlev*: Kommentierung zu § 872 BGB, in: Münchner Kommentar, Bd. 4, 2. Aufl., RdNr. 7.

555 Vgl. Urteile des *Bundesfinanzhofes* vom 2.5.1984 VIII R 276/81, BFHE 141, 498, hier 502; BStBl II 1984, 820; vom 7.12.1989 IV R 1/88, BFHE 159, 177, hier 179; BStBl II 1990, 317, hier 318 und vom 27.9.1988 VIII R 193/83, BFHE 154, 525, hier 528; BStBl II 1989, 414: „Nicht erforderlich ist der Eigenbesitz".

556 Vgl. *Deutscher Bundestag*: Entwurf einer Abgabenordnung, Begründung zu § 42 AO 1977, a.a.O., S. 113: „im Gegensatz zu § 11 Nr. 4 StAnpG [wird] auf die Verwendung des zivilrechtlichen Begriffs ‚Eigenbesitzer' verzichtet".
Vgl. hierzu auch *Tipke, Klaus*: Zur Reform der Reichsabgabenordnung. Stellungnahme zum Reformentwurf, 1. Teil (II), in: FR, 25. (52.) Jg. (1970), S. 261-263, hier S. 262.

557 *Hofmann, Ruth*: Kommentierung zu § 39 AO, in: Kühn, Bem. 2 a) (S. 105).

cc) Dem zweiten Typusmerkmal „Nutzen"[558] kann für die Konkretisierung des Prinzips wirtschaftlicher Vermögenszugehörigkeit keine Relevanz beigemessen werden: Bereits aus dem Vermögenswertprinzip folgt, daß nur Objekte, die als Nettoeinnahmenpotentiale für den bilanzierenden Kaufmann einen (wirtschaftlichen) Nutzen entfalten, zu aktivieren sein können.[559] Wenn das Merkmal aber schon eine der Voraussetzungen für die Existenz eines Vermögensgegenstandes darstellt, wird es für Fragen der Zurechnung obsolet.[560] Darüber hinaus steht gerade bei Partenteilungen begründenden Vertragsverhältnissen der Nutzen sowohl dem Eigentümer in Form von Nutzungsentgelten als auch dem Berechtigten mittels Erträgen aus der Nutzung des Objektes zu; Rückschlüsse auf die Zurechnung des Nutzungsobjektes lassen sich aus dem Merkmal daher nicht gewinnen.

dd) Der Rekurs auf das (dritte) Merkmal „Lasten" könnte mit dem Wortlaut des § 446 Absatz 1 Satz 2 BGB begründet werden, wonach der Käufer ab der Übergabe die Lasten der Sache trägt. Eine solche Argumentation vernachlässigte indes, daß die Übernahme der Lasten nach dieser Vorschrift keinesfalls als Voraussetzung, sondern als eine Folge der Zurechnung anzusehen ist.[561] Auch die Vielzahl möglicher Lasten spricht gegen die Eignung des Kriteriums als Typusmerkmal bzw. zur Konkretisierung des Prinzips wirtschaftlicher Vermögenszugehörigkeit: Als Lasten sind bei Grundstücksgeschäften beispielsweise Hypothekenzinsen und Grundsteu-

---

558 Bisweilen rekurriert die Rechtsprechung für die Zurechnung auch auf die *Nutzung* des Wirtschaftsguts durch den Bilanzierenden (vgl. etwa die Urteile des *Bundesfinanzhofes* vom 15.3.1973 VIII R 90/70, BFHE 109, 254, hier 256; BStBl II 1973, 591 und vom 7.12.1989 IV R 1/88, BFHE 159, 177, hier 179; BStBl II 1990, 317, hier 318). Da bei Partenteilungen neben (mindestens) einer Rechtsnutzung (durch den Eigentümer) eine Produktivnutzung durch Nutzungsberechtigte vorliegt, kann das Kriterium nicht zur Konkretisierung des Typusmerkmals beitragen, vgl. *Mellwig, Winfried/Weinstock, Marc*: Die Zurechnung von mobilen Leasingobjekten nach deutschem Handelsrecht und den Vorschriften des IASC, a.a.O., S. 2346.

559 Vgl. *Hommel, Michael*: Bilanzierung immaterieller Anlagewerte, a.a.O., S. 52-58 (m.w.N.).

560 Vgl. *Mellwig, Winfried/Weinstock, Marc*: Die Zurechnung von mobilen Leasingobjekten nach deutschem Handelsrecht und den Vorschriften des IASC, a.a.O., S. 2346.
Zu den Vermögensgegenstandsprinzipien, vgl. oben, Erstes Kapitel A.IV.1.

561 Vgl. Urteil des *Finanzgerichts München* vom 12.5.1999 13 K 2924/98, DStRE, 3. Jg. (1999), S. 917-918, hier S. 917, wonach die Übergabe im Sinne von § 446 BGB grundsätzlich gleichzusetzen ist mit dem Übergang von Besitz, Nutzen, Lasten und Gefahren.

er,[562] bei Nutzungsverträgen die Kosten für die Instandhaltung, Versicherung oder Reparatur der Nutzungsobjekte anzusehen; daneben bilden für den Erwerber Transportkosten, Kreditzinsen oder Notarkosten wirtschaftliche Lasten.[563]

Eine alleinige Orientierung an den sich aus rechtlichen Verpflichtungen ergebenden Lasten dürfte ferner keine Rückschlüsse auf die Zurechnung erlauben, weil es den Vertragsparteien frei steht, wie sie die Lasten tatsächlich verteilen. Aber selbst wenn man nicht darauf abstellte, *wem* das öffentliche Recht oder das Zivilrecht die Lasten auferlegt, sondern prüfte, wer tatsächlich diese Lasten übernimmt, erscheint es wenig plausibel, die Zurechnung von Vermögensgegenständen vom Tragen dieser Kosten abhängig zu machen. Erst die Untersuchung sämtlicher „Zahlungsströme" zwischen Mieter und Vermieter könnte Aufschluß über die tatsächliche Lastentragung geben: Zum einen sprechen häufig Praktikabilitätsgründe dafür, etwa einen Mieter bestimmte Lasten übernehmen zu lassen[564], zum anderen dürfte regelmäßig derjenige Vertragspartner die Versicherungen tragen, dem günstigere Konditionen eingeräumt werden[565]. Unklar bleibt außerdem, ob das Merkmal auf die sich aus dem Untergang oder der Verschlechterung von Vermögensgegenständen ergebenden Lasten erweitert werden soll;[566] damit würde indes das vierte Typusmerkmal „Tragen von Gefahren" obsolet.

---

562 Vgl. Urteil des *Bundesfinanzhofes* vom 7.11.1991 IV R 43/90, BFHE 329, 335; BStBl II 1992, 398, hier 401.
Vgl. auch § 1047 BGB, wonach der Nießbraucher die Lasten des Grundstücks, wie Grundsteuer und Hypothekenzinsen zu tragen hat; eine generelle Zurechnung des Grundstücks zum Nießbraucher scheidet gleichwohl aus, vgl. unten, Erstes Kapitel B.III.2.d).
563 Vgl. Urteil des *Bundesfinanzhofes* vom 6.5.1960 223/59 U, BStBl III 1960, 289, hier 290.
Vgl. hierzu auch *Leffson, Ulrich*: Die Darstellung von Leasingverträgen im Jahresabschluß, a.a.O., S. 638-639 und *Bordewin, Arno*: Leasing im Steuerrecht, 3. Aufl., Wiesbaden 1989, S. 44.
564 Vgl. *Knapp, Lotte*: Was darf der Kaufmann als seine Vermögensgegenstände bilanzieren?, a.a.O., S. 1127.
565 Vgl. *Leffson, Ulrich*: Die Darstellung von Leasingverträgen im Jahresabschluß, a.a.O., S. 638.
566 So wohl *Hofmann, Ruth*: Kommentierung zu § 39 AO, in: Kühn, Bem. 2 b) (S. 106) und *Körner, Werner*: Das Prinzip der Einzelbewertung, in: WPg, 29. Jg. (1976), S. 430-441, hier S. 435.
Vgl. auch das Urteil des *Finanzgerichts Münster* vom 19.5.1960 I a 82-85/59, EFG, 8. Jg. (1960), S. 413-414, passim.

111

ee) Das Gefahrenkriterium vermag vor allem deshalb nicht zu überzeugen, weil es bislang an einem einheitlichen Verständnis in der Rechtsprechung fehlt: Neben dem Zeitpunkt des Übergangs der Sach- bzw. Preisgefahr untersucht der *Bundesfinanzhof* hierfür gelegentlich auch, ob der Kaufmann auf eigene Gefahr tätig ist und damit das „Erfolgsrisiko der eigenen Betätigung"[567] trägt. Da das Merkmal hinsichtlich seiner Eignung, den Übergang des Wertminderungsrisikos zu konkretisieren, unten[568] noch eingehend untersucht werden soll, ist zunächst nur festzuhalten, daß es in dieser Allgemeinheit weite Ermessensspielräume beläßt und daher – wie die anderen Typusmerkmale – nicht zu einer Konkretisierung des Prinzips wirtschaftlicher Vermögenszugehörigkeit beitragen kann.

ff) Gegen die hier geäußerte Kritik an den Merkmalen ließe sich einwenden, ihre isolierte Betrachtung erlaube noch keine Rückschlüsse auf die Eignung zur Konkretisierung, weil es für die Zugehörigkeit zum Kaufmannsvermögen auf die sich erst im Zusammenspiel der Merkmale ergebenden Resultate ankomme. Gegen dieses Argument spricht aber zum einen bereits die sehr geringe Aussagekraft der Einzelkriterien; zum anderen bleibt unklar, was die Rechtsprechung unter der (mit den Kriterien zu prüfenden) eigentümer*ähnlichen* Position verstanden wissen will, zumal eine systemkonforme Lösung der Zurechnungsfrage nur anhand des zivilrechtlichen Eigentums für diese Sachverhalte gerade scheitert und die Merkmale des zivilrechtlichen Eigentums nicht zur Konkretisierung des Prinzips wirtschaftlicher Vermögenszugehörigkeit beitragen können[569]. Ungeklärt bleibt zudem, in welchem Hierachieverhältnis die Einzelkriterien zueinander stehen, ob das Gesamtbild mithin nur dann eine eigentümerähnliche Position vermittelt, falls bestimmte einzelne Kriterien[570] oder die Mehrzahl

---

567 Urteil des *Bundesfinanzhofes* vom 27.9.1988 VIII R 193/83, BFHE 154, 525, hier 529; BStBl II 1989, 414. Vgl. auch Urteil des *Bundesfinanzhofes* vom 13.2.1980 I R 17/78, BFHE 129, 565, hier 566; BStBl II 1980, 303.

568 Vgl. hierzu Erstes Kapitel B.III.2.a).

569 Vgl. oben, Erstes Kapitel B.I.3.b).

570 Vgl. Urteil des *Finanzgerichts Münster* vom 24.1.1979 VII 2135/77 E, EFG, 27. Jg. (1979), S. 485-487, hier S. 486, das dem Lastenkriterium eine zentrale Bedeutung zukommen läßt und – dagegen – die Urteile des *Bundesfinanzhofes* vom 28.7.1981 141/77, BFHE 134, 409, hier 411; BStBl II 1982, 454 und vom 7.12.1982 VIII R 153/81, BFHE 138, 180, hier 182; BStBl II 1983, 627, wonach selbst das Tragen sämtlicher Lasten für die Vermögenszurechnung irrelevant sein soll. Vgl. auch Urteil des *Finanzgerichts Nürnberg* vom 18.4.2000 I 193/97, EFG, 48. Jg. (2000), S. 791-792, hier S. 791: Wirtschaftliches Eigentum könne auch ohne den Übergang von Besitz, Nutzen, Lasten und Gefahr gegeben sein.

aller Typusmerkmale erfüllt sind.[571] Die vorgebrachten Bedenken sprechen daher gegen eine am Gesamtbild der Verhältnisse orientierte Zurechnung.[572]

III. *Systemkonforme Konkretisierung des Prinzips wirtschaftlicher Vermögenszugehörigkeit durch die Kriterien „Substanz und Ertrag vollständig und auf Dauer"*

1. *Substanz und Ertrag als konkretisierende Kriterien des Prinzips wirtschaftlicher Vermögenszugehörigkeit*

a) Über die soeben beschriebenen Typusmerkmale hinaus kommen weitere Kriterien zur Anwendung: Die Judikatur prüft bei Zurechnungsfragen regelmäßig – ohne dabei auf das Verhältnis zu den Merkmalen „Besitz, Nutzen, Lasten und Gefahren" einzugehen[573] –, ob die von *Döllerer* entwickel-

---

571 Vgl. Urteil des *Niedersächsischen Finanzgerichts* vom 25.8.1998 VI 390/96, EFG, 47. Jg. (1999), S. 98-99, hier S. 99, wonach bei einem Grundstückskauf die Zurechnung des Grundstücks zum Erwerber erfolgte, weil Eigenbesitz, Nutzen und Lasten übergegangen waren. Fraglich ist, ob es zur Erlangung wirtschaftlichen Eigentums ausgereicht hätte, wenn der Erwerber im Streitjahr zwar Eigenbesitzer geworden wäre, die Lasten aber weiterhin den Verkäufer getroffen hätten.
     Hingegen sind Bauten auf fremden Grundstücken selbst dann dem zivilrechtlichen Eigentümer zuzurechnen, wenn Besitz, Nutzung und Lasten auf den Erbauer übergegangen sind, vgl. Urteil des *Bundesfinanzhofes* vom 26.7.1983 VIII R 30/82, BFHE 139, 171, hier 173; BStBl II 1983, 755.

572 Kritisch jüngst auch *Weber-Grellet, Heinrich*: Fairneß, Aufklärung und Transparenz. Wege zu einer leistungsgerechten Besteuerung, in: StuW, 76. (29.) Jg. (1999), S. 311-320, hier S. 314: „Anstelle der Einführung von Typus-Begriffen ist die Objektivierung der Rechtsanwendung anzustreben."
     Vgl. auch die (auf die ältere Rechtsprechung bezogene) Einschätzung von *Seeliger, Gerhard*: Der Begriff des wirtschaftlichen Eigentums im Steuerrecht, a.a.O., S. 82: „Der Leser kann sich dabei häufig des Eindrucks nicht erwehren, als habe sich das betreffende Gericht von dem nach seiner Auffassung im Einzelfalle der steuerlichen Gerechtigkeit entsprechenden Ergebnis leiten lassen und nachträglich dieses mit Gründen zu stützen versucht."

573 Regelmäßig greift die Rechtsprechung entweder auf die Typusmerkmale oder auf Substanz und Ertrag zurück, nur in wenigen Urteilen finden sich beide Ansätze, vgl. hierzu die Urteile des *Bundesfinanzhofes* vom 26.1.1978 V R 137/75, BFHE 124, 259, passim; BStBl II 1978, 280 und vom 27.11.1996 X R 92/92, BFHE 182, 104, hier 107 und 108; BStBl II 1996, 97.

ten Kriterien „Substanz und Ertrag" als erfüllt gelten können.[574] Wirtschaftlicher Eigentümer ist danach derjenige, dem „tatsächlich das gehört, was den wirtschaftlichen Gehalt des bürgerlich-rechtlichen Eigentums ausmacht"; maßgeblich für die Zugehörigkeit einer Sache[575] zum Kaufmannsvermögen sei es, die als Chance der Wertsteigerung und Risiko der Wertminderung bzw. des Verlustes definierte Substanz und den Ertrag der Sache vollständig und auf Dauer zu haben.[576] *Döllerer* unterstreicht, ein quasi-dingliches Recht, wie es für die Anwartschaft aus bedingter Übereignung beweglicher Sachen beim Eigentumsvorbehalt und der Sicherungsübereignung angenommen werde, sei für die Zurechnung ebensowenig erforderlich wie die dingliche Verfügungsbefugnis; letztere leite sich aus dem zivilrechtlichen Eigentum her und sei für die Annahme wirtschaftlichen Eigentums nicht relevant.[577]

b) Ausgangspunkt dieser vom Schrifttum[578] weithin anerkannten Begriffsbestimmung *Döllerers* war die Frage, unter welchen Voraussetzungen Ge-

---

574 Vgl. Urteil des *Bundesgerichtshofes* vom 6.11.1995 II ZR 164/94, BB, 51. Jg. (1996), S. 155-157, hier S. 156 und die Urteile des *Bundesfinanzhofes* vom 30.5.1984 I R 146/81, BFHE 141, 509, hier 513; BStBl II 1984, 825; vom 27.9.1988 VIII R 193/83, BFHE 154, 525, hier 529; BStBl II 1989, 414; vom 7.10.1997 VIII R 63/95, BFH/NV, 13. Jg. (1997), S. 1202-1204, hier S. 1204 und vom 28.7.1999 X R 38/98, DStR, 37. Jg. (1999), S. 1804-1806, hier S. 1806.

575 Die Begriffsbestimmung *Döllerers* wird auf alle Wirtschaftsgüter ausgedehnt, vgl. *Fabri, Stephan*: Grundsätze ordnungsmäßiger Bilanzierung entgeltlicher Nutzungsverhältnisse, a.a.O., S. 53.

576 Vgl. *Döllerer, Georg*: Leasing – wirtschaftliches Eigentum oder Nutzungsrecht?, a.a.O., passim, insbesondere S. 535-536 (Zitat auf S. 536).
Die Kriterien Substanz und Ertrag kommen bereits in den Urteilen des *Bundesfinanzhofes* vom 24.10.1956 II 60/56 U, BStBl III 1956, 364, hier 365 und vom 17.4.1962 I 296/61, DB, 15. Jg. (1962), S. 1031-1032, hier S. 1031 zur Anwendung.

577 Vgl. *Döllerer, Georg*: Leasing – wirtschaftliches Eigentum oder Nutzungsrecht?, a.a.O., S. 536.

578 Vgl. *Clausen, Uwe*: Kommentierung zu § 5 EStG, in: Herrmann/Heuer/Raupach, Anm. 1135 ff.; *Clemm, Hermann*: Wirtschaftliche versus formalrechtliche Betrachtung im Steuer- und Bilanzrecht, in: FS Klein, S. 715-736, hier S. 722; *GEFIU*: Die Behandlung von Leasingverträgen in der Rechnungslegung, in: DB, 48. Jg. (1995), S. 333-337, hier S. 333-334; *Groh, Manfred*: Bauten auf fremdem Grundstück: BGH versus BFH?, a.a.O., S. 1489; *Kupsch, Peter*: Kommentierung zu § 246 HGB, in: Bonner Handbuch Rechnungslegung, Fach 4, Rz. 35; *Niehus, Rudolf J.*: Neuregelung der Bilanzierung von Leasing in den USA, in: DB, 30. Jg. (1977), S. 1862-1865, hier S. 1863 und *Streim, Hannes*: Kommentierung zu § 240 HGB, in: Bonner Handbuch Rechnungslegung, Fach 4, Rz. 18.

genstände dem Leasinggeber bzw. -nehmer zuzurechnen sind. Die Kriterien „Substanz und Ertrag vollständig und auf Dauer" bezwecken daher zuvorderst die Konkretisierung des Prinzips wirtschaftlicher Vermögenszugehörigkeit bei Partenteilungen begründenden Nutzungsverhältnissen. Nachfolgend ist in einem ersten Schritt die „Funktionsweise" des durch die Kriterien Substanz und Ertrag konkretisierten Prinzips wirtschaftlicher Vermögenszugehörigkeit kurz zu skizzieren, um die grundsätzliche Eignung für die Konkretisierung des Prinzips zu prüfen; anschließend[579] sollen die Anwendungsmöglichkeiten eines derart gestalteten Prinzips wirtschaftlicher Vermögenszugehörigkeit dann eingehender untersucht werden.

Während das nur durch Realisationsprinzip und Imparitätsprinzip geprägte Prinzip wirtschaftlicher Vermögenszugehörigkeit bei Nutzungsverhältnissen, wie oben[580] dargestellt, keine eindeutigen Kriterien für die Abgrenzung zwischen dem Ansatz eines Nutzungsrechts und der Zurechnung des Nutzungsobjektes liefert, können die Kriterien *Döllerers* hier zu einer Konkretisierung beitragen.

Das Kriterium „vollständiges und dauerhaftes Innehaben des Ertrags" übernimmt für Fragen der Zurechnung lediglich das schon aus dem Vermögensgegenstandsprinzip resultierende Erfordernis, über das Einnahmenpotential eines Vermögensgegenstandes zu verfügen, indem es für Nutzungsverhältnisse festlegt, welcher Vermögensgegenstand zu aktivieren ist: Eine Aktivierung des Nutzungsobjektes selbst verbietet sich, sofern der Ertrag – das Einnahmenpotential – nicht gänzlich beim Nutzungsberechtigten liegt.

Ein vollständiges Innehaben des Ertrages genügt indes noch nicht; der Berechtigte muß zudem über die Substanz des Vermögensgegenstandes verfügen. Ein Nutzungsverhältnis ist als Investitionsvorgang zu interpretieren, wenn der Berechtigte außerdem die Risiken der Wertminderung und die Chancen einer Wertsteigerung übernimmt. Hat der Nutzungsberechtigte dagegen Substanz und Ertrag nicht vollständig und dauerhaft inne, wird statt dessen die Aktivierung eines Nutzungsrechts an dem Vermögensgegenstand in Betracht zu ziehen sein.[581]

---

579 Vgl. unten, Erstes Kapitel B.III.2.
580 Vgl. zur Konzeption des Prinzips wirtschaftlicher Vermögenszugehörigkeit oben, Erstes Kapitel B.I.
581 Vgl. Urteil des *Bundesfinanzhofes* vom 12.8.1982 IV R 184/79, BFHE 136, 280, hier 286; BStBl II 1982, 696.

c) Mit der Orientierung an dieser Begriffsbestimmung entfiele ein kardinaler Kritikpunkt am Ausschlußkriterium der Zurechnungsvorschrift der Abgabenordnung, da die Zurechnung eines Vermögensgegenstandes zum Nutzungsberechtigten ausscheidet, sofern dem Eigentümer nach der Rückgabe des Gegenstandes noch ein nicht unerheblicher Restwert verbleibt. Die betriebsgewöhnliche Nutzungsdauer bietet sich regelmäßig als Maßstab für den *dauerhaften* Übergang von Substanz und Ertrag an; nur in Ausnahmefällen, in denen der Bilanzierende trotz Nutzung über die gesamte betriebsgewöhnliche Nutzungsdauer nachweislich nicht *vollständig* über das Einnahmenpotential verfügt, tritt sie zurück.[582] Auch in den Fällen, in denen die spätere Eigentumsübertragung von der Wahrnehmung der Kaufoption durch den Nutzungsberechtigten abhängt[583], führt die Anwendung der Kriterien zu plausiblen Lösungen: Ergibt sich aus der Vertragsgestaltung, daß mit „hoher Wahrscheinlichkeit"[584] die Ausübung der Option erwartet werden kann, geht dem Bilanzierenden Substanz und Ertrag vollständig und dauerhaft zu; andernfalls wäre die Bilanzierung eines Nutzungsrechts zu erwägen.[585]

d) Die Kriterien harmonieren auch mit expliziten handelsrechtlichen Zurechnungsvorschriften[586], wie am Beispiel der Bilanzierung von Pensionsgeschäften bei Kreditinstituten verdeutlicht werden kann: Der Pensionsgeber hat bei *echten* Pensionsgeschäften gegenüber dem Pensionsnehmer

---

582 Die Normierung mittels AfA-Tabellen erscheint grundsätzlich „objektivierungsgerecht", den Bilanzierenden muß die Beweislast abweichender Nutzungsdauer treffen, vgl. analog *Moxter, Adolf*: Steuerliche Gewinn- und Vermögensermittlung, a.a.O., S. 230 (auch Zitat).

583 Dies entspräche den Sachverhalten der Fallgruppe (2), vgl. dazu oben Erstes Kapitel B.I.2.

584 *Döllerer, Georg:* Leasing – wirtschaftliches Eigentum oder Nutzungsrecht?, a.a.O., S. 536-537 (Zitat auf S. 537). Vgl. hierzu auch *Mellwig, Winfried/Weinstock, Marc*: Die Zurechnung von mobilen Leasingobjekten nach deutschem Handelsrecht und den Vorschriften des IASC, a.a.O., S. 2348, die eine Ausübung „mit einiger Sicherheit" fordern.

585 Vgl. hierzu vertiefend die Urteile des *Bundesfinanzhofes* vom 25.8.1993 XI R 6/93, BFHE 172, 91, hier 96; BStBl II 1994, 23; vom 10.6.1988 III R 18/85, BFH/NV, 5. Jg. (1989), S. 348-350, hier S. 349 und vom 27.9.1979 IV R 149/72, BFHE 129, 439, hier 442.

586 Da bereits oben (Erstes Kapitel B.I.1.b) und c)) für das auf der (systemgerechten) Grundlage von Realisationsprinzip und Imparitätsprinzip konzipierte Prinzip wirtschaftlicher Vermögenszugehörigkeit konstatiert wurde, daß es mit den anderen expliziten handelsrechtlichen Zurechnungsvorschriften konform geht, kann eine weitere Untersuchung hier unterbleiben.

eine Verpflichtung zur Rücknahme des Pensionsguts und verfügt zudem über einen Rückübertragungsanspruch – das Risiko der Wertminderung und die Chance der Wertsteigerung verbleibt somit vollständig bei ihm.[587] Wenngleich dem Pensionsnehmer als Eigentümer zunächst die Erträge aus dem Pensionsgegenstand zufließen, wird er diese an den Pensionsgeber weiterleiten, der sie vereinnahmt und seinen Zinsaufwendungen gegenüberstellt.[588] Somit stehen sowohl Substanz als auch Ertrag des Pensionsgegenstands weiter dem Pensionsgeber zu, das konkretisierte Prinzip wirtschaftlicher Vermögenszugehörigkeit entspricht der Vorschrift des § 340b Absatz 2 HGB, wonach die übertragenen Vermögensgegenstände weiterhin in der Bilanz des Pensionsgebers auszuweisen sind[589].

Unechte Pensionsgeschäfte liegen dagegen vor, wenn der Pensionsnehmer lediglich berechtigt ist, die Vermögensgegenstände zurückzuübertragen (§ 340b Absatz 3 HGB). Der Pensionsgeber trägt dann zwar das Wertminderungsrisiko, er partizipiert aber nicht an Wertsteigerungen und verfügt somit nicht vollständig und dauerhaft über Substanz und Ertrag, da der Pensionsnehmer bei Wertsteigerungen sein Recht auf Nichtrückgabe des Vermögensgegenstandes wahrnehmen wird.[590]

Wie bisher gezeigt werden konnte, sind die Kriterien grundsätzlich geeignet, das Prinzip wirtschaftlicher Vermögenszugehörigkeit zu präzisieren. Im folgenden ist zu analysieren, ob das durch die Kriterien *Döllerer*s konkretisierte Prinzip für verschiedene Sachverhaltsgestaltungen eindeutige Lösungen ermöglicht und inwieweit es mit expliziten gesetzlichen Zurechnungsvorschriften und der höchstrichterlichen Rechtsprechung im Einklang steht; dazu sind die im Schrifttum gegen die Kriterien *Döllerer*s vorgebrachten Einwände hinzuzuziehen und anhand ausgewählter Einzelbeispiele kritisch zu würdigen.

---

587 Vgl. *Hinz, Michael*: Bilanzierung von Pensionsgeschäften, a.a.O., S. 1153-1154.

588 Vgl. *Waschbusch, Gerd*: Die Rechnungslegung der Kreditinstitute bei Pensionsgeschäften, in: BB, 48. Jg. (1993), S. 172-179, hier S. 175.

589 Vgl. auch *Treuberg, Hubert Graf von/Scharpf, Paul*: Pensionsgeschäfte und deren Behandlung im Jahresabschluß von Kapitalgesellschaften nach § 340b HGB, in: DB, 44. Jg. (1991), S. 1233-1238, passim.

590 Vgl. *Hinz, Michael*: Bilanzierung von Pensionsgeschäften, a.a.O., S. 1153-1154 und *Stobbe, Michael*: Ist der Maßgeblichkeitsgrundsatz bei der Zurechnung des wirtschaftlichen Eigentums anwendbar?, a.a.O., S. 523.

2. Anwendungsmöglichkeiten und Konkretisierungserfordernisse der Kriterien „Substanz und Ertrag"

a) Der Übergang der Preisgefahr als Subkriterium zur Konkretisierung des Übergangs des Wertminderungsrisikos bei erstmaliger bilanzieller Erfassung von Vermögensgegenständen

aa) Es liegt nahe, für die Untersuchung der Anwendungsmöglichkeiten des Prinzips wirtschaftlicher Vermögenszugehörigkeit zunächst auf den Zeitpunkt der erstmaligen bilanziellen Erfassung von Vermögensgegenständen einzugehen – schließlich sprechen Teile des Schrifttums den Kriterien Substanz und Ertrag die Eignung ab, für Kaufgeschäfte eine eindeutige Lösung des Zurechnungszeitpunktes anzubieten: Sowohl die Substanz als auch der Ertrag eines Vermögensgegenstandes könnten schon auf den Erwerber übergegangen sein, die Kaufsache bleibe gleichwohl dem Vermögen des Veräußerers zugehörig. Als Beispiel wird etwa auf vom Verkäufer als lieferbereit angezeigte Ware verwiesen, die vom Käufer noch nicht abgeholt oder abgerufen wurde.[591] Es ließe sich argumentieren, die wirtschaftliche Verfügungsgewalt liege bereits beim Käufer, er könne über die Verwendung des Einnahmenpotentials entscheiden und trage außerdem das Risiko der Wertminderung der Ware.

Auch beim Erwerb von Grundstücken stellt sich die Frage, anhand welcher (zivilrechtlichen oder wirtschaftlichen) Merkmale der Übergang von Substanz und Ertrag festgestellt werden soll: Zivilrechtlich vollzieht sich der Kauf eines Grundstücks durch den Abschluß des notariell beurkundeten Verpflichtungsgeschäftes (§ 313 BGB), die Besitzübergabe (§ 433 Absatz 1 BGB), die Auflassung als die vom Notar zu beurkundende Einigung über den Eigentumsübergang (§ 873 Absatz 2 BGB) und die Eintragung in das Grundbuch (§ 873 Absatz 1 BGB). Als wirtschaftliche Merkmale für den Übergang von Substanz und Ertrag wären der Zugang der wirtschaftlichen Verfügungsgewalt, die erstmalige Möglichkeit der betrieblichen Nutzung des Grundstücks zur Ertragserzielung[592] oder der Zeitpunkt der Zahlung des Kaufpreises in Erwägung zu ziehen.

---

591 Vgl. *Knapp, Lotte*: Was darf der Kaufmann als seine Vermögensgegenstände bilanzieren?, a.a.O., S. 1126 (unter Buchstabe i)).

592 Vgl. Urteil des *Bundesfinanzhofes* vom 19.6.1997 III R 111/95, HFR, 38. Jg. (1998), S. 38-39, hier S. 38: Entscheidend für die Zurechnung sei die Betriebsbereitschaft; von dem Wirtschaftsgut müßten „Umsatz- oder Beschäftigungsimpulse" ausgehen können.

Schließlich existiert als Folge der Entfaltung von Unternehmensinitiative ein allgemeines Erfolgsrisiko der eigenen Betätigung, das Wertminderungen der Vermögensgegenstände auslösen kann.[593]

bb) Aus der gesetzlichen Regelung des Eigentumsvorbehalts (§ 246 Absatz 1 Satz 2 HGB) folgt zwar, daß der Zeitpunkt der Zahlung für die Zurechnung von Vermögensgegenständen nicht maßgebend ist. Als unstrittig darf ferner gelten, daß das allgemeine Erfolgsrisiko keine Relevanz für die Bestimmung des Übergangs des Wertminderungsrisikos erlangen kann – allgemeine Unternehmensrisiken müssen bilanzrechtlich unberücksichtigt bleiben.[594] Eine eindeutige Ableitung des Zurechnungszeitpunktes aus dem Prinzip wirtschaftlicher Vermögenszugehörigkeit scheint gleichwohl nicht möglich, da unklar bleibt, wann das als Investitionsrisiko zu verstehende Wertminderungsrisiko sowie die Chance einer Wertsteigerung vollständig und dauerhaft auf den Käufer übergehen: Der Erwerber trägt schon mit dem schuldrechtlichen Vertragsabschluß wichtige Risiken, diese könnten indes, dem Imparitätsprinzip entsprechend, ebenso durch eine Drohverlustrückstellung berücksichtigt werden.[595]

Auch der zum Zurechnungszeitpunkt ergangenen höchstrichterlichen Rechtsprechung ist auf den ersten Blick kein eindeutiges Merkmal zu entnehmen: Der IV. Senat des *Bundesfinanzhofes* konstatiert in einem Urteil zur Zurechnung von Geschäftsanteilen an einer GmbH, das Risiko der Wertminderung läge bereits „mit *Abschluß* des notariellen Vertrages" – und der damit erfolgten Übertragung der Preisgefahr – bei den Käufern, die mit Vertragsabschluß ferner eine „unentziehbare gesicherte Rechtsposition" auf den Erwerb der Anteile sowie das Recht auf den Jahresgewinn der Gesellschaft erlangt hätten.[596] Dagegen lehnt der I. Senat in einer Entscheidung zum Versendungskauf die Zurechnung von noch auf See befind-

---

593 Vgl. Urteil des *Bundesfinanzhofes* vom 27.9.1988 VIII R 193/83, BFHE 154, 525, hier 529; BStBl II 1989, 414. Vgl. dazu auch *Mellwig, Winfried/Weinstock, Marc*: Die Zurechnung von mobilen Leasingobjekten nach deutschem Handelsrecht und den Vorschriften des IASC, a.a.O., S. 2346.

594 Vgl. analog zur Frage der Passivierung solcher Risiken *Moxter, Adolf*: Bilanzrechtsprechung, 5. Aufl., a.a.O., S. 84.

595 Vgl. *Moxter, Adolf*: Bilanzrechtsprechung, 5. Aufl., a.a.O., S. 46-47.
Zum Beginn des schwebenden Geschäfts, vgl. *Heddäus, Birgit*: Handelsrechtliche Grundsätze ordnungsmäßiger Bilanzierung für Drohverlustrückstellungen, a.a.O., S. 45-46.

596 Vgl. Urteil des *Bundesfinanzhofes* vom 10.3.1988 IV R 226/85, BFHE 153, 318, hier 321-322 (erstes Zitat auf S. 321 (Hervorhebung nicht im Original), zweites Zitat auf S. 322); BStBl II 1988, 832.

lichen Waren zum Erwerber ab, obwohl zu diesem Zeitpunkt sowohl der Vertragsabschluß vollzogen als auch vertragsgemäß die Preisgefahr auf den Käufer übergegangen war:[597] Die Zugehörigkeit der Ware zu seinem Vermögen folge aber nicht aus dem Übergang der Preisgefahr zum Zeitpunkt der Verbringung an Bord des Schiffes, sondern aus der Erlangung des mittelbaren oder unmittelbaren *Besitzes*.[598] Scheinbar im Gegensatz zu dem gerade dargestellten Urteil zur Zurechnung der GmbH-Anteile stellt der erkennende Senat somit nicht auf die Übernahme der Preisgefahr ab; der in jenem Urteil noch zugrunde gelegte Vertragsabschluß soll hier ebenso unerheblich sein wie die Beendigung des Schwebens des Kaufgeschäfts aus Sicht des Verkäufers.

cc) Eine nähere Untersuchung der beiden letztgenannten Fälle aus Sicht des *Verkäufers* könnte den Weg zu einer systemkonformen Konkretisierung des Prinzips wirtschaftlicher Vermögenszugehörigkeit ebnen: Grundsätzlich wird sich die erstmalige bilanzielle Erfassung von Vermögensgegenständen beim Käufer an der wirtschaftlichen Erfüllung durch den Vertragspartner orientieren.[599] Die Gewinnrealisierung bedingt, daß der Entgeltanspruch des Verkäufers nur noch mit Forderungsausfallrisiken sowie Gewährleistungsrisiken belegt ist.[600] Dem Käufer geht zu diesem Zeitpunkt das Investitionsrisiko zu, eintretende Wertminderungen wie auch Wertsteigerungen treffen nun sein Vermögen. Der Grundsatz der Nichtbilanzierung des schwebenden Geschäfts wird folglich erst mit der wirtschaftlichen Erfüllung durch den Veräußerer durchbrochen: Der Käufer muß seine Ver-

---

597 Vgl. Urteil des *Bundesfinanzhofes* vom 3.8.1988 I R 157/84, BFHE 154, 321, hier 325 (Zitat auf S. 326-327); BStBl II 1989, 21. Vgl. auch Urteil des *Bundesfinanzhofes* vom 7.12.1990 III R 171/86, BFHE 163, 285, hier 286; BStBl II 1991, 377 sowie des *Finanzgerichts Düsseldorf* vom 25.5.1982 VIII (XI) 133/77 F, EFG, 31. Jg. (1983), S. 13, hier S. 13.
  Vgl. ferner *Döllerer, Georg*: Die Rechtsprechung des Bundesfinanzhofs zum Steuerrecht der Unternehmen, in: ZGR, 19. Jg. (1990), S. 682-708, hier S. 683.
598 Vgl. Urteil des *Bundesfinanzhofes* vom 3.8.1988 I R 157/84, BFHE 154, 321, hier 325 (Zitat auf S. 326-327); BStBl II 1989, 21 und das (vorinstanzliche) Urteil des *Finanzgerichts Hamburg* vom 8.6.1984 II 219/81, EFG, 32. Jg. (1984), S. 65-66, hier S. 65.
  Vgl. dazu auch *Mathiak, Walter*: Rechtsprechung zum Bilanzsteuerrecht, a.a.O., S. 263 und *Döllerer, Georg*: Zur Bilanzierung des schwebenden Vertrages, in: BB, 29. Jg. (1974), S. 1541-1548, hier S. 1543.
599 Vgl. hierzu *Moxter, Adolf*: Grundsätze ordnungsmäßiger Buchführung – ein handelsrechtliches Faktum, von der Steuerrechtsprechung festgestellt, a.a.O., S. 539.
600 Vgl. *Moxter, Adolf*: Bilanzrechtsprechung, 5. Aufl., a.a.O., S. 48-50.

pflichtung aus dem Anschaffungsgeschäft passivieren und weist gleichzeitig den erworbenen Gegenstand aus. Die wirtschaftliche Erfüllung ließe sich objektivierungsbedingt durch den *Übergang der Preisgefahr* – die Gefahr des Untergangs und der Verschlechterung der Kaufsache[601] – konkretisieren, weil zu diesem Zeitpunkt die wesentlichen Investitionsrisiken auf den Bilanzierenden übergehen.[602] Es besteht für ihn keine Möglichkeit mehr, sich seiner Kaufverpflichtung noch zu entziehen; so verfügt der Käufer von GmbH-Anteilen mit dem Übergang der Preisgefahr über die Investitionschancen und -risiken.

Der eben dargelegte (vermeintliche) Widerspruch zwischen den beiden Urteilsbegründungen könnte auf die Besonderheiten des Versendungskaufs zurückzuführen sein: Gemäß § 447 Absatz 1 Satz 1 BGB geht die Gefahr bei Transportgeschäften auf den Käufer über, sobald der Verkäufer die Sache dem Spediteur, dem Frachtführer oder einer anderen zur Ausführung der Versendung bestimmten Person ausgeliefert hat. Aus Sicht des Verkäufers steht einer Gewinnrealisierung nichts entgegen, da er die Preisgefahr nicht mehr zu tragen hat.[603] Indes wird zu prüfen sein, ob der Käufer das Ausmaß von zu erfassenden Wertminderungen der erworbenen Gegenstände bereits zu diesem Zeitpunkt erkennen kann, andernfalls erfolgte die bilanzielle Erfassung der Kaufobjekte erst bei deren Eintritt in seine „Vermögenssphäre"[604]: Mit der Erlangung des Besitzes dürfte der Kaufmann eingetretene Wertminderungen zuverlässig abschätzen können;[605] für das

601 Vgl. *Westermann, Harm Peter*: Kommentierung zu § 446 BGB, in: Münchner Kommentar, Bd. 3, 3. Aufl., RdNr. 8-9.
Zum Übergang der Preisgefahr bei dinglichen und obligatorischen Rechten, vgl. *Babel, Mathias*: Zur Aktivierungsfähigkeit von Nutzungsrechten, in: BB, 52. Jg. (1997), S. 2261-2268, hier S. 2267.

602 Vgl. *Hommel, Michael*: Das Prinzip des wirtschaftlichen Eigentums – ein Stellungsfehler im GoB-System?, a.a.O., S. 22; *Friederich, Hartmut*: Grundsätze ordnungsmäßiger Bilanzierung für schwebende Geschäfte, Düsseldorf 1979, S. 25; *Lüders, Jürgen*: Der Zeitpunkt der Gewinnrealisierung im Handels- und Steuerbilanzrecht, Köln 1987, S. 76-84 und *Nieskens, Hans*: Schwebende Geschäfte und das Postulat des wirtschaftlichen Eigentums, in: FR, 71. Jg. (1989), S. 537-542, hier S. 539 f.

603 Vgl. *Lüders, Jürgen*: Der Zeitpunkt der Gewinnrealisierung im Handels- und Steuerbilanzrecht, a.a.O., S. 78-79.

604 Urteil des *Bundesfinanzhofes* vom 7.10.1997 VIII R 63/95, BFH/NV, 13. Jg. (1997), S. 1202-1204, hier S. 1204.

605 Vgl. dazu das zum Versendungskauf ergangene Urteil des *Bundesfinanzhofes* vom 9.2.1972 I R 23/69, BFHE 105, 344, hier 346; BStBl II 1972, 563: „Um Zugriff zu dem gekauften Rohkaffee zu bekommen, war die Klägerin stets auf Mit-

/...

oben erwähnte Beispiel, bei dem der Verkäufer lieferbereite Ware lagerte, gilt dasselbe.[606]

Diffiziler stellt sich die Situation beim Erwerb von Grundstücken dar: Die Rechtsprechung läßt hier offen, ob der Übergang der Preisgefahr auf den Erwerber die Zurechnung auslösen soll oder ob statt dessen die Erfüllung der Typusmerkmale (Eigen-)Besitz, Nutzen und Lasten die Zurechnung des Grundstücks zum Käufer erwirkt.[607] Für den Preisgefahrenübergang spricht dessen einfache und eindeutige Bestimmbarkeit: gemäß § 446 Absatz 2 BGB erfolgt er in Abhängigkeit von der Vertragsgestaltung entweder zum Zeitpunkt der Übergabe des Grundstücks an den Käufer oder nach einer davor erfolgten Eintragung in das Grundbuch;[608] unstreitig scheint auch, daß dem Abschluß des Kaufvertrages sowie der Auflassung keine Bedeutung zukommen.[609] Aus den Typusmerkmalen läßt sich dagegen kein eindeutiger Zurechnungszeitpunkt ableiten, die Aufgabe dieser Merkmale

---

wirkungshandlungen des Importeurs angewiesen", eventuelle Wertminderungen seien daher nicht exakt bestimmbar.

Vgl. hierzu auch das Beispiel bei *Simon, Herman Veit*: Die Bilanzen der Aktiengesellschaften und der Kommanditgesellschaften auf Aktien, 3. Aufl., Berlin 1899, S. 152-153.

606 Vgl. auch *Hoffmann, Wolf-Dieter*: Kommentierung zu §§ 4, 5 EStG, in: Littmann/Bitz/Hellwig, Rn. 837 (Stichwort „Schwimmende Ware").

607 Vgl. Urteil des *Bundesfinanzhofes* vom 2.3.1990 III R 70/87, BFHE 160, 22, hier 26; BStBl II 1990, 733.
Vgl. auch *Weber-Grellet, Heinrich*: Realisationsprinzip und Rückstellungen unter Berücksichtigung der neueren Rechtsprechung, in: DStR, 34. Jg. (1996), S. 896-908, hier S. 897 und *Castan, Edgar*: Vermögen, in: Handwörterbuch des Rechnungswesens, 3. Aufl., Stuttgart 1993, Sp. 2033-2045, hier Sp. 2034.
Vgl. zu den Typusmerkmalen oben, Erstes Kapitel B.II.3.b) und die Urteile des *Bundesfinanzhofes* vom 13.10.1972 I R 213/69, BFHE 107, 418, hier 420; BStBl II 1973, 209 und vom 15.3.1973 VIII R 90/70, BFHE 109, 254, hier 256; BStBl II 1973, 591.

608 Vgl. *Woerner, Lothar*: Der schwebende Vertrag im Gefüge der Grundsätze ordnungsmäßiger Bilanzierung – Vollständigkeitsgebot, Vorsichtsprinzip, Realisationsprinzip, a.a.O., S. 50 und *Hofbauer, Max A.*: Der Buchungszeitpunkt bei Eigentumsänderungen an Grundstücken, in: WPg, 20. Jg. (1967), S. 142-145, hier S. 145.

609 Vgl. Urteile des *Bundesfinanzhofes* vom 22.8.1984 I R 198/80, BFHE 142, 370, hier 373; BStBl II 1985, 126 und vom 7.11.1991 IV R 43/90, BFHE 166, 329, hier 333; BStBl II 1992, 398, hier 400.

und eine Orientierung am Übergang des durch die Preisgefahr konkretisierten Investitionsrisikos ermöglichte zudem eine einheitliche Vorgehensweise für erfolgswirksame wie erfolgsneutrale Aktivenzugänge.[610]

b) Kritische Würdigung der Einwände gegen die Abgrenzungsfunktion der Kriterien bei Nutzungsverhältnissen

aa) Gegen die Begriffsbestimmung *Döllerer*s wird auch geltend gemacht, das Kriterium „Ertrag" sei für die bilanzielle Vermögenszurechnung bei Nutzungsverhältnissen nicht tauglich, da der Ertrag eines Vermögensgegenstandes in diesen Fällen üblicherweise mehreren Beteiligten zustehen könne.[611] Der gleiche Einwand richtet sich hier gegen das Kriterium „Substanz": Bei über den Zeitraum von 50 Jahren hinausgehenden Verträgen verfüge ein Erbbauberechtigter über die Substanz des Grundstücks, mithin sei eine eindeutige Zuordnung von Substanz und Ertrag nicht möglich.[612] Ungeeignet seien die Zurechnungskriterien auch im Falle sogenannter Formkostenvergütungen (ein Lieferant stellt im Interesse des Auftraggebers Formen her, die er für Lieferungen an jenen verwendet und erhält dafür Zahlungen), weil beide Vertragspartner Substanzrisiken trügen.[613]

bb) Die Kritik vernachlässigt zum einen, daß erst die Erfüllung *aller* Merkmale zur Zurechnung des Vermögensgegenstandes zum Nutzungsberechtigten führen kann: Einem Mieter wird zwar (vorübergehend) der Ertrag aus der Nutzung des Mietobjekts zustehen, die Zurechnung dürfte aber regelmäßig schon an der gegenüber der betriebsgewöhnlichen Nutzungsdauer des Vermögensgegenstandes kürzeren Laufzeit des Mietvertrages scheitern.[614]

---

610 Vgl. *Hommel, Michael*: Das Prinzip des wirtschaftlichen Eigentums – ein Stellungsfehler im GoB-System?, a.a.O., S. 20-23.
611 Vgl. *Leffson, Ulrich*: Die Darstellung von Leasingverträgen im Jahresabschluß, a.a.O., S. 641.
612 Vgl. *Knapp, Lotte*: Was darf der Kaufmann als seine Vermögensgegenstände bilanzieren?, a.a.O., S. 1126 (unter Buchstabe o)).
613 Ebenda, S. 1126 (unter Buchstabe j)).
614 *Mellwig/Weinstock* schlagen für Leasingverhältnisse vor, das Kriterium Ertrag durch eine Orientierung am Ertrag „aus der Produktivnutzung" zu konkretisieren, vgl. *Mellwig, Winfried/Weinstock, Marc*: Die Zurechnung von mobilen Leasingobjekten nach deutschem Handelsrecht und den Vorschriften des IASC, a.a.O., S. 2347.

Darüber hinaus trägt der Vermieter das das Wertminderungsrisiko konkretisierende Risiko des zufälligen Untergangs oder der zufälligen Verschlechterung,[615] so daß der Mieter weder vollständig über den Ertrag noch über die Substanz verfügt. Noch eindeutiger stellt sich die Situation bei Grundstücken dar, eine mit den Kriterien Substanz und Ertrag begründete Zurechnung des Grundstücks zum Erbbauberechtigten wäre lediglich bei sogenannten „ewigen Erbbaurechten"[616] oder bei aus der Vertragsvereinbarung hervorgehendem späteren Übergang des Eigentums[617] in Betracht zu ziehen.

cc) Die genannten Beispiele erwecken ferner den Eindruck, die Kritik lasse die (doppelte) Abgrenzungsfunktion des Prinzips wirtschaftlicher Vermögenszugehörigkeit außer acht: Zunächst steht der Grundsatz der Nichtbilanzierung schwebender Geschäfte einer Aktivierung des Vermögensgegenstandes vor Preisgefahrübergang entgegen. Erst der Übergang der Preisgefahr gestattet die Durchbrechung dieses Grundsatzes; wie gerade dargestellt, bleibt lieferbereite Ware regelmäßig bis zu diesem Zeitpunkt im Vermögen des Verkäufers. Bei Nutzungsverhältnissen wird nun aber im nächsten Schritt zu prüfen sein, ob der vollständige Übergang von Substanz und Ertrag auf den Berechtigten vereinbart wurde, andernfalls müßte die Aktivierung des Vermögensgegenstandes beim Nutzungsberechtigten ausscheiden.

Knapp bemängelt an den Kriterien, daß auch ein Nutzungsberechtigter über Teile der Substanz und des Ertrages verfügt; die aus Sicht des Prinzips wirtschaftlicher Vermögenszugehörigkeit vorzunehmende Prüfung der Aktivierung eines Nutzungsrechts wird jedoch bei ihr nicht weiter verfolgt.[618] Obgleich den Ausführungen *Knapp*s im Beispiel der Formkostenvergütungen nicht zu entnehmen ist, wie die Risiken einer Wertminderung verteilt waren, erscheint es jedenfalls zwingend, von einer Zurechnung der Formen zum Besteller abzusehen, wenn die das Wertminderungsrisiko

---

615 Vgl. *Voelskow, Rudi*: Kommentierung zu §§ 535, 536 BGB, in: Münchner Kommentar, Bd. 3, 3. Aufl., RdNr. 64 ff.

616 *Oefele, Helmut Freiherr von*: Kommentierung zu § 1 ErbbauVO, in: Münchner Kommentar, Bd. 4, RdNr. 70: Die Dauer des Erbbaurechts ist gesetzlich nicht geregelt, auch ein unbefristetes, ewiges Erbbaurecht ist daher zulässig.

617 Vgl. dazu Urteil des *Bundesfinanzhofes* vom 2.5.1984 VIII R 276/81, BFHE 141, 498, hier 502-503; BStBl II 1984, 820.

618 Diese Möglichkeit wird unter Buchstabe o) kurz erwähnt, vgl. *Knapp, Lotte*: Was darf der Kaufmann als seine Vermögensgegenstände bilanzieren?, a.a.O., S. 1126.

konkretisierende Gefahr des Untergangs und der Verschlechterung der Sache beim Lieferanten verbleibt und dem Nutzungsberechtigten somit die Substanz nicht vollständig zugeht. Der *Bundesfinanzhof* forderte bei einem ähnlichen Sachverhalt mit Recht die Aktivierung eines Nutzungsrechts beim Besteller[619].

c) Verbleibende Wertungserfordernisse bei Aufteilung der Wertminderungs-risiken und Wertsteigerungschancen zwischen den Vertragsparteien

aa) Nach Ansicht von *Freericks* weisen die Kriterien Substanz und Ertrag beim Verkauf von Forderungen an Factoring-Gesellschaften Mängel auf: Einerseits trage der Abtretende das Risiko des Nicht-Eingangs der Forderung – die Substanz – allein, andererseits stehe aber der Factoring-Gesellschaft der Ertrag zu. Zu befürchten sei deshalb, daß nur mittels kasuistischer Regelungen eine Lösung der Zurechnungsfrage möglich werde.[620]

Es stellt sich somit die Frage, inwiefern die Anwendung der Kriterien Substanz und Ertrag bei Factoring-Verhältnissen zu eindeutigen Ergebnissen führen kann.[621] Dabei wird zwischen „echten" und „unechten" Factoring-Geschäften zu differenzieren sein. Sowohl der *Bundesgerichtshof* als auch der *Bundesfinanzhof* sehen in der Übernahme des Ausfallrisikos – mithin des Risikos der Wertminderung einer Forderung – durch den Erwerber (Factor) das maßgebliche Kriterium für echtes Factoring.[622] Eine Zuord-

---

619 Vgl. Urteil des *Bundesfinanzhofes* vom 1.6.1989 IV R 64/88, BFHE 157, 185, hier 186-187; BStBl II 1989, 830.

620 Vgl. *Freericks, Wolfgang*: Bilanzierungsfähigkeit und Bilanzierungspflicht in Handels- und Steuerbilanz, a.a.O., S. 177-178, der allerdings keine Differenzierung zwischen echten und unechten Factoring-Geschäften vornimmt. Gleiches gilt für *Knapp, Lotte*: Was darf der Kaufmann als seine Vermögensgegenstände bilanzieren?, a.a.O., S. 1126.

621 Die dabei gewonnenen Erkenntnisse lassen sich auf den Verkauf mittel- oder langfristiger Forderungen (Forfaitierung) übertragen, vgl. hierzu *Findeisen, Klaus-Dieter*: Asset-Backed Securities im Vergleich zwischen US-GAAP und HGB, in: DB, 51. Jg. (1998), S. 481-488, hier S. 484-485 und *Grewe, Wolfgang*: Grundfragen der Bilanzierung beim Leasinggeber, in: WPg, 43. Jg. (1990), S. 161-168, hier S. 166-167.

622 Vgl. die Urteile des *Bundesgerichtshofes* vom 19.9.1977 VIII ZR 169/76, BGHZ 69, 254, hier 257-258 und vom 2.2.1994 XII ZR 148/92, BGHZ 126, 261, hier 263 (zu Forfaitierung) sowie (zum Umsatzsteuerrecht) die Urteile des *Bundesfinanzhofes* vom 10.12.1981 V R 75/76, BFHE 134, 470, hier 476; BStBl II 1982, 200 und vom 27.5.1987 X R 2/81, BFHE 150, 375, hier 377; BStBl II 1987, 739.

nung der Forderung zum Factor erscheint hier unzweifelhaft, weil dieser über den Ertrag verfügt und die Wertminderungsrisiken vollständig und auf Dauer trägt.[623]

In Ermangelung konkretisierender Rechtsprechung zur bilanziellen Behandlung der Factoring-Geschäfte tritt das Schrifttum überwiegend dafür ein, bei unechtem Factoring die Forderung weiter beim Abtretenden zu bilanzieren. Diese Auffassung wird vor allem mit dem Verbleib der (Ausfall-)Risiken und Chancen auf Wertsteigerung beim Abtretenden begründet;[624] der Factor verfügt nach *Döllerer* nur über eine „treuhänderähnliche Stellung".[625]

Sieht man von dem Vorschlag einzelner Autoren ab, die aus Praktikabilitätsgründen ausnahmsweise – für den Fall einer offenen Abtretung – auch beim unechten Factoring für die Zurechnung zum Factor plädieren,[626] führt die Anwendung der Kriterien Substanz und Ertrag exakt zu dem auch von der herrschenden Meinung favorisierten Ergebnis.

---

623 Vgl. *Clemm, Hermann/Scherer,Thomas*: Kommentierung zu § 247 HGB, in: Beck'scher Bilanz-Kommentar, Anm. 112 und *Schultzke, Jürgen*: Grundlagen, Factoring-Verhältnisse, in: Küting/Weber, Rn. 624.

624 Vgl. *Findeisen, Klaus-Dieter*: Asset-Backed Securities im Vergleich zwischen US-GAAP und HGB, a.a.O., S. 484; *Hinz, Michael*: Jahresabschlußpolitische Implikationen des Factoring und der Forfaitierung, in: DStR, 32. Jg. (1994), S. 1749-1752, hier S. 1751 (m.w.N.); *Weber-Grellet, Heinrich*: Kommentierung zu § 5 EStG, in: Schmidt, Rz. 270; *Winnefeld, Robert*: Bilanz-Handbuch, 2. Aufl., a.a.O., S. 443 sowie *Schreiber, Jochem*: Kommentierung zu § 5 EStG, in: Blümich, Rz. 740 (Stichwort „Factoring") (m.w.N.).
A. A. dagegen *Schultzke, Jürgen*: Grundlagen, Factoring-Verhältnisse, in: Küting/Weber, Rn. 635-638 und *Bolsenkötter, Heinz*: Die kurzfristigen Forderungen, in: HdJ, Abt. II/6, Rn. 31.

625 Vgl. *Döllerer, Georg*: Die Rechtsprechung des Bundesfinanzhofs zum Steuerrecht der Unternehmen, in: ZGR, 17. Jg. (1988), S. 587-593, hier S. 589-590 (Zitat auf S. 590).

626 Vgl. *Adler/Düring/Schmaltz*: Kommentierung zu § 246 HGB, Tz. 322 und *Clemm, Hermann/Scherer, Thomas*: Kommentierung zu § 247 HGB, in: Beck'scher Bilanz-Kommentar, Anm. 113.
Vgl. auch *Batzer, Daniela/Lickteig, Thomas*: Steuerliche Behandlung des Factoring, in: StBp, 40. Jg. (2000), S. 137-146, hier S. 140, wonach beide Möglichkeiten zulässig seien.
Die Anwendung des Kriteriums der Verwertbarkeit (vgl. unten, Erstes Kapitel B.III.3.a)) führte dagegen sowohl bei echten als auch bei sämtlichen unechten Factoring-Geschäften zu einer Zurechnung der Forderung zum Factor.

bb) Die vielfältigen Möglichkeiten der Vertragsgestaltung hinsichtlich einer Aufteilung der Wertminderungsrisiken auf die Vertragspartner können jedoch dazu führen, daß die zivilrechtliche Qualifikation des Factoring-Geschäfts und damit eine eindeutige Grenzziehung zwischen echtem und unechtem Factoring erheblich erschwert wird;[627] es ist mithin zu fragen, wann von einem vollständigen Innehaben der Substanz auszugehen ist.

Freericks' Kritik trifft insofern nicht die grundsätzliche Eignung der Zurechnungskriterien, sondern ist eher auf das Fehlen einer durch die höchstrichterliche Rechtsprechung vorzunehmenden Wertung zurückzuführen, mit der zu präzisieren wäre, welchen Anteil an eventuellen Wertänderungen ein Bilanzierender übernehmen muß, damit er vollständig über die Substanz verfügt und ihm der Vermögensgegenstand zuzurechnen ist.[628]

Ähnliche Wertungserfordernisse wie beim Factoring verbleiben auch bei Leasingverhältnissen, wenn beide Vertragsparteien an der bei späterer Veräußerung zu erzielenden Wertsteigerung des Vermögensgegenstandes beteiligt sind[629]. *Mellwig/Weinstock* schlagen hier vor, auf die Möglichkeit zur Ausübung der Entscheidungsbefugnis über Substanz und Ertrag abzustellen: Hat der Leasingnehmer die Befugnis, Substanz und Ertrag zu nutzen, indem er „die wesentlichen Erträge aus der Produktivnutzung und aus

---

627 Vgl. dazu *Häuselmann, Holger*: Der Forderungsverkauf im Rahmen des Asset Backed-Financing in der Steuerbilanz, in: DStR, 36. Jg. (1998), S. 826-832, hier S. 826-828.
Zur zivilrechtlichen Einordnung des Factoring, vgl. auch *Schmidt, Karsten*: Handelsrecht, 5. Aufl., München 1999, S. 1019-1022.

628 Vgl. hierzu auch *Findeisen, Klaus-Dieter/Roß, Norbert*: Wirtschaftliche Zurechnung und Anhangsangabe bei Asset-Backed Securities, in: DB, 52. Jg. (1999), S. 1077-1079, hier S. 1078.
Vgl. ferner das Urteil des *Bundesfinanzhofes* vom 5.5.1999 XI R 6/98, NWB, Nr. 42 vom 16.10.2000, Fach 5a, S. 193-194: Die Zurechnung von Forderungen bedinge den *vollständigen* Übergang des Bonitätsrisikos.

629 Vgl. *Gelhausen, Wolf/Gelhausen, Hans Friedrich*: Die Bilanzierung von Leasingverträgen, in: HdJ, Abt. I/5, hier Rn. 17 und *Buhl, Hans-Ulrich*: Finanzierungsleasing und wirtschaftliches Eigentum, in: BB, 47. Jg. (1992), S. 1755-1758, hier S. 1756.
Zur Problematik der Verteilung der Risiken, vgl. auch *Mellwig, Winfried*: Die Konsolidierung von Leasingobjektgesellschaften im Konzernabschluss, in: BB, 55. Jg. (2000), Beilage 5 zu Heft 18, S. 25-28, hier S. 27.
Zum Teil kritisch hinsichtlich der von der Finanzverwaltung festgelegten Grenzen äußert sich *Clausen, Uwe*: Kommentierung zu § 5 EStG, in: Herrmann/Heuer/Raupach, Anm. 1142.

der Substanzverwertung kontrollieren kann"[630], wird ihm der Vermögensgegenstand zuzurechnen sein.[631] In Anbetracht der sehr weitgehenden Anwendbarkeit der Begriffsbestimmung *Döllerer*s bei Leasing- und Factoring-Verhältnissen mutet der vollständige Verzicht auf das Wertminde-
rungskriterium, wie er jüngst für Leasinggeschäfte angeregt wurde,[632] dagegen ebenso wenig hilfreich an wie die gleichfalls vorgeschlagene vollständige Aufgabe des Kriteriums der Substanz[633].

d) Das Veräußerungsrecht als Subkriterium des Kriteriums Substanz bei im
   Rahmen von Nutzungsverhältnissen genutzten Grundstücken

aa) Der *Bundesfinanzhof* vertritt die Ansicht, der Nutzungsberechtigte eines im Rahmen eines Vorbehaltsnießbrauchs[634] genutzten Grundstücks sei

---

630 *Weinstock, Marc*: Die Bilanzierung von Leasingverträgen nach IASC, Frankfurt
     am Main 2000, S. 225-235 (Zitat auf S. 225).
631 Vgl. *Mellwig, Winfried/Weinstock, Marc*: Die Zurechnung von mobilen Leasing-
     objekten nach deutschem Handelsrecht und den Vorschriften des IASC, a.a.O.,
     S. 2347-2348.
632 Vgl. *Helmschrott, Harald*: Leasinggeschäfte in der Handels- und Steuerbilanz,
     a.a.O., S. 52.
     Für den Vorschlag *Helmschrott*s scheint aber die gesetzliche Regelung der Bilan-
     zierung von Pensionsgeschäften für Kreditinstitute in § 340b HGB zu sprechen,
     die bei unechten Pensionsgeschäften die Zurechnung zum Pensionsnehmer vor-
     sieht; dieser verfügt über die Wertsteigerungschancen, trägt jedoch kein Wert-
     minderungsrisiko.
633 Vgl. *Gericke, Fritz*: Zum BMF-Schreiben vom 22.12.1975, in: FR, 30. (57.) Jg.
     (1976), S. 139-142, hier S. 139-140, der von der Annahme ausgeht, das Risiko
     der Wertminderung schließe die Chance der Wertsteigerung mit ein. Je nach Ver-
     tragsgestaltung muß dies indes weder für die von ihm untersuchten Leasing-Ver-
     hältnisse noch für Factoring- oder Pensionsgeschäfte zutreffen.
634 Der im Zivilrecht wenig gebräuchliche Ausdruck wird seit dem ersten „Nieß-
     brauch-Erlaß" definiert als die Übertragung eines Grundstücks bei gleichzeitiger
     Bestellung eines Nießbrauchs an dem übertragenen Grundstück für den bisheri-
     gen Eigentümer, vgl. *Bundesminister der Finanzen*: Schreiben des Bundesmini-
     sters der Finanzen vom 23.11.1983 IV B 1 – S 2253 – 90/83, BStBl I 1983, 508,
     hier 511. Zwar treten auch bei anderen Formen des Nießbrauchs Abgrenzungs-
     schwierigkeiten auf (vgl. dazu etwa *Jansen, Rudolf*: Kommentierung zu § 7
     EStG, in: Herrmann/Heuer/Raupach, Anm. 60-89 und *Stuhrmann, Gerd*: Ein-
     kommensteuerrechtliche Behandlung des Nießbrauchs und der obligatorischen
     Nutzungsrechte bei den Einkünften aus Vermietung und Verpachtung, in: DStR,
     36. Jg. (1998), S. 1405-1411), der Vorbehaltsnießbrauch erscheint für die hier zu
     untersuchende Abgrenzungsproblematik jedoch besonders geeignet.

in aller Regel nicht als dessen wirtschaftlicher Eigentümer anzusehen, sondern habe statt dessen ein (dingliches) Nutzungsrecht zu aktivieren.[635] Eine Zurechnung zum Nießbraucher soll nur ausnahmsweise dann in Frage kommen, wenn sich dessen rechtliche Stellung gegenüber dem Eigentümer von der normalen Stellung eines Nießbrauchers so deutlich unterscheidet, daß er die tatsächliche Herrschaft über das belastete Wirtschaftsgut ausübt.[636] Die Schwierigkeiten einer Abgrenzung zwischen der Bilanzierung eines Nutzungsrechts und der Aktivierung des belasteten Grundstücks beim Nießbraucher werden vom Schrifttum einerseits auf die Unschärfe des Begriffs des wirtschaftlichen Eigentums im Sinne der Abgabenordnung zurückgeführt,[637] andererseits wird aber auch den Kriterien *Döllerers* in der Literatur hierzu die Eignung abgesprochen, da mit der Einräumung des Nießbrauchs Substanz und Ertrag der Sache auseinanderfallen könnten.[638]

Den Kritikern ist zuzugeben, daß wiederum beide Vertragsparteien Erträge aus der Nutzung erzielen und Wertminderungsrisiken tragen. Bemerkenswert erscheint darüber hinaus, daß der Nutzungsberechtigte im „Normalfall" die Ausübung des Nießbrauchs einem Dritten überlassen kann und somit auch an Wertsteigerungschancen partizipiert; seine Position ließe sich insofern mit der eines Eigentümers vergleichen, der seinen Vermögensgegenstand vermietet.[639] Zumindest bei einer nur lebenslangen Einräumung

---

635 Vgl. Urteil des *Bundesfinanzhofes* vom 28.7.1999 X R 38/98, DStR, 37. Jg. (1999), S. 1804-1806, hier S. 1805-1806. Kritisch dazu *Weber-Grellet, Heinrich*: Anmerkung zum BFH-Urteil vom 28.7.1999 X R 38/98, in: DStR, 37. Jg. (1999), S. 1806-1807 und *Handzik, Peter*: Kommentierung zu § 7 EStG, in: Littmann/Bitz/Hellwig, Rn. 44-46. Zur Aktivierung des Nießbrauchrechts, vgl. *Hommel, Michael*: Bilanzierung immaterieller Anlagewerte, a.a.O., S. 122-123 (m.w.N.).

636 Zu den (allerdings teilweise durch die neuere Rechtsprechung überholten) Fällen einer Zurechnung des belasteten Vermögensgegenstandes zum Vorbehaltsnießbraucher, vgl. *Brandenberg, Hermann Bernwart*: Nutzungsrechte an Grundstükken des Betriebsvermögens, in: DB, 43. Jg. (1990), S. 1835-1840, hier S. 1835.

637 Vgl. *Werndl, Josef*: Kommentierung zu § 7 EStG, in: Kirchhof/Söhn, Rdnr. A 201 und *Mittelbach, Rolf*: Nießbrauch: Zivilrecht. Steuerrecht, 5. Aufl., Köln 1982, S. 52-55.

638 Vgl. *Knapp, Lotte*: Was darf der Kaufmann als seine Vermögensgegenstände bilanzieren?, a.a.O., S. 1126; *Schulze-Osterloh, Joachim*: Die Rechnungslegung der Innengesellschaft – insbesondere der stillen Gesellschaft –, a.a.O., S. 395 und *Fahrholz, Bernd*: Leasing in der Bilanz, a.a.O., S. 61.

639 Vgl. *Petzoldt, Rolf*: Vorbemerkungen vor § 1030 BGB, in: Münchner Kommentar, Bd. 4, 2. Aufl., RdNr. 1-3. Der Nießbrauch ist allerdings nicht übertragbar (§ 1059 BGB).

des Nießbrauchs besteht jedoch über die Zurechnung des Grundstücks zum Eigentümer kein Zweifel[640]: Wie soeben für den Erbbauberechtigten festgestellt, verfügt auch der Nießbraucher nicht vollständig über das Einnahmenpotential des Grundstücks.[641]

Die eben angesprochenen Abgrenzungsprobleme sind somit eher bei von diesem Normalfall des Vorbehaltsnießbrauchs abweichenden Vereinbarungen zu suchen. Für die Frage der Eignung der Kriterien Substanz und Ertrag erscheinen also nur noch jene Vertragsgestaltungen von Interesse, die entweder dem Nießbraucher weitergehende Befugnisse wie das Veräußerungs- oder Belastungsrecht einräumen oder umgekehrt dem Eigentümer ein Veräußerungsverbot auferlegen, welches zudem bei Zuwiderhandlung eventuell zur Rückübertragung des Grundstücks führen kann; nachfolgend sollen daher Fälle, die derartige Abreden beinhalten, zugrunde gelegt werden. Die Finanzgerichte bedienten sich hier einer Fülle von Kriterien, die – wiederum erst in einer Gesamtschau der Verhältnisse – eine Zurechnung zum Nießbraucher zur Folge haben können[642] und vom *Bundesfinanzhof* zum Teil als nicht ausreichend betrachtet wurden[643].

bb) Die Anwendung der *Döllerer*-Kriterien scheint durch eine konzeptionell begründete Besonderheit erschwert zu werden, auf die vorab einzugehen ist: Ursprünglich für zeitlich befristete Leasingverträge über *bewegliche* Sachen entworfen[644], läßt die Begriffsbestimmung für wirtschaftliche Zugehörigkeit an Grundstücken, die im Rahmen von Nutzungsverhältnis-

---

640 Die das wirtschaftliche Eigentum bei lebenslangem Nießbrauch noch bejahenden Urteile des *Bundesfinanzhofes* vom 21.6.1977 VIII R 18/75, BFHE 124, 313, hier 314-315; BStBl II 1978, 303 und vom 8.3.1977 VIII R 180/74, BFHE 122, 64, hier 66; BStBl II 1977, 629 sind überholt, vgl. dazu Beschluß des *Bundesfinanzhofes* vom 31.1.1995 X B 230/94, BFH/NV, 11. Jg. (1995), S. 579-580, hier S. 580 (m.w.N.).

641 Vgl. dagegen *Körner, Werner/Weiken, Heinz*: Wirtschaftliches Eigentum nach § 5 Abs. 1 Satz 1 EStG, a.a.O., S. 1041, die für alle Fälle des Vorbehaltsnießbrauchs eine Zurechnung des Grundstücks zum Nießbraucher fordern.

642 Vgl. Urteile des *Finanzgerichts Baden-Württemberg* vom 10.2.1976 IV 177/74, EFG, 24. Jg. (1976), S. 223-224, passim und des *Finanzgerichts Hamburg* vom 6.10.1982 III 165/79, EFG, 31. Jg. (1983), S. 338-339, passim sowie die obige Kritik am „Gesamtbild der Verhältnisse", Erstes Kapitel B.II.3.b).

643 Vgl. Urteil des *Bundesfinanzhofes* vom 24.7.1991 II R 81/88, BFHE 165, 290, hier 292-293; BStBl II 1991, 909.

644 Vgl. *Döllerer, Georg:* Leasing – wirtschaftliches Eigentum oder Nutzungsrecht?, a.a.O., S. 537, der die Annahme wirtschaftlichen Eigentums im Fall des Immobilien-Leasings als problematisch bezeichnet.

sen genutzt werden, wenig Spielraum, da Grundstücke über keine betriebsgewöhnliche Nutzungsdauer verfügen und ein Vergleich der Nutzungsdauer mit der Dauer des Nießbrauchs[645] daher nicht möglich ist. Eine Zurechnung zum Nutzungsberechtigten kann entsprechend den Kriterien aber nur
erfolgen, wenn diesem das Einnahmenpotential zur Disposition steht und
er das Wertminderungsrisiko innehat. Bei der Vereinbarung eines Nutzungsverhältnisses für ein Grundstück ist also – für alle nicht auf unbefri-
stete Dauer abgeschlossenen Verträge – zu fragen, woran ein möglicher
(dauerhafter und vollständiger) Übergang von Substanz und Ertrag zu erkennen sein soll.

Das oben[646] als ein hinreichendes Greifbarkeitskriterium eingeordnete *Veräußerungsrecht* kann hierfür indizierende Bedeutung erlangen: Nur wenn
der Nutzungsberechtigte das Veräußerungsrecht erlangt (oder behält), verfügt er über das Einnahmenpotential des Grundstücks; die Wertsteigerungschancen und Wertminderungsrisiken verbleiben bei ihm und realisieren sich bei einem Verkauf des Grundstücks.[647] Das Veräußerungsrecht ist
bei im Rahmen von Nutzungsverhältnissen genutzten Grundstücken mithin
als notwendiges Subkriterium der Kriterien Substanz und Ertrag zu interpretieren.[648]

---

645 Die folgenden Aussagen beziehen sich nicht nur auf (Vorbehalts-)Nießbrauch an
   Grundstücken, sondern gelten analog für andere dingliche und obligatorische
   Rechtsverhältnisse, vgl. dazu auch *Bordewin, Arno*: Kommentierung zu §§ 4, 5
   EStG, in: Hartmann/Böttcher/Nissen/Bordewin, Rz. 284 und *Claßen, Rüttger*:
   Kommentierung zu § 7 EStG, in: Lademann/Söffing/Brockhoff, Anm. 70.
646 Vgl. oben, Erstes Kapitel A.IV.1.
647 So auch *Mellwig, Winfried/Weinstock, Marc*: Die Zurechnung von mobilen Leasingobjekten nach deutschem Handelsrecht und den Vorschriften des IASC,
   a.a.O., S. 2348, die das Kriterium der Substanz als „werthaltige Teilhabe an der
   Veräußerung oder einer anders gearteten Verwertung des Objektes" definieren.
   Das Merkmal der werthaltigen Teilhabe schließt aus, daß der Nutzungsberechtigte nur über den *Zeitpunkt* einer Veräußerung des Grundstücks (mit-)bestimmt,
   a. A. *Ehlig, Frank*: Steuerliche Zurechnung von Grundstücken im Privatvermögen nach Schenkung im Wege vorweggenommener Erbfolge unter Vorbehaltsklauseln, a.a.O., S. 1633, wonach bereits ein Zustimmungsrecht des Nießbrauchers zum Verkauf des Grundstücks ausreichen soll und wohl auch Urteil des
   Bundesfinanzhofes vom 28.7.1983 IV R 219/80, nicht veröffentlicht, zitiert nach
   dem Urteil des *Bundesfinanzhofes* vom 26.11.1998 IV R 39/98, BFHE 187, 390,
   hier 394; BStBl II 1999, 263, hier 265.
648 Vgl. analog Urteil des *Bundesfinanzhofes* vom 12.11.1964 IV 240/64, HFR,
   5. Jg. (1965), S. 163-164, hier S. 164.

/...

cc) Legt man dieses Verständnis der Kriterien Substanz und Ertrag zugrunde, treten für den ersten von drei möglichen Fällen erweiterter Rechte des Nutzungsberechtigten keine Widersprüche zwischen einer als systemkonform angenommenen Zurechnung nach den Kriterien *Döllerers* und der höchstrichterlichen Rechtsprechung zu Tage: Wenn der Nießbraucher das Grundstück jederzeit ohne Zustimmung des Eigentümers veräußern darf, verbleiben Substanz und Ertrag bei ihm. Auch der *Bundesfinanzhof* bestätigte in einem neueren Urteil, daß einem im Innenverhältnis über die Substanz bestimmenden Nießbraucher das Grundstück zuzurechnen ist.[649]

Wurde einem Nutzungsberechtigten dagegen nur ein (schuldrechtliches) Belastungsrecht gewährt, ermöglicht eine solche Regelung noch nicht, „sich durch eine ‚Beleihung‘ des Grundstücks dessen Substanzwert anzueignen"[650]; der Nießbraucher ist demnach nicht als wirtschaftlicher Eigentümer anzusehen. Aus Sicht des Prinzips wirtschaftlicher Vermögenszugehörigkeit erscheint dieses Ergebnis zwingend: Das Einnahmenpotential des Grundstücks wird dem zivilrechtlichen Eigentümer zustehen, der auch die Wertminderungsrisiken trägt.

Im letzten Fall einer Stärkung der Stellung des Nutzungsberechtigten, der Vereinbarung eines Rückübertragungsvorbehalts, wird zu prüfen sein, ob mit einer Rückübertragung an den ehemaligen Eigentümer (und jetzigen Nießbraucher) ernsthaft zu rechnen ist. Regelmäßig liegen Substanz und Ertrag hier beim neuen Eigentümer, da sich der Vorbehalt meist nur auf ungewöhnliche Ereignisse bezieht.[651] Anders verhielte es sich freilich,

---

Vgl. auch *Budde, Wolfgang Dieter/Karig, Klaus Peter*: Kommentierung zu § 246 HGB, in: Beck'scher Bilanz-Kommentar, Anm. 37.

649 Vgl. Urteil des *Bundesfinanzhofes* vom 24.7.1991 II R 81/88, BFHE 165, 290, hier 292; BStBl II 1991, 909.

650 Urteil des *Bundesfinanzhofes* vom 24.7.1991 II R 81/88, BFHE 165, 290, hier 292; BStBl II 1991, 909.
A. A. *Schmieszek, Hans Peter*: Kommentierung zu § 39 AO, in: Beermann, Rdnr. 33.

651 Vgl. Urteile des *Bundesfinanzhofes* vom 17.6.1998 XI R 55/97, BFH/NV, 15. Jg. (1999), S. 9-10, hier S. 10 und vom 4.2.1998 XI R 35/97, BFHE 185, 121, hier 125; BStBl II 1998, 542: Eine sog. Scheidungsklausel (unentgeltliche Rückübertragung bei Beendigung des Güterstandes) zugunsten des Ehemannes steht wirtschaftlichem Eigentum der Ehefrau nicht entgegen, solange sie das Veräußerungsrecht hat.
Vgl. auch Urteil des *Niedersächsischen Finanzgerichts* vom 18.2.1999 V (VIII) 418/97, EFG, 47. Jg. (1999), S. 1009-1011: Der Erwerb eines Grundstücks unter vertraglicher Vereinbarung einer Rückübertragungsverpflichtung zugunsten des

/...

wenn dem Nießbraucher ein durch Auflassungsvormerkung gesichertes, nicht an irgendwelche Voraussetzungen geknüpftes Rücknahmerecht zugestanden wird oder falls die Rückübertragung bereits feststeht: Je nach Sachverhalt erlangt der Eigentümer hier eventuell lediglich einen bloßen (Nutzungs-)Vorteil, der sich nicht in einer gesicherten Rechtsposition niederschlägt und ihm jederzeit entzogen werden könnte[652] – in diesem Fall wäre der Verbleib des Grundstücks im Vermögen des Nießbrauchers folgerichtig[653]. Die Zuordnung von Substanz und Ertrag bedingt – ähnlich wie etwa auch bei Leasing- oder Factoring-Verhältnissen – letztlich aber eine wertende Entscheidung über die Wahrscheinlichkeit der Rückübertragung des Grundstücks:[654] Es obliegt mithin der höchstrichterlichen Rechtsprechung, „nach dem typischen und für die wirtschaftliche Beurteilung maßgeblichen Geschehensablauf" zu beurteilen, ob „tatsächlich mit einer Ausübung des Optionsrechts gerechnet werden kann".[655]

dd) Als zweite Gruppe von Ausnahmefällen sind im Anschluß jene Sachverhalte zu untersuchen, bei denen die Rechte des Eigentümers vertraglich eingeschränkt werden; hierbei ist zwischen „einfachen" Veräußerungsverboten und solchen mit zusätzlich auferlegten Rückübertragungsverpflichtungen zu differenzieren. Ein dem Eigentümer auferlegtes, nur für die Dauer des Nießbrauchs geltendes, bloßes Veräußerungsverbot bewirkt – entgegen der Ansicht einiger Finanzgerichte[656] – nicht die Zurechnung des

---

Verkäufers führt zur Zurechnung des Grundstücks zum Erwerber, wenn noch nicht festgelegt wurde, welche Teile des Gesamtgrundstücks auf den Verkäufer zurück übertragen werden sollen.

652 Vgl. Beschluß des *Bundesfinanzhofes* vom 26.10.1987 GrS 2/86, BFHE 151, 523, hier 532; BStBl II 1988, 348.

653 Ebenso *Ley, Ursula*: Steuerliche Zurechnung von Nießbrauchsgegenständen, a.a.O., S. 679. Vgl. auch Urteile des *Bundesfinanzhofes* vom 5.5.1983 IV R 43/80, BFHE 139, 36, hier 39-41; BStBl II 1983, 631 und vom 16.5.1989 VIII R 196/84, BFHE 157, 508, hier 509-510; BStBl II 1989, 877.

654 Zur (ähnlichen) Fragestellung bezüglich der *Gewinnrealisierung* bei Kaufverträgen mit Rücktrittsrecht, vgl. *Euler, Roland*: Grundsätze ordnungsmäßiger Gewinnrealisierung, a.a.O., S. 90-93: Objektivierungsdominanz bedeutete Rechtssicherheit, erzeugte aber Verzerrungen; die Reduktion dieser Verzerrungen könnte indes ermessensbedingte Verfälschungen verursachen.

655 Vgl. Urteil des *Bundesfinanzhofes* vom 15.12.1999 I R 29/97, DStR, 38. Jg. (2000), S. 462-466, hier S. 464 (beide Zitate).

656 Vgl. die Urteile der *Finanzgerichte Düsseldorf* vom 22.1.1981 XV/X 395/76 E, EFG, 29. Jg (1981), S. 508-510 und *München* vom 18.10.1996 8 K 1927/93, EFG, 45. Jg. (1997), S. 774-775 sowie das Urteil des *Hessischen Finanzgerichts* vom 26.6.1997 1 K 2331/95, HFR, 38. Jg. (1998), S. 610-612.

Grundstücks zum Nießbraucher, wie der *Bundesfinanzhof* inzwischen klargestellt hat: „Schuldrechtliche Veräußerungsverbote führen für sich genommen nicht dazu, daß das betroffene Wirtschaftsgut nicht dem rechtlichen Eigentümer zuzurechnen wäre"[657]. Bei Anwendung der Kriterien Substanz und Ertrag gelangte man zum gleichen Resultat: Einerseits verfügt der Nutzungsberechtigte nicht vollständig über das Einnahmenpotential, andererseits fehlt (auch) ihm das Veräußerungsrecht.

Ob aus einer sich nur im Falle der Veräußerung des Grundstücks realisierenden Verpflichtung zur Rückübertragung eine andere Beurteilung folgt, mutet fraglich an[658], da eine solche Verpflichtung letztlich nur die Sanktionierung der ohnehin untersagten Veräußerung bewirkt; weitergehende bilanzrechtliche Konsequenzen für die Zuordnung von Substanz und Ertrag sind damit nicht verbunden.

Eine Bestätigung erfahren die gerade dargestellten Bedingungen für die Zurechnung zum Nutzungsberechtigten – die Veräußerungsmöglichkeit, die Übernahme des Risikos der Wertminderung und die Teilhabe an Wertsteigerungen – auch durch ein jüngeres Urteil zum Vorbehaltsnießbrauch, in dem der erkennende X. Senat exakt auf diese Kriterien rekurriert.[659] Die an den Merkmalen *Döllerers* geäußerte Kritik kann für die hier skizzierten Fälle des Nießbrauchs zurückgewiesen werden bzw. wird mit deren Konkretisierung durch das Veräußerungsrecht obsolet.

3. Konkretisierung des Prinzips wirtschaftlicher Vermögenszugehörigkeit durch Orientierung am Verwertungsrecht?

a) Das Kriterium des Verwertungsrechts

aa) Angesichts der gerade dargestellten Verwendung des Veräußerungsrechts als notwendigem Zurechnungsattribut bei langfristigen Nutzungsrechten an Grundstücken stellt sich die Frage, ob diesem Recht nicht eine weitergehende, zentrale Bedeutung für die Zurechnung von Vermögensge-

---

657 Urteil des *Bundesfinanzhofes* vom 26.11.1998 IV R 39/98, BFHE 187, 390, hier 394; BStBl II 1999, 263, hier 265.

658 Vgl. *Schmieszek, Hans Peter*: Kommentierung zu § 39 AO, in: Beermann, Rdnr. 33; vgl. dagegen *Ehlig, Frank*: Steuerliche Zurechnung von Grundstücken im Privatvermögen nach Schenkung im Wege vorweggenommener Erbfolge unter Vorbehaltsklauseln, a.a.O., S. 1634.

659 Vgl. Urteil des *Bundesfinanzhofes* vom 28.7.1999 X R 38/98, DStR, 37. Jg. (1999), S. 1804-1806, hier S. 1806.

genständen zukommen sollte. So interpretieren eine Reihe von Autoren das Merkmal Substanz nicht im Sinne *Döllerers*, sondern verlangen statt dessen, auf die Möglichkeit der Ausübung eines Verfügungs- oder *Verwertungsrechts* abzustellen[660].

Aus der älteren Literatur, die ihre Aussagen noch auf § 39 HGB a.F. bezieht, vertritt *Knapp* die These, die Zugehörigkeit eines Vermögensgegenstandes zum Kaufmannsvermögen bedinge dessen Verwertbarkeit durch den Bilanzierenden, mithin die Möglichkeit den Gegenstand zu verkaufen, in Zahlung zu geben, gegen andere Vermögensgegenstände einzutauschen, zu verarbeiten oder zu verbrauchen; der bloße Gebrauch sei hingegen keine Verwertung.[661] Die Begriffsbestimmung *Döllerers* sei zwar eine anschauliche und zur Beurteilung langfristiger Nutzungsverhältnisse geeignete Definition; unter Verweis auf eben aufgezeigte Konkretisierungserfordernisse wird aber ein engeres Verständnis des Kriteriums Substanz gefordert, um auch in diesen Fällen zu einer eindeutigen Zuordnung zu gelangen.[662]

Knapp räumt ein, es existierten wohl Rechtsverhältnisse, bei denen weder der Eigentümer noch der Besitzer über ein Verwertungsrecht verfügten – diese Befugnis kann sowohl dem Vorbehaltskäufer als auch dem Treugeber und dem Sicherungsgeber vollständig fehlen[663] –, entscheidend sei dann indes, „wem nach Beendigung dieses Schwebezustandes das Verwertungsrecht endgültig zusteht".[664]

bb) Unterstützung erfährt das Merkmal der Verwertbarkeit schließlich in Beiträgen, die auf der Rechtslage seit Inkrafttreten des Bilanzrichtlinien-Gesetzes basieren.[665] Jüngst plädiert etwa *Häuselmann* dafür, beim For-

---

660 Vgl. etwa *Leffson, Ulrich*: Die Darstellung von Leasingverträgen im Jahresabschluß, a.a.O., S. 640-641; *Baetge, Jörg/Ballwieser, Wolfgang*: Ansatz und Ausweis von Leasingobjekten in Handels- und Steuerbilanz, a.a.O., S. 11 und *Isele, Horst*: Grundlagen, Miet-, Pacht- und Leasingverhältnisse, in: Küting/Weber, Rn. 432-438.

661 Vgl. *Knapp, Lotte*: Was darf der Kaufmann als seine Vermögensgegenstände bilanzieren?, a.a.O., S. 1123. Die Möglichkeit, einen Vermögensgegenstand zu vermieten oder zu verpachten reicht demnach nicht aus, vgl. ebenda, S. 1126 (Buchstabe g)).

662 Vgl. ebenda, S. 1129.

663 Vgl. *Schulze-Osterloh, Joachim*: Die Rechnungslegung der Innengesellschaft – insbesondere der stillen Gesellschaft –, a.a.O., S. 395.

664 Vgl. *Knapp, Lotte*: Leasing in der Handelsbilanz, a.a.O., S. 545-546 (Zitat S. 546).

665 Vgl. *Schulze-Osterloh, Joachim*: Kurzkommentar zum BGH-Urteil vom
/...

derungskauf zu prüfen, ob der Kaufmann über die Substanz des Vermögensgegenstandes verfügt; dazu sei dessen uneingeschränkte Verfügungsmacht mit der Möglichkeit der Verwertung erforderlich, die Übernahme des wirtschaftlichen Risikos stelle keine Voraussetzung, sondern eine Folge der Zurechnung dar.[666]

b) Kritische Würdigung der Bedeutung des Verwertungsrechts für die wirtschaftliche Vermögenszurechnung

aa) Für eine Würdigung der skizzierten Literaturmeinungen wird nach dem jeweils zugrundeliegenden Primärzweck handelsrechtlicher Bilanzierung und den daraus resultierenden Implikationen für die Vermögensgegenstandskriterien und die Zurechnung zu differenzieren sein: Aus den Ausführungen der Befürworter des Kriteriums der Verwertbarkeit geht hervor, daß sie diesen Primärzweck in der Schuldendeckungskontrolle erblicken und dementsprechend als Zurechnungskriterium entweder die Einzelveräußerbarkeit oder die Möglichkeit zu einer isolierten rechtsgeschäftlichen Nutzung des Gegenstandes fordern.[667]

Spätestens seit dem Bilanzrichtlinien-Gesetz dürfte die Rechtslage für ein solches Verständnis des Primärzwecks indes keinen Raum mehr lassen;[668]

6.11.1995 II ZR 164/94, in: EWiR, 12. Jg. (1996), S. 177-178, hier S. 178; *ders.*: Kommentierung zu § 42 GmbHG, in: Baumbach/Hueck, Rn. 80; *Costedde, Jürgen*: Die Aktivierung von Wirtschaftsgütern im Einkommensteuerrecht, in: StuW, 72. (25.) Jg. (1995), S. 115-123, hier S. 117-118 und *Brezing, Klaus*: Der Gegenstand der Aktivierung und seine Zurechnung im Handels- und Steuerrecht, a.a.O., Rn. 74-81.

666 Vgl. *Häuselmann, Holger*: Der Forderungsverkauf im Rahmen des Asset Backed-Financing in der Steuerbilanz, a.a.O., S. 829-830. Diese letzte These *Häuselmann*s steht indes im Widerspruch zu dem in seinem Aufsatz unter 4.1.1 vorgetragenen Ergebnis der Zurechnung zum Käufer: Wurde für den Fall der Realisation des Ausfallrisikos die Rückübertragung der Forderung vereinbart, fallen Wertminderungsrisiko und Verwertungsrecht bis zu diesem Zeitpunkt auseinander.

667 Vgl. etwa *Kupsch, Peter*: Die bilanzielle Behandlung von Baumaßnahmen auf fremden Grundstücken, in: BB, 36. Jg. (1981), S. 212-219, hier S. 216-217 und zur Rechtslage nach HGB a.F., vgl. *Knapp, Lotte*: Was darf der Kaufmann als seine Vermögensgegenstände bilanzieren?, a.a.O., S. 1122-1123.

668 Vgl. *Moxter, Adolf*: Statische Bilanz, in: Handwörterbuch des Rechnungswesens, 3. Aufl., Stuttgart 1993, Sp. 1852-1859, hier Sp. 1858; *Döllerer, Georg*: Gedanken zur „Bilanz im Rechtssinne", a.a.O., S. 198-200 und *Mellwig, Winfried*: Vorwort des Betreuers, in: *Babel, Mathias*: Ansatz und Bewertung von Nutzungs-

/...

wie gezeigt gilt heute nach ständiger Rechtsprechung und herrschender Meinung im Schrifttum die Ermittlung von Gewinnansprüchen als primärer Sinn und Zweck handelsrechtlicher Bilanzierung. Einer Verwendung des Kriteriums der Verwertbarkeit als zentralem Zurechnungsmerkmal im geltenden, dieser Arbeit zugrundeliegenden GoB-System steht vor allem auch entgegen, daß es eng mit dem oben[669] als nicht bilanzzweckadäquat abgelehnten Vermögensgegenstandskriterium der Verwertbarkeit zusammenhängt: *Baetge/Ballwieser* heben zu Recht hervor, bei Orientierung am Kriterium der Verwertbarkeit werde die Suche nach einem Zurechnungskriterium hinfällig, weil der Vermögensgegenstand von demjenigen zu bilanzieren sei, der das Verwertungsrecht hat.[670]

bb) Zusätzlich zu der auch schon von *Knapp* eingestandenen Inkompatibilität mit der expliziten gesetzlichen Vorschrift des § 246 Absatz 1 Satz 2 HGB tritt die Untauglichkeit des Kriteriums bei allen drei oben[671] exemplarisch untersuchten Anwendungsbereichen zu Tage: Das Kriterium liefert erstens für die Bestimmung des Zeitpunkts der erstmaligen Erfassung eines Vermögensgegenstandes regelmäßig keine eindeutige Lösung, weil beim Erwerb von Vermögensgegenständen offen bleibt, *wann* der Schwebezustand beendet ist und der Gegenstand dem Käufer zuzurechnen ist.

Zweitens steht das Kriterium des Verwertungsrechts bei Nutzungsverhältnissen im klaren Gegensatz zur Judikatur, wonach die wirtschaftliche Verfügungsmacht als ausreichend anzusehen ist[672]: Der *Bundesfinanzhof* betont, die Zurechnung eines Wirtschaftsgutes erfordere nicht dessen freie bürgerlich-rechtliche Übertragbarkeit, auf die Befugnis, „über das Wirt-

---

rechten, a.a.O., S. VIII. Vgl. auch Erstes Kapitel A.II.1.

669 Vgl. oben, Erstes Kapitel A.IV.1.b). Im folgenden bleibt nur zu untersuchen, ob das Verwertungsrecht dennoch ein geeignetes *Zurechnungs*kriterium bildet.

670 Vgl. *Baetge, Jörg/Ballwieser, Wolfgang*: Ansatz und Ausweis von Leasingobjekten in Handels- und Steuerbilanz, a.a.O., S. 9 und *Baetge, Jörg*: Bilanzen, 4. Aufl., a.a.O., S. 156-157. Ebenso *Roland, Helmut*: Der Begriff des Vermögensgegenstandes im Sinne der handels- und aktienrechtlichen Rechnungslegungsvorschriften, a.a.O., S. 148.

671 Vgl. den vorigen Gliederungspunkt 2, Abschnitte a) - c).

672 Vgl. Urteile des *Bundesfinanzhofes* vom 26.11.1998 IV R 39/98, BFHE 187, 390, hier 393; BStBl II 1999, 263, hier 265 und vom 14.4.1988 IV R 160/84, BFH/NV, 5. Jg. (1989), S. 95-98, hier S. 98.
Vgl. auch *Eckert, Ralf*: Besteuerung von Stock Options, in: DB, 52. Jg. (1999), S. 2490-2493, hier S. 2491: Auch vinkulierte Namensaktien seien ohne Mitwirkung Dritter nicht übertragbar, rechtliche Verfügungsbeschränkungen stünden der Zurechnung nicht entgegen.

schaftsgut zu verfügen, besonders es zu veräußern oder belasten"[673] komme es nicht an, ausreichend sei schon die Nutzung bis zur Erschöpfung.[674] Vergleicht man den Umfang des dem Kaufmann zuzurechnenden Vermögens, wie es sich bei Orientierung an dem Kriterium der Verwertbarkeit in seiner dargestellten Fassung und nach den Kriterien Substanz und Ertrag ergibt, würde das zu bilanzierende Vermögen bei Orientierung am Verwertungsrecht erheblich eingeschränkt, die Zurechnung zum Nutzungsberechtigten wäre in allen oben[675] genannten Fällen der Nutzung ohne späteren Eigentumserwerb ausgeschlossen: Bis zur Ausübung der Kaufoption wären im Rahmen von Finanzierungsleasing-Verträgen genutzte Vermögensgegenstände ebenso nicht mehr beim Nutzungsberechtigten zu bilanzieren wie Mietereinbauten.[676]

Auch Bauten auf fremden Grundstücken kämen nur ausnahmsweise zur Aktivierung, obgleich der Gesetzgeber in der amtlichen Begründung zum Aktiengesetz[677] ausdrücklich darauf hinweist, daß diese Bauten grundsätzlich nicht im zivilrechtlichen Eigentum des Kaufmanns stehen werden und eine Einengung auf die Bilanzierung von Scheinbestandteilen (§ 95 BGB) somit ausscheidet.[678]

---

673 Urteil des *Bundesfinanzhofes* vom 18.11.1970 I 133/64, BFHE 100, 516, hier 521; BStBl II 1971, 133.

674 Vgl. Urteile des *Bundesfinanzhofes* vom 7.10.1997 VIII R 63/95, BFH/NV, 13. Jg. (1997), S. 1202-1204, hier S. 1204; vom 30.5.1984 I R 146/81, BFHE 141, 509, hier 513; BStBl II 1984, 825 und vom 14.11.1974 IV R 3/70, BFHE 114, 22, hier 25-26; BStBl II 1975, 281. Vgl. auch *Döllerer, Georg*: Die Rechtsprechung des Bundesfinanzhofs zum Steuerrecht der Unternehmen, a.a.O., 1985, S. 387.

675 Dies beträfe alle Sachverhalte, die unter Fallgruppe (4) zu subsumieren sind, vgl. oben, S. 55 f.

676 Vgl. *Körner, Werner*: Die wirtschaftliche Betrachtungsweise im Bilanzsteuerrecht, a.a.O., S. 799-800. Gleiches gälte bei Orientierung am Konkursfall, vgl. dazu *Baumgarte, Christian*: Leasing-Verträge über bewegliche Sachen im Konkurs, Göttingen 1980, S. 70-73.
Ausgaben für diejenigen Bauten, die keine selbständigen Wirtschaftsgüter sind, könnten als Rechnungsabgrenzungsposten aktiviert werden, vgl. dazu *Knapp, Lotte*: Mietereinbauten und -umbauten sowie Gebäude auf fremdem Grund in der Handelsbilanz, in: BB, 30. Jg. (1975), S. 1103-1109, hier S. 1105. Vgl. hierzu auch unten, Zweites Kapitel B.III.

677 Die handelsrechtliche Bestimmung (§ 266 Absatz 2 A II 1 HGB) geht zurück auf § 151 Abs. 1 Aktivseite II A 4 AktG a.F.

678 In der Begründung zum Aktiengesetz heißt es, der getrennte Ausweis erfolge wegen des *fehlenden* zivilrechtlichen Eigentums, vgl. *Kropff, Bruno*: Kommentie-

/...

In vielen Fällen von Partenteilungen wird darüber hinaus zu bezweifeln sein, ob das Kriterium zu einer Objektivierung der Zurechnung beiträgt, weil die Verwertungsmöglichkeiten des Eigentümers durch das Nutzungsverhältnis beschränkt sein können.[679]

Drittens läßt sich allein aus der Tatsache, daß der Kaufmann über eine Forderung verfügen kann, keinerlei Hinweis für deren Zugehörigkeit zu seinem Vermögen ableiten.[680] Im Falle des Factoring und der Forfaitierung verfügt der Käufer der Forderungen stets über das Verwertungsrecht, die Zurechnung richtet sich nach herrschender Meinung im Schrifttum jedoch nach dem Übergang der Wertminderungsrisiken auf den Erwerber.[681] Das letzte Beispiel verdeutlicht, daß das Verwertungsrecht auch kein hinreichendes Zurechnungskriterium bildet; die rein formale Möglichkeit einer Veräußerung der Forderungen ist unerheblich, solange der Factor nicht die Wertminderungsrisiken und Wertsteigerungschancen übernimmt.

cc) Obgleich das Kriterium der Verwertbarkeit vor allem wegen der Implikationen für das Vermögensgegenstandsprinzip zu einer systemkonformen Konkretisierung des Prinzips wirtschaftlicher Vermögenszugehörigkeit isoliert nicht geeignet erscheint, kommt dem Kriterium zumindest in bestimmten (Ausnahme-)Fällen[682] eine nachrangige Bedeutung zu. Das Verwertungsrecht kann dann, wie im vorigen Abschnitt dargestellt, als notwendiges Subkriterium zur Konkretisierung des Prinzips wirtschaftlicher Vermögenszugehörigkeit eingesetzt werden. Naheliegend scheint eine solche nachrangige Bedeutung des Kriteriums letztlich auch im Hinblick auf die das Substanzmerkmal prägenden Wertminderungsrisiken und Wertsteigerungschancen, welche sich oftmals in der Veräußerungsmöglichkeit äußern dürften.

---

rung zu § 151 AktG, in: Aktiengesetz, Kommentar von Ernst Geßler u. a., Bd. III, München 1973, Anm. 22-24 und *Döllerer, Georg*: Zur Bilanzierung des schwebenden Vertrages, a.a.O., S. 1545.

679 Als Beispiel sei auf Vertragsgestaltungen des Spezialleasings verwiesen, vgl. *Clausen, Uwe*: Kommentierung zu § 5 EStG, in: Herrmann/Heuer/Raupach, Anm. 1160-1161.
Wie bereits oben erwähnt, sind auch andere Vermögensrechte, die in der Bilanz erscheinen, nicht übertragbar, vgl. *Döllerer, Georg*: Leasing – wirtschaftliches Eigentum oder Nutzungsrecht?, a.a.O., S. 536 und Erstes Kapitel B.II.1.a).

680 Vgl. dazu *Körner, Werner*: Die wirtschaftliche Betrachtungsweise im Bilanzsteuerrecht, a.a.O., S. 800.

681 Vgl. Gliederungspunkt Erstes Kapitel B.III.2.c).

682 Vgl. hierzu oben, Erstes Kapitel B.III.2.d).

dd) Als Zwischenfazit läßt sich daher konstatieren, daß (nur) die Kriterien Substanz und Ertrag eine systemkonforme Konkretisierung des Prinzips wirtschaftlicher Vermögenszugehörigkeit im Sinne des Realisationsprinzips und des Imparitätsprinzips ermöglichen. Die durch die Kriterien erwirkte Zurechnung steht im Einklang sowohl mit den expliziten handelsrechtlichen Vorschriften als auch – bei allerdings teilweise unterschiedlichen Begründungen – mit (weiten Teilen) der höchstrichterlichen Rechtsprechung und erreicht in den problematischen Fällen der Partenteilung eine klare Abgrenzung zwischen der Nichtbilanzierung und der Zurechnung des Vermögensgegenstandes sowie der Aktivierung eines Nutzungsrechts.

Zweites Kapitel
Kritische Würdigung der bilanzrechtlichen Behandlung von Mietereinbauten in der höchstrichterlichen Rechtsprechung

A. Mietereinbauten als bilanzrechtliche Vermögensgegenstände

I. Das Prinzip des wirtschaftlichen Vermögenswertes bei Mietereinbauten

1. Grundsätzliche Erhöhung des Nutzwertes

Bevor die Implikationen des Prinzips wirtschaftlicher Vermögenszugehörigkeit für die bilanzrechtliche Behandlung von Mietereinbauten zu analysieren sind, ist in einem ersten Schritt anhand der bereits skizzierten Kriterien zu prüfen, ob Mietereinbauten die Merkmale des Vermögensgegenstands erfüllen.[683]

a) Mietereinbauten stellen grundsätzlich einen wirtschaftlichen Vermögenswert für den Mieter dar: Der *Bundesfinanzhof* sah bereits in frühen, noch erkennbar von der dynamischen Bilanzauffassung[684] geprägten Urteilen in den Einbauten einen „eigenen Rentabilitätsfaktor", der dem Betrieb für längere Zeit von Nutzen ist.[685] Aus heutiger Sicht der Judikatur kommt der wirtschaftliche Vermögenswert zum einen darin zum Ausdruck, daß der Mieter die Räumlichkeiten sinnvoller nutzen kann als es ohne die von ihm vorgenommenen Einbauten möglich gewesen wäre;[686] zum anderen

---

683 Zu den Implikationen des Prinzips wirtschaftlicher Vermögenszugehörigkeit für die bilanzrechtliche Behandlung von Mietereinbauten, vgl. unten, Zweites Kapitel B.
    Vgl. zu den Vermögensgegenstandskriterien oben, Erstes Kapitel A.IV.1.

684 Zur Entwicklung der Bilanzauffassungen, vgl. etwa *Kruse, Heinrich Wilhelm*: Aktivierungsfragen: Von der dynamischen zur statischen Bilanzauffassung und zurück?, in: JbFSt 1978/79, S. 172-185, passim und *Beisse, Heinrich*: Zur Bilanzauffassung des Bundesfinanzhofs – Korreferat zum Referat Professor Dr. Kruse, a.a.O., S. 186-191.

685 Vgl. Urteile des *Bundesfinanzhofes* vom 29.3.1965 I 411/61 U, BFHE 82, 123, hier 125 (auch Zitat); BStBl III 1965, 291 und vom 4.9.1962 I 307/60 U, BFHE 76, 12, hier 13; BStBl III 1963, 6.
    Vgl. auch Beschluß des *Bundesfinanzhofes* vom 26.11.1973 GrS 5/71, BFHE 111, 242, hier 252; BStBl II 1974, 132.

686 Vgl. insoweit exemplarisch die Urteile des *Bundesfinanzhofes* vom 25.5.1984 III R 103/81, BFHE 141, 289, hier 293; BStBl II 1984, 617 und vom 24.8.1984 III R 33/81, BFHE 142, 306, hier 309; BStBl II 1985, 40.

kann er sich in der geringeren Miete gegenüber vergleichbaren Räumlichkeiten manifestieren, bei denen der Vermieter die Investition tätigte[687].

Inwieweit der wirtschaftliche Vorteil einen Nutzen über *längere Zeit* darstellt, wird zwar von der vertraglich fixierten Dauer des Mietvertrages und der Ausübung eventueller Verlängerungsoptionen abhängen. Auch ist im Einzelfall unter Berücksichtigung aller Umstände zu prüfen, ob die jeweilige formale Vertragsgestaltung dem tatsächlichen Willen der Vertragsparteien entspricht.[688] Das Kriterium des längerfristigen Nutzens wird gleichwohl zurücktreten müssen, da Prognosen über den künftigen Nutzen der Einbauten regelmäßig nicht objektiviert möglich sein dürften.[689]

b) Die *Art* der Einnahmenerzielung ist für die Erfüllung des Kriteriums unerheblich: Läßt etwa ein Apotheker von ihm angemietete Wohnungen zu einer Arztpraxis umbauen, so ergeben sich für ihn aus der Vermietung – der externen Verwertung – an einen Arzt künftige (Mehr-)Umsätze.[690] Aus dem das Vermögenswertprinzip konkretisierenden Prinzip des unternehmensspezifischen Nutzwertes[691] folgt ferner, daß auch jene Einbauten, die für die besonderen Bedürfnisse eines Mieters vorgenommen wurden und die eventuell nur bei innerbetrieblicher Nutzung zur Erzielung von Einnahmen geeignet sind, einen wirtschaftlichen Vermögenswert bilden können. Obgleich diese Einbauten für außenstehende Dritte keine sinnvollen Nutzungsmöglichkeiten bieten mögen, erscheint unstreitig, daß sie für den bilanzierenden Kaufmann einen wirtschaftlichen Nutzen entfalten.[692]

c) Das eben Gesagte gilt unabhängig vom „zutreffenden Bilanzierungsobjekt"[693]: Wie noch im einzelnen zu zeigen sein wird, können Mietereinbau-

---

687 Vgl. bereits Urteil des *Reichsfinanzhofes* vom 21.11.1940 III 65/40, RStBl 1941, 20, hier 21: „Anspruch auf Wenigermietzahlung als sonst üblich".
688 Vgl. Urteil des *Bundesfinanzhofes* vom 31.10.1978 VIII R 146/75, BFHE 127, 501, hier 503-504; BStBl II 1979, 507.
689 Vgl. hierzu *Eibelshäuser, Manfred*: Immaterielle Anlagewerte in der höchstrichterlichen Finanzrechtsprechung. a.a.O., S. 170.
 A. A. *Stapperfend, Thomas*: Die Bilanzierung entgeltlicher Nutzungsrechte bei Einmalzahlung, in: FR, 75. Jg. (1993), S. 525-532, hier S. 526-527.
690 Vgl. Urteil des *Bundesfinanzhofes* vom 15.10.1996 VIII R 44/94, BFHE 182, 344, hier 346; BStBl II 1997, 533, hier 534.
691 Vgl. zu diesem Prinzip oben, Erstes Kapitel A.IV.1.a), Abschnitt cc).
692 Vgl. bereits Urteil des *Reichsfinanzhofes* vom 21.9.1927 VI A 383/27, StuW, 6. Jg. (1927), Nr. 565, Sp. 803-806, hier Sp. 805.
693 Vgl. hierzu *Gschwendtner, Hubert*: Mietereinbauten als Vermögensgegenstand und Wirtschaftsgut im Sinne des Handels- und Steuerbilanzrechts, a.a.O., S. 218-222 (Zitat auf S. 218).

ten nach der ständigen Rechtsprechung des *Bundesfinanzhofes* als im zivilrechtlichen Eigentum des Mieters befindliche oder ihm wirtschaftlich zuzurechnende Sachen zu bilanzieren sein oder eine (vertraglich oder auf andere Weise gesicherte) zusätzliche Nutzungsmöglichkeit verkörpern.[694] Da sich das Bilanzierungsobjekt nach dem (weiter unten zu behandelnden) Prinzip wirtschaftlicher Vermögenszugehörigkeit bestimmt, wird im folgenden – sofern dieser Unterscheidung Bedeutung zukommt – hinsichtlich der bilanzrechtlichen Konsequenzen für die als *Sache* oder als *Nutzungsrecht*[695] anzusehenden Mietereinbauten differenziert.

2. *Fehlmaßnahmen des Mieters als Ausnahme*

a) Keinen wirtschaftlichen Vermögenswert bilden Mietereinbauten, die nach vernünftiger kaufmännischer Beurteilung als sogenannte „Fehlmaßnahme" zu gelten haben[696]: Der Begriff der Fehlmaßnahme soll umschreiben, daß der wirtschaftliche Nutzen der Einbauten „deutlich hinter dem für den Erwerb oder die Herstellung getätigtem Aufwand zurückbleibt und demgemäß dieser Aufwand so unwirtschaftlich war, daß er von einem gedachten Erwerber des gesamten Betriebes im Kaufpreis nicht honoriert würde"[697]. Fehlmaßnahmen können demnach durch zu hohe Aufwendungen des Mieters oder durch zu niedrige künftige Erträge aus den Einbauten

---

694 Vgl. exemplarisch das (Leit-)Urteil des *Bundesfinanzhofes* vom 26.2.1975 I R 32/73, BFHE 115, 238, hier 241-242; BStBl II 1975, 443 und den Beschluß des *Bundesfinanzhofes* vom 30.1.1995 GrS 4/92, BFHE 176, 267, hier 273-275; BStBl II 1995, 281.
   Zur Abgrenzung zwischen einer möglichen Aktivierung der Einbauten als Sache und deren Ansatz als Nutzungsrecht, vgl. unten, Zweites Kapitel B.
695 Diese Unterscheidung findet sich beispielsweise in den Urteilen des *Bundesgerichtshofes* vom 6.11.1995 II ZR 164/94, BB, 51. Jg. (1996), S. 155-157, hier S. 156-157 und des *Bundesfinanzhofes* vom 15.4.1992 III R 65/91, BFH/NV, 9. Jg. (1993), S. 431-432, hier S. 432.
   Als Nutzungsrecht gelten hier neben den vertraglich gesicherten Nutzungsmöglichkeiten auch die familienrechtlich eingeräumten Nutzungsbefugnisse, vgl. dazu auch den Beschluß des *Bundesfinanzhofes* vom 30.1.1995 GrS 4/92, BFHE 176, 267, hier 275; BStBl II 1995, 281 und unten, Zweites Kapitel A.IV.1.b).
696 Vgl. *Moxter, Adolf*: Zur bilanzrechtlichen Behandlung von Mietereinbauten nach der neueren höchstrichterlichen Rechtsprechung, a.a.O., S. 261.
697 Urteil des *Bundesfinanzhofes* vom 17.9.1987 III R 201-202/84, BFHE 152, 221, hier 223; BStBl II 1988, 488; vgl. auch Urteil des *Bundesfinanzhofes* vom 20.5.1988 III R 151/86, BFHE 155, 566, hier 568; BStBl II 1989, 269, hier 270.

verursacht sein;[698] schon nach der Rechtsprechung des *Reichsfinanzhofes* war von der Aktivierung eines Umbaus abzusehen, wenn anzunehmen war, daß der erwartete Nutzen nicht eintreten wird.[699]

b) Angesichts unsicherer Erwartungen können zwar Fehlmaßnahmen grundsätzlich nicht ausgeschlossen werden,[700] gleichwohl wird im allgemeinen davon auszugehen sein, daß die Anschaffungs- und Herstellungskosten im Zeitpunkt der Errichtung der Bauwerke das Einnahmenpotential der Einbauten abbilden, mithin ihr wirtschaftlicher Vermögenswert zu bejahen ist.[701] An die dem Bilanzierenden obliegende Entkräftung dieser Vermutung werden von der Rechtsprechung strenge Nachweispflichten geknüpft; die Entkräftung bedingt, daß die Fehlmaßnahme einem sorgfältigen Kaufmann erkennbar war.[702]

698 Vgl. hierzu *Breidert, Ulrike*: Grundsätze ordnungsmäßiger Abschreibungen auf abnutzbare Anlagegegenstände, a.a.O., S. 125 ff. und *Döllerer, Georg*: Die Grenzen des Imparitätsprinzips, in: StbJb 1977/78, S. 129-152, hier S. 132-137.
   Vgl. auch *Moxter, Adolf*: Die Geschäftswertbilanzierung in der Rechtsprechung des Bundesfinanzhofs und nach EG-Bilanzrecht, in: BB, 34. Jg. (1979), S. 741-747, hier S. 745.

699 Vgl. Urteile des *Reichsfinanzhofes* vom 23.1.1929 VI A 1071/28, StuW, 8. Jg. (1929), Nr. 234, Sp. 434-436, hier Sp. 435 und vom 21.9.1927 VI A 383/27, StuW, 6. Jg. (1927), Nr. 565, Sp. 803-806, hier Sp. 805.
   Zur Frage der Teilwertabschreibung beim Gebäude und zum Gedanken der wertmäßigen Einheit von Grundstück und Gebäude, vgl. *Beisse, Heinrich*: Gebäudeabbruch und Neubau in Handels- und Steuerbilanz, in: Inf, 32. Jg. (1978), S. 529-535, hier S. 531.

700 Vgl. *Moxter, Adolf*: Bilanzrechtsprechung, 5. Aufl., a.a.O., S. 263-264.

701 Die (vorübergehende) Unrentierlichkeit der Einbauten oder des ganzen Betriebes in diesem Zeitpunkt ist demzufolge noch kein Grund, das Vorliegen eines wirtschaftlichen Vermögenswertes und damit den Ansatz der Einbauten abzulehnen; erst die *nachhaltige* und *erhebliche* Unrentabilität rechtfertigt eine Abschreibung auf den niedrigeren Wert, vgl. insofern (analog) das Urteil des *Bundesfinanzhofes* vom 17.9.1987 III R 201-202/84, BFHE 152, 221, hier 225; BStBl II 1988, 488 sowie das Urteil des *Reichsfinanzhofes* vom 23.1.1929 VI A 1071/28, StuW, 8. Jg. (1929), Nr. 234, Sp. 434-436, hier Sp. 435.

702 Vgl. *Moxter, Adolf*: Bilanzrechtsprechung, 5. Aufl., a.a.O., S. 264.

II. Das Prinzip selbständiger Bewertbarkeit bei Mietereinbauten

1. Die Zugangsbewertung von Mietereinbauten

a) Das bereits oben[703] skizzierte Aktivierungskriterium der selbständigen Bewertbarkeit kann bei Mietereinbauten im Zugangszeitpunkt regelmäßig als erfüllt gelten, da die durch sie geschaffenen Nutzungsmöglichkeiten ohne weiteres vom Geschäftswert abgrenzbar und somit einer besonderen Bewertung zugänglich sind.[704]

Das Prinzip der selbständigen Bewertbarkeit erfährt durch das als ergänzendes Hilfsmerkmal anzusehende Ausgabenkriterium eine für die bilanzrechtliche Behandlung der Mietereinbauten bedeutsame Konkretisierung:[705] In der getätigten Ausgabe dokumentiert sich der erhaltene Ausgabengegenwert; lassen sich die Ausgaben abgrenzen, so kann der wirtschaftliche Vermögenswert als selbständig bewertbar gelten.[706] Die Objektivierungswirkung des Ausgabenkriteriums offenbart sich vor allem bei der Aktivierung rein wirtschaftlicher Vorteile, wie etwa des Kundenstamms, deren Existenznachweis besonders schwerfällt.[707] Eine gesonderte Bilanzierung kommt hier nur in Frage, falls der Kundenstamm gesondert Gegenstand des Anschaffungsgeschäftes war.[708]

Soweit vom Schrifttum die selbständige Bewertbarkeit jener Einbauten, die weder als Sache noch als Nutzungsrecht des Mieters zu aktivieren sind –

---

703 Zum Prinzip selbständiger Bewertbarkeit, vgl. Erstes Kapitel A.IV.1.b).

704 Vgl. *Gschwendtner, Hubert*: Mietereinbauten als Vermögensgegenstand und Wirtschaftsgut im Sinne des Handels- und Steuerbilanzrechts, a.a.O., S. 231.
A. A. *John, Gerd*: Die Bewertung von Grund und Boden und Gebäuden in der Steuerbilanz, Köln u.a. 1964, S. 231-233.

705 Vgl. zum Folgenden *Hommel, Michael*: Bilanzierung immaterieller Anlagewerte, a.a.O., S. 230 ff.

706 Vgl. *Kußmaul, Heinz*: Nutzungsrechte an Grundstücken in Handels- und Steuerbilanz, a.a.O., S. 50. Zum Kriterium der Einmaligkeit der Ausgabe, vgl. *Moxter, Adolf*: Bilanzierung nach der Rechtsprechung des Bundesfinanzhofs, Tübingen 1982, S. 25-27.

707 Vgl. *Euler, Roland*: Das System der Grundsätze ordnungsmäßiger Bilanzierung, a.a.O., S. 145-146. Vgl. hierzu auch *Bauer, Karl-Heinz*: Geschäftswert, Kundenstamm und Wettbewerbsverbot im Steuerrecht, in: DB, 42. Jg. (1989), S. 1051-1055, hier S. 1053 f.

708 Vgl. Urteil des *Bundesfinanzhofes* vom 14.3.1979 I R 37/75, BFHE 127, 386, hier 391; BStBl II 1979, 470.
Zur Problematik der Aufteilung eines Gesamtkaufpreises auf die einzelnen Vermögensgegenstände, vgl. *Hommel, Michael*: Bilanzierung immaterieller Anlagewerte, a.a.O., S. 187.

die mithin bloße Nutzungsvorteile verkörpern – bezweifelt wird, weil sie nur vage Werte darstellten, die nicht zuverlässig schätzbar seien,[709] ist dem zu widersprechen: Die selbständige Bewertbarkeit von Mietereinbauten darf als unproblematisch gelten, sofern sich Zugangswerte durch die zu deren Erlangung angefallenen Ausgaben (etwa für Materialien oder Handwerksleistungen) bestimmen lassen;[710] selbst bloße Nutzungsvorteile sind mithin selbständig bewertbar, wenn zur Errichtung der Einbauten Ausgaben getätigt wurden.[711] Die rechtliche Absicherung der Vorteile bildet keine Voraussetzung der selbständigen Bewertbarkeit von Mietereinbauten – sie wird erst für die Frage der Greifbarkeit der Vorteile bedeutsam.[712]

b) Das Ausgabenkriterium stellt kein notwendiges, sondern ein hinreichendes Merkmal zur Konkretisierung des Prinzips der selbständigen Bewertbarkeit dar: Auch ausgabenlos zugegangene Vermögenswerte können einen Vermögensgegenstand bilden, falls ihnen ein objektivierter Marktwert beigelegt werden kann.[713] Für Mietereinbauten erscheint bei ausgabenlosem Zugang die Ermittlung eines Marktwertes zwar prinzipiell denkbar; bejaht man aber die Vermögensgegenstandseigenschaft, bedingt ihre Aktivierung zusätzlich die Erfüllung der strengen Gewinnrealisierungskriterien.[714]

2. Die Folgebewertung von Mietereinbauten

a) Die Folgebewertung der als *Sache*[715] zu aktivierenden Mietereinbauten erscheint unproblematisch: Ihre Nutzungsdauer richtet sich nach der wirt-

---

709 Vgl. *Schilling, Claudia*: Bauten auf fremden Grundstücken im Einkommensteuerrecht, a.a.O., S. 26.

710 Vgl. *Moxter, Adolf*: Zur bilanzrechtlichen Behandlung von Mietereinbauten nach der neueren höchstrichterlichen Rechtsprechung, a.a.O., S. 260.

711 Vgl. etwa Urteil des *Bundesfinanzhofes* vom 4.2.1998 XI R 35/97, BFHE 185, 121, hier 125; BStBl II 1998, 542.

712 Vgl. hierzu unten, Zweites Kapitel A.IV.1.b).

713 Vgl. *Hommel, Michael*: Bilanzierung immaterieller Anlagewerte, a.a.O., S. 231-232.

714 Zur Frage der Aktivierung von ausgabenlos erlangten Vermögensgegenständen, vgl. auch oben, Erstes Kapitel A.IV.2.

Vgl. zum Ausgabenkriterium auch Urteile des *Bundesfinanzhofes* vom 1.10.1997 X R 91/94, HFR, 38. Jg. (1998), S. 478-479, hier S. 479 und vom 4.2.1998 XI R 35/97, BFHE 185, 121, hier 125; BStBl II 1998, 542.

715 Zur Abgrenzung zwischen der Aktivierung von Mietereinbauten als Sache und als Nutzungsrecht, vgl. unten, Zweites Kapitel B.

schaftlichen Nutzungsdauer, die sich anhand des objektiviert geschätzten Zeitraums der Ertragswirksamkeit der Einbauten hinreichend genau bestimmen läßt.[716]

Ob aus den Investitionen eines Mieters *bewegliche* oder *unbewegliche* Sachen resultieren, richtet sich nicht allein nach der zivilrechtlichen Einstufung der Sachen als (Schein-)Bestandteil:[717] In einem Urteil des XI. Senats heißt es insoweit mißverständlich, bewegliche Wirtschaftsgüter lägen vor, sofern die Bauten als Scheinbestandteile zu qualifizieren seien.[718] Wie noch zu zeigen sein wird, können selbst massive Gebäude Scheinbestandteile bilden,[719] wenn sich der Mieter zu ihrer Entfernung nach Ablauf der Mietdauer verpflichtet hat. Die für die Folgebewertung, nicht zuletzt für die Inanspruchnahme von AfA-Vergünstigungen, bedeutsame Einstufung der Baumaßnahmen des Mieters dürfte bilanzrechtlich indes danach zu beurteilen sein, wie die gleiche Maßnahme des Vermieters berücksichtigt würde.[720]

Eine Besonderheit ergibt sich bei der Folgebewertung von Einbauten, wenn dem Mieter im Fall der (vorzeitigen) Beendigung des Mietverhältnisses vor Ablauf der Nutzungsdauer ein Ersatzanspruch aus § 951 Absatz 1 Satz 1 BGB[721] zusteht: Verfügt der Mieter über einen solchen Anspruch, bestimmt sich der Abschreibungszeitraum der Einbauten selbst dann nach ihrer voraussichtlichen Nutzungsdauer, wenn feststeht, daß der Mieter sie aufgrund der kürzeren Laufzeit des Mietvertrages nicht über ihre gesamte Nutzungsdauer nutzen kann. Analog zur Vorgehensweise beim Erwerb von Vermögensgegenständen, deren Veräußerung vor Ablauf der Nutzungs-

---

716 Vgl. *Hommel, Michael*: Bilanzierung immaterieller Anlagewerte, a.a.O., S. 216-217.
   Jäger konstatiert hinsichtlich der Bedeutung des Folgebewertbarkeitskriteriums für das Prinzip selbständiger Bewertbarkeit, das Kriterium sei „alles in allem nicht dazu angetan, dessen Objektivierungswirkung zu steigern", vgl. *Jäger, Rainer*: Grundsätze ordnungsmäßiger Aufwandsperiodisierung, a.a.O., S. 63-65 (Zitat auf S. 65).

717 Vgl. zum Folgenden *Moxter, Adolf*: Zur bilanzrechtlichen Behandlung von Mietereinbauten nach der neueren höchstrichterlichen Rechtsprechung, a.a.O., S. 263.

718 Vgl. den Leitsatz des Urteils des *Bundesfinanzhofes* vom 11.6.1997 XI R 77/96, BFHE 183, 455, hier 455; BStBl II 1997, 774.

719 Vgl. hierzu Zweites Kapitel B.I.1.

720 Vgl. Urteil des *Bundesfinanzhofes* vom 10.8.1984 III R 98/83, BFHE 142, 90, hier 93; BStBl II 1984, 805.

721 Vgl. unten, Zweites Kapitel B.I.2.c).

dauer bereits im Zugangszeitpunkt feststeht,[722] determiniert nicht etwa die voraussichtliche Dauer der Nutzung durch den Mieter ihren Abschreibungszeitraum.

b) Bei der griffweisen Schätzung der Nutzungsdauer von als *Nutzungsrecht* zu bilanzierenden Einbauten ist zu prüfen, ob zur Bestimmung des Abschreibungszeitraums des Nutzungsrechts die Laufzeit des Mietvertrages zugrunde zu legen ist. Der Große Senat des *Bundesfinanzhofes* stellt in seinem Beschluß vom 30.1.1995 klar, daß ein Bilanzierender AfA-Vergünstigungen selbst dann in Anspruch nehmen darf, wenn er Baumaßnahmen an Gebäuden nicht als Eigentümer, sondern nur aufgrund einer Nutzungsbefugnis durchführt, da der Absicht des Gesetzgebers – der Förderung derartiger Baumaßnahmen – gleichwohl entsprochen werde.[723] Aus der bilanzrechtlichen Behandlung der Nutzungsbefugnis „wie ein materielles Wirtschaftsgut"[724] resultiert im zugrundeliegenden Sachverhalt eine *Verkürzung* des Abschreibungszeitraums; an der früheren Rechtsprechung, die hier noch eine Abschreibung des Nutzungsrechts über dessen volle Vertragsdauer vorsah,[725] sei nicht mehr festzuhalten.

Groh folgert aus dem Beschluß des Großen Senats, daß zur Bemessung des Abschreibungszeitraums von Nutzungsrechten nunmehr *generell* auf die jeweilige Nutzungsdauer des Bauwerks abzustellen sei; eine geringere Laufzeit des Nutzungsrechts könne selbst bei drohendem Abbruch des Bauwerks nicht maßgebend sein.[726]

---

722 Vgl. Urteil des *Bundesfinanzhofes* vom 19.11.1997 X R 78/94, BFHE 184, 522, hier 524-525; BStBl II 1998, 59.
Vgl. auch Urteile des *Bundesfinanzhofes* vom 15.2.1989 X R 97/87, BFHE 156, 423, hier 427; BStBl II 1989, 604 und vom 7.2.1975 VI R 133/72, BFHE 115, 313, hier 317; BStBl II 1975, 478 sowie das Urteil des *Finanzgerichts Hamburg* vom 31.3.1987 I 15/84, EFG, 35. Jg. (1987), S. 612-613, passim.

723 Vgl. zum Folgenden den Beschluß des *Bundesfinanzhofes* vom 30.1.1995 GrS 4/92, BFHE 176, 267, hier 274-275; BStBl II 1995, 281.

724 Beschluß des *Bundesfinanzhofes* vom 30.1.1995 GrS 4/92, BFHE 176, 267, hier 275; BStBl II 1995, 281; vgl. hierzu auch unten, Zweites Kapitel B.II.

725 Vgl. Urteile des *Bundesfinanzhofes* vom 22.1.1980 VIII R 74/77, BFHE 129, 485, hier 488; BStBl II 1980, 244; vom 31.10.1978 VIII R 182/75, BFHE 127, 163, hier 167; BStBl II 1979, 399; vom 31.10.1978 VIII R 196/77, BFHE 127, 168, hier 170; BStBl II 1979, 401 und vom 31.10.1978 VIII R 146/75, BFHE 127, 501, hier 503; BStBl II 1979, 507. Vgl. hierzu auch *Neufang, Bernd/Abenheimer, Arno*: Vertrauensschutz bei Rechtsprechungsänderungen am Beispiel der Mietereinbauten, in: Inf, 52. Jg. (1998), S. 513-515.

726 Vgl. *Groh, Manfred*: Bauten auf fremdem Grundstück: BGH versus BFH?,
/...

Bei dem Beschluß zugrunde liegenden Bauten auf „Ehegattengrundstücken" oder auch bei Verträgen zwischen Angehörigen mutet es plausibel an, den Abschreibungszeitraum nicht nur nach der formalen Vereinbarung zu bemessen[727]: Schon in älteren Judikaten sah die Rechtsprechung – auf den wirtschaftlichen Gehalt der Vereinbarung und die tatsächliche Durchführung abstellend – in verwandtschaftlichen Beziehungen zwischen Mieter und Vermieter ein Indiz für die Absicht der Vertragsparteien, über die vertraglich vereinbarte Laufzeit hinauszugehen; gleiches gilt etwa bei Existenz von automatischen Verlängerungsklauseln, vertraglichen Verlängerungsoptionen oder bei (im Verhältnis zur Vertragsdauer) hohen Aufwendungen des Mieters.[728] Wenn seitens des Eigentümers von einem offensichtlichen Desinteresse an der Änderung der bestehenden Nutzung auszugehen ist, wird gleichfalls eine stillschweigende Verlängerung des Vertragsverhältnisses über die formale Laufzeit hinaus anzunehmen sein.[729]

Die Einstufung als *Nutzungsrecht* indiziert jedoch bereits, daß die voraussichtliche Mietdauer *unter* der betriebsgewöhnlichen Nutzungsdauer liegen muß, da andernfalls das Prinzip wirtschaftlicher Vermögenszugehörigkeit

---

a.a.O., S. 1488 mit Verweis auf das (zum Erwerb in Abbruchabsicht ergangene) Urteil des *Bundesfinanzhofes* vom 15.12.1981 VIII R 116/79, BFHE 135, 267, hier 270; BStBl II 1982, 385. Vgl. auch *Fischer, Peter*: Kommentar zum Urteil des Bundesfinanzhofes vom 10.3.1999 XI R 22/98, in: FR, 81. Jg. (1999), S. 845-847, hier S. 846.

727 Kritisch hierzu *Paus, Bernhard*: Das Gebäude auf dem Grundstück des Ehegatten, in: BB, 50. Jg. (1995), S. 2399-2407, hier S. 2401 ff. und unten, Zweites Kapitel B.I.2.b).

728 Vgl. Urteile des *Bundesfinanzhofes* vom 13.7.1977 I R 217/75, BFHE 123, 32, hier 34; BStBl II 1978, 6; vom 28.7.1993 I R 88/92, BFHE 172, 333, hier 337; BStBl II 1994, 164 und vom 7.10.1997 VIII R 63/95, BFH/NV, 13. Jg. (1997), S. 1202-1204, hier S. 1203-1204.
Vgl. hierzu auch Urteile des *Reichsfinanzhofes* vom 28.11.1928 VI A 1276/28, StuW, 8. Jg. (1929), Nr. 233, Sp. 433-434, hier Sp. 434; vom 16.4.1930 VI A 497, 498/30, StuW, 9. Jg. (1930), Nr. 757, Sp. 1155, hier Sp. 1155 und vom 1.10.1930 VI A 173/30, StuW, 9. Jg. (1930), Nr. 1246, Sp. 1907-1908, hier Sp. 1908.
Vgl. ferner *Niehues, Karl/Kränke, Sabine*: Steuerliche Behandlung von Baumaßnahmen des Mieters, in: NWB, Fach 3, S. 9323-9330, hier S. 9325-9326 und *Fischer, Peter*: Eigenaufwand und Drittaufwand. Zum Beschluß des Großen Senats des BFH vom 30.1.1995 – GrS 4/92, in: NWB, Fach 3, S. 9331-9342, hier S. 9336.

729 Vgl. *Brandis, Peter*: Kommentierung zu § 7 EStG, in: Blümich, Rz. 156 und *Werndl, Josef*: Kommentierung zu § 7 EStG, in: Kirchhof/Söhn, Rdnr. A 169.

die Bilanzierung der Mietereinbauten als *Sache* geboten hätte.[730] Damit sind hier nur jene Sachverhaltsgestaltungen bedeutsam, bei denen sich die Annahme einer bis zum Ende der betriebsgewöhnlichen Nutzungsdauer reichenden Verlängerung des Vertragsverhältnisses nicht aufrechterhalten läßt: Der Kaufmann rechnete sich reich, wenn er den Erträgen aus der Nutzung der Mietereinbauten nicht die auf sie entfallenden Aufwendungen in voller Höhe zuordnete, sondern statt dessen am Ende der Mietdauer einen (eventuell hohen) Restwert der Einbauten abschreiben müßte.

Ist bei Mietverträgen mit (zweiseitigen) Verlängerungsoptionen die Kündigung durch den Vermieter ernsthaft in Betracht zu ziehen, etwa weil die Räumlichkeiten nach Ablauf der Vertragslaufzeit anderweitig rentabler zu vermieten sein werden, kommt daher trotz eventuell vorhandener Verlängerungsoption des Mieters als Abschreibungszeitraum nur die Laufzeit des Mietvertrages in Frage;[731] die Dauer des Nutzungsrechts wird dann durch den „rechtlich legitimierten Gebrauchszeitraum"[732] determiniert.[733] Auch

---

730 Vgl. zu dieser Thematik unten, Zweites Kapitel B.I.2.b).

731 Vgl. hierzu bereits *Simon, Herman Veit*: Die Bilanzen der Aktiengesellschaften und der Kommanditgesellschaften auf Aktien, a.a.O., S. 401.

732 *Jäger, Rainer*: Grundsätze ordnungsmäßiger Aufwandsperiodisierung, a.a.O., S. 109-115 (Zitat auf S. 110).
     Zur Ermittlung der wirtschaftlichen Nutzungsdauer, vgl. auch *Moxter, Adolf*: Zur Bestimmung der optimalen Nutzungsdauer von Anlagegegenständen, in: FS Hax, S. 75-105, hier S. 85 und passim sowie *ders.*: Besprechungsaufsatz zu Dieter Schneider: Die wirtschaftliche Nutzungsdauer von Anlagegütern, in: FA, Bd. 23, 1963/64, S. 365-367, passim.

733 Vgl. *Moxter, Adolf*: Bilanzrechtsprechung, 5. Aufl., a.a.O., S. 238; *Döllerer, Georg*: Die Rechtsprechung des Bundesfinanzhofs zum Steuerrecht der Unternehmen, in: ZGR, 9. Jg. (1980), S. 374-398, hier S. 376; *Obermeier, Arnold/ Weinberger, Armin*: Die ertragsteuerliche Behandlung von Bauten auf fremdem Grund und Boden, insbesondere die Problematik des Ehegatteneigentums, in: DStR, 36. Jg. (1998), S. 913-920, hier S. 918; *Neufang, Bernd*: Mietereinbauten – ein neues Spannungsfeld in der Steuerberatung, in: Inf, 52. Jg. (1998), S. 65-70, hier S. 68; *Sauren, Marcel M.*: Die neue Rechtslage bei Mietereinbauten, in: DStR, 36. Jg. (1998), S. 706-709, hier S. 709 und *Hoyos, Martin/Schmidt-Wendt, Dietrich*: Kommentierung zu § 247 HGB, in: Beck'scher Bilanz-Kommentar, Anm. 462.
     Groh schlägt für diese Fälle die Bilanzierung eines aktiven Rechnungsabgrenzungspostens vor, der über die Dauer des Nutzungsverhältnisses aufzulösen sei, vgl. *Groh, Manfred*: Bauten auf fremdem Grundstück: BGH versus BFH?, a.a.O., S. 1490.
     Vgl. hierzu auch *Eisgruber, Thomas*: Bauten auf fremden Grund und Boden, in: DStR, 35. Jg. (1997), S. 522-529, hier S. 527 und unten, Zweites Kapitel B.III.

bei „erheblichen Spannungen" zwischen Mieter und Vermieter, die befürchten lassen, daß – entgegen der ursprünglichen Erwartungen – mit der
baldigen Kündigung durch den Vermieter zu rechnen ist, wird eine kürzere
Nutzungsdauer zugrunde zu legen sein.[734]

Die Rechtsprechung zum ähnlich gelagerten Fall des geplanten Gebäude-
abrisses steht dem nicht entgegen: Der *Bundesfinanzhof* akzeptiert die Annahme einer kürzeren Nutzungsdauer, sofern die Vorbereitungen für den
Abbruch so weit fortgeschritten sind, daß mit der weiteren Nutzung des
Gebäudes nicht zu rechnen ist.[735] Auch im Transfer-Urteil verweist der erkennende Senat auf die zentrale Bedeutung der Vertragsdauer, „der rechtlichen Nutzungsdauer", für die Bestimmung der betriebsgewöhnlichen
Nutzungsdauer; auch dort soll nach „Wahrscheinlichkeitsgesichtspunkten"
zu bestimmen sein, ob Optionen zur Verlängerung des Vertrages wahrge-
nommen werden.[736]

c) Die griffweise Schätzung der Nutzungsdauer von als Sache und als Nutzungsrecht zu aktivierenden Mietereinbauten erscheint mithin prinzipiell
möglich.[737] Da sich sowohl Zugangs- als auch Folgewerte isolieren lassen,
ist somit zu konstatieren, daß Mietereinbauten für gewöhnlich das Kriterium der selbständigen Bewertbarkeit erfüllen.[738]

---

734 Vgl. Urteil des *Reichsfinanzhofes* vom 24.9.1930 VI A 729/30, StuW, 9. Jg.
    (1930), Nr. 1247, Sp. 1908-1910, hier Sp. 1910.
735 Vgl. Urteil des *Bundesfinanzhofes* vom 8.7.1980 VIII R 176/78, BFHE 131, 310,
    hier 312; BStBl II 1980, 743.
    In dem von *Groh* zitierten Urteil (vgl. oben, Fußnote 726) wird mit Recht darauf
    hingewiesen, daß die Nutzungsdauer des Gebäudes (nur) *in der Regel* beizube-
    halten ist.
736 Vgl. Urteil des *Bundesfinanzhofes* vom 26.8.1992 I R 24/91, BFHE 169, 163,
    hier 171 (beide Zitate); BStBl II 1992, 977.
737 Die Finanzverwaltung legt beispielsweise für Ladeneinbauten eine betriebsge-
    wöhnliche Nutzungsdauer von 7 Jahren zugrunde, vgl. *Bundesminister der Fi-
    nanzen*: Schreiben des Bundesministers der Finanzen vom 5.10.1994 IV A 8 – S
    1551 – 98/94, BStBl I 1994, 771, hier 771.
    Vgl. hierzu auch *Rometsch, Wilfried*: Steuerliche Behandlung von Einzelhandels-
    gebäuden und Mietereinbauten, in: FS Flick, S. 555-564, hier S. 558-559.
738 Vgl. *Moxter, Adolf*: Zur bilanzrechtlichen Behandlung von Mietereinbauten nach
    der neueren höchstrichterlichen Rechtsprechung, a.a.O., S. 260.

III. Kritische Würdigung des Kriteriums des selbständigen Wirtschaftsgutes

1. Die Bedeutung des Kriteriums in der Rechtsprechung

a) Die unterschiedliche Behandlung von Einbauten des Mieters und des Eigentümers in der Rechtsprechung des Reichsfinanzhofes

aa) Seit dem ersten Leiturteil[739] zu Mietereinbauten gilt das Kriterium des *selbständigen* Wirtschaftsgutes als zusätzliche Voraussetzung für die Aktivierung der vom Mieter neu geschaffenen Gebäudebestandteile.[740] Obgleich die Judikatur dieses Merkmal zum Teil auch mit dem Kriterium der selbständigen Bewertbarkeit gleichzusetzen scheint,[741] werden Mietereinbauten nach ständiger Rechtsprechung des *Bundesfinanzhofes* als gegenüber der Gebäudeeinheit selbständige Wirtschaftsgüter angesehen und beim Mieter aktiviert, wenn sie „in einem vom Gebäude verschiedenen Nutzungs- und Funktionszusammenhang stehen"[742].

Bevor das Kriterium hinsichtlich seiner Objektivierungswirkung einer kritischen Würdigung unterzogen werden soll[743], erscheint es sinnvoll, in einem ersten Schritt die bilanzrechtliche Behandlung der Einbauten in der Rechtsprechung von *Reichsfinanzhof* und *Bundesfinanzhof* bis zu diesem Urteil zu skizzieren.

bb) Anders als der *Bundesfinanzhof* in seiner jüngeren Rechtsprechung sah der *Reichsfinanzhof* noch keine Notwendigkeit, für die Bilanzierung von Mietereinbauten auf das Kriterium des selbständigen Wirtschaftsgutes zu

---

739 Vgl. Urteil des *Bundesfinanzhofes* vom 26.2.1975 I R 32/73, BFHE 115, 238; BStBl II 1975, 443.

740 Vgl. Urteil des *Bundesfinanzhofes* vom 21.2.1978 VIII R 148/73, BFHE 124, 454, hier 456; BStBl II 1978, 345; vgl. auch Urteil des *Bundesfinanzhofes* vom 11.12.1987 III R 191/85, BFHE 151, 573, passim; BStBl II 1988, 300.
   Zu den Voraussetzungen für selbständige Wirtschaftsgüter, vgl. Zweites Kapitel A.III.2.

741 Vgl. insofern den Beschluß des *Bundesfinanzhofes* vom 16.2.1990 III B 90/88, BFHE 160, 364, hier 366; BStBl II 1990, 794 sowie das Urteil des *Bundesfinanzhofes* vom 10.5.1990 IV R 41/89, BFH/NV, 6. Jg. (1990), S. 585-586, hier S. 586.
   Vgl. hierzu auch *Jansen, Rudolf*: Kommentierung zu § 7 EStG, in: Herrmann/Heuer/Raupach, Anm. 109.

742 Urteil des *Bundesfinanzhofes* vom 15.10.1996 VIII R 44/94, BFHE 182, 344, hier 345; BStBl II 1997, 533, hier 533.

743 Zur kritischen Würdigung des Kriteriums, vgl. unten, Zweites Kapitel A.III.2.

rekurrieren.[744] So betonte der *Reichsfinanzhof* in einem Urteil zur Frage der Bilanzierung von Einbauten eines Gastwirts deren Aktivierungspflicht beim Mieter: „Der Umstand, daß die Gastwirtschaft in gemieteten Räumen betrieben wird, schließt nicht aus, daß grundsätzlich alle Aufwendungen, [...] soweit er dafür einen Gegenwert erlangt, zu aktivieren sind"[745]. Aufwendungen eines Pächters wurden ohne weitere Prüfung als „besonderes Wirtschaftsgut" qualifiziert;[746] ausführlich nahm der Senat dagegen zur Frage Stellung, ob dem Pächter durch die Umbauten ein geschäftlicher Vorteil entstanden und die (greifbare) Werthaltigkeit zu bejahen war.[747]

cc) Dem *Reichsfinanzhof* war das Kriterium des selbständigen Wirtschaftsgutes jedoch keineswegs fremd, seine Senate stellten vielmehr regelmäßig auf dieses Merkmal ab, um eine Abgrenzung von selbständigen und unselbständigen Gegenständen bei den vom *Eigentümer* eingefügten Einbauten vorzunehmen: Scheinbar analog zur Bilanzierung von Mietereinbauten ergibt sich auch bei diesen Einbauten das Erfordernis der Abgrenzung selbständiger Wirtschaftsgüter von den (unselbständigen) Einzelteilen eines Wirtschaftsgutes. Es ist hier zu fragen, unter welchen Bedingungen die Einbauten der Bewertungseinheit „Gebäude" zuzurechnen sind und wann eine gesonderte Aktivierung beim Eigentümer erfolgen soll.

Der dabei auftretende Konflikt zwischen periodengerechter Gewinnermittlung und Vereinfachung[748] prägte bereits die Rechtsprechung des *Reichsfinanzhofes*: In einem frühen Urteil[749] betonte er, daß grundsätzlich keine

---

744 Vgl. etwa die Urteile des *Reichsfinanzhofes* vom 1.10.1930 VI A 173/30, StuW, 9. Jg. (1930), Nr. 1246, Sp. 1907-1908; vom 22.2.1928 VI A 4/28, StuW, 7. Jg. (1928), Nr. 149, Sp. 219; vom 16.5.1928 VI A 590/27, StuW, 7. Jg. (1928), Nr. 413, Sp. 697-700 und vom 10.4.1929 VI A 429/28, StuW, 8. Jg. (1929), Nr. 513, Sp. 964-965.

745 Vgl. Urteil des *Reichsfinanzhofes* vom 28.11.1928 VI A 1276/28, StuW, 8. Jg. (1929), Nr. 233, Sp. 433-434, hier Sp. 433 (auch Zitat).

746 Vgl. Urteil des *Reichsfinanzhofes* vom 21.11.1940 III 65/40, RStBl 1941, 20, hier 21 (auch Zitat); vgl. auch Urteil des *Reichsfinanzhofes* vom 19.12.1935 I A 166/35, RStBl 1936, 252, hier 253.

747 Vgl. Urteil des *Reichsfinanzhofes* vom 21.11.1940 III 65/40, RStBl 1941, 20, hier 20-21.
     Vgl. auch die Urteile des *Reichsfinanzhofes* vom 3.7.1929 VI A 980/28, StuW, 8. Jg. (1929), Nr. 700, Sp. 1282-1284, hier Sp. 1284 und vom 14.1.1932 VI A 1111/31, StuW, 11. Jg. (1932), Nr. 255, Sp. 522-523, hier Sp. 523.

748 Vgl. zu diesem Konflikt *Moxter, Adolf*: Bilanzrechtsprechung, 5. Aufl., a.a.O., S. 226 ff.

749 Vgl. Urteil des *Reichsfinanzhofes* vom 7.9.1928 VI A 724/28, StuW, 7. Jg. (1928), Nr. 810, Sp. 1415-1417, hier Sp. 1416.

Gesamtbewertung vorzunehmen sei, sondern die einzelnen, dem Geschäft dienenden Gegenstände zu bewerten seien. Der Umbau einer Schaufensteranlage zwecks neuartiger Gestaltung erforderte nach dieser Rechtsprechung eine (vom Gebäude) getrennte Erfassung der Anlage beim Eigentümer, wenn deren wirtschaftliche Nutzungsdauer unter der technischen Nutzungsdauer des Gebäudes lag.[750]

In diesem Verständnis des selbständigen Gegenstandes kam der die AfA-Ermittlung zu dieser Zeit dominierende Gedanke der periodengerechten Gewinnermittlung zum Ausdruck: Durch die detaillierte Erfassung der einzelnen dem Unternehmen zur Verfügung stehenden Gegenstände mit deren individueller Nutzungsdauer sollte der „volle jeweilige Periodengewinn" erfaßt werden.[751] Ob ein (wirtschaftlich) selbständiger Gegenstand vorlag, war kasuistisch zu lösen und orientierte sich „an der Verkehrsauffassung".[752] Selbständige Einrichtungen waren gemäß der Rechtsprechung „abweichend von den bürgerlich-rechtlichen Grundsätzen" eigenständig zu bilanzieren und entsprechend der „für das Einkommensteuerrecht maßgebenden wirtschaftlichen Betrachtungsweise" abzuschreiben.[753] Der *Reichsfinanzhof* ließ sich dabei von dem Gedanken leiten, daß die Ausstattung und Ausgestaltung von Läden grundsätzlich als vom Gebäude unabhängig anzusehen waren.[754]

---

750 Vgl. Urteile des *Reichsfinanzhofes* vom 2.3.1932 VI A 2137/30, RFHE 30, 175, hier 176, StuW, 11. Jg. (1932), Nr. 433, Sp. 829 und vom 23.5.1933 VI A 222/33, RFHE 33, 350, hier 355.

751 Vgl. *Moxter, Adolf*: Bilanzrechtsprechung, 5. Aufl., a.a.O., S. 228 (auch Zitat).
     Vgl. auch Urteile des *Reichsfinanzhofes* vom 28.5.1927 VI A 154/27, RFHE 21, 201, hier 205 und vom 14.3.1933 VI A 136/33, RStBl 1933, 634, hier 634.

752 Urteil des *Reichsfinanzhofes* vom 3.5.1934 VI A 1897/32, StuW, 13. Jg. (1934), Nr. 368, Sp. 797-799, hier Sp. 798.
     Vgl. auch Urteil des *Reichsfinanzhofes* vom 23.5.1933 VI A 222/33, RFHE 33, 350, hier 354.

753 Vgl. Urteil des *Reichsfinanzhofes* vom 23.5.1933 VI A 222/33, RFHE 33, 350, hier 355 (beide Zitate).
     Vgl. auch Urteile des *Reichsfinanzhofes* vom 10.7.1928 I A 192/28, RStBl 1928, 289; StuW, 7. Jg. (1928), Nr. 852, Sp. 1481-1484, hier Sp. 1482; vom 25.9.1929 VI A 1085/28, StuW, 8. Jg. (1929), Nr. 977, Sp. 1707-1710, hier Sp. 1709 und vom 22.7.1931 VI A 1416, 1417, 1418/31, StuW, 10. Jg. (1931), Nr. 946; RStBl 1931, 824, hier 824.

754 Vgl. Urteile des *Reichsfinanzhofes* vom 3.5.1934 VI A 1897/32, StuW, 13. Jg. (1934), Nr. 368, Sp. 797-799, hier Sp. 798-799 und vom 8.5.1941 IV 10/41, RStBl 1941, 548, hier 549.

Mit dem Urteil vom 27.5.1936[755] erfolgte eine partielle Abkehr vom Ziel einer möglichst detaillierten Erfassung der vom Eigentümer nachträglich in das Gebäude eingebauten Teile und die Betonung der einheitlichen Abnutzungsabsetzung[756]: Der *Reichsfinanzhof* erkannte, daß eine so verstandene Einzelbewertung „zu gänzlich unübersehbaren Verhältnissen" führen und der gebotenen einfachen Ermittlung der „Steuergrundlagen" entgegenstehen konnte.[757] Später eingebaute Heizungsanlagen bildeten danach grundsätzlich kein selbständiges Wirtschaftsgut[758]; nur bei deutlich von der technischen Nutzungsdauer abweichender (kürzerer) wirtschaftlicher Nutzungsdauer des Umbaus sollte in Ausnahmefällen[759] auch künftig eine getrennte Aktivierung beim Eigentümer möglich bleiben.[760]

b) Das Kriterium in der Rechtsprechung des Bundesfinanzhofes

aa) Wie in der Rechtsprechung des *Reichsfinanzhofes* blieb auch vom *Bundesfinanzhof* zunächst ungeprüft, ob die Einbauten des *Mieters* ein vom Gebäude abgrenzbares Wirtschaftsgut bilden: Aufwendungen für Mieter-

---

755 Vgl. Urteil des *Reichsfinanzhofes* vom 27.5.1936 VI A 221/36, RFHE 39, 277 hier 278-279; RStBl 1936, 886.

756 Vgl. etwa Urteil des *Reichsfinanzhofes* vom 1.3.1939 VI 125/39, RStBl 1939, 630, hier 631-632. Ähnlich auch schon das Urteil des *Reichsfinanzhofes* vom 19.12.1929 VI A 575/29, StuW, 9. Jg. (1930), Nr. 511, Sp. 784-786, hier Sp. 785.

757 Vgl. Urteil des *Reichsfinanzhofes* vom 23.5.1933 VI A 222/33, RFHE 33, 350, hier 353-354 (beide Zitate auf S. 354).
Vgl. hierzu *Döllerer, Georg*: Die Rechtsprechung des Bundesfinanzhofs zum Steuerrecht der Unternehmen, in: ZGR, 4. Jg. (1975), S. 294-318, hier S. 298.

758 Vgl. Urteil des *Reichsfinanzhofes* vom 27.5.1936 VI A 221/36, RFHE 39, 277, hier 279; RStBl 1936, 886.

759 Als Ausnahmefall bezeichnet der erkennende VI. Senat die Errichtung einer Anlage durch den Eigentümer, die nur für den jeweiligen Mieter Wert hat, vgl. ebenda und Urteil des *Reichsfinanzhofes* vom 26.10.1927 VI A 275/27, StuW, 6. Jg. (1927), Nr. 572, Sp. 815-816, hier Sp. 816.
Als Ausnahme galten ferner Ladeneinbauten in Großstädten, da die Bauten dort schneller an Wert verloren, vgl. Urteil des *Reichsfinanzhofes* vom 27.5.1936 VI A 221/36, RFHE 39, 277, hier 280; RStBl 1936, 886.
Vgl. dazu auch Urteil des *Reichsfinanzhofes* vom 13.3.1929 VI A 116/29 RFHE 25, 151, hier 155; StuW, 8. Jg. (1929), Nr. 495, Sp. 920-926.

760 Vgl. auch *Zitzmann, Gerhard*: Einheitliche AfA bei Gebäuden und Gebäudeteilen des Betriebs- und des Privatvermögens, in: BB, 29. Jg. (1974), S. 778-781, hier S. 778 (m.w.N.).

einbauten waren „bei diesem wie Neubauten" zu behandeln.[761] Die Judikatur differenzierte statt dessen zwischen Aufwendungen, die der Schaffung von selbständig nutzbaren und bewertbaren Gegenständen dienen sowie Aufwendungen, die zu einer Sachgesamtheit zusammenzufassen und als Umbauten zu aktiveren waren. Eine Sachgesamtheit lag vor, wenn die Mietereinbauten „einheitlich gekauft" wurden und in einem bestimmten Stil gehalten waren oder sofern sie den betrieblichen Zwecken des Kaufmanns angepaßt wurden.[762] Das Kriterium des selbständigen Wirtschaftsgutes bezweckte in dieser Sichtweise die für den Ausweis und die Folgebewertung der Mietereinbauten bedeutsame Abgrenzung einzelner Gegenstände von Sachgesamtheiten.[763]

bb) Die Rechtsprechung des *Reichsfinanzhofes* lag auch der bilanzrechtlichen Behandlung der Einbauten des *Eigentümers* durch den *Bundesfinanzhof* zugrunde: Eine getrennte Aktivierung der Einbauten wurde weiterhin (ausnahmsweise) akzeptiert, sofern sie „wirtschaftlich klar abgrenzbare Teile eines Gebäudes" bildeten, die „bei wirtschaftlicher Betrachtung wegen ihres eigenen Nutzwerts als selbständige Wirtschaftsgüter anzusehen sind".[764] Erst mit dem Beschluß des Großen Senats[765] zur Frage der geson-

---

761 Vgl. Urteil des *Bundesfinanzhofes* vom 19.11.1953 IV 360/53 U, BFHE 58, 271, hier 272; BStBl III 1954, 18.

762 Ebenda, 273-274 (Zitat auf S. 274).

763 Vgl. ebenda, 274: Der Senat betont, daß die Mietereinbauten entweder als selbständige Wirtschaftsgüter oder, sofern sie in das Gebäude eingebaut wurden, als Umbauten zu aktiveren seien. Unterschiede ergäben sich demnach nur hinsichtlich der Bilanzposition und der Abschreibungsdauer.

764 Vgl. Urteil des *Bundesfinanzhofes* vom 29.3.1965 I 411/61 U, BFHE 82, 123, hier 124-125 (beide Zitate auf S. 124); BStBl III 1965, 291.
Vgl. auch Urteile des *Bundesfinanzhofes* vom 17.7.1956 I 200/55 S, BFHE 63, 306, hier 317-319; BStBl III 1956, 316; vom 14.12.1962 VI 270/61 S, BFHE 76, 247, hier 251 ff.; BStBl III 1963, 89 und vom 23.1.1964 IV 428/60 S, BFHE 78, 485, hier 487; BStBl III 1964, 187.

765 Zum folgenden Abschnitt, vgl. Beschluß des *Bundesfinanzhofes* vom 26.11.1973 GrS 5/71, BFHE 111, 242; BStBl II 1974, 132.
Vgl. auch die Kommentierungen des Beschlusses bei *Henninger, Fritz*: Zur gesonderten Abschreibung für Gebäudeanlagen, in: DB, 27. Jg. (1974), S. 988-989; *Offerhaus, Klaus*: Anmerkung zum BFH-Beschluß GrS 5/71 vom 26.11.1973, in: StBp, 14. Jg. (1974), S. 143-146; *Rudolph, Karl*: Die Absetzungen für Abnutzung von Betriebs- und Privatgebäuden, in: BB, 29. Jg. (1974), S. 538-540; *Söffing, Günter*: Zum Begriff Wirtschaftsgut, in: JbFSt 1978/79, S. 199-227, hier S. 221 ff. sowie *Söffing, Günter*: Die Folgen der neuen Gebäuderechtsprechung des BFH, in: FR, 34. (61.) Jg. (1979), S. 25-35.

derten Absetzung für Abnutzung von (im Betriebs- und Privatvermögen stehenden) Einbauten des Eigentümers wurde diese Rechtslage aufgehoben: Seit diesem Beschluß ist die gesonderte AfA von Gebäudeteilen, die nur der Nutzung des Gebäudes dienen, nicht mehr zulässig; unselbständige Gebäudeteile unterliegen nunmehr der Gebäude-AfA. Die zu aktivierenden Gebäudeteile müssen „die normalen Merkmale eines selbständigen Wirtschaftsgutes erfüllen", mithin „in einem von der Gebäudenutzung verschiedenen Funktionszusammenhang stehen".[766] Als selbständige Wirtschaftsgüter sind ferner die nur zu einem vorübergehenden Zweck in das Gebäude eingefügten Teile anzusehen, so etwa die vom Vermieter zur Erfüllung besonderer Bedürfnisse des Mieters eingefügten Anlagen.[767]

cc) Die Entscheidung des Großen Senats des *Bundesfinanzhofes* bezweckt vor allem die Vereinfachung der AfA-Bemessung: Die – bereits durch den *Reichsfinanzhof* eingeschränkte – gesonderte Erfassung der Einzelteile des Gebäudes entspräche zwar eher einer periodengerechten Gewinnermittlung, mündete jedoch in ein „Abschreibungschaos".[768]

2. Die Problematik des Kriteriums des selbständigen Wirtschaftsgutes bei Mietereinbauten

a) Der Beschluß des Großen Senats betrifft, wie jüngst auch vom III. Senat des *Bundesfinanzhofes* dargelegt wird, zuvorderst „„Eigentümereinbauten', d.h. [...] Einbauten, die der Eigentümer in seinem eigenen Gebäude vornehmen läßt"[769]: Der Große Senat hatte die vom *Mieter* „für seine Zwecke

---

766 Vgl. Beschluß des *Bundesfinanzhofes* vom 26.11.1973 GrS 5/71, BFHE 111, 242, hier 251 (beide Zitate); BStBl II 1974, 132.
     Vgl. auch bereits Beschluß des *Bundesfinanzhofes* vom 16.7.1968 GrS 7/67, BFHE 94, 124, hier 131; BStBl II 1969, 108. Zur Frage der Einheit des Wirtschaftsgutes „Gebäude", vgl. Beschluß des *Bundesfinanzhofes* vom 22.8.1966 GrS 2/66, BFHE 86, 792, hier 796; BStBl III 1966, 672.

767 Vgl. hierzu auch *Bundesminister der Finanzen*: Schreiben des Bundesministers der Finanzen vom 26.7.1974 IV B 2 – S 2196 – 16/74, in: BB, 29. Jg. (1974), S. 965 sowie *Zitzmann, Gerhard*: Zulässigkeit gesonderter Absetzungen für Abnutzung für Gebäudeteile, in: BB, 29. Jg. (1974), S. 965-966.

768 Vgl. hierzu *Döllerer, Georg*: Die Rechtsprechung des Bundesfinanzhofs zum Steuerrecht der Unternehmen, a.a.O., 1975, S. 298-299 (Zitat auf S. 298) und *Wallis, Hugo von*: Anmerkung zum BFH-Beschluß vom 26.11.1973 GrS 5/71, in: DStZ/A, 62. Jg. (1974), S. 151.

769 Vgl. Urteil des *Bundesfinanzhofes* vom 22.4.1988 III R 34/83, BFH/NV, 5. Jg. (1989), S. 127-128, hier S. 127 (auch Zitat).

selbst eingefügten Bestandteile" nur ganz am Rande erwähnt und lediglich festgestellt, diese seien selbständige Wirtschaftsgüter.[770] Dem Judikat ist allein zu entnehmen, daß Mietereinbauten als (gegenüber dem Gebäude) selbständige Wirtschaftsgüter zu behandeln sind. Dem Kriterium des selbständigen Wirtschaftsgutes käme somit auch bei Mietereinbauten die Aufgabe zu, eine gesonderte Aktivierung der einzelnen vom Mieter eingefügten Teile zu verhindern.

b) Das Merkmal des selbständigen Wirtschaftsgutes wird von der Rechtsprechung dann aber in einem sehr viel *weitergehenden* Sinne auf die Bilanzierung der Mietereinbauten übertragen: Unter Rekurs auf die Entscheidung des Großen Senats heißt es in dem bereits erwähnten Leiturteil vom 26.2.1975, Mietereinbauten seien selbständige Wirtschaftsgüter, sofern sie „unmittelbar besonderen Zwecken dienen"[771]. Dies sei der Fall, wenn die Einbauten des Mieters „nicht eigentlich der Nutzung des Grundstückes oder Gebäudes, sondern unmittelbar dem auf dem Grundstück oder dem in dem Gebäude ausgeübten Gewerbebetrieb des Mieters dienen"[772].

Im Unterschied zu Einbauten des Eigentümers, bei denen zu klären ist, ob die Einbauten als selbständiges Wirtschaftsgut ausgewiesen werden oder aber zusammen mit dessen Gebäude zu bilanzieren sind, erhält das Merkmal des selbständigen Wirtschaftsgutes bei Mietereinbauten damit zentrale Bedeutung für die Frage, ob die Einbauten überhaupt vom Mieter aktiviert werden: Verneint man deren Selbständigkeit, sind die Einbauten nicht beim Mieter, sondern als unselbständige Gebäudeteile beim Vermieter zu bilanzieren.

Eine solche weitergehende Bedeutung müßte dem Merkmal des selbständigen Wirtschaftsgutes zukommen, wenn man auf das Kriterium der (konkreten oder abstrakten) Einzelveräußerbarkeit als Vermögensgegenstands-

---

770 Vgl. Beschluß des *Bundesfinanzhofes* vom 26.11.1973 GrS 5/71, BFHE 111, 242, hier 252 (dortiger Gliederungspunkt c)); BStBl II 1974, 132.
     Der Begriff „Bestandteile" umfaßt sowohl „wesentliche Bestandteile" (§§ 93, 94 BGB) als auch die Scheinbestandteile (§ 95 BGB) und damit alle Arten von Mietereinbauten.
771 Urteil des *Bundesfinanzhofes* vom 26.2.1975 I R 32/73, BFHE 115, 238, hier 241; BStBl II 1975, 443.
     Vgl. auch Urteil des *Bundesfinanzhofes* vom 29.10.1976 III R 131/74, BFHE 121, 231, hier 233; BStBl II 1977, 143.
772 Urteil des *Bundesfinanzhofes* vom 26.2.1975 I R 32/73, BFHE 115, 238, hier 241; BStBl II 1975, 443.

kriterium rekurrierte[773]: Mietereinbauten wären in dieser Sichtweise nur aktivierbar, falls die Möglichkeit ihres eigenständigen Verkaufs oder selbständigen Zugangs bestünde; hierzu wären die Einbauten in „rechtlich selbständige Einheiten" aufzuteilen.[774]

Nach der in dieser Arbeit vertretenen Auffassung[775] gilt das Merkmal der Einzelveräußerbarkeit jedoch nicht als notwendiges Vermögensgegenstandskriterium; ob sich die weitergehende Bedeutung des Kriteriums des selbständigen Wirtschaftsgutes bilanzrechtlich begründen läßt, mutet fraglich an: Bemerkenswert erscheint, daß bis zum Leiturteil diesbezüglich offenbar kein Klärungsbedarf bestand – wie oben gezeigt, war die dem Beschluß zugrunde liegende Problematik der Abschreibungseinheit in der Rechtsprechung zu Mietereinbauten (anders als bei Eigentümereinbauten) nicht aufgetreten.[776] So stellte der IV. Senat des *Bundesfinanzhofes* fest, „[d]ie unterschiedliche Beurteilung solcher Aufwendungen beim Eigentümer und beim Mieter rechtfertigt sich im wesentlichen daraus, daß der Eigentümer die Aufwendungen auf das eigene Gebäude macht und diese daher im Verhältnis zu diesem beurteilt werden müssen"[777].

Die weitergehende Übertragung des Merkmals des selbständigen Wirtschaftsgutes auf die Bilanzierung der Einbauten des Mieters erscheint angesichts der Ausführungen des Großen Senats auch keineswegs zwingend[778]: Aus der Zielsetzung des Beschlusses des Großen Senats ergibt sich für die bilanzrechtliche Behandlung der Mietereinbauten lediglich die Not-

---

773 Vgl. insoweit *Wichmann, Gerd*: Der Vermögensgegenstand als Bilanzierungsobjekt nach dem HGB, in: DB, 41. Jg. (1988), S. 192-194, hier S. 192-193, der die „selbständige Realisierbarkeit" fordert (Zitat auf S. 193); *ders.*: Anschaffung und Herstellung als Vorgänge im Wirtschaftsleben – und deren steuerrechtliche Beurteilung, in: DStR, 22. Jg. (1984), S. 547-556, hier S. 550 und *ders.*: Das Gebäude – als Wirtschaftsgut ein Phänomen?, in: DB, 36. Jg. (1983), S. 1329-1331, passim.

774 Vgl. *Kußmaul, Heinz*: Nutzungsrechte an Grundstücken in Handels- und Steuerbilanz, a.a.O., S. 132.

775 Zu den Vermögensgegenstandsprinzipien, vgl. Erstes Kapitel A.IV.1.b); zum Kriterium des Verwertungsrechts, vgl. Erstes Kapitel B.III.3.

776 Vgl. hierzu die Nachweise aus der Rechtsprechung des *Reichsfinanzhofes* in Fußnote 753 bzw. des *Bundesfinanzhofes* bis zu dem Leiturteil in Fußnote 764 dieser Arbeit.

777 Urteil des *Bundesfinanzhofes* vom 4.7.1968 IV 298/63, BFHE 93, 66, hier 67; BStBl II 1968, 681.

778 Vgl. dazu auch *Knobbe-Keuk, Brigitte*: Bilanz- und Unternehmensteuerrecht, a.a.O., S. 100.

wendigkeit einer einheitlichen Aktivierung und Abschreibung der diversen (Einzel-)Teile der Einbauten; es wird mithin zu prüfen sein, ob die Einbauten *ein* Wirtschaftsgut verkörpern oder ob sie mehrere Wirtschaftsgüter bilden.[779] Ein (darüber hinausgehendes) Erfordernis zur Zusammenfassung von Gebäude und Mietereinbauten läßt sich dagegen mit der Entscheidung wohl nicht begründen.[780]

Auch die Forderung des Großen Senats, die vom Mieter eingefügten Einbauten hätten dessen Zwecken zu dienen, dürfte keine Beschränkung im Hinblick auf die Bilanzierung der Einbauten zur Folge haben: Im Schrifttum wird zu Recht darauf hingewiesen, daß diese Forderung regelmäßig erfüllt sei, weil die Baumaßnahmen für gewöhnlich auf betrieblichen Zwecksetzungen des Mieters beruhen.[781] Der Zusammenhang mit dem Gebäude tritt insofern hinter den Zusammenhang mit dem Betrieb des Mieters zurück;[782] eine betriebliche Funktion könnte Einbauten des Mieters selbst dann zuzusprechen sein, wenn sie lediglich den Bedürfnissen der Belegschaft oder der Kundschaft dienen.[783]

Die *weitergehende* Übertragung des Kriteriums auf die Bilanzierung von Mietereinbauten ist daher abzulehnen; die oben skizzierte Bilanzierung der Mietereinbauten entsprechend der Rechtsprechung des *Reichsfinanzhofes* wie auch der frühen Urteile des *Bundesfinanzhofes* steht nach der hier vertretenen Auffassung im Einklang mit dem Beschluß des Großen Senats.

c) Nach der Rechtsprechung des *Bundesfinanzhofes* sind Mietereinbauten als gegenüber der Gebäudeeinheit selbständige Wirtschaftsgüter anzusehen, „wenn es sich um Betriebsvorrichtungen oder Scheinbestandteile handelt, oder wenn die Einbauten in einem einheitlichen Nutzungs- und Funktionszusammenhang mit dem vom Mieter unterhaltenen Betrieb stehen

---

779 Vgl. *Wendt, K.F.*: Ertragsteuerliche Behandlung von Mietereinbauten, in: Inf, 29. Jg. (1975), S. 529-533, hier S. 531.

780 Vgl. *Moxter, Adolf*: Zur bilanzrechtlichen Behandlung von Mietereinbauten nach der neueren höchstrichterlichen Rechtsprechung, a.a.O., S. 260.
Vgl. auch *Schilling, Claudia*: Bauten auf fremden Grundstücken im Einkommensteuerrecht, a.a.O., S. 66-70.

781 Vgl. *Kupsch, Peter*: Die bilanzielle Behandlung von Baumaßnahmen auf fremden Grundstücken, a.a.O., S. 214 und *Reiß, Wolfram*: Zur bilanziellen und umsatzsteuerlichen Behandlung von Mieterein- und -umbauten, in: DStZ/A, 69. Jg. (1981), S. 323-326, hier S. 324.

782 Vgl. *Bordewin, Arno*: Grenzfragen des Bilanzsteuerrechts, in: JbFfSt 1975/76, S. 243-262, hier S. 249.

783 Vgl. *Knapp, Lotte*: Mietereinbauten und -umbauten sowie Gebäude auf fremdem Grund in der Handelsbilanz, a.a.O., S. 1105.

oder wenn es sich um wirtschaftliches Eigentum des Mieters handelt"[784]. Zu prüfen bleibt, ob diese zur Konkretisierung des selbständigen Wirtschaftsgutes entwickelten Kriterien einer systemkonformen Objektivierung des Ansatzes der Einbauten in der Bilanz des Mieters zuträglich sein können.[785]

Das Kriterium des einheitlichen Nutzungs- und Funktionszusammenhangs intendiert bei Gebäuden die Abgrenzung der vom Gebäude selbständigen Wirtschaftsgüter von jenen Einrichtungen, die nur der Nutzung des Gebäudes dienen.[786] Die Gebäudeteile, die nach allgemeiner Verkehrsauffassung aufgrund ihres betrieblichen Zwecks in einem von der Gebäudefunktion unterscheidbaren Nutzungs- und Funktionszusammenhang stehen, werden demnach als selbständige Wirtschaftsgüter qualifiziert[787]: Dienen zum Beispiel Heizanlagen unmittelbar der Produktion, stehen sie in einem von der Gebäudenutzung verschiedenen Nutzungs- und Funktionszusammenhang; andernfalls bilden sie nur einen Bestandteil des Gebäudes.[788]

---

784 Urteil des *Bundesfinanzhofes* vom 28.7.1993 I R 88/92, BFHE 172, 333, hier 335; BStBl II 1994, 164.
Vgl. auch Urteil des *Bundesfinanzhofes* vom 11.12.1987 III R 191/85, BFHE 151, 573, hier 574; BStBl II 1988, 300 und *Bundesminister der Finanzen*: Schreiben des Bundesministers der Finanzen vom 15.1.1976 IV B 2 – S 2133 – 1/76, BStBl I, 1976, 66, passim.

785 Diese Prüfung kann sich auf die Kriterien „Nutzungs- und Funktionszusammenhang" und „Betriebsvorrichtung" beschränken, da die beiden anderen Kriterien unten (Zweites Kapitel B) im Hinblick auf ihre Bedeutung für die Konkretisierung des Prinzips wirtschaftlicher Vermögenszugehörigkeit genauer zu untersuchen sein werden.

786 Vgl. aus der umfangreichen Rechtsprechung etwa die Urteile des *Bundesfinanzhofes* vom 1.12.1970 VI R 358/69, BFHE 101, 1, hier 2-3; BStBl II 1971, 162; vom 1.12.1970 VI R 170/69, BFHE 100, 566, hier 569; vom 18.2.1987 X R 21/81, BFHE 149, 88, hier 89; BStBl II 1987, 463; vom 14.7.1989 III R 29/88, BFHE 157, 472, hier 476-477; BStBl II 1989, 903; vom 29.9.1994 III R 80/92, BFHE 176, 93, hier 96-97; BStBl II 1995, 72 und vom 10.10.1996 III R 209/94, BFHE 182, 333, hier 337-338; BStBl II 1997, 491.
Einschränkend dagegen das Urteil des *Bundesfinanzhofes* vom 25.1.1985 III R 130/80, BFHE 143, 192, hier 195; BStBl II 1985, 309.

787 Vgl. *Kupsch, Peter*: Zum Verhältnis von Einzelbewertungsprinzip und Imparitätsprinzip, in: FS Forster, S. 339-357, hier S. 343-344.

788 Vgl. Urteil des *Bundesfinanzhofes* vom 20.3.1975 IV R 16/72, BFHE 116, 112, hier 114-115; BStBl II 1975, 689.
Vgl. analog Urteil des *Bundesfinanzhofes* vom 16.6.1977 III R 80/75, BFHE 123, 107, hier 109; BStBl II 1977, 792.

Die „Funktion" als Abgrenzungsmerkmal mag zwar der gebotenen eindeutigen Bildung von Abschreibungseinheiten auch bei Mietereinbauten zuträglich sein – so wird etwa darauf verwiesen, daß sich die Art der Nutzung (Funktion) auch in anderen Bereichen, wie bei der Abgrenzung von Anlage- und Umlaufvermögen als Merkmal bewährt habe.[789] Ein Zwang zur Bilanzierung der Mietereinbauten beim Eigentümer läßt sich damit indes nicht begründen[790]: Eine Funktionsanalyse dürfte bei unterstellten unterschiedlichen Verwendungszwecken der Umbaumaßnahmen von Mieter und Vermieter vielmehr die unterschiedliche Behandlung der Einbauten rechtfertigen.[791] Die soeben gegen die weitergehende Übertragung des Merkmals eingebrachten Einwände gelten hier daher analog.

Mit dem Kriterium des Nutzungs- und Funktionszusammenhanges lassen sich zudem keine nennenswerten Objektivierungseffekte erzielen[792]: Die Rechtsprechung hat die Bedeutung des Kriteriums bereits erheblich eingeschränkt, wenn alle im sachenrechtlichen oder im „wirtschaftlichen" Eigentum des Mieters stehenden Einbauten ohne weitere Prüfung – und damit ungeachtet eines möglichen Nutzungs- und Funktionszusammenhangs mit dem Gebäude – als selbständige Wirtschaftsgüter eingestuft werden.[793]

Das Merkmal ist somit nur noch bei jenen Mietereinbauten bedeutsam, die nach ständiger Rechtsprechung als Nutzungsrecht zu aktivieren sind; warum gerade diese Einbauten anders zu behandeln sein sollen, ist den

---

789 Vgl. *Körner, Werner*: Das Prinzip der Einzelbewertung, a.a.O., S. 437.

790 Kritisch bezüglich der Eignung des Kriteriums äußern sich ferner *Brezing, Klaus*: Der Gegenstand der Bilanzierung und seine Zurechnung im Handels- und Steuerrecht, a.a.O., Rn. 19; *Kupsch, Peter*: Die bilanzielle Behandlung von Baumaßnahmen auf fremden Grundstücken, a.a.O., S. 218; *Kußmaul, Heinz*: Nutzungsrechte an Grundstücken in Handels- und Steuerbilanz, a.a.O., S. 295-296; *Reiß, Wolfram*: Zur bilanziellen und umsatzsteuerlichen Behandlung von Mieterein- und -umbauten, a.a.O., S. 324 und *Rudolph, Karl*: Bilanzsteuerliche Behandlung von Gebäuden, Gebäudeteilen, Einrichtungen und Mietereinbauten, Herne und Berlin 1985, S. 47-55.

791 Vgl. *Schreiber, Ulrich/Storck, Alfred*: Mietereinbauten und Mieterumbauten in Ertragsteuerbilanz und Vermögensaufstellung, in: BB, 32. Jg. (1977), S. 1391-1395, hier S. 1393.

792 Vgl. *Kurz, Volker*: Die betriebliche Nutzung von Fremd- und Ehegattengrundstücken im Ertragsteuerrecht nach der neueren BFH-Rechtsprechung (Teil I und II), in: FR, 32. (59.) Jg. (1977), S. 1-6 und S. 29-34, hier S. 29.

793 Vgl. Urteil des *Bundesfinanzhofes* vom 28.7.1993 I R 88/92, BFHE 172, 333, hier 335-337; BStBl II 1994, 164.

Judikaten allerdings nicht zu entnehmen. Die Abgrenzung erweist sich unter Objektivierungsgesichtspunkten als ungeeignet, weil diese Nutzungsrechte von der Bilanzierung ausgeschlossen werden könnten, obgleich greifbar werthaltige, selbständig bewertbare Vermögenswerte vorliegen.[794]

d) Aus dem Kriterium des Nutzungs- und Funktionszusammenhangs resultiert auch, daß Betriebsvorrichtungen[795] als selbständige Wirtschaftsgüter beim Mieter bilanziert werden: Betriebsvorrichtungen stehen – anders als jene Einrichtungen und Anlagen von Gebäuden, die nur dem Aufenthalt von Menschen dienen – in einer besonderen und unmittelbaren Beziehung zu dem auf dem Grundstück ausgeübten Gewerbebetrieb, mithin in einem von der Gebäudenutzung verschiedenen Nutzungs- und Funktionszusammenhang.[796] Sie sollen nach ständiger Rechtsprechung ohne weitere Prüfung als selbständige Wirtschaftsgüter beim Mieter bilanziert werden.[797]

Das (enge) Verständnis der Betriebsvorrichtung im Sinne des Bewertungsrechts[798] kann zu einer nicht unerheblichen Beschränkung des Umfangs der

---

794 Vgl. (allerdings unter Zugrundelegung der Verwertungsmöglichkeit als Vermögensgegenstandskriterium) auch *Kupsch, Peter*: Die bilanzielle Behandlung von Baumaßnahmen auf fremden Grundstücken, a.a.O., S. 218.

795 § 68 Absatz 2 Nr. 2 BewG definiert Betriebsvorrichtungen als „sonstige Vorrichtungen aller Art, die zu einer Betriebsanlage gehören", „auch wenn sie wesentliche Bestandteile sind". Vgl. hierzu *Rössler, Rudolf/Troll, Max*: Kommentierung zu § 68 BewG, in: Bewertungsgesetz und Vermögensteuer, Kommentar, hrsg. von Max Troll u.a., 15. Aufl., München 1989.

796 Vgl. Urteile des *Bundesfinanzhofes* vom 30.5.1974 V R 141/73, BFHE 112, 536, hier 537-538; BStBl II 1974, 621; vom 7.10.1983 III R 138/80, BFHE 140, 287, hier 288; BStBl II 1984, 262; vom 11.12.1991 II R 14/89, BFHE 166, 176, hier 179; BStBl II 1992, 278; vom 26.6.1992 III R 43/91, BFH/NV, 9. Jg. (1993), S. 436-437, hier S. 437 und vom 31.7.1997 III R 247/94, DStRE, 2. Jg. (1998), S. 312-315, hier S. 314-315.
Vgl. auch *Rudolph, Karl*: Gebäude, Einrichtungen, Ein- und Umbauten als selbständige Wirtschaftsgüter, in: BB, 30. Jg. (1975), S. 1626-1631, hier S. 1627.

797 Vgl. Urteil des *Bundesfinanzhofes* vom 28.7.1993 I R 88/92, BFHE 172, 333, hier 334 ff.; BStBl II 1994, 164 (m.w.N.). Vgl. auch *Bundesminister der Finanzen*: Schreiben des Bundesministers der Finanzen vom 15.1.1976 IV B 2 – S 2133 – 1/76, BStBl I, 1976, 66.

798 Die Abgrenzung zwischen Gebäude und Betriebsvorrichtung scheint bewertungsrechtlich indes nicht eindeutig geklärt, vgl. *Piltz, Jürgen*: Ertragsteuerrechtliche Behandlung von Mietereinbauten und Mieterumbauten, in: Schriftenreihe des Instituts „Finanzen und Steuern", Brief 159, Bonn 1976, S. 12.
Zu den Besonderheiten des Bewertungsrechts gegenüber dem Bilanzsteuerrecht, vgl. *Moxter, Adolf*: Steuerliche Gewinn- und Vermögensermittlung, a.a.O., S. 232 ff.

zu aktivierenden Einbauten führen: Nach der Rechtsprechung des III. Senats des *Bundesfinanzhofes* genügt es nicht, daß eine Anlage lediglich nützlich, notwendig oder aufgrund öffentlich-rechtlicher Vorschriften vorgeschrieben ist.[799] So wird eine Sprinkleranlage nur ausnahmsweise dann als Betriebsvorrichtung angesehen, wenn der Betrieb vor allem feuergefährliche Materialien verarbeitet oder der Produktionsprozeß andere ähnliche Risiken birgt.[800]

Die Übernahme des Kriteriums der Betriebsvorrichtung in das Bilanzrecht mutet wenig plausibel an: Eine bilanzrechtliche Bindung an die Entscheidungen zum Bewertungsrecht besteht nicht, schon die umfangreiche Kasuistik zur Abgrenzung des Grundvermögens von den Betriebsvorrichtungen dürfte gegen eine solche Übernahme sprechen.[801] Für die Aktivierung von Mietereinbauten sind allein die oben dargestellten Vermögensgegenstandskriterien maßgeblich; eine über diese Objektivierungsprinzipien hinausgehende Einschränkung des Umfangs der Aktiva und damit der wirtschaftlichen Betrachtungsweise läßt sich bilanzrechtlich wohl kaum rechtfertigen.

Problematisch erscheint auch, daß mit der Einstufung von Mietereinbauten als Betriebsvorrichtung noch völlig offen ist, ob die Einbauten dem Bilanzierenden gemäß dem Prinzip wirtschaftlicher Vermögenszugehörigkeit zuzurechnen sind; die Rechtsprechung unterläßt es jedoch in diesem Fall generell, die Frage der Zurechnung zu untersuchen.[802]

---

799 Vgl. Urteil des *Bundesfinanzhofes* vom 11.12.1987 III R 191/85, BFHE 151, 573, hier 575; BStBl II 1988, 300.

800 Vgl. Urteile des *Bundesfinanzhofes* vom 15.2.1980 III R 105/78, BFHE 130, 224, hier 225-226; BStBl II 1980, 409 und vom 7.10.1983 III R 138/80, BFHE 140, 287, hier 288; BStBl II 1984, 262.
    Für weitere Beispiele, vgl. *Hoffmann, Wolf-Dieter*: Kommentierung zu §§ 4, 5 EStG, in: Littmann/Bitz/Hellwig, Rn. 186 (S. 334/2-335).

801 Vgl. *Hoyos, Martin/Schramm, Marianne/Ring, Maximilian*: Kommentierung zu § 253 HGB, in: Beck'scher Bilanz-Kommentar, Anm. 355-359.
    Bewertungsrechtlich bleibt ungeprüft, ob die zur Erstellung der Einbauten getätigten Aufwendungen Herstellungs- oder Erhaltungsaufwand darstellen, vgl. Urteil des *Bundesfinanzhofes* vom 24.8.1984 III R 33/81, BFHE 142, 306, hier 309; BStBl II 1985, 40.
    Vgl. für das Bilanzrecht dagegen das Urteil des *Bundesfinanzhofes* vom 21.2.1978 VIII R 148/73, BFHE 124, 454, hier 456; BStBl II 1978, 345.

802 Vgl. *Groh, Manfred*: Bauten auf fremdem Grundstück: BGH versus BFH?, a.a.O., S. 1489.

Angesichts der dargestellten Vorbehalte können sowohl das Kriterium des selbständigen Wirtschaftsgutes als auch die zu seiner Konkretisierung entwickelten Merkmale des Nutzungs- und Funktionszusammenhangs und der Betriebsvorrichtung für die Bilanzierung von Mietereinbauten als entbehrlich gelten. *Gschwendtner* ist zuzustimmen, wenn er darauf verweist, daß das Problem der Abgrenzung der Mietereinbauten von der Sachgesamtheit „Gebäude" nicht in deren Qualifikation als (selbständiger) Vermögensgegenstand besteht, sondern sich vor allem in der Frage ihrer Zurechnung zum Vermögen des Mieters manifestiert.[803]

IV. Das Greifbarkeitsprinzip bei Mietereinbauten

1. Das Übertragbarkeitsprinzip bei Mietereinbauten

a) Die Übertragbarkeit von als Sache aktivierten Einbauten

aa) Wie bereits oben dargestellt, gilt die Übertragbarkeit mit dem gesamten Unternehmen als notwendiges Kriterium der Greifbarkeit von Vermögenswerten.[804] Die Übertragbarkeit von Mietereinbauten erscheint unzweifelhaft, wenn die Einbauten (im sachenrechtlichen Eigentum des Mieters befindliche) Scheinbestandteile verkörpern: Diese nur zu einem vorübergehenden Zweck in das Gebäude eingefügten Einbauten erfüllen sogar das Kriterium der Einzelveräußerbarkeit.

bb) Anders bietet sich die Situation bei den nur nach dem Prinzip wirtschaftlicher Vermögenszugehörigkeit zuzurechnenden Mietereinbauten dar: Ein potentieller Erwerber des Betriebes des Mieters vergütete zwar die Einbauten, da er für die Mietdauer mit einer geringeren Miete als im Fall der vom Eigentümer eingefügten Einbauten rechnen kann.[805] Aus § 549 Absatz 1 Satz 1 BGB[806] folgt aber, daß es dem Mieter für gewöhnlich nicht gestattet ist, die Einbauten Dritten zu überlassen; die Übertragbarkeit mit dem Unternehmen wäre nur gegeben, wenn ein Erwerber des Betriebes die Möglichkeit hätte, die Rechtsposition des bisherigen Mieters einzunehmen.

---

803 Vgl. *Gschwendtner, Hubert*: Mietereinbauten als Vermögensgegenstand und Wirtschaftsgut im Sinne des Handels- und Steuerbilanzrechts, a.a.O., S. 232.

804 Zum Übertragbarkeitsprinzip, vgl. oben, Erstes Kapitel A.IV.1.b).

805 Vgl. Urteil des *Bundesfinanzhofes* vom 25.5.1984 III R 103/81, BFHE 141, 289, hier 293; BStBl II 1984, 617.

806 § 549 Absatz 1 Satz 1 BGB lautet: „Der Mieter ist ohne die Erlaubnis des Vermieters nicht berechtigt, den Gebrauch der gemieteten Sache einem Dritten zu überlassen".

Es stellt sich also die Frage, ob das aus dem Mietvertrag resultierende Mietrecht samt den Einbauten auf den Erwerber übertragen werden kann.

Die hier interessierenden Fälle betreffen Mietverhältnisse mit Unternehmen:[807] Bei der Vermietung an ein Unternehmen steht aus Sicht des Vermieters nicht die Person des Betriebsinhabers im Vordergrund, sondern der „Gegenstand und Umfang des Unternehmens"[808]. Gesellschafterwechsel haben daher keine Auswirkung auf das Mietverhältnis, der Mietvertrag ist „„unternehmensbezogen' und nicht ‚inhaberbezogen'"[809] zu begreifen.[810] Da die Mietereinbauten mit dem Mietvertrag eine „wirtschaftliche Übertragungseinheit"[811] bilden und als Annex zu jenem bei der Veräußerung des Unternehmens auf den Erwerber übergehen, kann das Kriterium der Übertragbarkeit bei den nach dem Prinzip wirtschaftlicher Vermögenszugehörigkeit zuzurechnenden Einbauten als erfüllt gelten.[812]

Unproblematisch erscheint im Hinblick auf das Übertragbarkeitsprinzip, daß Gebäude*teile* zivilrechtlich nicht an Dritte übertragen werden können: Dem *Bundesfinanzhof* genügt auch bei Bauten des Eigentümers bereits die *wirtschaftliche* Übertragbarkeit der Gebäudeteile. Das Kriterium ist in wirtschaftlicher Betrachtungsweise bereits erfüllt, wenn der Gebäudeteil wirksam übertragen werden kann und eine eindeutige, für die Vertragsparteien verbindliche, Regelung getroffen wurde.[813]

cc) Bestehen seitens des Mieters Ausgleichsansprüche gegen den Vermieter nach § 951 Absatz 1 Satz 1 BGB[814], wird im Schrifttum zum Teil argumentiert, nicht die Einbauten, sondern diese Ansprüche würden bei der

---

807 Vgl. zum Folgenden *Brandner, Hans Erich*: Das Mietverhältnis bei Wechsel in der Inhaberschaft eines Unternehmens, in: NJW, 13. Jg. (1960), S. 127-131, hier S. 129-131.

808 *Brandner, Hans Erich*: Das Mietverhältnis bei Wechsel in der Inhaberschaft eines Unternehmens, a.a.O., S. 129.

809 *Fahrholz, Bernd*: Leasing in der Bilanz, a.a.O., S. 111.

810 Vgl. *Emmerich, Volker*: Kommentierung zu § 549 BGB, in: Staudingers Kommentar zum Bürgerlichen Gesetzbuch, Rz. 32; *Voelskow, Rudi*: Kommentierung zu § 549 BGB, in: Münchner Kommentar, Bd. 3, 3. Aufl., RdNr. 14 und *Putzo, Hans*: Kommentierung zu § 549 BGB, in: Palandt, Rn. 5 und Rn. 22 ff.

811 *Hommel, Michael*: Bilanzierung immaterieller Anlagewerte, a.a.O., S. 111-113 (Zitat auf S. 111).

812 Vgl. auch *Beisse, Heinrich*: Handelsbilanzrecht in der Rechtsprechung des Bundesfinanzhofs, in: BB, 35. Jg. (1980), S. 637-646, hier S. 639.

813 Vgl. Urteil des *Bundesfinanzhofes* vom 26.5.1982 I R 180/80, BFHE 136, 222, hier 223-224; BStBl II 1982, 695.

814 Vgl. hierzu unten, Zweites Kapitel B.I.2.c).

Veräußerung des Betriebes auf den Erwerber übertragen.[815] Die Übertragbarkeit der Mietereinbauten richtet sich hier indes zuvorderst nach der Übertragbarkeit des wertmäßigen Substituts der in den Einbauten verkörperten Nutzungsmöglichkeiten, die bei planmäßigem Geschäftsablauf über den Entgeltanspruch hinausreichen werden.[816] Die Ausgleichsforderung entsteht zunächst nur abstrakt und führt erst mit dem Entzug der Nutzungsmöglichkeit nach Ablauf des Mietvertrages zu einem Vermögensgegenstand.[817]

b) Die Übertragbarkeit von als Nutzungsrecht aktivierten Einbauten

aa) Bloße Nutzungsvorteile, die sich nicht in einer gesicherten Rechtsposition niederschlagen, bilden nach ständiger Rechtsprechung des *Bundesfinanzhofes* keinen Vermögensgegenstand[818]: Wenn der Nutzungsverpflichtete die Nutzung jederzeit beenden kann, fehlt es dem Berechtigten an

---

815 Vgl. *Knobbe-Keuk, Brigitte*: Die steuerliche Behandlung von Nutzungsrechten, in: StuW, 56. (9.) Jg. (1979), S. 305-313, hier S. 307 f.
Vgl. analog *Stewing, Clemens*: Bilanzierung bei langfristiger Auftragsfertigung, in: BB, 45. Jg. (1990), S. 100-106, hier S. 102 und *Rohling, Rainer H.*: Vorteile und immaterielle Werte als Wirtschaftsgüter, in: DB, 38. Jg. (1985), S. 1609-1613, hier S. 1611-1612.

816 Vgl. *Körner, Werner/Weiken, Heinz*: Wirtschaftliches Eigentum nach § 5 Abs. 1 Satz 1 EStG, a.a.O., S. 1036.
Vgl. hierzu auch *Mathiak, Walter*: Zur Bilanzierung dinglicher Rechtsverhältnisse, a.a.O., S. 399.

817 Vgl. *Gschwendtner, Hubert*: Mietereinbauten als Vermögensgegenstand und Wirtschaftsgut im Sinne des Handels- und Steuerbilanzrechts, a.a.O., S. 220-221 und *Hommel, Michael*: Bilanzierung immaterieller Anlagewerte, a.a.O., S. 130-134.

818 Vgl. Urteile des *Bundesfinanzhofes* vom 16.11.1977 I R 83/75 BFHE 124, 501, hier 503; BStBl II 1978, 386; vom 31.10.1978 VIII R 196/77, BFHE 127, 168, hier 170; BStBl II 1979, 401 und vom 2.8.1983 VIII R 57/80, BFHE 139, 73, hier 75; BStBl II 1983, 739.
Zur Unterscheidung von Nutzungsrechten und bloßen Nutzungsvorteilen, vgl. *Clausen, Uwe*: Aktivierung und Abschreibung von Nutzungsrechten, in: DStZ/A, 64. Jg. (1976), S. 371-380, hier S. 371-372.
Zum Begriff der „gesicherten Rechtsposition", vgl. ausführlich *Heuer, Gerhard/Jansen, Rudolf*: Kommentierung zu § 7 EStG, in: Herrmann/Heuer/Raupach, Anm. 53-54; zur Bedeutung der gesicherten Rechtsposition für die Zurechnung, vgl. *Döllerer, Georg*: Grundsätze ordnungswidriger Bilanzierung, in: BB, 37. Jg. (1982), S. 777-781, hier S. 779.

einem Nutzungs*recht*.[819] Ein solches Nutzungsrecht kann sich zum einen aus Schuldverhältnissen wie Miete, Pacht oder Leihe ableiten oder aber in Form eines dinglichen Rechts – hierzu zählen insbesondere Erbbaurecht, Grunddienstbarkeit, Nießbrauch und Dauerwohnrecht – bestehen.[820]

Ohne die Absicherung durch eine mittels Nutzungsrecht gefestigte Rechtsposition verkörpert die Möglichkeit, ein Gebäude unentgeltlich nutzen zu können, zwar einen wirtschaftlichen Vorteil – dieser ist wegen seiner jederzeitigen Entziehbarkeit aber zu wenig greifbar.[821] Für die vom Nutzenden eingefügten Einbauten bedeutet das Fehlen der gesicherten Rechtsposition, daß ein potentieller Erwerber diese Einbauten nicht vergütete, da fraglich ist, ob er sie überhaupt nutzen kann; ihre Aktivierung scheitert somit am Übertragbarkeitsprinzip.[822]

Es erschiene aus der Sicht eines vernünftigen Kaufmanns indes wenig plausibel, umfangreiche Investitionen in Einbauten zu tätigen, wenn ernsthaft damit zu rechnen ist, daß ihm das Gebäude in Kürze entzogen wird. Zu untersuchen bleibt daher, ob sich aus der jeweiligen Situation Hinweise auf den Willen der beteiligten Parteien ergeben, die auf eine „anders geartete" Sicherung der Position des Nutzenden hindeuten könnten. Dies betrifft vor allem die sogenannten familienrechtlichen Nutzungsvorteile, bei

---

819 Vgl. Urteile des *Bundesfinanzhofes* vom 22.1.1980 VIII R 74/77, BFHE 129, 485, hier 488; BStBl II 1980, 244 und vom 26.5.1982 I R 104/81, BFHE 136, 118, hier 120; BStBl II 1982, 594.
Vgl. auch *Babel, Mathias*: Ansatz und Bewertung von Nutzungsrechten, a.a.O., S. 15-16; *Döllerer, Georg*: Nutzungen und Nutzungsrechte – keine verdeckten Einlagen bei Kapitalgesellschaften, in: BB, 43. Jg. (1988), S. 1789-1796, hier S. 1790 ff.; *Meilicke, Wienand*: Obligatorische Nutzungsrechte als Sacheinlage, in: BB, 46. Jg. (1991), S. 579-587, hier S. 584 und *Stadie, Holger*: Die persönliche Zurechnung von Einkünften, Berlin 1983, S. 29-31.

820 Zur Unterscheidung der Nutzungsverhältnisse nach ihrer rechtlichen Ausgestaltung, vgl. *Clausen, Uwe*: Zur Bilanzierung von Nutzungsverhältnissen, in: JbFfSt 1976/77, S. 120-145, hier S. 122-126.
Zur bilanziellen Behandlung der Nutzungsrechte, vgl. *Babel, Mathias*: Ansatz und Bewertung von Nutzungsrechten, a.a.O., S. 31-43.

821 Vgl. dazu das Urteil des *Bundesgerichtshofes* vom 6.11.1995 II ZR 164/94, BB, 51. Jg. (1996), S. 155-157, hier S. 156 sowie den Beschluß des *Bundesfinanzhofes* vom 26.10.1987 GrS 2/86, BFHE 151, 523, hier 532-533; BStBl II 1988, 348.
Vgl. auch *Moxter, Adolf*: Bilanzrechtsprechung, 5. Aufl., a.a.O., S. 15 und *Richter, Heinz*: Aktuelles zur Einkommensteuer, in: KÖSDI (1980), S. 3662-3670, hier S. 3664.

822 Vgl. hierzu auch das Urteil des *Bundesgerichtshofes* vom 6.11.1995 II ZR 164/94, BB, 51. Jg. (1996), S. 155-157, hier S. 156.

denen regelmäßig vertragliche Vereinbarungen fehlen werden;[823] ähnliche Konstellationen könnten aber auch bei anderen engen Verbindungen, beispielsweise im Verhältnis Gesellschaft/Gesellschafter oder im Konzernverhältnis entstehen[824].

bb) Bei strenger Auslegung des Übertragbarkeitsprinzips wäre den familienrechtlich gewährten Nutzungsvorteilen die Übertragbarkeit abzusprechen[825]: Errichtet ein Kaufmann auf einem sich anteilig im Eigentum seiner Ehefrau befindlichen Grundstück Bauten, verfügt er lediglich über einen höchstpersönlichen Nutzungsvorteil[826], der ihm „als dem Ehemann [...] eingeräumt worden und nur auf ihn zugeschnitten ist"[827]. Die Übertragbarkeit des Vorteils scheint ausgeschlossen, da – wie auch die Rechtsprechung betont – ein potentieller Erwerber des Betriebes diesen Vorteil nicht im Kaufpreis berücksichtigte.[828] Der *Bundesfinanzhof* erkennt diesen Nutzungsvorteilen gleichwohl die Wirtschaftsguteigenschaft zu; er stützt seine Vorgehensweise im wesentlichen auf eine „eigenwillige Neuinterpretation des Teilwertgedankens"[829], nach der sich der Wert des Vorteils aus der Summe der Abschreibungsbeträge bemessen soll, die der Ehefrau durch die Nutzungsüberlassung entgangen sind.[830]

---

823 Vgl. dazu *Groh, Manfred*: Bauten auf fremdem Grundstück: BGH versus BFH?, a.a.O., S. 1491-1492.

824 Vgl. *Joussen, Edgar*: Das wirtschaftliche Eigentum an Gebäuden – Hinweise zur Vertragsgestaltung –, a.a.O., S. 392.

825 Vgl. *Groh, Manfred*: Bauten auf fremdem Grundstück: BGH versus BFH?, a.a.O., S. 1491.

826 Zur bilanzrechtlichen Behandlung höchstpersönlicher Vorteile, vgl. auch oben, Erstes Kapitel A.IV.1.b).

827 Urteil des *Bundesfinanzhofes* vom 20.11.1980 IV R 117/79, BFHE 131, 516, hier 519; BStBl II 1981, 68. Anders dagegen bei gemeinsamer Finanzierung des Bauvorhabens, vgl. etwa Urteil des *Bundesfinanzhofes* vom 9.11.1995 IV R 60/92, BFH/NV, 12. Jg. (1996), Teil R, S. 29-30, hier S. 29.

828 Vgl. Urteil des *Bundesfinanzhofes* vom 20.11.1980 IV R 117/79, BFHE 131, 516, hier 519-520; BStBl II 1981, 68. Vgl. auch *Knobbe-Keuk, Brigitte*: Die steuerliche Behandlung von Nutzungsrechten, a.a.O., S. 308. Zur Erwerberfiktion vgl. ferner das Urteil des *Bundesfinanzhofes* vom 31.1.1991 IV R 31/90, BFHE 164, 232, hier 234; BStBl II 1991, 627-628.

829 Vgl. *Hommel, Michael*: Bilanzierung immaterieller Anlagewerte, a.a.O., S. 131-132 (Zitat auf S. 132).

830 Vgl. Urteil des *Bundesfinanzhofes* vom 20.11.1980 IV R 117/79, BFHE 131, 516, hier 520; BStBl II 1981, 68 und die Würdigung des Urteils durch *Paus, Bernhard*: Einkommensteuerliche Behandlung der unentgeltlichen Überlassung von Wirtschaftsgütern zwischen Ehegatten, in: FR, 38. (65.) Jg. (1983), S. 28-32.

Es hat den Anschein, als ob mit der Vorgehensweise der Rechtsprechung eine Ausweitung des Übertragbarkeitskriteriums bei rein wirtschaftlichen Vorteilen verbunden wäre. Da sich aber aus der Primäraufgabe des Übertragbarkeitskriteriums – dem Existenznachweis eines wirtschaftlichen Vermögenswertes[831] – unterschiedliche Objektivierungsgewichtungen des Kriteriums bei Sachen, Rechten und rein wirtschaftlichen Gütern ergeben, ist in einem ersten Schritt zu klären, ob der Vermögenswert nicht doch als rechtlich abgesichert einzustufen ist[832]. Der *Bundesfinanzhof* verweist in diesem Zusammenhang mitunter auf die §§ 1353 ff. BGB, nach denen aus der ehelichen Mitwirkungspflicht auf eine gesicherte Rechtsposition geschlossen werden könne, weil der Ehepartner nach mehrjähriger Überlassung nicht mehr zum uneingeschränkten Entzug des Vorteils berechtigt sei und fordert die Aktivierung eines Nutzungsrechts an den Einbauten.[833] Angesichts der sonst von der Rechtsprechung an Vereinbarungen zwischen Angehörigen gestellten (hohen) Anforderungen mutet dieses Argument fraglich an;[834] der Große Senat hat sich in jüngeren Beschlüssen von dieser Auffassung distanziert[835].

---

831 Vgl. *Hommel, Michael*: Bilanzierung immaterieller Anlagewerte, a.a.O., S. 138.
832 Vgl. *Kußmaul, Heinz*: Nutzungsrechte an Grundstücken in Handels- und Steuerbilanz, a.a.O., S. 283-284.
Zu den unterschiedlichen Objektivierungsgewichtungen, vgl. auch oben, Erstes Kapitel A.IV.1.b), dortiger Abschnitt cc).
833 Vgl. Urteil des *Bundesfinanzhofes* vom 20.11.1980 IV R 117/79, BFHE 131, 516, hier 519; BStBl II 1981, 68.
Vgl. auch *Obermeier, Arnold/Weinberger, Armin*: Die ertragsteuerliche Behandlung von Bauten auf fremdem Grund und Boden, insbesondere die Problematik des Ehegatteneigentums, a.a.O., S. 914-915.
Vgl. dagegen Urteil des *Bundesfinanzhofes* vom 26.5.1982 I R 104/81, BFHE 136, 118, hier 120; BStBl II 1982, 594.
834 Vgl. exemplarisch das Urteil des *Bundesfinanzhofes* vom 31.3.1992 IX R 245/87, BFHE 168, 248, hier 251; BStBl II 1992, 890.
Vgl. zu diesem Argument *Groh, Manfred*: Bauten auf fremdem Grundstück: BGH versus BFH?, a.a.O., S. 1491; kritisch äußert sich auch *Paus, Bernhard*: Das Gebäude auf dem Grundstück des Ehegatten, a.a.O., S. 2403 f.
Vgl. ferner *Schoor, Hans Walter*: Neue Tendenzen bei Mietverträgen zwischen nahen Angehörigen, in: Inf, 54. Jg. (2000), S. 236-242, hier S. 236-239; *Gosch, Dietmar*: Neue Entwicklungen in der Rechtsprechung des BFH, in: WPg, 47. Jg. (1994), S. 73-81, hier S. 75 und *Pyszka, Tillmann/Kamphaus, Christine*: DStR-Fachliteratur-Auswertung: Bilanzen und Gewinnermittlung, in: DStR, 36. Jg. (1998), S. 108-113, hier S. 113.
835 Vgl. Beschluß des *Bundesfinanzhofes* vom 23.8.1999 GrS 1/97, DB, 52. Jg. (1999), S. 2087-2089, hier S. 2088-2089.

/...

cc) Bei Orientierung am Prinzip wirtschaftlicher Vermögenszugehörigkeit ließe sich eine alternative, bilanzrechtliche Begründung finden: Bei Bauten auf sogenannten „Ehegattengrundstücken" wird davon auszugehen sein, daß der Eigentümerehegatte dem Erbauer den Gebrauch gewährt und die Leistung des Nichteigentümers den Zweck verfolgt, die Bauten nutzen zu können.[836] In Ermangelung einer (für den potentiellen Erwerber bedeutsamen) vertraglichen Regelung des Nutzungsverhältnisses besteht nach einer jüngeren Entscheidung des Großen Senats daher „eine tatsächliche Vermutung dafür, daß dem die Kosten des Bauwerks tragenden Ehegatten eine Nutzungsbefugnis gegenüber seinem Ehepartner zusteht"[837]. Berücksichtigt man, daß eine Übertragung von Grundeigentum aufwendig wäre und soll verhindert werden, daß die Eheleute nur aus steuerrechtlichen Gründen Verträge abschließen müssen, erscheint die Annahme einer gesicherten Rechtsposition akzeptabel.[838]

Der nutzungsberechtigte Ehegatte kann zudem bei vorzeitiger Beendigung der Nutzung Ansprüche aus § 951 Absatz 1 Satz 1 BGB gegenüber dem Eigentümer geltend machen.[839] Diese Ansprüche ließen sich auch auf einen potentiellen Erwerber des Betriebes übertragen – darin kann etwa der

---

Vgl. ferner die Beschlüsse des *Bundesfinanzhofes* vom 23.8.1999 GrS 2/97, DB, 52. Jg. (1999), S. 2089-2092, hier S. 2090; vom 23.8.1999 GrS 3/97, DB, 52. Jg. (1999), S. 2093, hier S. 2093 und vom 23.8.1999 GrS 5/97, DB, 52. Jg. (1999), S. 2093-2094, hier S. 2094.

836 Vgl. *Reiß, Wolfram*: Bilanzierungsfragen bei Bauwerken auf fremdem Grund und Boden, in: DStZ/A, 68. Jg. (1980), S. 125-130, hier S. 127.

837 Beschluß des *Bundesfinanzhofes* vom 30.1.1995 GrS 4/92, BFHE 176, 267, hier 275; BStBl II 1995, 281.

838 Vgl. auch *Eisgruber, Thomas*: Bauten auf fremden Grund und Boden, a.a.O., S. 527.

839 Vgl. Urteile des *Bundesfinanzhofes* vom 19.10.1995 IV R 136/90, BFH/NV, 12. Jg. (1996), S. 306-308, hier S. 307; vom 6.3.1991 X R 6/88, BFH/NV, 7. Jg. (1991), S. 525-527, hier S. 526; vom 17.3.1989 III R 58/87, BFHE 157, 83, hier 86; BStBl II 1990, 6 und vom 11.12.1987 III R 188/81, BFHE 152, 125, hier 127; BStBl II 1988, 493.
Vgl. auch *Groh, Manfred*: Bauten auf fremdem Grundstück: BGH versus BFH?, a.a.O., S. 1491 und *Schoor, Hans Walter*: Aktivierung von Nutzungsrechten bei Ehegatten-Grundstücken, in: StBp, 39. Jg. (1999), S. 132-134, hier S. 133.
A. A. *Freundlieb, Rolf*: Die steuerliche Behandlung von Gebäuden auf fremdem Grund und Boden im Bereich des Privatvermögens, in: FR, 78. Jg. (1986), S. 450-452, hier S. 450.
Da es sich nicht um Lasten der gemeinsamen Verwaltung und Benutzung handelt, scheiden Ansprüche aus § 748 BGB aus, vgl. *Reiß, Wolfram*: Bilanzierungsfragen bei Bauwerken auf fremdem Grund und Boden, a.a.O., S. 127-128.

Unterschied zu den im Allgemeingebrauch befindlichen Vorteilen gesehen werden.[840] Wie noch zu zeigen sein wird, folgt bei solchen Ansprüchen aus dem Prinzip wirtschaftlicher Vermögenszugehörigkeit die Bilanzierung der Einbauten als *Sache* beim Nutzungsberechtigten.[841]

Das Übertragbarkeitsprinzip bildet bei *Sachen* aber nur eine sehr niedrige Objektivierungshürde, es steht einer Aktivierung der Einbauten beim nutzungsberechtigten Ehegatten nicht im Wege: Wie soeben schon für die als Sache aktivierten Mietereinbauten konstatiert wurde, genügt auch hier die Übertragbarkeit des wertmäßigen Substituts der in den Einbauten verkörperten Nutzungsmöglichkeiten.

dd) Im Schrifttum wird vorgebracht, der das Grundstück nutzende Ehegatte habe bei Scheidung der Ehe kein gesichertes Nutzungsrecht, da der überlassende Ehegatte die zugrunde liegende Vereinbarung kündigen könne.[842] Die Ersatzansprüche des Ehegatten aus § 951 Absatz 1 Satz 1 BGB verhindern aber selbst in diesem Fall eine mögliche Gefährdung der Existenz des Betriebes.[843] Die vorzeitigen Beendigung des Nutzungsverhältnisses aufgrund des Scheiterns der Ehe beträfe somit weniger die Existenz eines Vermögenswertes zum Abschlußstichtag als vielmehr dessen Folgebewertung.[844]

2. Die Konkretisierung des Prinzips greifbarer Werthaltigkeit durch das Prinzip wirtschaftlicher Vermögenszugehörigkeit

a) Erfüllen die Mietereinbauten die Kriterien des wirtschaftlichen Vermögenswertes, der selbständigen Bewertbarkeit und der Übertragbarkeit,

---

840 Vgl. Urteil des *Bundesfinanzhofes* vom 28.3.1990 II R 30/89 BFHE 160, 278, hier 280; BStBl II 1990, 569, hier 570.
Vgl. dazu auch *Hommel, Michael*: Internationale Bilanzrechtskonzeptionen und immaterielle Vermögensgegenstände, in: ZfbF, 49. Jg. (1997), S. 345-369, hier S. 354-355.

841 Vgl. hierzu unten, Zweites Kapitel B.I.2.c).

842 Vgl. *Gorski, Hans-Günter*: Anmerkung zum Urteil des Bundesfinanzhofes vom 20.11.1980 IV R 117/79, in: DStZ/A, 71. Jg. (1983), S. 151-152, hier S. 152.

843 Vgl. *Eisgruber, Thomas*: Bauten auf fremdem Grund und Boden, a.a.O., S. 527: Auch unter konkursrechtlichen Aspekten sei eine Vollstreckung in den Ausgleichsanspruch möglich.
A. A. *Sauren, Marcel M.*: Die neue Rechtslage bei Mietereinbauten, a.a.O., S. 706-707.

844 Vgl. *Hommel, Michael*: Bilanzierung immaterieller Anlagewerte, a.a.O., S. 138.

bleibt noch zu prüfen, ob sie als greifbar werthaltig einzustufen sind: „Die Greifbarkeit erst erweist das Wirtschaftsgut"[845].

Der Zusammenhang zwischen dem Prinzip greifbarer Werthaltigkeit und dem Prinzip wirtschaftlicher Vermögenszugehörigkeit manifestiert sich im Gesetz, wenn es heißt, der Kaufmann habe *sein Vermögen*[846] zu bilanzieren: Nur greifbar werthaltige Vermögenswerte sind als Vermögensgegenstände Bestandteile des Vermögens und nur jene Vermögensgegenstände, die dem Kaufmann zuzurechnen sind, bilden *sein* Vermögen. Es reicht für die Aktivierung daher nicht aus, daß Sachen, Rechte oder rein wirtschaftliche Güter greifbar werthaltig sind, sie müssen dies vielmehr für den jeweiligen Bilanzierenden sein. Ob Einbauten beim Mieter zu bilanzieren sind, hängt somit von ihrer Zurechnung zum Vermögen des Mieters ab, diese richtet sich nach dem Prinzip wirtschaftlicher Vermögenszugehörigkeit.

b) Die unterschiedlichen Vermutungsregeln[847] bezüglich der greifbaren Werthaltigkeit von Sachen, Rechten und rein wirtschaftlichen Gütern bedingen die Klärung der Frage, wie die Einbauten aus Sicht des Mieters einzustufen sind. Dem Prinzip wirtschaftlicher Vermögenszugehörigkeit und seiner bereits oben erwähnten Abgrenzungsfunktion kommt hierbei zentrale Bedeutung zu: Erst die Anwendung dieses Prinzips ermöglicht die – auch für die selbständige Bewertbarkeit und die Übertragbarkeit bedeutsame – Beantwortung der Frage, ob die Mietereinbauten als Sache, Nutzungsrecht oder als (nicht zu bilanzierender) bloßer Nutzungsvorteil zu betrachten sind. Das Prinzip wirtschaftlicher Vermögenszugehörigkeit und seine Konsequenzen für die Bilanzierung der Mietereinbauten bildet daher nachfolgend den Gegenstand der Untersuchung.

---

845 Urteil des *Bundesfinanzhofes* vom 18.6.1975 I R 24/73, BFHE 116, 474, hier 478; BStBl II 1975, 809, hier 811.

846 Vgl. nur §§ 238 Absatz 1 Satz 1, 240 Absatz 1, 242 Absatz 1 Satz 1 HGB.

847 Vgl. Erstes Kapitel A.IV.1.b), Abschnitt aa).

B. Das Prinzip wirtschaftlicher Vermögenszugehörigkeit als zentrales Kriterium für die Bilanzierung von Mietereinbauten

I. Die Aktivierung von Mietereinbauten als Sache

1. Das Prinzip wirtschaftlicher Vermögenszugehörigkeit bei Scheinbestandteilen im Sinne des § 95 BGB

a) Kriterien für die Einstufung als Scheinbestandteil

Nach der oben[848] formulierten Vermutung eignet sich zivilrechtliches Eigentum grundsätzlich als bilanzrechtliches Zurechnungskriterium, wenn keine Partenteilung vorliegt und der Eigentümer sämtliche seiner Rechte ausüben kann. Der Eigentümer hat dann Substanz und Ertrag des Vermögensgegenstandes vollständig und dauerhaft inne; er verfügt mithin über das Einnahmenpotential, die Wertminderungsrisiken und die Wertsteigerungschancen.[849]

Um zu prüfen, ob das zivilrechtliche Eigentum einer Präzisierung des Prinzips wirtschaftlicher Vermögenszugehörigkeit bei Mietereinbauten zuträglich ist, werden in den nun folgenden Abschnitten aa) bis dd) die Kriterien für zivilrechtliches Eigentum des Mieters an den von ihm eingefügten Bauten herausgearbeitet und sodann im Hinblick auf ihre Eignung zur Konkretisierung dieses Prinzips gewürdigt.

aa) *Zivilrechtlich* bilden die auf einem fremden Grundstück errichteten Bauten grundsätzlich wesentliche Bestandteile des Grundstückes (§ 94 Absatz 1 Satz 1 BGB); die in ein Gebäude eingefügten Einbauten werden grundsätzlich wesentlicher Bestandteil des Gebäudes (§ 94 Absatz 2 BGB).[850] Die Vorschrift bezweckt vor allem die rechtliche Sicherung der wirtschaftlichen Einheit des Grundstücks bzw. des Gebäudes und soll der Schaffung klarer und sicherer Rechtsverhältnisse dienen[851]: Wird eine vom

---

848 Zum zivilrechtlichen Eigentum, vgl. Erstes Kapitel B.I.3.a), insbesondere Abschnitt cc).

849 Zu den Merkmalen Substanz und Ertrag, vgl. Gliederungspunkt Erstes Kapitel B.III.1.

850 Vgl. zu Einzelheiten *Dilcher, Herrmann*: Kommentierung zu § 94 BGB, in: Staudingers Kommentar zum Bürgerlichen Gesetzbuch, Rz. 5 ff. und *Holch, Georg*: Kommentierung zu § 94 BGB, in: Münchner Kommentar, Bd. 1, 3. Aufl., RdNr. 3 ff.

851 Vgl. *Baur, Fritz*: Lehrbuch des Sachenrechts, a.a.O., S. 619.

Nutzungsberechtigten eingefügte, bewegliche Sache wesentlicher Bestandteil des Grundstücks, umfaßt das Grundstückseigentum auch diese Sache (§ 946 BGB).

Gleichwohl formuliert das Gesetz drei Ausnahmen, bei denen von diesem Grundsatz abzuweichen ist: Eine erste Ausnahme umfaßt nach § 95 Absatz 1 Satz 2 BGB die in Ausübung eines *Rechts an einem fremden Grundstück* von dem Berechtigten mit dem Grundstück verbundenen Sachen. Kein wesentlicher Bestandteil werden ferner Sachen, die nur zu einem *vorübergehenden Zweck* mit dem Grundstück verbunden (§ 95 Absatz 1 Satz 1 BGB) oder in ein Gebäude eingefügt (§ 95 Absatz 2 BGB) wurden; gleiches gilt schließlich für jene Sachen, die nach § 94 Absatz 1 Satz 1 BGB *nicht fest* mit dem Grund und Boden verbunden wurden.

In allen drei (nun zu analysierenden) Ausnahmefällen verbleiben die als Scheinbestandteile bezeichneten Sachen im sachenrechtlichen Eigentum desjenigen, der die Bauten eingefügt hat.[852]

bb) Erstellt ein Erbbauberechtigter oder ein Nießbraucher auf fremdem Grund und Boden ein Gebäude (oder erweitert ein Gebäude um Einbauten), handelt er in Ausübung eines *Rechts an einem fremden Grundstück* im Sinne des Gesetzes.[853] Die Bauten eines dinglich Berechtigten[854] befinden sich daher in dessen zivilrechtlichem Eigentum, obgleich sie etwa nach

---

852 Vgl. hierzu auch *Knapp, Lotte*: Mietereinbauten und -umbauten sowie Gebäude auf fremdem Grund in der Handelsbilanz, a.a.O., S. 1108, wonach sich der Gesetzgeber des BGB mit dieser Vorschrift die wirtschaftliche Betrachtungsweise zu eigen gemacht habe.

853 Zum Erbbaurecht, vgl. § 12 Absatz 1 Satz 1 ErbbauVO.
    Dem Nießbraucher ist es gemäß § 1037 Absatz 1 BGB untersagt, das Grundstück umzugestalten oder wesentlich zu verändern. Sieht man von der Ausnahmeregelung des § 1037 Absatz 2 BGB ab, bedarf die Errichtung eines Gebäudes der vertraglichen Absprache mit dem Eigentümer, damit die Voraussetzungen des § 95 Absatz 1 Satz 2 BGB erfüllt sind, vgl. Urteil des *Bundesgerichtshofes* vom 20.12.1982 II ZR 13/82, WM, 35. Jg. (1983), S. 314-315, hier S. 315; vgl. zum Nießbrauch auch schon das Urteil des *Reichsgerichtes* vom 2.12.1922 V 162/22, RGHZ 106, 49, hier 51-52.

854 Als „dingliche Rechte" kommen hier nur jene Rechte in Frage, deren Ausübung die Verbindung eines Gebäudes bzw. von Einbauten mit dem Grundstück zuläßt, nämlich Dienstbarkeiten, Nießbrauch und Erbbaurechte. Darüber hinaus kann auch ein auf öffentlichem Recht beruhendes Nutzungsrecht als Recht im Sinne von § 95 Absatz 1 Satz 2 BGB in Frage kommen, vgl. *Holch, Georg*: Kommentierung zu § 95 BGB, in: Münchner Kommentar, Bd. 1, 3. Aufl., RdNr. 16-18 und *Heinrichs, Helmut*: Kommentierung zu § 95 BGB, in: Palandt, Rn. 5.

Ablauf des Erbbaurechts aufgrund des Heimfallanspruchs auf den Grundstückseigentümer übergehen können.[855]

Auch bilanzrechtlich kann die Zurechnung der aufgrund eines Erbbaurechts errichteten Bauten zum Erbbauberechtigten zumeist als unstreitig betrachtet werden[856]: Der *Bundesfinanzhof* schließt aus dessen Position als Eigentümer zu Recht auf seine Stellung als „wirtschaftlicher Eigentümer" der Bauten.[857] Die im Rahmen eines Nießbrauchs eingefügten Bauten werden dem Nießbraucher zugerechnet, sofern er die Baumaßnahmen im eigenen Interesse vorgenommen hat; Indikatoren hierfür sind „Art, Notwendigkeit oder Üblichkeit der Maßnahmen sowie der wirtschaftliche Nutzen des Aufwands".[858]

cc) Obligatorische Rechte genügen zwar nicht der Anforderung des § 95 Absatz 1 Satz 2 BGB;[859] bei den vom Mieter oder Pächter eingefügten Bauten besteht jedoch nach ständiger Rechtsprechung des *Bundesgerichts-*

---

855 Vgl. §§ 2 Nr. 4 und 3 ErbbauVO.

Vgl. auch *Klein, Franz/Orlopp, Gerd/Brockmeyer, Bernhard*: Kommentierung zu § 39 AO, in: Klein/Orlopp, S. 169.

Zum Heimfallanspruch, vgl. *Klussmann, Günther*: Die einkommensteuerliche Behandlung des unentgeltlichen Heimfalls beim Erbbaurecht, in: BB, 20. Jg. (1965), S. 863-865, passim und die Replik von *Hanraths, Josef*: Unentgeltlicher Heimfall beim Erbbaurecht, in: BB, 20. Jg. (1965), S. 1303, hier S. 1303.

856 Wenn bei einer bereits erfolgten *Veräußerung* des Erbbaurechts durch den Berechtigten nur noch die (formale) Bestellung des neuen Erbbaurechts durch Eintragung in das Grundbuch aussteht, könnte aus dem Prinzip wirtschaftlicher Vermögenszugehörigkeit die Zurechnung der Einbauten zum Erwerber resultieren: Die Investitionsrisiken und Investitionschancen sind eventuell schon auf den Erwerber übergegangen.

Für eine weitere Einschränkung, vgl. Abschnitt b) dieses Gliederungspunktes.

857 Vgl. Urteil des *Bundesfinanzhofes* vom 19.1.1982 VIII R 102/78, BFHE 135, 434, hier 436 (auch Zitat); BStBl II 1982, 533.

Vgl. auch Urteil des *Bundesfinanzhofes* vom 7.6.1972 I R 199/72, BFHE 106, 289, hier 293; BStBl II 1972, 850 sowie aus dem Schrifttum *De Haan-Gast, Brigitte*: Bilanzierung von Erbbaurechten, in: DB, 29. Jg. (1976), S. 1347-1349, passim.

Zur Abgrenzung von Erbbaurechten und Rechnungsabgrenzungsposten, vgl. *Moxter, Adolf*: Die BFH-Rechtsprechung zur Aktivierungspflicht von beim Erwerb von Nutzungsrechten anfallenden Nebenkosten, in: DStR, 37. Jg. (1999), S. 51-54, hier S. 52 f.

858 Vgl. Urteil des *Bundesfinanzhofes* vom 14.11.1989 IX R 110/85, BFHE 159, 442, hier 446 (auch Zitat); BStBl II 1990, 462.

859 Vgl. *Dilcher, Herrmann*: Kommentierung zu § 95 BGB, in: Staudingers Kommentar zum Bürgerlichen Gesetzbuch, Rz. 15.

hofes eine tatsächliche – nur durch den Nachweis des gegenteiligen Willens des Nutzungsberechtigten entkräftbare – Vermutung dafür, daß er die Bauten in eigenem Interesse vorgenommen hat.[860]

Ein Mieter oder Pächter hat demzufolge nicht die Absicht, die Sache nach Beendigung des Nutzungsverhältnisses dem Eigentümer zufallen zu lassen; die Verbindung zum Grundstück wird annahmegemäß nur für die Dauer des Vertragsverhältnisses hergestellt – somit besteht sie auch bei diesen Einbauten nur zu einem *vorübergehenden Zweck.*[861]

Bauten des Mieters befinden sich demnach zivilrechtlich grundsätzlich als Scheinbestandteile in dessen Eigentum; diese Vermutung wird selbst bei langer Vertragsdauer oder massiver Bauweise des errichteten Gebäudes nicht entkräftet.[862] Die Anwendbarkeit von § 95 BGB scheidet lediglich aus, wenn der Bau nicht nur für den Mieter, sondern auch für den Vermieter errichtet wurde.[863] Hiervon ist nach der Rechtsprechung des *Bundesgerichtshofes* auszugehen, wenn die Bauten (eventuell erst nach Beendigung

---

860 Vgl. Urteile des *Bundesgerichtshofes* vom 31.10.1952 V ZR 36/51, BGHZ 8, 1, hier 5 und 7-8; vom 12.7.1984 IX ZR 124/83, NJW, 38. Jg. (1985), S. 789-791, hier S. 789; vom 20.5.1988 V ZR 269/86, BGHZ 104, 298, hier 301 und vom 18.1.1990 IX ZR 71/89, NJW-RR, 5. Jg. (1990), S. 411-414, hier S. 412.

861 Vgl. Urteil des *Landgerichts Köln* vom 8.3.1957 3 0 243/56, ZMR, 10. Jg. (1957), S. 264, hier S. 264.
Vgl. auch *Crezelius, Georg*: „Aktienrechtliches Eigentum" – Zur Bilanzierung von Mieterinvestitionen, in: DB, 36. Jg. (1983), S. 2019-2023, hier S. 2020 und *Roland, Helmut*: Der Begriff des Vermögensgegenstandes im Sinne der handels- und aktienrechtlichen Rechnungslegungsvorschriften, a.a.O., S. 130.
Werden in ein bereits als Scheinbestandteil eingestuftes Gebäude vom Mieter noch Einbauten eingefügt, können diese Einbauten wesentlicher Bestandteil des Gebäudes werden, vgl. Urteil des *Bundesgerichtshofes* vom 31.10.1986 V ZR 168/85, NJW, 40. Jg. (1987), S. 774-775, hier S. 775.

862 Vgl. Urteile des *Bundesgerichtshofes* vom 31.10.1952 V ZR 36/51, BGHZ 8, 1, hier 5; vom 10.7.1953 V ZR 22/52, BGHZ 10, 171, hier 176; vom 26.11.1959 VII ZR 120/58, VersR, 11. Jg. (1960), S. 365-366, hier S. 365 und vom 30.1.1970 V ZR 29/67, DB, 23. Jg. (1970), S. 584-585, hier S. 585.
Vgl. auch *Groh, Manfred*: Bauten auf fremdem Grundstück: BGH versus BFH?, a.a.O., S. 1489.
Vgl. ferner *Holch, Georg*: Kommentierung zu § 95 BGB, in: Münchner Kommentar, Bd. 1, 3. Aufl., RdNr. 6.

863 Zur Frage der „Umwidmung" von zunächst (nicht) als Scheinbestandteil eingestuften Einbauten, vgl. *Joussen, Edgar*: Das wirtschaftliche Eigentum an Gebäuden – Hinweise zur Vertragsgestaltung –, a.a.O., S. 390.

des Vertragsverhältnisses) den Zwecken des Vermieters dienen sollen[864], sofern die (un-)entgeltliche Übernahme des vom Mieter errichteten Gebäudes durch den Grundstückseigentümer vertraglich vereinbart wurde[865] oder falls letzterer über ein Wahlrecht zur Übernahme der Bauten verfügt.[866]

Der *Bundesfinanzhof* ist dieser Rechtsprechung in seiner bilanzrechtlichen Judikatur nur zum Teil gefolgt[867]: Zwar betont er, auch für die bilanzrechtliche Qualifikation der Mietereinbauten als Scheinbestandteil komme es grundsätzlich auf das bürgerliche Recht an.[868] Gleichzeitig kehrt er jedoch die (von der Zivilrechtsprechung formulierte) Vermutung einer nicht dauerhaften Verbindung bei Bauten des Mieters um, so daß von deren vorübergehenden Einfügung nur noch *ausnahmsweise* auszugehen ist; hierzu müssen nunmehr drei Kriterien erfüllt sein:[869] Die Nutzungsdauer der eingefügten Sachen muß über der Mietdauer liegen, die Bauten sollen nach ihrem „Wiederausbau" noch einen beachtlichen Wert aufweisen und

---

864 Vgl. Urteil des *Bundesgerichtshofes* vom 31.10.1952 V ZR 36/51, BGHZ 8, 1, hier 8. Ein nur vorübergehender Zweck soll auch ausscheiden, wenn nach Ablauf der jeweiligen Mietzeit mit einer automatischen Verlängerung des Vertragsverhältnisses zu rechnen ist, vgl. Urteil des *Oberlandesgerichts Köln* vom 13.5.1960 4 U 58/59, NJW, 14. Jg. (1961), S. 461-463, hier S. 462.

865 Vgl. Urteile des *Bundesgerichtshofes* vom 20.5.1988 V ZR 269/86, BGHZ 104, 298, hier 301 und vom 12.7.1984 IX ZR 124/83, NJW, 38. Jg. (1985), S. 789-791, hier S. 789.

866 Vgl. *Holch, Georg*: Kommentierung zu § 95 BGB, in: Münchner Kommentar, Bd. 1, 3. Aufl., RdNr. 7 (mit weiteren Rechtsprechungsnachweisen). Der Nutzende ist gemäß §§ 547a Absatz 1, 556 Absatz 1, 601 Absatz 2 Satz 2 und 604 Absatz 1 BGB im Miet- oder Leihverhältnis zur Wegnahme der Baulichkeiten berechtigt und verpflichtet, vgl. *Groh, Manfred*: Bauten auf fremdem Grundstück: BGH versus BFH?, a.a.O., S. 1489.

867 Vgl. *Groh, Manfred*: Bauten auf fremdem Grundstück: BGH versus BFH?, a.a.O., S. 1489.

868 Vgl. Urteil des *Bundesfinanzhofes* vom 9.4.1997 II R 95/94, BFHE 182, 373, hier 377; BStBl II 1997, 452.

869 Vgl. *Heuer, Gerhard/Jansen, Rudolf*: Kommentierung zu § 7 EStG, in: Herrmann/Heuer/Raupach, Anm. 333 und *Piltz, Jürgen*: Ertragsteuerrechtliche Behandlung von Mietereinbauten und Mieterumbauten, a.a.O., S. 14-15, die darauf verweisen, daß alle drei Voraussetzungen erfüllt sein müssen, damit Scheinbestandteile vorliegen. Vgl. dazu ferner *Werndl, Josef*: Kommentierung zu § 7 EStG, in: Kirchhof/Söhn, Rdnr. C 57; *Kaufmann, Hans*: Bilanzielle Behandlung von Umbauten in gemieteten Räumen, in: FR, 27. (54.) Jg. (1972), S. 6-9, hier S. 8-9 und *Schönwald, Stefan*: Die steuerliche Behandlung von Mietereinbauten und Mieterumbauten, in: BuW, 50. Jg. (1996), S. 458-460, hier S. 458-459.

wegen Art und Zweck der Verwendung muß mit ihrer späteren Entfernung zu rechnen sein.[870] In einem anderen Urteil heißt es überdies, eine Verbindung zu einem nur vorübergehenden Zweck sei ausgeschlossen, „wenn die dauerhafte Verbindung [...] möglich ist, selbst wenn sie noch nicht endgültig feststeht".[871] Nach diesem Merkmal könnte Einbauten regelmäßig die (bilanzrechtliche) Eigenschaft als Scheinbestandteil abgesprochen werden, da eine dauerhafte Verbindung in vielen Fällen zumindest *möglich* sein dürfte. Die Abweichung vom Zivilrecht manifestiert sich ferner in einem Urteil des I. Senats, der zivilrechtlich (wegen ihrer nur vorübergehenden Einfügung) wohl als Scheinbestandteile einzustufende Gegenstände wie Ladentüren oder Heizungsanlagen allenfalls als Nutzungsrecht aktiviert wissen will.[872] Mietereinbauten sind schließlich auch dann bilanzrechtlich keine Scheinbestandteile, wenn der Vermieter berechtigt ist, sie nach Ablauf der Mietzeit gegen Erstattung ihres Zeitwerts zu übernehmen.[873]

dd) Die *nicht fest* mit dem Grund und Boden verbundenen Sachen verbleiben zivilrechtlich ebenfalls im Eigentum des Bauherrn; ob diese dritte Ausnahme vorliegt, wird letztlich nur nach den Umständen des Einzelfalls zu entscheiden sein[874]: Sachen, die durch eine Trennung vom Grundstück zerstört oder beschädigt würden oder bei denen die Trennung hohe Kosten

---

870 Vgl. hierzu die Urteile des *Bundesfinanzhofes* vom 11.12.1970 VI R 387/69, BFHE 101, 5, hier 8-9; BStBl II 1971, 165 und vom 24.11.1970 VI R 143/69, BFHE 100, 562, hier 564-566; BStBl II 1971, 157 (die beiden Urteile gelten auch für das Steuer*bilanz*recht, vgl. Urteile des *Bundesfinanzhofes* vom 1.12.1970 VI R 170/69, BFHE 100, 566, hier 569 und vom 18.6.1971 III R 10/69, BFHE 102, 298, hier 299-300; BStBl II 1971, 618).
  Vgl. auch Urteil des *Finanzgerichts Baden-Württemberg* vom 17.2.1998 1 K 107/94, EFG, 46. Jg. (1998), S. 934-936, hier S. 935.
871 Vgl. Urteil des *Bundesfinanzhofes* vom 22.10.1986 II R 125/84, BFHE 148, 334, hier 338 (auch Zitat); BStBl II 1987, 180.
872 Vgl. Urteil des *Bundesfinanzhofes* vom 9.8.1966 I 86/65, BFHE 87, 195, hier 197; BStBl III 1967, 65.
  Kritisch *Hoyos, Martin/Schramm, Marianne/Ring, Maximilian*: Kommentierung zu § 253 HGB, in: Beck'scher Bilanz-Kommentar, Anm. 363. Vgl. auch *Reinhard, Herbert*: Kommentierung zu § 247 HGB, in: Küting/Weber, Rn. 45.
873 Vgl. Urteil des *Bundesfinanzhofes* vom 22.10.1986 II R 125/84, BFHE 148, 334, hier 338; BStBl II 1987, 180.
  Vgl. auch jüngst das (rechtskräftige) Urteil des *Finanzgerichts Münster* vom 11.8.1998 3 K 1091/96 EW, EFG, 47. Jg. (1999), S. 104-106, hier S. 106.
874 Vgl. hierzu auch *Hoyos, Martin/Schramm, Marianne/Ring, Maximilian*: Kommentierung zu § 253 HGB, in: Beck'scher Bilanz-Kommentar, Anm. 363-364.

verursachte, gelten als fest mit dem Grundstück verbunden.[875] Dagegen ist bei leicht vom Grundstück lösbaren Verbindungen anzunehmen, daß sie kein Grundstücksbestandteil werden.[876]

Im Bilanzrecht gilt scheinbar Entsprechendes: Lassen sich Einbauten ohne Schwierigkeiten vom Gebäude trennen, sind sie keine wesentlichen Bestandteile des Gebäudes, sondern in sich selbständig.[877] Allerdings erfährt auch dieses Kriterium in einem neueren Urteil des *Bundesfinanzhofes* insofern eine Einschränkung, als jederzeit entfernbaren Schrank- und Trennwänden die Eigenschaft als Scheinbestandteil abgesprochen wird, weil sie „die Funktion von sonst üblichen Gebäudeinnenwänden" haben.[878]

b) Kritische Würdigung der Kriterien für das Vorliegen von Scheinbestandteilen

In Anbetracht der soeben dargestellten, zum Teil von den zivilrechtlichen Kriterien abweichenden bilanzrechtlichen Bedingungen für das Vorliegen von Scheinbestandteilen stellt sich die Frage, ob die Abweichungen aus Sicht des Prinzips wirtschaftlicher Vermögenszugehörigkeit geboten erscheinen; dieser Fragestellung wird für die drei Anwendungsfälle im folgenden nachgegangen.

aa) Gegen den Rückgriff auf das Zivilrecht bei Einbauten eines *dinglich* Berechtigten wird im Schrifttum eingewandt, die bilanzrechtliche Vermögenszurechnung habe sich – losgelöst von der zivilrechtlichen Einstufung dieser Einbauten als Scheinbestandteile – allein danach zu richten, ob der Investor „wirtschaftlicher Eigentümer" geworden sei.[879] Die Zurechnung der Einbauten zum dinglich Berechtigten könne nämlich im Widerspruch

875 Vgl. bereits das Urteil des *Reichsgerichtes* vom 23.6.1906 Rep. V. 584/04, RGZ 63, 416, hier 418 f.
876 Vgl. *Holch, Georg*: Kommentierung zu § 94 BGB, in: Münchner Kommentar, Bd. 1, 3. Aufl., RdNr. 3 (mit Rechtsprechungsnachweisen).
877 Vgl. Urteil des *Bundesfinanzhofes* vom 1.12.1970 VI R 358/69, BFHE 101, 1, hier 2 f.; BStBl II 1971, 162.
   Vgl. hierzu auch *Claßen, Rüttger*: Kommentierung zu § 7 EStG, in: Lademann/Söffing/Brockhoff, Anm. 35.
878 Vgl. Urteil des *Bundesfinanzhofes* vom 31.7.1997 III R 247/94, DStRE, 2. Jg. (1998), S. 312-315, hier S. 314 (auch Zitat).
879 Vgl. *Meyer-Scharenberg, Dirk E.*: Eigenen Wohnzwecken dienende Gebäude auf fremdem Grund und Boden nach der Neuregelung der Wohnungsbesteuerung, in: DStR, 24. Jg. (1986), S. 785-788, hier S. 787 (auch Zitat), der die Zurechnung allein an das Bestehen eines Anspruchs aus § 951 BGB knüpfen will.

zur Behandlung der *Mieter*einbauten stehen: Sofern ein Mieter bei gegenüber der Nutzungsdauer kürzerer Laufzeit des Nutzungsrechts nicht vollständig über Substanz und Ertrag der Einbauten verfüge, komme die Zurechnung der Einbauten zum Mieter nicht in Betracht.[880]

Obgleich mit der Zurechnung zum zivilrechtlichen Eigentümer für gewöhnlich eine systemkonforme Konkretisierung des Prinzips wirtschaftlicher Vermögenszugehörigkeit bei Einbauten eines dinglich Berechtigten erreicht wird, könnte es in Einzelfällen geboten erscheinen, hiervon abzuweichen: Wurde ein auf nur wenige Jahre befristetes dingliches Recht vereinbart und gehen die Einbauten am Ende der Laufzeit entschädigungslos auf den Grundstückseigentümer über, wäre nach der zu *Mieter*einbauten ergangenen Rechtsprechung des *Bundesfinanzhofes* anstelle der Aktivierung der Einbauten als Sache ausnahmsweise[881] der Ansatz eines Nutzungsrechts beim dinglich Berechtigten zu erwägen.[882]

Es ist in diesem Zusammenhang allerdings dem VIII. Senat beizupflichten, wenn er konstatiert, daß dem Grundstückseigentümer unter „fremden Kaufleuten" bei kurzfristigen Nutzungsrechten „nicht ohne weiteres" ein Recht auf entschädigungslose Übernahme von Wirtschaftsgütern eingeräumt werden dürfte.[883] In aller Regel entspricht es daher dem Prinzip wirtschaftlicher Vermögenszugehörigkeit, die als Scheinbestandteile eingestuften Einbauten dem Vermögen des dinglich Berechtigten zuzurechnen.

---

880 Vgl. hierzu *Fabri, Stephan*: Grundsätze ordnungsmäßiger Bilanzierung entgeltlicher Nutzungsverhältnisse, a.a.O., S. 70-72.

881 Vgl. *Kußmaul, Heinz*: Nutzungsrechte an Grundstücken in Handels- und Steuerbilanz, a.a.O., S. 241: Die Zurechnung der Bauten zum Eigentümer des Grundstücks bedinge zusätzlich umfassende Verfügungsbeschränkungen des Erbbauberechtigten.
Vgl. aus dem Schrifttum ferner *Heuer, Gerhard*: Kommentierung zu § 5 EStG, in: Herrmann/Heuer/Raupach, Anm. 1054; *Schreiber, Jochem*: Kommentierung zu § 5 EStG, in: Blümich, Rz. 740 (Stichwort „Erbbaurecht") sowie *Weber-Grellet, Heinrich*: Steuerbilanzrecht, a.a.O., S. 187.

882 Der bislang hierzu ergangenen Rechtsprechung ist aber nicht zu entnehmen, ob bei Vereinbarung kurzfristiger Erbbaurechte von der Aktivierung der Bauten als Sache abzugehen wäre, vgl. Urteil des *Bundesfinanzhofes* vom 7.6.1972 I R 199/70, BFHE 106, 289, hier 240; BStBl II 1972, 850.
Zur Aktivierung von Mietereinbauten als Nutzungsrecht, vgl. unten, Zweites Kapitel B.II.

883 Vgl. Urteil des *Bundesfinanzhofes* vom 7.10.1997 VIII R 63/95, BFH/NV, 13. Jg. (1997), S. 1202-1204, hier S. 1204 (beide Zitate).

bb) Die durch den *Bundesfinanzhof* vorgenommene Präzisierung der zivil-rechtlichen Merkmale für das Vorliegen von Scheinbestandteilen bei obligatorischen Rechten mag nicht zuletzt im Hinblick auf die im steuerlichen Massenverfahren unumgänglichen Typisierungen erforderlich sein. Das restriktive Verständnis des „vorübergehenden Zweckes" hat aber zur Folge, daß zahlreiche, gemäß der Zivilrechtsprechung als Scheinbestandteile einzustufende Bauten eine bilanzrechtliche Umqualifizierung erfahren werden: Während nach den Judikaten des *Bundesgerichtshofes* Scheinbestandteile schon dann vorliegen, wenn der Wille des Mieters nicht auf die Überlassung der Bauten gerichtet ist, soll im Bilanzrecht anhand der drei dargestellten Merkmale zusätzlich geprüft werden, ob ein *wirtschaftliches Interesse* des Mieters an der Entfernung besteht. Dabei wird einerseits zu Recht unterstellt, daß der Mieter bei erheblichem Restwert der Einbauten (bzw. wegen der geringen Kosten ihrer Entfernung) eine nur vorübergehende Einfügung bevorzugt. Andererseits wird so aber Mietereinbauten, die (vertragsgemäß) nach Ablauf der Mietdauer zu entfernen sind und die mit ihrer Beseitigung zerstört werden, im Bilanzrecht die Eigenschaft als Scheinbestandteil abgesprochen;[884] im Gegensatz zum Zivilrecht sollen hier zusätzlich die Verwendungsmöglichkeiten der Einbauten nach ihrer Entfernung zu beachten sein.

Diese Vorgehensweise mutet wenig plausibel an: Die bilanzrechtliche Umqualifizierung all jener Einbauten, die am Ende der Mietdauer keinen bedeutenden Restwert aufweisen, bedeutet nicht, daß der *Bundesfinanzhof* ihre Zurechnung zum Vermögen des Mieters grundsätzlich ablehnt – er rekurriert nur statt dessen auf die wirtschaftliche Vermögenszugehörigkeit der Mietereinbauten.[885] Bejaht man indes in einem ersten Schritt deren Eigenschaft als zivilrechtliche Scheinbestandteile und sieht man in dieser Eigenschaft ein Subkriterium des Prinzips wirtschaftlicher Vermögenszugehörigkeit bei Mietereinbauten, erscheint eine Umqualifizierung entbehrlich. In einem jüngeren Urteil stellt der *Bundesfinanzhof* die Notwendigkeit dieser Umqualifizierung nunmehr in Frage: Unter Rekurs auf die Zivilrechtsprechung spricht der erkennende Senat vom Mieter errichteten Parkplätzen, die nach Beendigung des Vertragsverhältnisses zu beseitigen sind, die Eigenschaft als Scheinbestandteile zu, obgleich er unterstreicht, „daß die Bodenbefestigungen bei einer Entfernung zerstört werden würden".[886]

---

884 Vgl. hierzu *Strahl, Martin*: Bauten auf fremden Grundstücken, in: KÖSDI (2000), S. 12300-12310, hier S. 12301-12302.
885 Vgl. hierzu unten, Zweites Kapitel B.I.2.b).
886 Vgl. Urteil des *Bundesfinanzhofes* vom 9.4.1997 II R 95/94, BFHE 182, 373, hier
/...

cc) Abzulehnen ist auch die von der Finanzrechtsprechung jüngst vorgenommene Beschränkung des Kriteriums der „nicht festen Verbindung". Es erscheint aus bilanzrechtlicher Sicht äußerst fragwürdig, den durch den Mieter jederzeit entfernbaren Bauten die Eigenschaft als Scheinbestandteil abzusprechen und sie dem Eigentümer zuzurechnen: Kann ein Mieter die Einbauten entfernen und sie beispielsweise in ein anderes Gebäude einfügen, stehen ihm Substanz und Ertrag vollständig und dauerhaft zu; eine Zurechnung der Einbauten zum Vermieter muß hier ausscheiden.[887]

dd) Die dargestellten zivilrechtlichen Scheinbestandteilskriterien sind grundsätzlich geeignet, eine Konkretisierung des Prinzips wirtschaftlicher Vermögenszugehörigkeit herbeizuführen. Bis auf mögliche Ausnahmen hinsichtlich der bilanzrechtlichen Einstufung der Einbauten von dinglich Berechtigten verfügt der Nutzungsberechtigte vollständig und dauerhaft über Substanz und Ertrag der Scheinbestandteile. Die von der höchstrichterlichen Rechtsprechung des *Bundesfinanzhofes* entwickelten Kriterien bei zu vorübergehenden Zwecken eingefügten Mietereinbauten und die skizzierten Beschränkungen bei nicht festen Verbindungen bedeuteten dagegen eine Überobjektivierung und sind daher abzulehnen. Einer Aktivierung der als Scheinbestandteil eingestuften Einbauten als Sache steht somit nichts im Wege;[888] die Feststellung ihrer greifbaren Werthaltigkeit erscheint unproblematisch.

377-378 (Zitat auf S. 378); BStBl II 1997, 452: Der Senat schließt sich nach einer Darstellung der unterschiedlichen Ansichten ausdrücklich der Auffassung des *Bundesgerichtshofes* an.

887 Vgl. hierzu *Groh, Manfred*: Bauten auf fremdem Grundstück: BGH versus BFH?, a.a.O., S. 1489.
Für eine weite Interpretation der Scheinbestandteile plädieren wohl auch *Adler/Düring/Schmaltz*: Kommentierung zu § 246 HGB, Tz. 409 und *Roland, Helmut*: Der Begriff des Vermögensgegenstandes im Sinne des handels- und aktienrechtlichen Rechnungslegungsvorschriften, a.a.O., S. 130-131.

888 *Gschwendtner* weist darauf hin, daß § 95 BGB selbst bei massiven Bauten bewegliche Sachen fingiert und fordert deshalb eine bilanzrechtliche Begründung für die Aktivierung der Einbauten, vgl. *Gschwendtner, Hubert*: Mietereinbauten als Vermögensgegenstand und Wirtschaftsgut im Sinne des Handels- und Steuerbilanzrechts, a.a.O., S. 219.
Nach der hier vertretenen Auffassung erscheint § 95 BGB aber zumindest geeignet, zu einer Konkretisierung des Prinzips wirtschaftlicher Vermögenszugehörigkeit beizutragen; die Einstufung der Einbauten als unbewegliche Sachanlagen ließe sich eventuell aus der Gliederungsvorschrift des § 266 Absatz 2 A II HGB ableiten.

2. Implikationen des Prinzips wirtschaftlicher Vermögenszugehörigkeit für nicht im sachenrechtlichen Eigentum stehende Einbauten

a) Entfernung der Einbauten nach Ablauf des Mietvertrages

aa) Nach ständiger Rechtsprechung des *Bundesfinanzhofes* werden Einbauten, deren Entfernung durch den Mieter nach Ablauf des Mietverhältnisses vertraglich vereinbart wurde, dem Mieter wirtschaftlich zugerechnet.[889] Zur Begründung verweist die Judikatur nunmehr auf den – dem Wortlaut des § 39 Absatz 2 Nr. 1 Satz 1 AO zu entnehmenden – wirtschaftlichen Ausschluß des Eigentümers von der Einwirkung auf das Wirtschaftsgut: Diese in der Vorschrift formulierte Voraussetzung sei erfüllt, „wenn der Herausgabeanspruch des bürgerlich-rechtlichen Eigentümers keine wirtschaftliche Bedeutung mehr hat" und „erst recht [...], wenn dem bürgerlich-rechtlichen Eigentümer überhaupt kein Herausgabeanspruch zusteht, weil der Nutzungsberechtigte berechtigt oder [...] sogar verpflichtet ist, das entsprechende Wirtschaftsgut wieder zu beseitigen".[890]

Angesichts der gegen eine bilanzrechtliche Relevanz von § 39 AO vorgebrachten Einwände vermag der Rekurs auf den Ausschluß des Eigentümers nicht zu überzeugen; nach der hier vertretenen Auffassung erfolgt die bilanzielle Zurechnung nach dem Prinzip wirtschaftlicher Vermögenszugehörigkeit.[891] Bei Verzicht auf das Ausschlußkriterium und *strenger* Auslegung der dieses Prinzip konkretisierenden Merkmale „Substanz und Ertrag vollständig und dauerhaft" hat es den Anschein, als ob eine Aktivierung der Einbauten *als Sache* beim Mieter ausscheiden müßte: Wegen der gegenüber der betriebsgewöhnlichen Nutzungsdauer der Einbauten kürzeren Laufzeit des Mietvertrages steht dem Mieter das Einnahmenpotential der Einbauten vermeintlich weder dauerhaft noch vollständig zu; orientierte man sich an der dargelegten Abgrenzungsfunktion des Prinzips wirtschaftlicher Vermögenszugehörigkeit, wäre aus Sicht des Mieters statt dessen der Ansatz eines Nutzungsrechts an den Einbauten zu erwägen.[892]

---

889 Vgl. Urteile des *Reichsfinanzhofes* vom 30.11.1933 III A 131/33, RStBl 1934, 166, hier 167 sowie des *Bundesfinanzhofes* vom 30.4.1954 III 169/53 U, BFHE 58, 736, hier 739; BStBl III 1954, 194; vom 22.8.1984 I R 198/80, BFHE 142, 370, hier 373; BStBl II 1985, 126 und vom 15.10.1996 VIII R 44/94, BFHE 182, 344, hier 347; BStBl II 1997, 533, hier 535.

890 Vgl. Urteil des *Bundesfinanzhofes* vom 27.2.1991 XI R 14/87, BFHE 163, 571, hier 574 (auch Zitat); BStBl II 1991, 628.

891 Zur Bedeutung von § 39 AO, vgl. oben, Erstes Kapitel B.II.

892 Zur Aktivierung von Einbauten als Nutzungsrecht, vgl. Zweites Kapitel B.II.

bb) Im Gegensatz zu den Partenteilungen begründenden Nutzungsverhältnissen, bei denen – je nach Vertragsgestaltung – beide beteiligten Vertragsparteien als Investoren angesehen werden könnten, bereitet die Zuordnung von Substanz und Ertrag des Vermögensgegenstandes hier jedoch keine Schwierigkeiten: Aus der Entfernungs*pflicht*[893] des Mieters folgt, daß der Vermieter weder Substanz noch Ertrag der Einbauten innehat.[894] Die gegenüber der betriebsgewöhnlichen Nutzungsdauer kürzere Dauer des Mietverhältnisses beeinflußt nicht die Vermögenszugehörigkeit der Einbauten, sondern determiniert lediglich deren Abschreibungszeitraum.[895]

Wenn der *Bundesfinanzhof* bei vertraglich vereinbarter Entfernung der Einbauten nur auf „wirtschaftliches" Eigentum des Mieters rekurriert,[896] steht dies im Widerspruch zur soeben skizzierten zivilrechtlichen Beurteilung durch den *Bundesgerichtshof*: Aus dessen Rechtsprechung folgt, daß Einbauten als Scheinbestandteile einzustufen sind, sofern ihre Übernahme durch den Eigentümer ausgeschlossen wurde[897]; die Vermutung einer nur vorübergehenden Einfügung kann allein durch eine Vereinbarung entkräftet werden, nach der die Bauten (mit oder ohne Entschädigung) dem Grundeigentümer verbleiben sollen.[898] Eine von der zivilrechtlichen Einstufung abweichende, engere Auslegung der Scheinbestandteile erscheint bilanzrechtlich indes nicht geboten;[899] auch die vom Mieter nach Ablauf

---

893 Zu der (hier nicht relevanten) Frage des Ansatzes von Rückstellungen für Entfernungsverpflichtungen bei Mietereinbauten, vgl. *Appelt, Werner*: Bilanzmäßige Behandlung von Mietereinbauten, in: NWB (1982), Fach 17a, S. 781-784, hier S. 783-784 und *Kolbinger, Walter*: Mietereinbauten/Mieterumbauten in der Steuerbilanz des Mieters, in: BB, 38. Jg. (1982), S. 82-96, hier S. 89.

894 Vgl. zu Einzelheiten auch unten, Zweites Kapitel B.II.3.

895 Vgl. hierzu auch oben, Zweites Kapitel A.II.2.

896 Vgl. insoweit das Urteil des *Bundesfinanzhofes* vom 26.2.1975 I R 32/73, BFHE 115, 238, hier 241; BStBl II 1975, 443; vgl. dagegen noch das Urteil des *Bundesfinanzhofes* vom 22.10.1965 III 145/62 U, BFHE 84, 12, hier 16-17; BStBl III 1966, 5. Vgl. auch *Sprenger, Andrea*: Möglichkeiten zur Vermeidung von Betriebsvermögen und zur Schaffung von Erhaltungsaufwand durch den Mietereinbautenerlaß, in: Inf, 51. Jg. (1997), S. 523-527, hier S. 525-526.

897 Vgl. nur Urteil des *Bundesgerichtshofes* vom 31.10.1952 V ZR 36/51, BGHZ 8, 1, hier 5.

898 Vgl. *Groh, Manfred*: Bauten auf fremdem Grundstück: BGH versus BFH?, a.a.O., S. 1489.

899 Vgl. auch *Mittelbach, Rolf*: Grundstücke, Gebäude und Gebäudeteile im Betriebsvermögen, 3. Aufl., Köln 1981, S. 107; *ders.*: Bilanzierung der Aufwendungen für die Verbesserung von Miet- und Pachträumen, in: DStR, 14. Jg. (1976), S. 541-548, hier S. 544 und *Institut der Wirtschaftsprüfer*: Wirtschaftsprüfer-

/...

des Mietvertrages zu entfernenden Einbauten sind ihm nach dem Prinzip wirtschaftlicher Vermögenszugehörigkeit als Sache zuzurechnen und können als greifbar werthaltig gelten.

cc) Selbst wenn man bei nur *möglicher* Entfernung mit dem *Bundesfinanzhof* Mietereinbauten die Eigenschaft von Scheinbestandteilen abspräche, scheint doch ihre Zurechnung nach dem Prinzip wirtschaftlicher Vermögenszugehörigkeit für gewöhnlich unzweifelhaft: Kann der Nutzungsberechtigte über die Entfernung der Einbauten entscheiden, stehen ihm sowohl das Einnahmenpotential als auch die Wertsteigerungschancen der Einbauten zu, da er dem Vermieter keine Einbauten überlassen wird, die noch einen erheblichen Restwert besitzen. Sind die Einbauten dagegen – trotz verbleibender betriebsgewöhnlicher Nutzungsdauer – bereits am Ende der Mietdauer wirtschaftlich verbraucht, wird der Mieter zwar auf ihre Entfernung verzichten, er hat aber gleichwohl Substanz und Ertrag der Einbauten vollständig inne.

Als Ausnahme wären hier lediglich jene Mietereinbauten zu nennen, die bei Entfernung völlig zerstört und damit für den Mieter wirtschaftlich wertlos würden: Der Mieter sähe von ihrer Entfernung ab und verfügte mithin nicht vollständig über Substanz und Ertrag; statt der Aktivierung der Mietereinbauten als Sache wäre nach ständiger Rechtsprechung des *Bundesfinanzhofes* der Ansatz eines Nutzungsrechtes an den Einbauten in Erwägung zu ziehen.[900]

dd) Eine Berechtigung zur Entfernung von Mietereinbauten muß sich nicht notwendigerweise aus den vertraglichen Vereinbarungen ergeben, sondern kann auch aus § 547a Absatz 1 BGB folgen[901]: Sofern es sich bei den Einbauten um sogenannte „Einrichtungen" handelt, hat der Mieter das Anrecht, sie jederzeit wegzunehmen; Absatz 2 der Vorschrift räumt dem Vermieter die Möglichkeit ein, die Ausübung dieses Wegnahmerechts „durch Zahlung einer angemessenen Entschädigung" abzuwenden.[902]

Als „Einrichtungen" gelten nach der Rechtsprechung des *Bundesgerichtshofes* „Sachen, die mit der Mietsache verbunden und dazu bestimmt sind,

---

Handbuch 1996, Handbuch für Rechnungslegung, Prüfung und Beratung, Bd. I, 11. Aufl., Düsseldorf 1996, S. 264.

900 Vgl. hierzu unten, Zweites Kapitel B.II.

901 Ein Recht zur Entfernung besteht auch bei anderen Nutzungsverhältnissen, vgl. hierzu *Baur, Fritz*: Lehrbuch des Sachenrechts, a.a.O., S. 639-641.

902 Zu den bilanzrechtlichen Konsequenzen eines Anspruchs aus § 547a Absatz 2 BGB, vgl. unten, Zweites Kapitel B.I.2.d).

dem wirtschaftlichen Zweck der Mietsache zu dienen"[903]; der Mieter bezweckt mit der Einrichtung die bessere Nutzung der Mietsache[904]. Obgleich hierin auch zumeist der Grund für die Einfügung von Mietereinbauten zu sehen sein dürfte, wird die Bedeutung der Vorschrift für diese Einbauten schon durch ihren Wortlaut nicht unerheblich eingeschränkt[905]: § 547a BGB betrifft nämlich nur jene Einbauten, die schon vor Einfügung in das Gebäude als Sache existierten und die sich, nachdem sie zwischenzeitlich wesentlicher Bestandteil des Gebäudes geworden sein können,[906] später wieder vom Gebäude abtrennen lassen; hierunter sind beispielsweise Maschinen oder Heizungsanlagen zu subsumieren.[907]

Im Hinblick auf das Prinzip wirtschaftlicher Vermögenszugehörigkeit bestehen bei diesen Einbauten allerdings nur sehr selten Zweifel über ihre Zurechnung zum Vermögen des Mieters;[908] zudem mindert die Entfernung den Wert der Einbauten oft erheblich, so daß das Wegnahmerecht wirtschaftlich meist weniger wert sein wird als ein möglicher Verwendungsersatzanspruch.[909]

---

903 Urteil des *Bundesgerichtshofes* vom 14.7.1969 VIII ZR 5/68, WM, 23. Jg. (1969), S. 1114-1116, hier S. 1115.
Vgl. auch Urteil des *Oberlandesgerichts Köln* vom 8.7.1994 11 U 242/93, ZMR, 47. Jg. (1994), S. 509-510, hier S. 510.

904 Vgl. *Emmerich, Volker*: Kommentierung zu § 547a BGB, in: Staudingers Kommentar zum Bürgerlichen Gesetzbuch, Rz. 5.

905 Strittig erscheint die Anwendbarkeit der Vorschrift auf Gebäude, die auf fremdem Grund und Boden errichtet wurden. Teile des Schrifttums bezweifeln, ob Gebäude als Einrichtungen gelten können, vgl. *Eisgruber, Thomas*: Bauten auf fremdem Grund und Boden, a.a.O., S. 525.

906 Einrichtungen bilden Scheinbestandteile, falls die Verbindung vom Mieter nur für die Dauer des Mietverhältnisses beabsichtigt ist. Wurde dies früher als Regelfall unterstellt, muß angesichts geänderter wirtschaftlicher Verhältnisse heute vom Verbleib der Sachen ausgegangen werden, vgl. *Voelskow, Rudi*: Kommentierung zu § 547a BGB, in: Münchner Kommentar, Bd. 3, 3. Aufl., RdNr. 7 und RdNr. 13.

907 Vgl. *Voelskow, Rudi*: Kommentierung zu § 547a BGB, in: Münchner Kommentar, Bd. 3, 3. Aufl., RdNr. 3.
Vgl. auch *Glade, Anton*: Bilanzierungs- und Bewertungsprobleme bei Grundstücken und Gebäuden, in: StbJb 1976/77, S. 175-219, hier S. 200-201.

908 Vgl. *Sauren, Marcel M.*: Die neue Rechtslage bei Mietereinbauten, a.a.O., S. 707.

909 Vgl. *Medicus, Dieter*: Bürgerliches Recht, 13. Aufl., Köln u.a. 1987, § 34, Rdnr. 885 (S. 527-528).

Die (vornehmlich von Befürwortern einer am Veräußerungsrecht orientierten Zurechnung vertretene) Auffassung, § 547a Absatz 1 BGB komme eine weitreichende bilanzrechtliche Bedeutung zu, kann daher nicht geteilt werden.[910]

Der Vorschrift ist aber immerhin zu entnehmen, daß eingefügte Sachen, die zivilrechtlich als Einrichtungen zu qualifizieren sind, dem Mieter zugerechnet werden, weil dieser in jedem Fall Substanz und Ertrag der Mietereinbauten innehat: Für den Fall der Wegnahme der Einbauten wurde dies soeben aufgezeigt, andernfalls bemißt sich die Entschädigung des Mieters nach dem (Wertänderungen berücksichtigenden) Zeitwert der Einbauten.[911]

b) Betriebsgewöhnliche Nutzungsdauer und Laufzeit des Mietvertrages

aa) Nach ständiger Rechtsprechung des *Bundesfinanzhofes* verfügt ein Mieter auch dann vollständig und dauerhaft über Substanz und Ertrag der von ihm eingefügten Einbauten, wenn deren Entfernung nicht beabsichtigt ist, sie jedoch am Ende der Mietzeit tatsächlich oder technisch verbraucht und damit für den Vermieter wertlos sein werden.[912] Das Prinzip wirtschaftlicher Vermögenszugehörigkeit gebietet daher die Zurechnung der Einbauten zum Nutzungsberechtigten, sofern der durch die betriebsgewöhnliche Nutzungsdauer determinierte Abschreibungszeitraum der Einbauten nicht länger ist als die voraussichtliche Dauer des Nutzungsverhältnisses.[913]

---

910 So aber etwa *Knapp, Lotte*: Mietereinbauten und -umbauten sowie Gebäude auf fremdem Grund in der Handelsbilanz, a.a.O., S. 1105 und S. 1108, die in der „Einrichtung" ein geeignetes Kriterium für die Abgrenzung der selbständigen Vermögensgegenstände von Gebäuden erkennt.

911 Vgl. ebenda, S. 1108 und *Emmerich, Volker*: Kommentierung zu § 547a BGB, in: Staudingers Kommentar zum Bürgerlichen Gesetzbuch, Rz. 2. Zu Ansprüchen auf Entschädigung in Höhe des Zeitwerts der Einbauten, vgl. unten, Abschnitte c) (zu § 951 BGB) bzw. d) (zu § 547 BGB) dieses Gliederungspunktes.

912 Vgl. etwa die Urteile des *Bundesfinanzhofes* vom 26.2.1975 I R 32/73, BFHE 115, 238, hier 241; BStBl II 1975, 443; vom 20.9.1989 X R 140/87, BFHE 158, 361, hier 364; BStBl II 1990, 368; vom 15.10.1996 VIII R 44/94, BFHE 182, 344, hier 347; BStBl II 1997, 533, hier 535 (m.w.N.) und vom 27.11.1996 X R 92/92, BFHE 182, 104, hier 109; BStBl II 1996, 97.
Vgl. dagegen noch das Urteil des *Bundesfinanzhofes* vom 9.7.1965 VI 202/64, HFR, 5. Jg. (1965), S. 508, hier S. 508.

913 Vgl. Urteil des *Bundesfinanzhofes* vom 21.5.1992 X R 61/91, BFHE 168, 261, hier 264; BStBl II 1992, 944.

Hiergegen wird – bei sonst weit überwiegender Zustimmung des Schrifttums zu diesem Kriterium[914] – von einzelnen Autoren eingewandt, der Mieter habe zwar den Ertrag der Einbauten auf Dauer, die Substanz wachse jedoch dem Vermieter zu; der Mieter erlange kein Herrschaftsrecht über die Substanz.[915] Es trifft zwar zu, daß nicht alle Mietereinbauten nach Ablauf der betriebsgewöhnlichen Nutzungsdauer vollständig verbraucht sein werden; die Kritik richtet sich aber nicht gegen einen eventuell dem Vermieter verbleibenden Restwert: Im hier interessierenden Fall stünde dem Mieter weder die Substanz noch der (von den Autoren aber nicht erwähnte) *Ertrag* vollständig zu. Dem Einwand liegt vielmehr ein anderes, an der Einzelveräußerbarkeit orientiertes, Verständnis des Merkmals Substanz zugrunde; wie bereits dargelegt, stellt die Einzelveräußerbarkeit jedoch kein geeignetes Zurechnungskriterium dar.[916]

Ungeachtet der fehlenden Einzelveräußerbarkeit betont der *Bundesfinanzhof* beispielsweise im Falle eines über 30 Jahre laufenden Pachtvertrages, daß Substanz und Ertrag für die Nutzungsdauer der Bauten dem Pächter zustehen:[917] Der Nutzungsberechtigte verfügt hier vollständig über das Einnahmenpotential des Vermögensgegenstandes und trägt die Wertminderungsrisiken sowie die Wertsteigerungschancen. Die Zurechnung der Einbauten darf erst recht als unstrittig gelten, falls die Nutzungsvereinbarung, wie regelmäßig bei familienrechtlichen Überlassungen, auf Dauer angelegt ist.[918]

---

914 Vgl. nur *Adler/Düring/Schmaltz*: Kommentierung zu § 246 HGB, Tz. 411; *Dusemond, Michael/Knop, Wolfgang*: Kommentierung zu § 266 HGB, in: Küting/Weber, Rn. 28; *Hoyos, Martin/Schramm, Marianne/Ring, Maximilian*: Kommentierung zu § 253 HGB, in: Beck'scher Bilanz-Kommentar, Anm. 366; *Meyer-Scharenberg, Dirk E.*: Sind Nutzungsrechte Wirtschaftsgüter?, in: BB, 42. Jg. (1987), S. 874-877, hier S. 877 und *Weber-Grellet, Heinrich*: Kommentierung zu § 5 EStG, in: Schmidt, Rz. 270.

915 Vgl. *Gassner, Bruno/Lempenau, Gerhard*: Ausgewählte bilanzsteuerliche Fragen, in: DStZ/A, 62. Jg. (1974), S. 134-141, hier S. 134 und *Suhr, Gerhard*: Uneinheitliche Rechtsprechung zur steuerrechtlichen Behandlung von Mietereinbauten und Mieterumbauten als materielle und immaterielle Wirtschaftsgüter des Mieters, in: StBp, 16. Jg. (1976), S. 101-107, hier S. 104.

916 Zum Kriterium der Einzelveräußerbarkeit, vgl. oben, Erstes Kapitel B.III.3.

917 Vgl. Urteil des *Bundesfinanzhofes* vom 26.1.1978 V R 137/75, BFHE 124, 259, hier 263-264 (Zitat auf S. 264); BStBl II 1978, 280.

918 Vgl. Urteil des *Bundesfinanzhofes* vom 31.10.1978 VIII R 146/75, BFHE 127, 501, hier 503-504; BStBl II 1979, 507.
Bei familienrechtlichen Überlassungen wird auch ohne vertragliche Vereinbarung eine dauerhafte Überlassung angenommen, vgl. exemplarisch Urteil des

/...

Nicht jede Vertragsgestaltung erlaubt jedoch eindeutige Aussagen über die Dauer des Nutzungsverhältnisses[919]: Zum einen wird zu untersuchen sein, ob für die beteiligten Parteien während der Laufzeit des Vertrages die Möglichkeit zur vorzeitigen Auflösung des Vertrages besteht; zum anderen ist zu prüfen, inwieweit mit der Wahrnehmung eventueller Verlängerungsoptionen gerechnet werden kann.

bb) Fehlt es an einer Vereinbarung, die eine Beendigung des Mietverhältnisses vor dem Ende der betriebsgewöhnlichen Nutzungsdauer der Einbauten ausschließt, oder verfügt der Vermieter nach der vertraglichen Regelung sogar über die Möglichkeit einer ordentlichen Kündigung ohne daß für diesen Fall eine Entschädigung des Mieters vorgesehen ist, muß eine Zurechnung der Einbauten als Sache zum Nutzungsberechtigten mangels gesicherter Rechtsposition zumeist ausscheiden.[920]

Zu prüfen bleibt, ob ausnahmsweise doch eine gesicherte Rechtsposition vorliegt, falls die Umstände des Falls eine Verlängerung des Mietvertrages mit sehr hoher Wahrscheinlichkeit erwarten lassen.[921] Eine derartige Position des Mieters dürfte jedenfalls bestehen, wenn die Vereinbarung ihm ein einseitiges Kündigungsrecht einräumt;[922] die Zugehörigkeit der Einbauten zum Vermögen des Mieters erscheint hier unproblematisch.[923]

Der Zurechnung steht auch nicht entgegen, daß in Ausnahmefällen, wie bei Aufgabe des Gewerbebetriebs oder Zahlungsunfähigkeit des Nutzungsberechtigten, eine außerordentliche Kündigung möglich bleibt[924]: Die Ein-

---

Bundesfinanzhofes vom 11.12.1987 III R 188/81, BFHE 152, 125, hier 127; BStBl II 1988, 493.

919 Vgl. hierzu oben, Erstes Kapitel B.III.2.

920 Vgl. dazu Urteil des *Bundesgerichtshofes* vom 6.11.1995 II ZR 164/94, BB, 51. Jg. (1996), S. 155-157, hier S. 156. Vgl. auch *Moxter, Adolf*: Zur bilanzrechtlichen Behandlung von Mietereinbauten nach der neueren höchstrichterlichen Rechtsprechung, a.a.O., S. 262. Zum Erfordernis einer gesicherten Rechtsposition, vgl. auch oben, Zweites Kapitel A.IV.1.b).

921 Vgl. hierzu ausführlich *Mittelbach, Rolf*: Gewerbliche Miet- und Pachtverträge in steuerlicher Sicht, 4. Aufl., Herne und Berlin 1979, Rz. 146-161, insbesondere Rz. 150.

922 Vgl. *Meilicke, Wienand*: Obligatorische Nutzungsrechte als Sacheinlage, a.a.O., S. 584.

923 A. A. *Adler/Düring/Schmaltz*: Kommentierung zu § 246 HGB, Tz. 405 und *Niehus, Karl/Kränke, Sabine*: Steuerliche Behandlung von Baumaßnahmen des Mieters, a.a.O., S. 9326: Maßgeblich sei stets nur die fest vereinbarte Mietzeit.

924 Vgl. Urteil des *Bundesfinanzhofes* vom 2.6.1978 III R 4/76, BFHE 125, 240, hier 243; BStBl II 1978, 507.

bauten sind als Sache beim Mieter zu bilanzieren, wenn die vorzeitige Kündigung durch den Vermieter bei „normalem Verlauf der Dinge", das heißt bei vertragsgemäßem Verhalten des Mieters, ausgeschlossen werden kann.[925]

cc) Zur Bestimmung der Mietdauer sind „alle Umstände zu berücksichtigen, die für eine über die formelle Vertragsdauer hinausgehende wahrscheinliche Nutzungsmöglichkeit"[926] angeführt werden können. Um zu beurteilen, ob sich die Mietdauer durch die Ausübung von Verlängerungsoptionen über die betriebsgewöhnliche Nutzungsdauer der Einbauten erstrecken wird, bedarf es häufig der Schätzung der Wahrscheinlichkeit einer solchen Optionsausübung; hierzu ist nicht allein auf den Wortlaut der Vereinbarung, sondern „auf deren wirtschaftlichen Gehalt und die tatsächliche Durchführung abzustellen"[927].

Substanz und Ertrag der Einbauten liegen bereits vollständig und dauerhaft beim Mieter, wenn die Verlängerungsoption „mit einer hohen Wahrscheinlichkeit"[928] ausgeübt werden wird.[929] Auch bei kurzer (Grund-)Mietzeit und einseitiger Option für den Nutzungsberechtigten erhöht sich nach Auffassung des *Bundesfinanzhofes* (bei Leasingverhältnissen) die Wahrscheinlichkeit dafür, daß der Nutzungsberechtigte von seinem Recht Gebrauch

---

925 Vgl. Urteil des *Bundesfinanzhofes* vom 26.1.1978 V R 137/75, BFHE 124, 259, hier 264 (auch Zitat); BStBl II 1978, 280.

926 Urteil des *Bundesfinanzhofes* vom 31.10.1978 VIII R 146/75, BFHE 127, 501, hier 503 (auch Zitat); BStBl II 1979, 507.
   Vgl. hierzu auch *Heuer, Gerhard/Jansen, Rudolf*: Kommentierung zu § 7 EStG, in: Herrmann/Heuer/Raupach, Anm. 600 (Stichwort „Pächter, Mieter").

927 Urteil des *Bundesfinanzhofes* vom 7.10.1997 VIII R 63/95, BFH/NV, 13. Jg. (1997), S. 1202-1204, hier S. 1203.
   Vgl. insoweit auch das Urteil des *Bundesgerichtshofes* vom 6.11.1995 II ZR 164/94, BB, 51. Jg. (1996), S. 155-157, hier S. 156-157.
   Zu den Vertragsgestaltungen bei Leasingverhältnissen, vgl. *Mellwig, Winfried*: Investition und Besteuerung, Wiesbaden 1985, S. 235 ff.

928 *Döllerer, Georg*: Leasing, wirtschaftliches Eigentum oder Nutzungsrecht?, a.a.O., S. 537.

929 Vgl. hierzu die Ausführungen im Urteil des *Bundesfinanzhofes* vom 28.7.1993 I R 88/92, BFHE 172, 333, hier 337-338; BStBl II 1994, 164.
   Analog für Leasing, vgl. *Mellwig, Winfried/Weinstock, Marc*: Die Zurechnung von mobilen Leasingobjekten nach deutschem Handelsrecht und den Vorschriften des IASC, a.a.O., S. 2348 sowie das Urteil des *Bundesfinanzhofes* vom 30.5.1984 I R 146/81, BFHE 141, 509; hier 512; BStBl II 1984, 825.

machen wird.[930] Im Schrifttum wird angeregt, bei formal kurzer Grundmietzeit auf die Laufzeit abzustellen, zu deren Wahrnehmung ein Sach-
zwang besteht.[931]

Der zum Leasing ergangenen Rechtsprechung ist darüber hinaus zu entnehmen, daß von einem vollständigen Innehaben von Substanz und Ertrag
schon auszugehen ist, wenn sich betriebsgewöhnliche Nutzungsdauer und
Mietdauer „annähernd decken".[932] In der Literatur wird diesbezüglich vorgeschlagen, Bauten, deren Überlassungsdauer mehr als 90% der betriebsgewöhnlichen Nutzungsdauer umfaßt, dem Nutzungsberechtigten zuzurechnen.[933] Es stellt sich indes die Frage, ob die das Prinzip wirtschaftlicher
Vermögenszugehörigkeit konkretisierenden Merkmale Substanz und Ertrag noch als erfüllt gelten können: Verbleibt dem Eigentümer des Grundstücks am Ende der Mietdauer ein erheblicher Restwert, wäre nach der
Rechtsprechung des *Bundesfinanzhofes* alternativ wiederum die Aktivierung eines Nutzungsrechts an den Bauten zu erwägen.[934]

c) Das Prinzip wirtschaftlicher Vermögenszugehörigkeit bei Ansprüchen aus § 951 Absatz 1 Satz 1 i. V. m. § 812 Absatz 1 Satz 1 Fall 2 BGB

Nach der – einstweilen wohl noch in Entwicklung befindlichen[935] – höchstrichterlichen Rechtsprechung werden einem Mieter auch jene dem Eigen-

---

930 Vgl. Urteil des *Bundesfinanzhofes* vom 26.1.1970 IV R 144/66, BFHE 97, 466,
hier 485; BStBl II 1970, 264. Vgl. auch *Fischer, Peter*: Kommentierung zu § 39
AO, in: Hübschmann/Hepp/Spitaler, Anm. 124.

931 Vgl. *Kußmaul, Heinz*: Bilanzierung von Nutzungsrechten an Grundstücken, in:
StuW, 65. (18.) Jg. (1988), S. 46-60, hier S. 57.

932 Vgl. Urteile des *Bundesfinanzhofes* vom 27.11.1996 X R 92/92, BFHE 182, 104,
hier 109 (auch Zitat); BStBl II 1996, 97 und vom 26.1.1970 IV R 144/66, BFHE
97, 466, hier 486; BStBl II 1970, 264 sowie jüngst das Urteil des *Finanzgerichts
Münster* vom 24.9.1998 3 K 3746/95 E, EFG, 47. Jg. (1999), S. 953, hier S. 953.

933 Vgl. *Meyer[-Scharenberg], Dirk*: Einkommensteuerliche Behandlung des Nießbrauchs und anderer Nutzungsüberlassungen, a.a.O., S. 168; a. A. *Fabri, Stephan*: Grundsätze ordnungsmäßiger Bilanzierung entgeltlicher Nutzungsverhältnisse, a.a.O., S. 71.

934 Vgl. zu dieser Problematik unten, Zweites Kapitel B.II.

935 Die hier dargestellte Vorgehensweise wird als herrschende Meinung angesehen,
vgl. *Schreiber, Jochem*: Kommentierung zu § 5 EStG, in: Blümich, Rz. 740
(Stichwort „Mietereinbauten"); zu den unterschiedlichen Auffassungen der Senate des *Bundesfinanzhofes*, vgl. den folgenden Abschnitt bb) dieses Gliederungspunktes.

tümer nach Beendigung des Mietverhältnisses zu überlassenden Einbauten zugerechnet, über die der Mieter zwar nicht während der gesamten betriebsgewöhnlichen Nutzungsdauer verfügt, für die er aber zu diesem Zeitpunkt gegen den Vermieter entweder einen vertraglich vereinbarten Entschädigungsanspruch oder einen Ersatzanspruch aus § 951 Absatz 1 Satz 1 BGB geltend machen kann.[936]

aa) Ebenso wie Bauten auf fremden Grundstücken zivilrechtlich grundsätzlich als wesentliche Grundstücksbestandteile anzusehen sind, werden Mietereinbauten – soweit es sich nicht um die bereits erwähnten Scheinbestandteile[937] handelt – als Folge des § 946 BGB mit ihrer Einfügung grundsätzlich wesentliche Bestandteile des Gebäudes und gehen in das Eigentum des Vermieters über. § 951 Absatz 1 Satz 1 BGB billigt dem um das Eigentum an den Einbauten entreicherten Mieter in diesen Fällen einen Ausgleichsanspruch zu[938]: Wer infolge des § 946 BGB einen Rechtsverlust erleidet, kann von demjenigen, zu dessen Gunsten dies geschieht, eine Vergütung in Geld verlangen, die sich „nach den Vorschriften über die Herausgabe einer ungerechtfertigten Bereicherung"[939] richtet; § 951 Absatz 1 Satz 1 BGB verweist also auf die Anspruchsgrundlagen des § 812 BGB[940].

---

936 Für die Rechtsprechung des *Bundesfinanzhofes,* vgl. exemplarisch das Urteil vom 28.7.1993 I R 88/92, BFHE 172, 333, hier 333 und 336-337; BStBl II 1994, 164 sowie die unten, in Fußnote 951 dieser Arbeit, aufgeführten Urteile.
Vgl. ferner das Urteil des *Bundesgerichtshofes* vom 6.11.1995 II ZR 164/94, BB, 51. Jg. (1996), S. 155-157, hier S. 156.

937 Vgl. hierzu oben, Zweites Kapitel B.I.1.

938 (Durch den Mieter beauftragten) Dritten steht ein Anspruch gegen den Eigentümer grundsätzlich nicht zu, vgl. *Quack, Friedrich*: Kommentierung zu § 951 BGB, in: Münchner Kommentar, Bd. 4, 2. Aufl., RdNr. 6 und *Bassenge, Peter*: Kommentierung zu § 951 BGB, in: Palandt, Rn. 6.

939 § 951 Absatz 1 Satz 1 BGB.

940 Vgl. *Thomas, Heinz*: Kommentierung zu § 812 BGB, in: Palandt, Rn. 97.
§ 812 Absatz 1 Satz 1 BGB enthält *zwei* Anspruchsgrundlagen: Fall 1 bezieht sich auf die Möglichkeit, daß der Entreicherte an den Bereicherten ohne Rechtsgrund eine Leistung erbracht hat (Leistungskondiktion); der hier relevante Fall 2 betrifft Bereicherungen „in sonstiger Weise", vgl. *Huber, Ulrich*: Bereicherungsansprüche beim Bau auf fremdem Boden, in: JuS, 10. Jg. (1970), S. 342-347, hier S. 342; *Gursky, Karl-Heinz*: Kommentierung zu § 951 BGB, in: Staudingers Kommentar zum Bürgerlichen Gesetzbuch, Rz. 2 sowie das Urteil des *Bundesfinanzhofes* vom 22.4.1998 X R 101/95, BFH/NV, 14. Jg. (1998), S. 1481-1484, hier S. 1484.

Voraussetzung für die Entstehung des Bereicherungsanspruchs ist nach § 812 Absatz 1 Satz 1 Fall 2 BGB, daß die Bereicherung des Eigentümers ohne rechtlichen Grund erfolgt ist.[941] Solange dem Mieter der vertragsgemäße Gebrauch der Einbauten gewährt wird – im Regelfall für die Dauer des Mietvertrages –, liegt daher keine Bereicherung des Eigentümers vor, weil der bereicherte Eigentümer noch keinen Mehrwert realisieren kann.[942] Der Mieter erlangt den Anspruch gegenüber dem Vermieter also nicht bereits mit der Erstellung der Bauten, sondern erst im Zeitpunkt der Beendigung ihrer Überlassung.[943] Die Höhe des Anspruchs richtet sich nach dem Wert der Einbauten im Augenblick des Rechtsverlustes des Mieters;[944] entscheidend für dessen Bemessung sind somit nicht die Baukosten, sondern der gemeine Wert der Bauten, der „durch seine Ertragsfähigkeit bestimmt wird".[945]

---

941 Vgl. hierzu *Crezelius, Georg*: „Aktienrechtliches Eigentum" – Zur Bilanzierung von Mieterinvestitionen, a.a.O., S. 2020-2021.
Vgl. auch *Klinkhammer, Heinz*: Die Rückabwicklung einverständlich vorgenommener Verwendungen beim Bau auf fremdem Boden, in: DB, 25. Jg. (1972), S. 2385-2388, hier S. 2386.

942 Vgl. Urteil des *Bundesgerichtshofes* vom 14.11.1962 V ZR 183/60, BB, 18. Jg. (1963), S. 10, hier S. 10. Vgl. auch Urteil des *Finanzgerichts Baden-Württemberg* vom 17.2.1998 1 K 107/94, EFG, 46. Jg. (1998), S. 934-936, hier S. 935.

943 Vgl. Urteile des *Bundesgerichtshofes* vom 10.10.1984 VIII ZR 152/83, NJW, 38. Jg. (1985), S. 313-315, hier S. 315 und vom 4.4.1990 VIII ZR 71/89, BGHZ 111, 125, hier 130. Vgl. auch *Reiß, Wolfram*: Bilanzierungsfragen bei Bauwerken auf fremdem Grund und Boden, a.a.O., S. 127-129 und *Glanegger, Peter*: Grund und Boden in der Bilanz des Landwirts, in: DStZ, 77. Jg. (1989), S. 132-141, hier S. 134; a. A. *Knobbe-Keuk, Brigitte*: Die steuerliche Behandlung von Nutzungsrechten, a.a.O., S. 308.

944 Vgl. *Klauser, Karl-August*: Aufwendungsersatz bei Neubauten und werterhöhenden Verwendungen auf fremdem Grund und Boden, in: NJW, 18. Jg. (1965), S. 513-518, hier S. 517; *Bassenge, Peter*: Kommentierung zu § 951 BGB, in: Palandt, Rn. 15 und *Medicus, Dieter*: Bürgerliches Recht, a.a.O., § 34, Rdnr. 882 (S. 527).

945 Vgl. Urteile des *Bundesgerichtshofes* vom 10.7.1953 V ZR 22/52, BGHZ 10, 171, hier 180 (auch Zitat); vom 13.5.1955 V ZR 36/54, BGHZ 17, 236, hier 241; vom 18.9.1961 VII ZR 118/60, BGHZ 35, 356, hier 362 sowie vom 19.9.1962 V ZR 138/61, NJW, 15. Jg. (1962), S. 2293-2295, hier S. 2293.
Vgl. auch *Götz, Peter*: Der Vergütungsanspruch gemäß § 951 Absatz 1 Satz 1 BGB, Berlin 1975, S. 170-195 und *Klauser, Karl-August*: Aufwendungsersatz bei Neubauten und werterhöhenden Verwendungen auf fremdem Grund und Boden, a.a.O., S. 516-517. Vgl. ferner das Urteil des *Bundesfinanzhofes* vom 17.3.1989 III 58/87, BFHE 157, 83, hier 87; BStBl II 1990, 6.

Es gilt die Vermutung, daß bestehende Ansprüche nicht erlassen werden;[946] der Anspruch aus § 951 Absatz 1 Satz 1 BGB entsteht nur dann nicht, wenn er zwischen den Beteiligten vertraglich abbedungen ist,[947] indem zum Beispiel die kostenlose Übernahme der Einbauten durch den Eigentümer vereinbart wird.[948] Andere Ansprüche, wie sie sich für einen Mieter etwa aus den §§ 547 und 547a BGB, für einen Pächter aus § 581 BGB ergeben können, werden durch den allgemeinen Anspruch des § 951 Absatz 1 Satz 1 BGB nicht ausgeschlossen.[949]

bb) In der hinsichtlich möglicher bilanzrechtlicher Implikationen eines (vertraglichen oder gesetzlichen) Ersatzanspruchs bisher wenig gefestigten Rechtsprechung lassen sich drei Positionen ausmachen, die dem Anspruch aus § 951 Absatz 1 Satz 1 BGB unterschiedliche Bedeutung für die Frage der wirtschaftlichen Zugehörigkeit der Einbauten zum Vermögen des Mie-

---

946 Vgl. Urteile des *Bundesfinanzhofes* vom 30.7.1997 I R 65/96, BFHE 184, 297, hier 301-302; BStBl II 1998, 402 und vom 28.7.1993 I R 88/92, BFHE 172, 333, hier 336; BStBl II 1994, 164.

947 Vgl. Urteile des *Bundesgerichtshofes* vom 10.7.1953 V ZR 22/52, BGHZ 10, 171, hier 179 und vom 19.9.1962 V ZR 138/61, NJW, 15. Jg. (1962), S. 2293-2295, hier S. 2293. Vgl. auch *Bassenge, Peter*: Kommentierung zu § 951 BGB, in: Palandt, Rn. 1; *Stephan, Rudolf*: Bauten auf fremdem Grund und Boden, in: DB, 40. Jg. (1987), S. 297-304, hier S. 300 und *Strahl, Martin*: Bauten auf fremden Grundstücken, a.a.O., S. 12303.
A. A. *Fischer, Peter*: Kommentar zum Urteil des Bundesfinanzhofes vom 2.12.1999 IX R 45/95, in: FR, 81. Jg. (1999), S. 662-664, hier S. 663 und *Sauren, Marcel M.*: Die neue Rechtslage bei Mietereinbauten, a.a.O., S. 707: Einen Ersatzanspruch erlange der Mieter nur durch vertragliche Vereinbarung.

948 Vgl. Urteile des *Bundesgerichtshofes* vom 13.10.1959 VIII ZR 193/58, NJW, 12. Jg. (1959), S. 2163-2164, passim und vom 17.2.1965 II ZR 43/57, NJW, 18. Jg. (1965), S. 816, hier S. 816. Vgl. auch Urteil des *Bundesgerichtshofes* vom 26.4.1994 XI ZR 97/93, NJW-RR, 9. Jg. (1994), S. 847-848, hier S. 848.
Gemäß § 951 Absatz 1 Satz 2 BGB kann der Eigentümer die Wiederherstellung des früheren Zustandes nicht verlangen; zur Problematik der aufgedrängten Bereicherung, vgl. *Reimer, Jürgen*: Die aufgedrängte Bereicherung: Paradigma der „negatorischen" Abschöpfung in Umkehrung zum Schadensersatz, Berlin 1990, S. 168 ff. und *Klauser, Karl-August*: Aufwendungsersatz bei Neubauten und werterhöhenden Verwendungen auf fremdem Grund und Boden, a.a.O., S. 516-517.

949 Vgl. insoweit § 951 Absatz 2 BGB und *Quack, Friedrich*: Kommentierung zu § 951 BGB, in: Münchner Kommentar, Bd. 4, 2. Aufl., RdNr. 31.
Zu den speziellen Verwendungsersatzansprüchen nach §§ 547 und 547a BGB, vgl. den folgenden Abschnitt d) dieses Gliederungspunktes.

ters beimessen:[950] Der I., VIII. sowie der XI. Senat des *Bundesfinanzhofes* vertreten – wie wohl auch der *Bundesgerichtshof* – die einleitend skizzierte Auffassung und fordern bei Bestehen eines Anspruchs in Höhe des Zeitwerts die Zurechnung der Einbauten als Sache zum Vermögen des Mieters;[951] dem haben sich die Finanzverwaltung und Finanzgerichte angeschlossen.[952]

Der III. und der IV. Senat verlangen dagegen den Ansatz eines „wie ein materielles Wirtschaftsgut" anzusehenden Nutzungsrechts;[953] dieser Lö-

---

950 Vgl. hierzu auch *Weber-Grellet, Heinrich*: Anmerkung zum BFH-Urteil vom 28.7.1999 X R 38/98, a.a.O., S. 1806-1807, hier S. 1807 und *ders.*: Anmerkung zum BFH-Urteil vom 11.6.1997 XI R 77/96, in: DStR, 35. Jg. (1997), S. 1567, hier S. 1567.

951 Vgl. Urteil des *Bundesgerichtshofes* vom 6.11.1995 II ZR 164/94, BB, 51. Jg. (1996), S. 155-157, hier S. 156.
Vgl. für den I. Senat die Urteile des *Bundesfinanzhofes* vom 28.7.1993 I R 88/92, BFHE 172, 333, hier 336-337; BStBl II 1994, 164 und vom 30.7.1997 I R 65/96, BFHE 184, 297, hier 301; BStBl II 1998, 402.
Für den VIII. Senat, vgl. das Urteil vom 15.10.1996 VIII R 44/94, BFHE 182, 344, hier 345-346; BStBl II 1997, 533, hier 534.
Für den XI. Senat, vgl. die Urteile vom 4.2.1998 XI R 35/97, BFHE 185, 121, hier 125; BStBl II 1998, 542 und vom 11.6.1997 XI R 77/96, BFHE 183, 455, hier 458; BStBl II 1997, 774.

952 Vgl. *Bundesminister der Finanzen*: Schreiben des Bundesministers der Finanzen vom 15.1.1976 IV B 2 – S 2133 – 1/76, BStBl I, 1976, 66, hier 66 (unter 6.b)) und *ders.*: Schreiben des Bundesministers der Finanzen vom 4.6.1986 IV B 1 – S 2253– 59/86, BStBl I 1986, 318, hier 318.
Vgl. ferner die Urteile des *Finanzgerichts München* vom 22.6.1999 16 K 767/95, EFG, 48. Jg. (2000), S. 12-13, hier S. 12; vom 3.12.1998 7 K 2884/96, EFG, 47. Jg. (1999), S. 377-378, hier S. 378; vom 16.7.1996 16 K 2780/94, DStRE, 1. Jg. (1997), S. 182-184, hier S. 183-184 und vom 27.9.1994 16 K 386/93, EFG, 43. Jg. (1995), S. 250-251, hier S. 250; des *Finanzgerichts des Landes Brandenburg* vom 6.3.1997 5 K 1382/96 E, EFG, 45. Jg. (1997), S. 775-776, hier S. 776 sowie des *Hessischen Finanzgerichts* vom 21.1.1998 1 K 377/95, EFG, 46. Jg. (1998), S. 1628-1630, hier S. 1629-1630.

953 Vgl. für den III. Senat die Urteile vom 10.8.1984 III R 98/93, BFHE 142, 90, hier 92; BStBl II 1984, 805; vom 11.12.1987 III R 188/81, BFHE 152, 125, hier 127; BStBl II 1988, 493 und vom 17.3.1989 III R 58/87, BFHE 157, 83, hier 87; BStBl II 1990, 6; einer Zurechnung der Einbauten als *Sache* neigt der Senat dagegen im Urteil vom 20.5.1988 III R 151/86, BFHE 155, 566, hier 568; BStBl II 1989, 269, hier 270, zu.
Für den IV. Senat, vgl. die Urteile vom 15.3.1990 IV R 30/88, BFHE 160, 244, hier 246-247; BStBl II 1990, 623 und vom 13.7.1989 IV R 137/88, BFH/NV, 6. Jg. (1990), S. 422-423, hier S. 422; dagegen tritt der Senat im Urteil vom

/...

sung scheint auch der Große Senat des *Bundesfinanzhofes* zuzuneigen, der jüngst – ohne allerdings explizit das Bestehen etwaiger Ersatzansprüche zu prüfen – den Aufwand des Mieters „bilanztechnisch ,wie ein materielles Wirtschaftsgut'"[954] behandelt wissen will und sich mit seinem Beschluß überdies gegen ein Urteil des XI. Senats wendet, in dem jener für die Aktivierung der Einbauten als Sache eintritt.[955]

Unter Berücksichtigung des Beschlusses des Großen Senats vom 30.1.1995[956] läßt sich – zumindest im Ergebnis – eine Annäherung beider Standpunkte konstatieren[957]: Ebenso wie ein vertraglich vereinbarter Anspruch löst auch der Ersatzanspruch nach § 951 Absatz 1 Satz 1 BGB eine Aktivierung aus; die AfA bemißt sich (grundsätzlich) einheitlich nach der Nutzungsdauer der Einbauten.

Zu einem anderen Resultat kommt hingegen der X. Senat, der eine Aktivierung der Einbauten beim Mieter bislang selbst bei vorliegenden (vertraglichen oder gesetzlichen) Ersatzansprüchen und einer der betriebsgewöhnlichen Nutzungsdauer entsprechenden Mietdauer mit Verweis auf den nicht wertlosen Herausgabeanspruch des Eigentümers ablehnt.[958] Eine Änderung

---

28.7.1994 IV R 89/93, BFH/NV, 11. Jg. (1995), S. 379-381, hier S. 380, für die Aktivierung des *Anspruchs* ein.
Eine ähnliche Position vertritt auch der VI. Senat im Urteil vom 25.7.1997 VI R 129/95, BFHE 184, 293, hier 301-303; BStBl II 1998, 435.

954 Beschluß des *Bundesfinanzhofes* vom 23.8.1999 GrS 1/97, DB, 52. Jg. (1999), S. 2087-2089, hier S. 2087-2088.
Vgl. auch den Beschluß des *Bundesfinanzhofes* vom 23.8.1999 GrS 5/97, DB, 52. Jg. (1999), S. 2093-2094, hier S. 2094.

955 Vgl. Beschluß des *Bundesfinanzhofes* vom 23.8.1999 GrS 1/97, DB, 52. Jg. (1999), S. 2087-2089, hier S. 2087-2088 (Zitat auf S. 2087), insbesondere Fußnote 12 und Urteil des *Bundesfinanzhofes* vom 10.3.1999 XI R 22/98, FR, 81. Jg. (1999), S. 844-845.
Vgl. auch den (Vorlage-)Beschluß des *Bundesfinanzhofes* vom 22.11.1996 VI R 77/95, BFHE 181, 362, hier 373-374; BStBl II 1997, 208.

956 Vgl. Beschluß des *Bundesfinanzhofes* vom 30.1.1995 GrS 4/92, BFHE 176, 267; BStBl II 1995, 281.

957 Vgl. auch *Strahl, Martin*: Bauten auf fremden Grundstücken, a.a.O., S. 12303.

958 Vgl. Urteile des *Bundesfinanzhofes* vom 20.9.1995 X R 94/92, BFHE 178, 429, hier 432-433; BStBl II 1996, 186 und vom 21.5.1992 X R 61/91, BFHE 168, 261, hier 263-264; BStBl II 1992, 944. Vgl. ferner die Senatsurteile vom 16.12.1992 X R 15/91, BFH/NV, 9. Jg. (1993), S. 411-412, hier S. 412 und vom 1.6.1994 X R 40/91, BFHE 174, 442, hier 444; BStBl II 1994, 752.
Zur Frage der Zurechnung von Mietereinbauten bei der betriebsgewöhnlichen Nutzungsdauer entsprechenden Mietdauer, vgl. oben, Zweites Kapitel B.I.2.b).

seiner Rechtsprechung scheint indes nicht ausgeschlossen: Der Senat läßt bei Ansprüchen des Mieters aus § 951 Absatz 1 Satz 1 BGB neuerdings die Bilanzierung eines Nutzungsrechts zu.[959]

Die (noch) bestehenden Divergenzen[960] dürften wohl nicht nur auf die insbesondere von *Weber-Grellet* angeführten Besonderheiten des § 10 e EStG zurückzuführen sein,[961] sondern tangieren auch die bilanzielle Vermögenszurechnung: Der X. Senat betont nämlich, keine abweichenden Zurechnungskriterien entwickeln zu wollen[962] und beruft sich in seinen Entscheidungen zum Teil auf die Kriterien Substanz und Ertrag.[963] Es stellt sich somit die grundsätzliche Frage, welche Bedeutung den Ersatzansprüchen für die Zurechnung von Mietereinbauten zukommen soll.

cc) Ob die durch die Aufwendungen des Mieters geschaffenen Nutzungsmöglichkeiten im Falle des Vorliegens von Ersatzansprüchen nach § 951 Absatz 1 Satz 1 BGB „wie materielle Wirtschaftsgüter"[964] betrachtet werden müssen, wie die beiden zuletzt beschriebenen Positionen der Judikatur implizieren, erscheint bei Orientierung am Prinzip wirtschaftlicher Vermögenszugehörigkeit zweifelhaft: Sieht man von dem (Sonder-)Fall eines nur formal bestehenden Anspruchs ab, der vom Mieter nicht geltend gemacht

---

959 Vgl. dazu die Urteile des *Bundesfinanzhofes* vom 28.7.1999 X R 38/98, DStR, 37. Jg. (1999), S. 1804-1806, hier S. 1806; vom 22.4.1998 X R 101/95, BFH/NV, 14. Jg. (1998), S. 1481-1484, hier S. 1483-1484 und vom 27.11.1996 X R 92/92, BFHE 182, 104, hier 108-109; BStBl II 1996, 97.

960 Es bleibt abzuwarten, zu welchem Ergebnis der X. Senat in zwei zur Zeit noch anhängigen Verfahren zu dieser Thematik kommen wird, vgl. hierzu das Urteil des *Finanzgerichts des Landes Brandenburg* vom 6.3.1997 5 K 1382/96 E, EFG, 45. Jg. (1997), S. 775-776 (Aktenzeichen des *Bundesfinanzhofes* X R 23/99) sowie Urteil des *Finanzgerichts München* vom 16.7.1996 16 K 2780/94, DStRE, 1. Jg. (1997), S. 182-184 (Aktenzeichen des *Bundesfinanzhofes* X R 137/96).

961 Vgl. *Weber-Grellet, Heinrich*: Kommentierung zu § 5 EStG, in: Schmidt, Rz. 270 und in diesem Sinne wohl auch das Urteil des *Bundesfinanzhofes* vom 20.9.1989 X R 140/87, BFHE 158, 361, hier 364 (unter b)); BStBl II 1990, 368. Vgl. hierzu ferner das Urteil des *Bundesfinanzhofes* vom 11.6.1997 XI R 77/96, BFHE 183, 455, hier 459; BStBl II 1997, 774.

962 Vgl. Urteil des *Bundesfinanzhofes* vom 21.5.1992 X R 61/91, BFHE 168, 261, hier 264; BStBl II 1992, 944: „Im Rahmen des § 10 e EStG kann [...] nicht von einem anderen Begriff des wirtschaftlichen Eigentums ausgegangen werden, als ihn die Rechtsprechung bisher aus § 39 AO 1977 entwickelt hat."

963 Vgl. Urteil des *Bundesfinanzhofes* vom 27.11.1996 X R 92/92, BFHE 182, 104, hier 108-109; BStBl II 1996, 97.

964 Beschluß des *Bundesfinanzhofes* vom 30.1.1995 GrS 4/92, BFHE 176, 267, hier 273; BStBl II 1995, 281.

werden wird,[965] manifestieren sich in dem Anspruch sowohl die Chancen auf Wertsteigerung als auch die Risiken des zufälligen Untergangs und der Wertminderung der Einbauten[966].

Die Chancen und Risiken von Wertänderungen liegen vollständig beim Mieter, da jener den am Ende der Mietdauer noch nicht verbrauchten Teil des Einnahmenpotentials[967] der Einbauten gegen Entschädigung mit der Mietsache auf den Eigentümer überträgt: Der Anspruch wird nur wirtschaftlich wertlos, wenn keine Bereicherung des Vermieters nach § 946 BGB mehr existiert.[968] Dieser Fall tritt für gewöhnlich nur ein, sofern sich Mietdauer und betriebsgewöhnliche Nutzungsdauer der Einbauten annähernd decken – wie soeben gezeigt, liegen Substanz und Ertrag der Einbauten auch dann vollständig und dauerhaft beim Mieter.[969]

Es erschiene wenig plausibel, die Zurechnung der Einbauten als Sache zum Mieter im Zeitpunkt ihres Zugangs allein deswegen abzulehnen, weil der Anspruch zivilrechtlich erst später – am Ende der Mietdauer – entsteht.[970] Für die Dauer des Mietvertrages hat der Mieter fraglos Substanz und Ertrag inne, mit dem „Verkauf des Ersatzanspruchs" an den Vermieter realisieren sich sodann mögliche Wertänderungen der Einbauten: Verlieren die Mietereinbauten etwa wegen Unrentierlichkeit ausnahmsweise schon lange vor dem Ende ihrer betriebsgewöhnlichen Nutzungsdauer erheblich an Wert und endet zu diesem Zeitpunkt der Mietvertrag, trägt der Mieter die Wertminderungsrisiken.

Als unproblematisch kann daher auch angesehen werden, daß der Mieter eventuell nicht für die gesamte betriebsgewöhnliche Nutzungsdauer der Einbauten über Substanz und Ertrag verfügt: „Wer die Nutzung einer Sache hat und sie später nur gegen Ersatz ihres Zeitwerts herauszugeben braucht, steht im Ergebnis nicht anders als ihr rechtlicher Eigentümer, der

---

965 Vgl. diesbezüglich das Urteil des *Bundesfinanzhofes* vom 28.7.1994 IV R 89/93, BFH/NV, 11. Jg. (1995), S. 379-381, hier S. 380-381.

966 Vgl. *Eisgruber, Thomas*: Bauten auf fremden Grund und Boden, a.a.O., S. 525. Vgl. dazu auch *Quack, Friedrich*: Kommentierung zu § 951 BGB, in: Münchner Kommentar, Bd. 4, 2. Aufl., RdNr. 19.

967 Dabei ist davon auszugehen, daß der Zeitwert der Einbauten ihrem Teilwert entspricht.

968 Vgl. *Crezelius, Georg*: „Aktienrechtliches Eigentum" – Zur Bilanzierung von Mieterinvestitionen, a.a.O., S. 2023.

969 Vgl. dazu den vorigen Gliederungspunkt b).

970 Vgl. insoweit aber *Reiß, Wolfram*: Bilanzierungsfragen bei Bauwerken auf fremdem Grund und Boden, a.a.O., S. 127-128.

sie nach gehabter Nutzung verkauft"[971] – der Wertausgleich kann aus Sicht des Vermieters als „Zwangskaufpreis"[972] verstanden werden. Das gegen diesen Standpunkt vorgebrachte Argument des fehlenden vollständigen *Verbrauchs* der Einbauten durch den Mieter vermag deshalb nicht zu überzeugen[973]: Auch der Eigentümer einer Maschine, die vor Ablauf der betriebsgewöhnlichen Nutzungsdauer veräußert werden soll, wird die Maschine nicht vollständig verbrauchen. Die Rückübertragung der Mietsache gegen Entschädigung kann in einer wirtschaftlicher Betrachtungsweise als Veräußerung des Substanzwertes der Einbauten interpretiert werden.[974]

Soweit der X. Senat als zentrales Argument für die Bilanzierung der Einbauten beim Vermieter auf dessen nicht wertlosen Herausgabeanspruch verweist, ist zu fragen, welcher Wert einem Anspruch beizumessen sein soll, den der Eigentümer erst noch gegen Entgelt „erwerben" muß; im übrigen läßt der Rekurs auf den Herausgabeanspruch erkennen, daß der Senat nicht auf das Prinzip wirtschaftlicher Vermögenszugehörigkeit, sondern auf § 39 AO rekurriert[975].

Gegen die Zurechnung der Einbauten als Sache zum Mieter wird außerdem eingewandt, der Eigentümer sei durch den Anspruch aus § 951 Absatz 1 Satz 1 BGB nicht an der Verfügung über das Grundstück gehindert.[976] Da der Mieter über eine gesicherte Rechtsposition verfügt, sind die Verfügungsmöglichkeiten des Eigentümers jedoch nicht unerheblich eingeschränkt.

Es hat zudem den Anschein, als ob dieser Ansicht ein von der hier vertretenen Auffassung abweichendes, weitergehendes Verständnis der bilanzrechtlichen Bedeutung des Verwertbarkeitskriteriums zugrunde liegt: Der Mieter muß nicht wie ein Eigentümer über das Grundstück verfügen

---

971 *Groh, Manfred*: Bauten auf fremdem Grundstück: BGH versus BFH?, a.a.O., S. 1489.

972 *Walz, Rainer*: Wirtschaftsgüter und wirtschaftliches Eigentum, in: FS Fischer, S. 463-481, hier S. 463.

973 Vgl. insoweit *Schilling, Claudia*: Bauten auf fremden Grundstücken im Einkommensteuerrecht, a.a.O., S. 98-99.

974 Vgl. *Gschwendtner, Hubert*: Anmerkung zum BFH-Urteil vom 15.10.1996 VIII R 44/94, in: DStR, 35. Jg. (1997), S. 996-997, hier S. 997.

975 Zu den Bedeutungsgrenzen von § 39 AO, vgl. oben, Erstes Kapitel B.II.3.a).

976 Vgl. *Klein, Franz/Orlopp, Gerd/Brockmeyer, Bernhard*: Kommentierung zu § 39 AO, in: Klein/Orlopp, S. 169 (für Bauten auf fremden Grundstücken). Vgl. dagegen ebenda, S. 170, wonach Mietereinbauten bei Ansprüchen auf Entschädigung im „wirtschaftlichen Eigentum" stehen sollen.

können; die Einzelveräußerbarkeit der Bauten bildet kein notwendiges Zurechnungskriterium.[977] Besteht ein (vertraglicher oder gesetzlicher) Anspruch des Mieters, erscheint die Zurechnung der Einbauten als Sache zu seinem Vermögen aus Sicht des Prinzips wirtschaftlicher Vermögenszugehörigkeit daher zwingend;[978] die aus den beiden letztgenannten Positionen der Rechtsprechung resultierenden Begründungsschwierigkeiten, die durch den Ansatz sogenannter „Merkposten" beseitigt werden sollen, lassen sich auf diese Weise vermeiden.[979]

d) Das Prinzip wirtschaftlicher Vermögenszugehörigkeit bei Ansprüchen aus §§ 547 und 547a Absatz 2 BGB

Neben § 951 Absatz 1 Satz 1 BGB und dem bereits oben angesprochenen, ein Wegnahmerecht des Mieters einräumenden § 547a BGB existiert mit § 547 BGB eine weitere Vorschrift, die Ausgleichsansprüche des Mieters gegen den Vermieter begründet. Ob den beiden letztgenannten Vorschriften eine zentrale Bedeutung für die bilanzrechtliche Behandlung von Mietereinbauten zukommt, wie im Schrifttum zum Teil dargetan wird[980], richtet sich vor allem nach den – für § 547 BGB anschließend zu untersuchenden[981] – zivilrechtlichen Kriterien für die Entstehung der Ausgleichsansprüche.

---

977 Zur Bedeutung der Verwertbarkeit für die Zurechnung, vgl. Erstes Kapitel B.III.3.

978 Für die Zurechnung der Einbauten zum Mieter plädieren auch *Eisgruber, Thomas*: Bauten auf fremdem Grund und Boden, a.a.O., S. 525; *Groh, Manfred*: Bauten auf fremdem Grundstück: BGH versus BFH?, a.a.O., S. 1490; *Gschwendtner, Hubert*: Mietereinbauten als Vermögensgegenstand und Wirtschaftsgut im Sinne des Handels- und Steuerbilanzrechts, a.a.O., S. 220-221; *Moxter, Adolf*: Zur bilanzrechtlichen Behandlung von Mietereinbauten nach der neueren höchstrichterlichen Rechtsprechung, a.a.O., S. 260 und *Weber-Grellet, Heinrich*: Drittaufwand: Gelöste Fragen, offene Probleme, Handlungsgrundlagen, in: StBJb 1995/96, S. 105-167, hier S. 158-160.

979 Vgl. hierzu auch die Ausführungen des *Hessischen Finanzgerichts* in seinem Urteil vom 21.1.1998 1 K 377/95, EFG, 46. Jg. (1998), S. 1628-1630, hier S. 1630.

980 Vgl. *Meyer[-Scharenberg], Dirk*: Einkommensteuerliche Behandlung des Nießbrauchs und anderer Nutzungsüberlassungen, a.a.O., S. 214.

981 Zu den Voraussetzungen für die Entstehung des Anspruchs aus § 547a BGB, vgl. oben, Zweites Kapitel B.I.2.a), dortiger Abschnitt dd); zur Frage der Zurechnung bei unter dem Zeitwert der Einbauten liegenden Ansprüchen, vgl. Abschnitt dd) dieses Gliederungspunktes.

aa) Nach § 547 *Absatz 1* BGB ist der Vermieter zum Ersatz verpflichtet, wenn der Mieter sogenannte „notwendige Verwendungen" auf die Sache vorgenommen hat. Hierunter sind jene Aufwendungen auf die Mietsache zu fassen, die ihrer *Erhaltung* oder *Wiederherstellung* dienen: Die Errichtung eines Gebäudes auf fremdem Grund und Boden wie auch dessen Um- oder Ausbau sind daher grundsätzlich[982] nicht nach § 547 Absatz 1 BGB ersatzfähig; hiermit wird das Grundstück bzw. das Gebäude in seiner Substanz verändert.[983]

Der Vermieter ist nur zum Ersatz verpflichtet, wenn die Aufwendungen in seinem Interesse getätigt und als notwendig eingestuft wurden, um den vertragsgemäßen Zustand und die ordnungsgemäße Bewirtschaftung der Mietsache zu gewährleisten.[984] Aufwendungen für Mietereinbauten bilden nur notwendige Verwendungen, falls sie nicht zu betrieblichen Sonderzwecken des Mieters geleistet wurden und sofern sie nicht die Mietsache erstmalig in einen vertragsgemäßen Zustand versetzen[985]: Ein Anspruch aus § 547 Absatz 1 BGB bedingt nach letzterem Kriterium, daß die Sache in dem Zustand erhalten (oder wieder in den Zustand gebracht) wird, in dem sie sich im Zeitpunkt des Abschlusses des Mietvertrages befand.[986] Im Hinblick auf Ansprüche des Mieters wird die Anwendbarkeit der Vorschrift damit nicht unerheblich eingeschränkt[987]: „Typische" Baumaßnah-

---

982 Als Ausnahmen sind der Wiederaufbau einer zerstörten Sache und die Sicherung der Mietsache (etwa durch Stützmauern) zu nennen, vgl. *Voelskow, Rudi*: Kommentierung zu § 547 BGB, in: Münchner Kommentar, Bd. 3, 3. Aufl., RdNr. 3 (mit Rechtsprechungsnachweisen).

983 Vgl. die Urteile des *Bundesgerichtshofes* vom 10.7.1953 V ZR 22/52, BGHZ 10, 171, hier 178 und des *Bundesfinanzhofes* vom 12.7.1972 I R 203/70, BFHE 106, 313, hier 316; BStBl II 1972, 802.
Vgl. auch *Crezelius, Georg*: „Aktienrechtliches Eigentum" – Zur Bilanzierung von Mieterinvestitionen, a.a.O., S. 2021.

984 Vgl. die Urteile des *Bundesgerichtshofes* vom 20.1.1993 VIII ZR 22/92, NJW-RR, 8. Jg. (1994), S. 522-524, hier S. 523 und des *Oberlandesgerichts München* vom 26.4.1995 7 U 5093/94, ZMR, 48. Jg. (1995), S. 406-409, hier S. 407.

985 Vgl. *Voelskow, Rudi*: Kommentierung zu § 547 BGB, in: Münchner Kommentar, Bd. 3, 3. Aufl., RdNr. 5-9 und *Putzo, Hans*: Kommentierung zu § 547 BGB, in: Palandt, Rn. 5-7.

986 Vgl. *Sauer, [Otto]*: Zur Frage der Aktivierungspflicht von Aus- und Umbaukosten des Mieters (Pächters) eines Gebäudes, in: StBp, 14. Jg. (1974), S. 98-101, hier S. 99.

987 Vgl. hierzu auch *Sauren, Marcel M.*: Die neue Rechtslage bei Mietereinbauten, a.a.O., S. 706-707.

men des Mieters, wie der Umbau eines Ladens[988] oder der Ausbau eines Dachgeschosses[989] können keine notwendigen Verwendungen darstellen.[990] Notwendige Verwendungen im Sinne der Vorschrift sind etwa der Ersatz zerstörter Fenster, nicht aufschiebbare Reparaturen an Installationen oder Aufwendungen bei Brand oder eindringendem Wasser.[991] Nach der Rechtsprechung des *Bundesfinanzhofes* kann beispielsweise ein Pächter, der die Aufwendungen für die Erneuerung eines Daches übernimmt, einen Ersatzanspruch nach § 547 Absatz 1 BGB geltend machen, weil die Baumaßnahme die Substanz des Gebäudes betrifft: Es handele sich „um größere Aufwendungen, die auch im Interesse des Verpächters getätigt werden".[992]

bb) Auch § 547 *Absatz 2* BGB gesteht dem Mieter einen Ersatzanspruch zu: Der Vermieter hat ihm „nach den Vorschriften über die Geschäftsführung ohne Auftrag" sogenannte „sonstige Verwendungen" zurückzuerstatten. Als „sonstige Verwendungen" gelten nach der Rechtsprechung des *Bundesgerichtshofes* jene Maßnahmen, die der Mietsache zugute kommen sollen. Die Sache soll dabei zwar *verbessert*, aber nicht grundlegend verändert werden;[993] es hat den Anschein, als ob dies bei Mietereinbauten in vielen Fällen zuträfe.[994]

Gleichwohl werden Mietereinbauten eher selten als sonstige Verwendungen anzusehen sein[995]: Bedingung hierfür wäre gemäß § 677 BGB zu-

---

988 Vgl. Urteile des *Bundesgerichtshofes* vom 22.5.1967 VIII ZR 25/65, NJW, 20. Jg. (1967), S. 2255-2258, hier S. 2255 und vom 13.2.1974 VIII ZR 233/72, NJW, 27. Jg. (1974), S. 743-745, hier S. 743.

989 Vgl. Urteil des *Landgerichts Bielefeld* vom 28.2.1968 8 O 18/68, MDR, 22. Jg. (1968), S. 672, hier S. 672.

990 Vgl. *Voelskow, Rudi*: Kommentierung zu § 547 BGB, in: Münchner Kommentar, Bd. 3, 3. Aufl., RdNr. 7 (m.w.N.).

991 Vgl. ebenda.

992 Vgl. Urteil des *Bundesfinanzhofes* vom 28.7.1994 IV R 89/93, BFH/NV, 11. Jg. (1995), S. 379-381, hier S. 380 (auch Zitat).

993 Als Beispiele erwähnt der *Bundesgerichtshof* den Bau eines Stalles auf einem landwirtschaftlichen oder eines Kesselhauses auf einem industriellen Grundstück, vgl. Urteil des *Bundesgerichtshofes* vom 10.7.1953 V ZR 22/52, BGHZ 10, 171, hier 178.

994 So wird auch im ersten Leiturteil zu Mietereinbauten auf Ansprüche aus „sonstigen Verwendungen" verwiesen, vgl. das Urteil des *Bundesfinanzhofes* vom 26.2.1975 I R 32/73, BFHE 115, 238, hier 241; BStBl II 1975, 443.

995 Vgl. hierzu ausführlich *Damrau-Schröter, Heike*: Zivilrechtliche Aspekte der „Mieter-Modernisierung": Die Rechtsstellung des Mieters zwischen Verwendungsersatz und Wegnahmerecht, Berlin 1994, S. 224-243.

nächst, daß der Mieter mit der Baumaßnahme den Willen hatte, ein Geschäft des *Vermieters* zu führen; bereits an diesem „Fremdgeschäftsführerwillen" wird es dem Mieter aber häufig fehlen, weil er die Mietsache nicht nach den Vorstellungen des Eigentümers, sondern in *seinem* Sinne umzugestalten beabsichtigt.[996]

Die Vorschriften über die Geschäftsführung ohne Auftrag verpflichten den Vermieter darüber hinaus zur Erstattung der Aufwendungen, wenn die Übernahme der Geschäftsführung durch den Mieter, die sich mit der Einfügung der Einbauten vollzieht, entweder dem (wirklichen oder mutmaßlichen) Willen des Vermieters entspricht (§ 683 Satz 1 BGB), mit dessen Genehmigung erfolgt (§ 684 Satz 2 BGB) oder aber im öffentlichen Interesse liegt (§ 679 BGB).[997] Auch diesen weiteren Anforderungen dürften Mietereinbauten oftmals nicht genügen, da der Mieter Baumaßnahmen zumeist nur im eigenen, betrieblichen Interesse vornimmt.

Sind die zusätzlichen Voraussetzungen der Geschäftsführung ohne Auftrag für die Entstehung eines Verwendungsersatzanspruches nach § 547 Absatz 2 BGB nicht erfüllt, könnte schließlich noch ein Anspruch aus § 684 Satz 1 BGB zu erwägen sein[998]: Die Norm verweist wiederum auf die Vorschriften zur ungerechtfertigten Bereicherung; demnach wäre – wie beim zuvor behandelten allgemeinen Anspruch aus § 951 Absatz 1 Satz 1 BGB – erneut der Bereicherungsanspruch aus § 812 Absatz 1 Satz 1 Fall 2 BGB einschlägig.[999]

Festzuhalten bleibt aber, daß Mietereinbauten – entgegen anders lautender Literaturmeinungen – zumeist weder notwendige noch sonstige Verwendungen darstellen dürften. Als Ausnahmen sind bei notwendigen Verwendungen die (auch) im Interesse des Vermieters eingefügten Einbauten zu nennen, mit denen der Gebäudezustand im Zeitpunkt des Vertragsabschlusses wiederhergestellt wird; sonstige Verwendungen bedingen, daß die Einfügung der Einbauten dem Willen des Vermieters entspricht. Sind

---

996 Vgl. hierzu das Urteil des *Landgerichts Mannheim* vom 20.12.1995 4 S 145/95, NJW-RR, 11. Jg. (1996), S. 1357-1358, hier S. 1357 (auch Zitat).

997 Vgl. *Sauren, Marcel M.*: Die neue Rechtslage bei Mietereinbauten, a.a.O., S. 707 und *Sauer, [Otto]*: Zur Frage der Aktivierungspflicht von Aus- und Umbaukosten des Mieters (Pächters) eines Gebäudes, a.a.O., S. 99.

998 Vgl. *Reiß, Wolfram*: Bilanzierungsfragen bei Bauwerken auf fremdem Grund und Boden, a.a.O., S. 127 und *Schilling, Claudia*: Bauten auf fremden Grundstücken im Einkommensteuerrecht, a.a.O., S. 104.

999 Zum Anspruch aus § 812 Absatz 1 Satz 1 Fall 2 BGB, vgl. oben, Zweites Kapitel B.I.2.c).

die Voraussetzungen des § 547 BGB nicht erfüllt, verbleiben dem Mieter gleichwohl Ansprüche aus § 951 Absatz 1 Satz 1 BGB.[1000]

cc) Verwendungen nach § 547 BGB unterscheiden sich von den Einrichtungen des § 547a BGB in zweierlei Hinsicht:[1001] Eine mit dem Gebäude verbundene Sache, die den Voraussetzungen einer Einrichtung genügt, verbleibt im Eigentum des Mieters, wenn sie nur zu einem vorübergehenden Zweck eingefügt wurde; Verwendungen können hingegen keine Scheinbestandteile bilden. Während Verwendungen immer (auch) im Interesse des Vermieters liegen, ist die Anbringung einer Einrichtung allein im Interesse des Mieters möglich. Die Begriffe der Einrichtung und der Verwendung können sich decken, wenn die Baumaßnahme des Mieters gleichzeitig in eigenem Interesse *und* der Sache willen, also für den Vermieter, vorgenommen wird.

dd) Wurde für den Zeitpunkt der Rückgabe der Mietsache die Beseitigung der Einbauten und die Wiederherstellung des alten Zustands vertraglich vereinbart, erlöschen in diesem Zeitpunkt die Ansprüche auf Verwendungsersatz;[1002] für die bilanzrechtliche Behandlung der Mietereinbauten folgt daraus unstreitig deren Zurechnung zum Mieter als Sache.[1003]

Fraglich erscheint indes, welche bilanzrechtlichen Implikationen das (Fort-)Bestehen von Ansprüchen nach den §§ 547 Absätze 1 und 2 bzw. 547a BGB haben soll: Nach § 547 Absatz 1 BGB sind dem Mieter notwendige Verwendungen voll zu ersetzen; die Höhe des Anspruchs soll sich nach dem Zeitwert der Einbauten richten.[1004] Sonstige Verwendungen gemäß § 547 Absatz 2 BGB berechtigen den Mieter nach den Vorschriften über die Geschäftsführung ohne Auftrag dagegen nur zum Ersatz seiner Aufwendungen (§ 683 Satz 1 BGB). Und auch die „angemessene Entschä-

---

1000 Vgl. *Putzo, Hans*: Kommentierung zu § 547 BGB, in: Palandt, Rn. 11.
   Vgl. auch Urteil des *Oberlandesgerichts München* vom 26.4.1995 7 U 5093/94, ZMR, 48. Jg. (1995), S. 406-409, hier S. 407.
1001 Vgl. zum folgenden Abschnitt *Damrau-Schröter, Heike*: Zivilrechtliche Aspekte der „Mieter-Modernisierung": Die Rechtsstellung des Mieters zwischen Verwendungsersatz und Wegnahmerecht, a.a.O., S. 83-85.
1002 Vgl. *Sauer, [Otto]*: Zur Frage der Aktivierungspflicht von Aus- und Umbaukosten des Mieters (Pächters) eines Gebäudes, a.a.O., S. 100.
1003 Vgl. oben, Zweites Kapitel B.I.2.a).
1004 Vgl. *Schilling, Claudia*: Bauten auf fremden Grundstücken im Einkommensteuerrecht, a.a.O., S. 105; a. A. *Sauer, [Otto]*: Zur Frage der Aktivierungspflicht von Aus- und Umbaukosten des Mieters (Pächters) eines Gebäudes, a.a.O., S. 99-100: Der Anspruch habe sich an den getätigten Aufwendungen unter Berücksichtigung der Abnutzung zu orientieren.

digung" des § 547a Absatz 2 BGB ist nicht gleichzusetzen mit dem Zeitwert der Einbauten: Bei der Anspruchsermittlung soll berücksichtigt werden, daß der Verbleib der Einrichtungen aus Sicht des Mieters zumeist vorteilhaft ist, da die – von ihm zu tragenden – Aufwendungen für die Entfernung der Einbauten und die Wiederherstellung des alten Zustands entfallen und ein bei Ausbau drohender Wertverlust nicht eintritt.[1005]

Zu prüfen bleibt, ob aus Ansprüchen, die (eventuell) nicht den vollen Zeitwert vergüten, die Zurechnung der Einbauten zum Mieter als Sache resultieren kann: Aus Sicht des Prinzips wirtschaftlicher Vermögenszugehörigkeit ließe sich argumentieren, der Mieter verfüge bei unter dem Zeitwert der Einbauten liegenden Ersatzansprüchen nicht vollständig über die Substanz und den Ertrag der Einbauten.[1006] Dabei wäre allerdings noch weiter zu differenzieren zwischen Entschädigungsansprüchen, die – wie der Zeitwert – variabel sind sowie vertraglich vereinbarten fixen Ansprüchen, mit denen beispielsweise der Restbuchwert der Einbauten vergütet wird[1007]: Erhält der Mieter nur eine Entschädigung in Höhe des Restbuchwertes der Einbauten, steht ihm zwar bis zum Ablauf des Mietvertrages das Einnahmenpotential allein zu, der Vermieter übernimmt jedoch sowohl die Chancen als auch die Risiken von Wertänderungen.[1008]

Zumindest bei einem vom Restbuchwert erheblich abweichenden Zeitwert käme die Zurechnung der Einbauten zum Mieter als Sache nach der Rechtsprechung des *Bundesfinanzhofes* wohl nicht in Betracht. Partizipiert der Mieter dagegen an Wertsteigerungen und Wertminderungen, stellt sich die Frage, welchen (prozentualen) Anteil an möglichen Wertänderungen er übernehmen muß, damit eine Zurechnung der Einbauten als Sache erfolgt.[1009] *Groh* schlägt – wohl in Anlehnung an einen der Leasing-Erlas-

1005 Vgl. *Voelskow, Rudi*: Kommentierung zu § 547a BGB, in: Münchner Kommentar, Bd. 3, 3. Aufl., RdNr. 16 und *Uelner, Adalbert*: Besteuerung immaterieller Wirtschaftsgüter, in: StKgR 1975, S. 95-116, hier S. 112-113.
A. A. *Emmerich, Volker*: Kommentierung zu § 547a BGB, in: Staudingers Kommentar zum Bürgerlichen Gesetzbuch, Rz. 28: Maßgeblich sei der Wert, den die vom Mieter zurückgelassenen Einbauten für den Vermieter haben.
1006 Vgl. insoweit *Schreiber, Ulrich/Storck, Alfred*: Mietereinbauten und Mieterumbauten in Ertragsteuerbilanz und Vermögensaufstellung, a.a.O., S. 1394.
1007 Vgl. hierzu *Eisgruber, Thomas*: Bauten auf fremden Grund und Boden, a.a.O., S. 525.
1008 Liegt der Zeitwert der Mietereinbauten über ihrem Buchwert, wird der Vermieter begünstigt; im umgekehrten Fall trägt er die (Investitions-)Risiken, hier käme eine Teilwertabschreibung in Frage.
1009 Vgl. Urteil des *Bundesfinanzhofes* vom 12.7.1972 I R 203/70, BFHE 106, 313, /...

se[1010] – vor, die wirtschaftliche Vermögenszurechnung noch zu bejahen, wenn der Mieter zumindest 75% des Zeitwerts der Einbauten erhalten soll;[1011] letztlich bedarf es hier einer durch die höchstrichterliche Rechtsprechung vorzunehmenden Wertung.[1012]

ee) Mietereinbauten sind dem Mieter nach dem Prinzip wirtschaftlicher Vermögenszugehörigkeit zuzurechnen, wenn eines der soeben dargestellten Kriterien erfüllt ist: Handelt es sich bei den Einbauten um Scheinbestandteile, kann er die Einbauten nach Ablauf des Mietvertrages entfernen, entspricht deren betriebsgewöhnliche Nutzungsdauer (annähernd) der Laufzeit des Mietvertrages oder verfügt der Mieter über Ersatzansprüche, die dem Zeitwert der Einbauten zumindest nahekommen, werden die Einbauten beim Mieter als *Sache* bilanziert. Im folgenden bleibt die bilanzrechtliche Behandlung jener Mieterinvestitionen zu würdigen, die diese Kriterien nicht erfüllen.

II. Die Aktivierung von Nutzungsrechten an Mietereinbauten

1. Das Nutzungsrecht an Mietereinbauten als zu aktivierender Vermögensgegenstand?

a) Nach ständiger Rechtsprechung des *Bundesfinanzhofes* wird Investitionen des Mieters, die den gerade dargelegten Anforderungen des Prinzips wirtschaftlicher Vermögenszugehörigkeit nicht genügen, eine Aktivierung als Sache verwehrt, statt dessen soll ein *Nutzungsrecht* an den Einbauten zu bilanzieren sein.[1013]

---

hier 316; BStBl II 1972, 802: Die Entschädigung in Höhe des um Abschreibungen reduzierten Buchwertes lag hier nur geringfügig unter dem Zeitwert der Einbauten.
1010 Vgl. dazu *Bundesminister der Finanzen*: Schreiben des Bundesministers der Finanzen vom 22.12.1975 IV B 2 – S 2170 – 161/75, in: DB, 29. Jg. (1976), S. 172-173, hier S. 173.
1011 Vgl. *Groh, Manfred*: Bauten auf fremdem Grundstück: BGH versus BFH?, a.a.O., S. 1490.
1012 Zu verbleibenden Wertungserfordernissen, vgl. auch Erstes Kapitel B.III.2.c).
1013 Vgl. exemplarisch die Urteile des *Bundesfinanzhofes* vom 26.2.1975 I R 32/73, BFHE 115, 238, hier 241-242; BStBl II 1975, 443; vom 26.2.1975 I R 184/73, BFHE 115, 250, hier 250; BStBl II 1975, 443; vom 13.7.1977 I R 217/75, BFHE 123, 32, hier 34; BStBl II 1978, 6; vom 31.10.1978 VIII R 196/77 BFHE 127, 168, hier 170; BStBl II 1979, 507 und vom 17.3.1989 III 58/87, BFHE 157, 83, hier 85; BStBl II 1990, 6.

Schon der *Reichsfinanzhof* trat für eine grundsätzliche Aktivierung dieser Mieterinvestitionen ein: Es bestehe keine Veranlassung, von einer Aktivierung abzusehen, weil dem Bilanzierenden das Eigentum fehle oder eine kurze Mietzeit vereinbart sei; vielmehr sei der Aufwand auf die Jahre zu verteilen, in denen der Betrieb einen Nutzen aus den Einbauten ziehe.[1014]

Auch der *Bundesfinanzhof* betont in seinem Leiturteil zu Mietereinbauten, die Mieterinvestition durch eine Aktivierung berücksichtigen zu wollen:[1015] Einbauten, bei denen der Mieter „weder sachenrechtlich noch wirtschaftlich als Eigentümer [...] anzusehen ist", seien nach den „maßgebenden Grundsätzen ordnungsmäßiger Buchführung" gleichwohl zu bilanzieren.[1016] Zwar handele es sich bei diesen Mietereinbauten nur um betriebliche Vorteile, mit denen die durch den Mietvertrag geschaffenen Nutzungsmöglichkeiten verbessert werden; die – nunmehr in § 266 Absatz 2 A II Nr. 1 HGB kodifizierte – *Gliederungsvorschrift* des § 151 Absatz 1 Aktivseite II A Nr. 4 AktG („Bauten auf fremden Grundstücken") rechtfertige es jedoch, das Nutzungsrecht an den Einbauten *wie ein materielles* Wirtschaftsgut zu behandeln[1017]: Der Gesetzgeber habe „in wirtschaftlicher Betrachtung" Ansprüche des Mieters und „besondere betriebliche Nutzungsvorteile" den Sachanlagen zugeordnet, obgleich sie nur immaterielle Wirtschaftsgüter verkörperten; wie Bauten auf fremden Grundstücken seien auch Mietereinbauten daher den materiellen Wirtschaftsgütern gleichzustellen.[1018] Voraussetzung hierfür sei allerdings, daß die Einbauten selbständige Wirtschaftsgüter bildeten;[1019] andernfalls komme – ungeachtet

---

1014 Vgl. Urteile des *Reichsfinanzhofes* vom 21.9.1927 VI A 383/27, StuW, 6. Jg. (1927), Nr. 565, Sp. 803-806, hier Sp. 804 und vom 28.11.1928 VI A 1276/28, StuW, 8. Jg. (1929), Nr. 233, Sp. 433-434, passim.

1015 Vgl. zum folgenden Abschnitt das Urteil des *Bundesfinanzhofes* vom 26.2.1975 I R 32/73, BFHE 115, 238, hier 241-242; BStBl II 1975, 443.

1016 Vgl. Urteil des *Bundesfinanzhofes* vom 26.2.1975 I R 32/73, BFHE 115, 238, hier 241 (beide Zitate); BStBl II 1975, 443.
Vgl. hierzu auch *Schmidt, Ludwig*: Anmerkung zum Urteil des Bundesfinanzhofes vom 26.2.1975 I R 32/73, in: FR, 30. (57.) Jg. (1975), S. 251-252, hier S. 251.

1017 Seither ständige Rechtsprechung, vgl. etwa die Urteile des *Bundesfinanzhofes* vom 31.10.1978 VIII R 146/75, BFHE 127, 501, hier 503; BStBl II 1979, 507; vom 25.5.1984 III R 103/81, BFHE 141, 289, hier 295; BStBl II 1984, 617; vom 20.9.1989 X R 140/87, BFHE 158, 361, hier 364; BStBl II 1990, 368 und vom 15.3.1990 IV R 30/88, BFHE 160, 244, hier 246; BStBl II 1990, 623.

1018 Vgl. Urteil des *Bundesfinanzhofes* vom 26.2.1975 I R 32/73, BFHE 115, 238, hier 242 (beide Zitate); BStBl II 1975, 443.

1019 Vgl. zu diesem Kriterium oben, Zweites Kapitel A.III.

eines möglicherweise entstandenen immateriellen Wirtschaftsguts – eine Aktivierung nicht in Betracht.

Die mit der Gliederungsvorschrift[1020] begründete Behandlung des Nutzungsrechts wie ein materielles Wirtschaftsgut hat *drei* bilanzrechtlich bedeutsame Konsequenzen: Erstens hat sich infolgedessen die *Folgebewertung* der Mietereinbauten an den für materielle Wirtschaftsgüter geltenden Vorschriften zu orientieren; so kann auch ein Mieter die vom Gesetzgeber eingeräumte Förderung einschlägiger Baumaßnahmen beanspruchen, wenn die Bauten auf fremdem Grund und Boden in Ausübung einer Nutzungsbefugnis errichtet wurden.[1021] Zweitens schafft die Rechtsprechung damit *im Ergebnis* eine „bisher nicht bekannte Zurechnungsmöglichkeit"[1022]: Durch die Einstufung werden Mietereinbauten in der Bilanz ausgewiesen, die „weder im zivilrechtlichen noch im wirtschaftlichen Eigentum" des Unternehmens stehen.[1023] Drittens wird durch diese Vorgehensweise die für immaterielle Wirtschaftsgüter des Anlagevermögens geltende Objektivierungsrestriktion des entgeltlichen Erwerbs umgangen.[1024]

1020 Der *Bundesfinanzhof* leitet seine Rechtsansicht zunächst aus den GoB ab und sieht diese dann durch die Gliederungsvorschrift des § 151 Absatz 1 Aktivseite II A Nr. 4 AktG bestätigt. Er führt allerdings nicht aus, *welche* GoB hinzugezogen wurden, vgl. auch *Wendt, K.F.*: Ertragsteuerliche Behandlung von Mietereinbauten, a.a.O., S. 532.

1021 Vgl. Beschluß des *Bundesfinanzhofes* vom 30.1.1995 GrS 4/92, BFHE 176, 267, hier 275; BStBl II 1995, 281.
Vgl. auch *Döllerer, Georg*: Die Rechtsprechung des Bundesfinanzhofs zum Steuerrecht der Unternehmen, in: ZGR, 5. Jg. (1976), S. 349-372, hier S. 352.

1022 *Piltz, Detlev-Jürgen*: Aktivierung von Wirtschaftsgütern ohne rechtliches oder wirtschaftliches Eigentum?, in: DB, 28. Jg. (1975), S. 2054-2055, hier S. 2055.

1023 Vgl. *Döllerer, Georg*: Die Rechtsprechung des Bundesfinanzhofs zum Steuerrecht der Unternehmen, a.a.O., 1976, S. 351 (auch Zitat); vgl. ferner *Glaser, Lothar/Hütz, Jürgen/Steins, Theo*: Steuerliche Fragen im Zusammenhang mit Ein- und Umbauten in gemieteten Räumen, in: StBp, 20. Jg. (1980), S. 73-83, hier S. 75.
Wegen des Rekurses auf die Gliederungsvorschrift wird auch von „aktienrechtlichem Eigentum" gesprochen, vgl. *Hintzen, Lothar*: Zur Entscheidung des Bundesfinanzhofs über die Aktivierung von Mietereinbauten, in: BB, 30. Jg. (1975), S. 735-737, hier S. 736; *Kurz, Volker*: Die betriebliche Nutzung von Fremd- und Ehegattengrundstücken im Ertragsteuerrecht nach der neueren BFH-Rechtsprechung (Teil I und II), a.a.O., S. 29 und *Crezelius, Georg*: „Aktienrechtliches Eigentum" – Zur Bilanzierung von Mieterinvestitionen, a.a.O., passim.

1024 Zum entgeltlichen Erwerb, vgl. den folgenden Gliederungspunkt 2 auf S. 216.

Die Gliederungsvorschrift des § 266 Absatz 2 A II Nr. 1 HGB bildet daher den Ausgangspunkt für die nun folgende Würdigung der Argumentation der Rechtsprechung.

b) Gegen die Argumentation des *Bundesfinanzhofes* wird eingewandt, weder die Entstehungsgeschichte, noch der Wortlaut oder der Sinn und Zweck dieser Vorschrift rechtfertigten die dargestellte Auslegung[1025]: Der mit dem Aktiengesetz von 1965 neu eingeführte Posten „Bauten auf fremden Grundstücken" diente nach der Begründung des Gesetzgebers nur dazu, die mit solchen Bauten verbundenen Risiken – das Gebäude steht grundsätzlich im Eigentum des Grundstückseigentümers – sichtbar zu machen; eine weiterreichende Bedeutung ist der Begründung zum Aktiengesetz nicht zu entnehmen.[1026]

Im Schrifttum wird zu Recht bezweifelt, daß aus dem Wortlaut der Vorschrift („Bauten") auch auf einen Ansatz von Nutzungsrechten unter diesem Bilanzposten geschlossen werden kann[1027]: Mit den vom erkennenden Senat angeführten Kommentaren ist eine solche Auffassung jedenfalls nicht zu belegen;[1028] unter dem Posten ließen sich statt dessen die nach dem

---

1025 Vgl. *Schencking, Margret*: Kommentierung zu § 5 EStG, in: Herrmann/Heuer/Raupach, Anm. 1256 und *Piltz, Detlev-Jürgen*: Aktivierung von Wirtschaftsgütern ohne rechtliches oder wirtschaftliches Eigentum?, a.a.O., S. 2055.

1026 Vgl. *Kropff, Bruno*: Begründung des Regierungsentwurfes zu § 151 AktG, in: Aktiengesetz, Textausgabe des Aktiengesetzes vom 6.9.1965 und des Einführungsgesetzes zum Aktiengesetz vom 6.9.1965 mit Begründung des Regierungsentwurfs, Bericht des Rechtsausschusses des Deutschen Bundestags, Verweisungen und Sachverzeichnis, zusammengestellt von Bruno Kropff, Düsseldorf 1965, S. 226.
Vgl. hierzu auch *Offerhaus, Klaus*: Anmerkung zu den BFH-Urteilen I R 32/73 vom 26.2.1975 und I R 184/73 vom 26.2.1975, in: StBp, 15. Jg. (1975), S. 239-241, hier S. 240 und *Döllerer, Georg*: Die Rechtsprechung des Bundesfinanzhofs zum Steuerrecht der Unternehmen, a.a.O., 1976, S. 351 (dortige Fußnote 8).

1027 Vgl. *Schellenberger, Heinz*: Streitfragen bei Abschreibungen und Absetzungen, in: FR, 35. (62.) Jg. (1980), S. 29-34, hier S. 29.
Vgl. auch *Kruse, Heinrich Wilhelm*: Aktivierungsfragen: Von der dynamischen zur statischen Bilanzauffassung und zurück?, a.a.O., S. 174-175, der den GoB-Charakter von § 151 AktG in Frage stellt. Gleiches könnte auch im Hinblick auf die für Kapitalgesellschaften einschlägige Vorschrift des § 266 HGB angeführt werden.

1028 Vgl. hierzu ausführlich *Knapp, Lotte*: Mietereinbauten und -umbauten sowie Gebäude auf fremdem Grund in der Handelsbilanz, a.a.O., S. 1107-1108.

Prinzip wirtschaftlicher Vermögenszugehörigkeit zuzurechnenden Bauten zusammenfassen.[1029]

Die Gliederungsvorschrift bezweckt – auch nach Ansicht des *Bundesfinanzhofes*[1030] – lediglich, das äußere Bild der Bilanz zu ordnen, ohne jedoch festzulegen, welche Gegenstände zu bilanzieren sind.[1031] Zwar können hier keine Posten enthalten sein, die nicht auch Wirtschaftsgüter wären – welche Wirtschaftsgüter in die Bilanz des Kaufmanns aufzunehmen sind, richtet sich aber nicht in erster Linie nach der Gliederungsvorschrift, sondern ist zuvorderst nach dem Prinzip wirtschaftlicher Vermögenszugehörigkeit zu lösen.[1032]

Der Rekurs auf die Gliederungsvorschrift hat im Schrifttum „durchweg Ablehnung gefunden"[1033]; kritisiert werden auch die daraus erwachsenden bilanzrechtlichen Konsequenzen: Während die mögliche Inanspruchnahme von Abschreibungsvergünstigungen nur auf geringe Bedenken stößt,[1034] wird gegen die aus der Entscheidung resultierende Zurechnung der Mieter-

---

1029 Vgl. *Groh, Manfred*: Bauten auf fremdem Grundstück: BGH versus BFH?, a.a.O., S. 1489-1490 und *Moxter, Adolf*: Zur bilanzrechtlichen Behandlung von Mietereinbauten nach der neueren höchstrichterlichen Rechtsprechung, a.a.O., S. 261.

1030 Vgl. hierzu den Beschluß des *Bundesfinanzhofes* vom 16.7.1968 GrS 7/67, BFHE 94, 124, hier 129; BStBl II 1969, 108.

1031 Vgl. *Schencking, Margret*: Kommentierung zu § 5 EStG, in: Herrmann/Heuer/Raupach, Anm. 1256; *Knobbe-Keuk, Brigitte*: Die steuerliche Behandlung von Nutzungsrechten, a.a.O., S. 306-308 und *Ley, Ursula*: Der Begriff „Wirtschaftsgut" und seine Bedeutung für die Aktivierung, a.a.O., S. 195.

1032 Vgl. *Gschwendtner, Hubert*: Mietereinbauten als Vermögensgegenstand und Wirtschaftsgut im Sinne des Handels- und Steuerbilanzrechts, a.a.O., S. 223 und S. 232; *Moxter, Adolf*: Zur bilanzrechtlichen Behandlung von Mietereinbauten nach der neueren höchstrichterlichen Rechtsprechung, a.a.O., S. 261.
Vgl. auch *Körner, Werner/Weiken, Heinz*: Wirtschaftliches Eigentum nach § 5 Abs. 1 Satz 1 EStG, a.a.O., S. 1038 und S. 1040, wonach aus der Gliederungsvorschrift auch in den hier untersuchten Fällen auf „wirtschaftliches Eigentum" des Mieters zu schließen sei.

1033 *Groh, Manfred*: Bauten auf fremdem Grundstück: BGH versus BFH?, a.a.O., S. 1490.

1034 Vgl. hierzu *Werndl, Josef*: Kommentierung zu § 7 EStG, in: Kirchhof/Söhn, Rdnr. A 167 und *Döllerer, Georg*: Die Rechtsprechung des Bundesfinanzhofs zum Steuerrecht der Unternehmen, a.a.O., 1976, S. 352.
Vgl. aber die oben, Zweites Kapitel A.II.2, angeführten Einwände gegen eine *generelle* Orientierung an der betriebsgewöhnlichen Nutzungsdauer bei den nach der Rechtsprechung als Nutzungsrecht zu bilanzierenden Mietereinbauten.

einbauten eingewandt, sie widerspreche handelsrechtlichen Grundsätzen ordnungsmäßiger Buchführung, da der Kaufmann nur „seine Vermögensgegenstände" aktivieren dürfe.[1035] Die Aktivierung der Einbauten verstoße gegen den Gläubigerschutz, da Vermögen ausgewiesen werde, das dem Kaufmann nicht gehöre und bedeute eine wesentliche Beeinträchtigung der Bilanzwahrheit und Bilanzklarheit, die sogar zur Nichtigkeit der Bilanz führen könne.[1036]

Das Schrifttum wendet sich darüber hinaus auch gegen die mit der Orientierung an der Gliederungsvorschrift erreichte Umgehung des für immaterielle Wirtschaftsgüter des Anlagevermögens geltenden Prinzips des entgeltlichen Erwerbs[1037]: Aus der Einstufung der Mietereinbauten als immaterielle Wirtschaftsgüter folgt die Maßgeblichkeit dieses Objektivierungsprinzips; ob die Behandlung der Einbauten „wie materielle Wirtschaftsgüter" allein aus der Gliederungsvorschrift abgeleitet werden kann, erscheint fraglich.

c) Die Umwidmung des vom Mieter selbstgeschaffenen, immateriellen Vorteils in ein „wie ein materielles Wirtschaftsgut"[1038] anzusehendes Nutzungsrecht bezweckt vor allem die schon vom *Reichsfinanzhof* betonte „richtige Erfolgsabgrenzung"[1039]: Noch in seinen jüngsten Beschlüssen zu Mietereinbauten hebt der Große Senat hervor, des „steuerrechtlichen Nettoprinzips" wegen sei der Aufwand nicht sofort abzuziehen; die Anschaffungs- oder Herstellungskosten könnten vielmehr nach den für Ge-

---

1035 Vgl. *Mittelbach, Rolf*: Gewerbliche Miet- und Pachtverträge in steuerlicher Sicht, a.a.O., Rz. 139.

1036 Vgl. *Knapp, Lotte*: Mietereinbauten und -umbauten sowie Gebäude auf fremdem Grund in der Handelsbilanz, a.a.O., S. 1106-1107.
Vgl. auch *Reiß, Wolfram*: Bilanzierungsfragen bei Bauwerken auf fremdem Grund und Boden, a.a.O., S. 127; *Kupsch, Peter*: Die bilanzielle Behandlung von Baumaßnahmen auf fremden Grundstücken, a.a.O., S. 215 und *Crezelius, Georg*: „Aktienrechtliches Eigentum" – Zur Bilanzierung von Mieterinvestitionen, a.a.O., S. 2023.

1037 Vgl. nur *Groh, Manfred*: Bauten auf fremdem Grundstück: BGH versus BFH?, a.a.O., S. 1489-1490 und *Plückebaum, Rudolf*: Nutzungsmöglichkeiten, die wie körperliche Wirtschaftsgüter zu bilanzieren sind, in: DB, 32. Jg. (1979), S. 2006-2007, hier S. 2007.
A. A. *Schilling, Claudia*: Bauten auf fremden Grundstücken im Einkommensteuerrecht, a.a.O., S. 86-88.

1038 Beschluß des *Bundesfinanzhofes* vom 30.1.1995 GrS 4/92, BFHE 176, 267, hier 274; BStBl II 1995, 281.

1039 Vgl. hierzu *Moxter, Adolf*: Bilanzrechtsprechung, 5. Aufl., a.a.O., S. 40.

bäude geltenden AfA-Regeln abgeschrieben werden.[1040] Es hat demnach nicht den Anschein, als ob die Rechtsprechung den Aufwendungen des Mieters hier die Aktivierung generell verweigern wollte, wie dies zum Teil vom Schrifttum – insbesondere von den Befürwortern einer an der Verwertungsmöglichkeit orientierten Aktivierung – gefordert wird.[1041] Dagegen scheint der *Bundesfinanzhof* aber von der Einstufung der Mietereinbauten als Nutzungs*recht* abgehen zu wollen[1042]: *Weber-Grellet* erkennt schon im mehrfach erwähnten Beschluß des Großen Senats vom 30.1.1995[1043] eine Abkehr von der bisherigen Behandlung der Mietereinbauten als Nutzungsrecht, da in dem Beschluß lediglich von einer Nutzungsbefugnis des Mieters die Rede sei.[1044] Auch in anderen Entscheidungen spricht die Judikatur inzwischen nicht mehr von Nutzungsrechten, sondern nur von „Nutzungsmöglichkeiten"[1045], einem „Nutzungs- oder Gebrauchsvorteil"[1046] oder von einer „Nutzungsbefugnis"[1047] des Mieters. Im Schrifttum wird alternativ mitunter der Ansatz der Mietereinbauten als

---

1040 Vgl. Beschluß des *Bundesfinanzhofes* vom 23.8.1999 GrS 1/97, DB, 52. Jg. (1999), S. 2087-2089, hier S. 2087 (auch Zitat); vom 23.8.1999 GrS 5/97, DB, 52. Jg. (1999), S. 2093-2094, hier S. 2094 und vom 30.1.1995 GrS 4/92, BFHE 176, 267, hier 275; BStBl II 1995, 281.

1041 Vgl. die oben, in Fußnote 1036 dieser Arbeit, aufgeführte Literatur. Zur Bedeutung des Verwertungsrechts für die wirtschaftliche Vermögenszurechnung, vgl. Erstes Kapitel B.III.3.b) (S. 136 ff.).

1042 Vgl. *Wolffgang, Hans-Michael*: Kommentierung zu § 5 EStG, in: Kirchhof/Söhn, Rdnr. C 200 (Stichwort „Bauten auf fremden Grundstücken").

1043 Vgl. Beschluß des *Bundesfinanzhofes* vom 30.1.1995 GrS 4/92, BFHE 176, 267; BStBl II 1995, 281.

1044 Vgl. *Weber-Grellet, Heinrich*: Drittaufwand – Konsequenzen aus dem Beschluß des Großen Senats vom 30.1.1995 GrS 4/92, a.a.O., S. 2551 und *ders.*: Drittaufwand: Gelöste Fragen, offene Probleme, Handlungsgrundlagen, a.a.O., S. 111-112.

1045 Beschluß des *Bundesfinanzhofes* vom 30.1.1995 GrS 4/92, BFHE 176, 267, hier 273; BStBl II 1995, 281.

1046 Urteil des *Bundesfinanzhofes* vom 15.10.1996 VIII R 44/94, BFHE 182, 344, hier 345; BStBl II 1997, 533, hier 534 (mit umfangreichen Rechtsprechungsnachweisen zu den verschiedenen Begründungen). Vgl. hierzu auch [ohne *Verfasser*]: Anmerkung zum Urteil des Bundesfinanzhofes vom 15.10.1996 VIII R 44/94, in: HFR, 37. Jg. (1997), S. 660-661, hier S. 661.

1047 Urteil des *Bundesfinanzhofes* vom 30.7.1997 I R 65/96, BFHE 184, 297, hier 301; BStBl II 1998, 402.

„steuerliche[r] Merkposten"[1048], „Nutzungssubstrat"[1049], als „Quasi-Wirtschaftsgut"[1050], „bilanztechnische[r]' Rechnungsposten"[1051] oder auch als aktiver Rechnungsabgrenzungsposten[1052] befürwortet. Trotz der zum Teil massiven Kritik des Schrifttums an der Begründung des *Bundesfinanzhofes* herrscht somit „jedenfalls weitgehend Einmütigkeit" darüber, daß „für den bauenden Nichteigentümer eine Aktivierungspflicht besteht".[1053]

Der Große Senat stellt in seinem neuesten Beschluß zu dieser Thematik fest, die Bilanzierende habe „nach den von der Rechtsprechung aufgestellten Kriterien *kein ihr zuzurechnendes Wirtschaftsgut*" erworben; der Aufwand sei gleichwohl „bilanztechnisch 'wie ein materielles Wirtschaftsgut'" zu behandeln.[1054] Die Aussagen lassen abermals[1055] das grundlegende Problem der bilanzrechtlichen Behandlung der Mietereinbauten deutlich zu Tage treten: Konnten mit dem Prinzip wirtschaftlicher Vermögenszugehörigkeit die bislang dargestellten Sachverhaltsgestaltungen durch die Zurechnung der Mietereinbauten als Sache zum Vermögen des Mieters systemkonform gelöst werden, so stellt sich an dieser Stelle erneut die Frage „nach dem zutreffenden Bilanzierungsobjekt"[1056].

1048 *Wolff-Diepenbrock, Johannes*: Die Entscheidungen des Großen Senats des BFH zum Drittaufwand bei Eheleuten, in: DStR, 37. Jg. (1999), S. 1642-1645, hier S. 1645. Vgl. auch *Fischer, Peter*: Kommentar zum Urteil des Bundesfinanzhofes vom 10.3.1999 XI R 22/98, a.a.O., S. 846.

1049 *Heißenberg, Lutz*: Einkommensteuerfragen bei Ehegatten-Grundstücken – Teil II, in: KÖSDI (1996), S. 10650-10655, hier S. 10650.

1050 *Wassermeyer, Franz*: Drittaufwand aus der Sicht des Großen Senats des BFH – Anmerkung zu den Beschlüssen vom 23.8.1999 GrS 1/97, GrS 2/97, GrS 3/97, GrS 5/97 –, in: DB, 52. Jg. (1999), S. 2486-2489, hier S. 2487.

1051 *Fischer, Peter*: Kommentar zum Beschluß des Bundesfinanzhofes vom 23.8.1999 GrS 1/97, in: FR, 81. Jg. (1999), S. 1171-1172, hier S. 1172.

1052 Vgl. *Groh, Manfred*: Bauten auf fremdem Grundstück: BGH versus BFH?, a.a.O., S. 1490-1491; vgl. hierzu auch unten, Zweites Kapitel B.III.

1053 Vgl. *Reiß, Wolfram*: Bilanzierungsfragen bei Bauwerken auf fremdem Grund und Boden, a.a.O., S. 126 (beide Zitate).

1054 Vgl. Beschluß des *Bundesfinanzhofes* vom 23.8.1999 GrS 1/97, DB, 52. Jg. (1999), S. 2087-2089, hier S. 2087-2088 (erstes Zitat auf S. 2088 (Hervorhebung nicht im Original); zweites Zitat auf S. 2087).
Vgl. auch Beschluß des *Bundesfinanzhofes* vom 30.1.1995 GrS 4/92, BFHE 176, 267, hier 273; BStBl II 1995, 281 und die Kommentierung von *Gosch, Dietmar*: Anmerkung zum BFH-Beschluß vom 30.1.1995 GrS 4/92, in: StBp, 35. Jg. (1995), S. 139-143, hier S. 141.

1055 Vgl. hierzu auch oben, Zweites Kapitel A.I.1, dortiger Abschnitt c).

1056 Vgl. *Gschwendtner, Hubert*: Mietereinbauten als Vermögensgegenstand und
/...

d) Zu einer „Neuorientierung"[1057] könnte hier das bereits erwähnte Urteil des *Bundesgerichtshofes* beitragen, in dem die „Rechtsfigur" des immateriellen, aber wie ein materielles Wirtschaftsgut zu behandelnden Nutzungsrechts nicht übernommen wurde;[1058] eine Auseinandersetzung mit diesem – für die Bilanzierung der Mietereinbauten zentralen – Argument des *Bundesfinanzhofes* unterbleibt in der Entscheidung des *Bundesgerichtshofes* gänzlich.[1059]

Die unter Bezugnahme auf *Adler/Düring/Schmaltz* erfolgende Untersuchung des Abschreibungszeitraums von Nutzungsrechten verdeutlicht, daß der *Bundesgerichtshof* (trotz kurzfristiger Kündigungsmöglichkeit für den Vermieter) die Aktivierung eines Nutzungsrechts nicht generell ausschließen will.[1060] Der erkennende Senat läßt aber offen, wie ein solches (immaterielles) Recht die „Hürde" des entgeltlichen Erwerbs nehmen könnte; die Frage des Zurechnungsobjektes bleibt also weiterhin unbeantwortet.

Nachfolgend soll untersucht werden, ob eine Bilanzierung von Mietereinbauten als *Nutzungsrecht* ohne Rekurs auf die Gliederungsvorschrift des § 266 HGB möglich ist: Lehnt man die Umwidmung des vom Mieter selbstgeschaffenen, immateriellen Vorteils in ein materielles Wirtschaftsgut ab, bedarf es dann aber der Prüfung des entgeltlichen Erwerbs.

Wirtschaftsgut im Sinne des Handels- und Steuerbilanzrechts, a.a.O., S. 218-222 (Zitat auf S. 218).
Vgl. hierzu auch *Weber-Grellet, Heinrich*: Aktuelle bilanzsteuerliche Probleme nach dem Steuerentlastungsgesetz, in: BB, 55. Jg. (2000), S. 1024-1029, hier S. 1024-1025.

1057 *Groh, Manfred*: Bauten auf fremdem Grundstück: BGH versus BFH?, a.a.O., S. 1489.

1058 Ob der *Bundesgerichtshof* auf die Judikate der höchstrichterlichen Finanzrechtsprechung nicht einzugehen brauchte, weil sie eine Durchbrechung des Maßgeblichkeitsprinzips darstellten, wie *Schreiber* meint (vgl. *Schreiber, Jochem*: Kommentierung zu § 5 EStG, in: Blümich, Rz. 740 (Stichwort „Bauten auf Grund und Boden"), erscheint fraglich.
Eine Divergenz zwischen den obersten Gerichten würde die Anrufung des Gemeinsamen Senats erzwingen, vgl. hierzu oben, Erstes Kapitel B.II.1.c), dortiger Abschnitt ee).

1059 Vgl. *Groh, Manfred*: Bauten auf fremdem Grundstück: BGH versus BFH?, a.a.O., S. 1489-1490 und *Rometsch, Wilfried*: Steuerliche Behandlung von Einzelhandelsgebäuden und Mietereinbauten, a.a.O., S. 560.

1060 Vgl. *Kusterer, Stefan*: Handelsrechtliche Bilanzierung von Bauten auf fremden Grund und Boden, in: DStR, 21. Jg. (1996), S. 438-439, hier S. 439.

2. Kritische Würdigung der Bedeutung des entgeltlichen Erwerbs für die Bilanzierung von Mietereinbauten

a) Der *Bundesfinanzhof* untersucht in seinem Leiturteil, ob Mietereinbauten, die nach den dargelegten Kriterien nicht als selbständiges, materielles Wirtschaftsgut zu bilanzieren sind, entgeltlich erworben wurden.[1061] Der erkennende I. Senat unterstreicht, es reiche für den entgeltlichen Erwerb auch bei Mietereinbauten nicht aus, „wenn dem Mieter im Zusammenhang mit dem Erwerb des immateriellen Wirtschaftsguts Aufwendungen entstanden sind", vielmehr müsse das Entgelt „auf den Vorgang des abgeleiteten Erwerbs [...] des immateriellen Wirtschaftsgutes als solchen bezogen sein".[1062] Mietereinbauten seien daher *nicht* entgeltlich erworben: „Die durch Umbauten oder Einbauten veranlaßten Aufwendungen bilden die Gegenleistung z. B. für die Materialien und die Handwerksleistungen, nicht aber für ein von dritter Seite entgeltlich erworbenes Wirtschaftsgut"[1063]. In den seither zu Mietereinbauten ergangenen Entscheidungen des *Bundesfinanzhofes* finden sich keine weitergehenden Ausführungen zur Frage des entgeltlichen Erwerbs; regelmäßig wird statt dessen auf das Leiturteil verwiesen.[1064]

Die Begründung des Senats steht im Einklang mit anderen Urteilen zum entgeltlichen Erwerb[1065]: So betont der *Bundesfinanzhof* auch in den soge-

---

1061 Zum Prinzip des entgeltlichen Erwerbs, vgl. auch oben, Erstes Kapitel A.IV.2, Abschnitt d).

1062 Vgl. Urteil des *Bundesfinanzhofes* vom 26.2.1975 I R 32/73, BFHE 115, 238, hier 242 (beide Zitate); BStBl II 1975, 443.

1063 Urteil des *Bundesfinanzhofes* vom 26.2.1975 I R 32/73, BFHE 115, 238, hier 242; BStBl II 1975, 443.

1064 Vgl. etwa die Urteile des *Bundesfinanzhofes* vom 15.3.1990 IV R 30/88, BFHE 160, 244, hier 246; BStBl II 1990, 623; vom 31.10.1978 VIII R 146/75, BFHE 127, 501, hier 503; BStBl II 1979, 507; vom 31.10.1978 VIII R 182/75, BFHE 127, 163, hier 167; BStBl II 1979, 399 und vom 21.2.1978 VIII R 148/73, BFHE 124, 454, hier 456; BStBl II 1978, 345.
Vgl. dagegen noch das Urteil des *Finanzgerichts München* vom 15.5.1973 VII 118/72-E, EFG, 21. Jg. (1973), S. 483-484, hier S. 484.

1065 Zustimmend äußern sich auch *Kurz, Volker*: Die betriebliche Nutzung von Fremd- und Ehegattengrundstücken im Ertragsteuerrecht nach der neueren BFH-Rechtsprechung (Teil I und II), a.a.O., S. 32; *Knapp, Lotte*: Mietereinbauten und -umbauten sowie Gebäude auf fremdem Grund in der Handelsbilanz, a.a.O., S. 1104; *Kusterer, Stefan*: Handelsrechtliche Bilanzierung von Bauten auf fremden Grund und Boden, a.a.O., S. 439 und *Weyand, Klaus/Reiter, Jürgen*: Ertragsteuerliche Folgen von Baumaßnahmen eines Mieters, in: Inf, 53. Jg. (1995), S. 646-649, hier S. 648.

nannten Beitragsfällen, daß eine synallagmatische Verbindung fehle, wenn der Bilanzierende nur für die Durchführung von Arbeiten an Dritte leistet, nicht aber für eine Gegenleistung des Vertragspartners.[1066] Es hat somit den Anschein, als ob eine Aktivierung des Nutzungsrechts an Mietereinbauten am fehlenden Synallagma zwischen Mieter und Vermieter scheitern muß.

b) Wenn die Judikatur freilich – wie im sogenannten Transfer-Urteil[1067] – auch bei Mietereinbauten eine „synallagmaäquivalente Konkretisierung"[1068] als ausreichend ansähe, stellte sich die Frage, ob Nutzungsrechte an Mietereinbauten nicht doch als entgeltlich erworben gelten könnten: In dieser Sichtweise wendet der Mieter dem Vermieter im Zeitpunkt der Durchführung der Baumaßnahme die Einbauten zu – sie gehen in dessen Eigentum über – und erhält als Gegenleistung vom Vermieter ein Nutzungsrecht eingeräumt.[1069]

Die Leistung des Mieters wäre demnach ein „Entgelt in Sachleistungen"[1070]; die Gegenleistung manifestierte sich im Verzicht des Vermieters

---

1066 Vgl. Urteil des *Bundesfinanzhofes* vom 3.8.1993 VIII R 37/92, BFHE 174, 31, hier 37; BStBl II 1994, 444 und vom 13.12.1984 VIII R 249/80, BFHE 143, 50, hier 52; BStBl II 1985, 289; vgl. hierzu auch *Döllerer, Georg*: Die Rechtsprechung des Bundesfinanzhofs zum Steuerrecht der Unternehmen, in: ZGR, 15. Jg. (1986), S. 518-544, hier S. 518-519.
Vgl. dagegen das Urteil des *Bundesfinanzhofes* vom 26.6.1969 VI 239/65, BFHE 97, 58, hier 62; BStBl II 1970, 35, wonach eine rechtsähnliche Position entgeltlich erworben wurde.
1067 Vgl. Urteil des *Bundesfinanzhofes* vom 26.8.1992 I R 24/91, BFHE 169, 163, hier 167-170; BStBl II 1992, 977.
1068 *Kronner, Markus*: Entgeltlicher Erwerb und Erwerb im Tauschwege bei immateriellen Wirtschaftsgütern des Anlagevermögens, a.a.O., S. 1186.
1069 Vgl. hierzu auch *Rau, Hans-Gerd*: Steuerliche Übernahme handelsrechtlicher Bilanzierungsvorschriften, in: DB, 22. Jg. (1969), S. 676-680, hier S. 679; *Rohling, Rainer H.*: Vorteile und immaterielle Werte als Wirtschaftsgüter, a.a.O., S. 1611 und *Reiß, Wolfram*: Bilanzierungsfragen bei Bauwerken auf fremdem Grund und Boden, a.a.O., S. 128: Ein „Gegenseitigkeitsverhältnis" im Sinne der §§ 320 ff. BGB sei nicht erforderlich.
So wohl auch das Urteil des *Bundesfinanzhofes* vom 11.12.1987 III R 188/81, BFHE 152, 125, hier 127 (unter 2.a)); BStBl II 1988, 493: Ein Nutzungsrecht sei entgeltlich erworben, wenn der Kaufmann die Herstellungskosten trägt und die Ehefrau als Grundstückseigentümerin mit der betrieblichen Nutzung einverstanden ist.
1070 *Suhr, Gerhard*: Die umsatzsteuerliche, bilanzmäßige und bewertungsrechtliche Behandlung von Umbauaufwendungen des Mieters bei diesem, in: StBp, 12. Jg. (1972), S. 49-55, hier S. 53. A. A. *Piltz, Jürgen*: Ertragsteuerrechtliche Behandlung von Mietereinbauten und Mieterumbauten, a.a.O., S. 28.

auf eine Mietpreiserhöhung, wie sie bei durch den Vermieter veranlaßten Baumaßnahmen erfolgte – das Nutzungsrecht verkörperte also einen als impliziter Bestandteil des Mietvertrages anzusehenden „Anspruch auf Wenigermietzahlung"[1071] und wäre als „Vertragsinhalt im engeren Sinne entgeltlich erworben"[1072]. Analog zum Transfer-Urteil bestünde in dieser Sichtweise auch bei Mietereinbauten ein „enger Veranlassungszusammenhang" zwischen der Durchführung der Baumaßnahme durch den Mieter und der Einräumung der kostenlosen Nutzungsmöglichkeit durch den Vermieter.[1073] Im Schrifttum wird zudem auf eine Parallele zur Behandlung von Bierlieferungsrechten in der Rechtsprechung verwiesen:[1074] Wie die Zahlung von Zuschüssen und die Übernahme von Baukosten durch die Brauerei zu einem Bierlieferungsrecht führe[1075], erhalte der Mieter gegen Übernahme von Baukosten einen Vorteil vom Vermieter.

c) Gegen dieses weite Verständnis des entgeltlichen Erwerbs könnten indes die Entscheidungen zu (Energieversorgungs-)Beiträgen angeführt werden: Anders als in dem dort bejahten Fall eines entgeltlichen Erwerbs kann ein Mieter nämlich – etwa bei vorzeitiger Zerstörung der Einbauten – keine Ansprüche gegen den Vermieter geltend machen, weil jener keine Nutzung zugesichert hat.[1076]

Auch der Rückgriff auf das Urteil zu Bierlieferungsrechten[1077] vermag deshalb nicht zu überzeugen: Die Brauerei kann von den Gastwirten „die

---

1071 Urteil des *Reichsfinanzhofes* vom 21.11.1940 III 65/40, RStBl 1941, 20, hier 21. In diesem Sinne wohl auch *Paus, Bernhard*: Das Gebäude auf dem Grundstück des Ehegatten, a.a.O., S. 2402.

1072 *Moxter, Adolf*: Zur bilanzrechtlichen Behandlung von Mietereinbauten nach der neueren höchstrichterlichen Rechtsprechung, a.a.O., S. 261.

1073 Für den ähnlichen Fall eines Nutzungsrechts des Leasingnehmers an von ihm hinzugefügten Einbauten, vgl. *Mellwig, Winfried*: Erfolgsteuerliche Aktivierungsprobleme bei Mobilien-Leasingverträgen, in: BB, 36. Jg. (1981), S. 1808-1815, hier S. 1814.

1074 Vgl. *Suhr, Gerhard*: Uneinheitliche Rechtsprechung zur steuerrechtlichen Behandlung von Mietereinbauten und Mieterumbauten als materielle und immaterielle Wirtschaftsgüter des Mieters, a.a.O., S. 105.

1075 Vgl. dazu das Urteil des *Bundesfinanzhofes* vom 26.2.1975 I R 72/73, BFHE 115, 243, hier 246-247; BStBl II 1976, 13.

1076 Vgl. Urteil des *Bundesfinanzhofes* vom 13.12.1984 VIII R 249/80, BFHE 143, 50, hier 52; BStBl II 1985, 289; vgl. hierzu auch *Mathiak, Walter*: Zum Bilanzsteuerrecht, in: StuW, 15. (37.) Jg. (1985), S. 273-279, hier S. 274-275 und *Moxter, Adolf*: Bilanzrechtsprechung, 5. Aufl., a.a.O., S. 34-36.

1077 Vgl. Urteil des *Bundesfinanzhofes* vom 26.2.1975 I R 72/73, BFHE 115, 243; BStBl II 1976, 13.

Abnahme einer bestimmten Menge Bier"[1078] verlangen; die Zuschüsse sind als Gegenleistung für die Einräumung dieses Rechts anzusehen. Wird die vertragliche Verpflichtung seitens der Gastwirte nicht erfüllt, besteht die Möglichkeit, Rückforderungen zu stellen. Anders als bei Mietereinbauten erweisen sich die Zuschüsse „nach dem Inhalt des Vertrages oder jedenfalls nach den Vorstellungen beider Vertragsteile (subjektive Geschäftsgrundlage)"[1079] als Gegenleistung für die erlangten Vorteile.[1080] Das bloße Einverständnis des Vermieters mit den Baumaßnahmen verschafft dem Mieter keine der Stellung der Brauerei wirtschaftlich vergleichbare Position.

Zwar ermöglichte ein weiteres Verständnis des Prinzips des entgeltlichen Erwerbs, wie es von einigen Autoren gefordert wird, eventuell die Aktivierung der als Nutzungsrecht eingestuften Mietereinbauten, eine solche Interpretation steht aber im Gegensatz zur Auslegung des § 248 Absatz 2 HGB in der höchstrichterlichen Rechtsprechung und bliebe wegen der drohenden Desobjektivierungstendenzen wohl nicht ohne Auswirkungen auf die bilanzrechtliche Behandlung anderer Streitfälle zu Fragen des entgeltlichen Erwerbs.[1081] Ein entgeltlicher Erwerb von Nutzungsrechten an Einbauten durch den Mieter ist daher – wie vom I. Senat des *Bundesfinanzhofes* im Leiturteil festgestellt – nach der hier vertretenen Auffassung nicht gegeben.

d) Lehnt man die Behandlung „wie ein materielles Wirtschaftsgut" ab, scheint eine Aktivierung der Mietereinbauten als Nutzungsrecht wegen des fehlenden entgeltlichen Erwerbs somit nicht in Frage zu kommen. Zu prüfen bleibt aber, ob § 248 Absatz 2 HGB überhaupt zur Lösung des Problems herangezogen werden muß: Sinn und Zweck des Prinzips des entgelt-

---

1078 Urteil des *Bundesfinanzhofes* vom 26.2.1975 I R 72/73, BFHE 115, 243, hier 245; BStBl II 1976, 13.

1079 Urteil des *Bundesfinanzhofes* vom 26.2.1975 I R 72/73, BFHE 115, 243, hier 246; BStBl II 1976, 13.

1080 Vgl. *Freericks, Wolfgang*: Der entgeltliche Erwerb immaterieller Anlagewerte, in: FR, 24. (51.) Jg. (1969), S. 518-522, hier S. 522.
Vgl. auch *Hanraths, Josef*: Umbauaufwendungen der Mieter und Pächter von Betriebsgebäuden in bilanzsteuerrechtlicher Sicht, in: BB, 26. Jg. (1971), S. 818-821, hier S. 821 und *Van der Velde, Kurt*: Zur Behandlung immaterieller Wirtschaftsgüter und Rechnungsabgrenzungsposten in der Handels- und Steuerbilanz, in: FR, 24. (51.) Jg. (1969), S. 441-449, hier S. 444.

1081 Hier sei beispielhaft auf die „Beitragsfälle" verwiesen, vgl. hierzu *Moxter, Adolf*: Bilanzrechtsprechung, 5. Aufl., a.a.O., S. 34-36 (mit Rechtsprechungsnachweisen).

lichen Erwerbs ist die Typisierung der greifbaren Werthaltigkeit von immateriellen Anlagewerten,[1082] da diese (anders als materielle Wirtschaftsgüter) regelmäßig schwer schätzbar sind und daher unsichere Werte darstellen[1083]. Das Prinzip des entgeltlichen Erwerbs soll demnach nur bei *immateriellen* Wirtschaftsgütern zur Anwendung kommen. „Die Vorfrage ist aber gerade, ob die Mietereinbauten zu den immateriellen Anlagewerten gehören."[1084]

Der *Bundesfinanzhof* hat diese Frage unter Rückgriff auf die Gliederungsvorschrift des § 266 Absatz 2 A II Nr. 1 HGB verneint; das Problem ließe sich indes wohl auch ohne den zu Recht kritisierten Umweg über diese Vorschrift lösen:[1085] Mietereinbauten stellen als Sachen (körperliche Gegenstände) eigentlich *materielle* Wirtschaftsgüter dar;[1086] zu dieser Auffassung gelangt auch der *Bundesfinanzhof* in seinem Leiturteil zu Mietereinbauten.[1087] Für materielle Wirtschaftsgüter besteht aber eine Aktivierungspflicht[1088] – die aufgezeigten Begründungsschwierigkeiten entstehen erst

---

1082 Vgl. *Moxter, Adolf*: Zur bilanzrechtlichen Behandlung von Mietereinbauten nach der neueren höchstrichterlichen Rechtsprechung, a.a.O., S. 261.

1083 Vgl. *Moxter, Adolf*: Aktivierungsgrenzen bei „immateriellen Anlagewerten", in: BB, 33. Jg. (1978), S. 821-825, hier S. 825; *Schulze-Osterloh, Joachim*: Die anderen Zuzahlungen nach § 272 Abs. 2 Nr. 4 HGB, in: FS Claussen, S. 769-784, hier S. 781 und *Crezelius, Georg*: Das Handelsbilanzrecht in der Rechtsprechung des Bundesfinanzhofs, in: ZGR, 16. Jg. (1987), S. 1-45, hier S. 17-19, insbesondere S. 18.

1084 *Döllerer, Georg*: Bilanzielle Behandlung von Ein- und Umbauten in gemieteten Räumen: Podiumsdiskussion, in: JbFfSt 1975/76, S. 270-272, hier S. 271-272.

1085 Vgl. hierzu *Moxter, Adolf*: Zur bilanzrechtlichen Behandlung von Mietereinbauten nach der neueren höchstrichterlichen Rechtsprechung, a.a.O., S. 261.

1086 Vgl. *Curtius-Hartung, Rudolf*: Wichtige Fragen des Bilanzsteuerrechts, insbesondere Rückstellungen, in: StBJb 1975/76, S. 345-368, hier S. 350-351. Zur Abgrenzung zwischen materiellen und immateriellen Vermögensgegenständen, vgl. auch oben, Erstes Kapitel A.IV.2, dortiger Abschnitt d).

1087 Vgl. Urteil des *Bundesfinanzhofes* vom 26.2.1975 I R 32/73, BFHE 115, 238, hier 241; BStBl II 1975, 443. Vgl. hierzu auch *Döllerer, Georg*: Die Vierte EG-Richtlinie und das Steuerrecht, a.a.O., S. 377; *Beisse, Heinrich*: Zur Bilanzauffassung des Bundesfinanzhofs – Korreferat zum Referat Professor Dr. Kruse, a.a.O., S. 192 und *Kurz, Volker*: Bauten auf fremden Grundstücken als unentgeltlich erworbene, immaterielle, aber aktivierungspflichtige Wirtschaftsgüter, in: DStZ/A, 68. Jg. (1980), S. 196-198, hier S. 196-197.

1088 Vgl. *Kählert, Jens-Peter/Lange, Sabine*: Zur Abgrenzung immaterieller von materiellen Vermögensgegenständen, in: BB, 48. Jg. (1993), S. 613-618, hier S. 613; Mietereinbauten dürften sämtliche der dort zur Abgrenzung diskutierten

/...

dadurch, daß die Einbauten nach den dargestellten Kriterien der Rechtsprechung nicht dem Vermögen des Mieters zuzurechnen sind.[1089]

Orientiert man sich am Regelungsgedanken des entgeltlichen Erwerbs, könnte auf die „Sonderbehandlung" der Mietereinbauten „wie ein materielles Wirtschaftsgut" verzichtet werden:[1090] Da materielle Wirtschaftsgüter vorliegen, erscheint jedenfalls die Bestätigung der Werthaltigkeit durch den entgeltlichen Erwerb nicht erforderlich; auch die an den für materielle Wirtschaftsgüter geltenden Vorschriften ausgerichtete Folgebewertung der Einbauten in der Rechtsprechung spricht für diese Vorgehensweise.[1091]

Zu prüfen bleibt überdies, ob das Prinzip wirtschaftlicher Vermögenszugehörigkeit in den hier diskutierten Sachverhaltsgestaltungen überhaupt die Zurechnung der Mietereinbauten zum Vermögen des *Vermieters* gebietet; letztlich ist es erst diese Zurechnung der Einbauten zum Vermieter, die eine Bilanzierung als Nutzungsrecht beim Mieter indiziert.

3. Ableitung einer möglichen Lösung aus dem Prinzip wirtschaftlicher Vermögenszugehörigkeit: Orientierung an den Investitionschancen und -risiken

a) Das auf Grundlage des Realisationsprinzips und des Imparitätsprinzips konzipierte Prinzip wirtschaftlicher Vermögenszugehörigkeit gebietet die Zurechnung des Investitionsobjektes zu dem Kaufmann, der die Chancen und Risiken des Investitionsvorhabens trägt: In den hier zu untersuchenden Sachverhaltsgestaltungen trägt der Mieter als *Investor* stets die Anschaffungs- bzw. Herstellungskosten des Wirtschaftsguts. Aus dem Realisationsprinzip in seiner Ausprägung als Erfolgsneutralitätsprinzip folgt mit der Aktivierung der Mietereinbauten die Neutralisierung der zu ihrer Erlangung getätigten Ausgaben; das Periodisierungsprinzip gebietet die Übertragung dieser Ausgaben in das spätere Umsatzjahr. Auch das Imparitätsprinzip scheint die Aktivierung der Mietereinbauten zu erzwingen: Für die Dauer der Mietzeit trägt der Mieter die in den Einbauten verkörperten

---

Kriterien erfüllen. Zur Abgrenzung materieller von immateriellen Vermögensgegenständen, vgl. auch *Wolffgang, Hans-Michael*: Kommentierung zu § 5 EStG, in: Kirchhof/Söhn, Rdnr. C 69-79.

1089 Vgl. zu den Kriterien Zweites Kapitel B.

1090 Vgl. *Moxter, Adolf*: Zur bilanzrechtlichen Behandlung von Mietereinbauten nach der neueren höchstrichterlichen Rechtsprechung, a.a.O., S. 261 (auch Zitat).

1091 Vgl. Beschluß des *Bundesfinanzhofes* vom 30.1.1995 GrS 4/92, BFHE 176, 267, hier 275; BStBl II 1995, 281.

Investitionsrisiken. Der *Vermieter* übernimmt lediglich das Risiko, daß die später von ihm gegen geringe oder ohne jede Aufwendungen zu übernehmenden Einbauten dann wertlos sein könnten und von ihm entfernt werden müssen.[1092] Eine zwischenzeitliche (umsatzbewirkte) Wertsteigerung der Einbauten mag aus Sicht des Mieters zu höheren Erträgen führen – die Position des Vermieters bleibt davon unberührt.[1093]

Bei der bisherigen bilanzrechtlichen Behandlung der Mietereinbauten durch die Judikatur wird diese Verteilung der Investitionsrisiken und der Investitionschancen nicht ausreichend beachtet; hieraus können sogar sich widersprechende Zurechnungsergebnisse resultieren:[1094] Einerseits hat der Mieter die nach Beendigung des Mietvertrages von ihm wieder zu *entfernenden* Einbauten als *Sache* zu aktivieren, selbst wenn er nur für eine unter der betriebsgewöhnlichen Nutzungsdauer der Einbauten liegende Mietdauer über sie verfügt; dies gilt unabhängig davon, ob die Einbauten dabei zerstört werden.[1095] Die Zurechnung erscheint hier insofern folgerichtig, als es sich bei den Einbauten zivilrechtlich um Scheinbestandteile handelt und der Mieter Substanz und Ertrag vollständig innehat. Andererseits soll – bei sonst gleichem Sachverhalt – allein aus dem *Fehlen* der Verpflichtung zur Wiederherstellung des ursprünglichen Zustands die Zurechnung der Mietereinbauten zum Vermieter resultieren, weil der *Bundesfinanzhof* hier nur die Aktivierung eines Nutzungsrechts an den Mietereinbauten zuläßt. Die eventuell mit erheblichen Kosten verbundene Entfernung der Einbauten darf jedoch keine Auswirkungen auf deren Zurechnung haben: Der Mieter verfügt in beiden Fällen für die Dauer des Mietvertrages vollständig über die Chancen und Risiken des Investitionsobjektes.

Aus Sicht des Prinzips wirtschaftlicher Vermögenszugehörigkeit wäre daher zu fordern, daß der Mieter die Einbauten auch dann als *Sache* aktiviert, wenn *keine* Verpflichtung zu ihrer Entfernung besteht: Es ist zu vermuten, daß ein Kaufmann nur umfangreiche Investitionen in Mietereinbauten vornimmt, wenn er – ungeachtet einer unter der Nutzungsdauer der Einbauten liegenden Laufzeit des Mietvertrages – für diesen kürzeren Zeit-

---

1092 Vgl. *Hommel, Michael*: Das Prinzip des wirtschaftlichen Eigentums – ein Stellungsfehler im GoB-System?, a.a.O., S. 31.

1093 Der Vermieter kann erst nach dem Zugang der Einbauten an eventuellen Wertsteigerungen der Einbauten partizipieren.

1094 Vgl. *Hommel, Michael*: Das Prinzip des wirtschaftlichen Eigentums – ein Stellungsfehler im GoB-System?, a.a.O., S. 32.

1095 Vgl. dazu Gliederungspunkt Zweites Kapitel B.I.2.a).

raum mindestens Einnahmen in Höhe der Anschaffungs- oder Herstellungskosten erwartet. Maßgeblich ist hier nicht die betriebs*gewöhnliche* Nutzungsdauer, sondern der durch die Mietdauer determinierte innerbetriebliche Nutzen der Mietereinbauten; die Vermutung kann nur bei Fehlmaßnahmen[1096] entkräftet werden. Diese Vorgehensweise steht auch im Einklang mit dem Primärzweck der Bilanzierung, der Ermittlung von Gewinnansprüchen: Es erschiene unbillig, einem ausscheidenden Minderheitsgesellschafter Gewinnansprüche nur deshalb zu verwehren, weil in dem Geschäftsjahr umfangreiche Investitionen in Mietereinbauten getätigt wurden, die den verbleibenden Gesellschaftern zukünftige Mehrerträge versprechen.

b) Gegen den gerade skizzierten Vorschlag[1097] könnte eingewandt werden, eine derartige Zurechnung ohne „bürgerlich-rechtliches oder wirtschaftliches Eigentum" sei vor allem wegen der weitreichenden Konsequenzen für die bilanzrechtliche Behandlung von *Nutzungsverhältnissen* abzulehnen.[1098]

Ob diese Vorgehensweise Folgen für die Bilanzierung von Nutzungsverhältnissen haben muß, erscheint fraglich: Anders als bei Mietereinbauten ist bei Partenteilungen begründenden Nutzungsverhältnissen regelmäßig unklar, wer als Investor anzusehen ist. Dem nur auf der Grundlage von Realisationsprinzip und Imparitätsprinzip konzipierten Prinzip wirtschaftlicher Vermögenszugehörigkeit fehlt es in diesen Fällen an eindeutigen Abgrenzungsmerkmalen.[1099] Schon die Beantwortung der Frage, wer die Anschaffungskosten eines Leasing-Gegenstands trägt, bereitet häufig Schwierigkeiten: Der Leasinggeber kann die Anschaffungskosten zunächst übernehmen, sie dann aber (je nach Vertragsgestaltung) vollständig auf den Leasingnehmer überwälzen. Die Partenteilung wird außerdem die Investitionschancen und Investitionsrisiken umfassen; so kann ein etwaiger

---

1096 Vgl. hierzu oben, Zweites Kapitel A.I.2.

1097 Eine im Ergebnis ähnliche Lösung findet sich bei *Uelner, Adalbert*: Aktuelle Fragen des Ertragsteuerrechts, in: StBJb 1975/76, S. 305-344, hier S. 329-330.

1098 Vgl. *Offerhaus, Klaus*: Anmerkung zu den BFH-Urteilen I R 32/73 vom 26.2.1975 und I R 184/73 vom 26.2.1975, a.a.O., S. 240 (auch Zitat) und *Kurz, Volker*: Bauten auf fremden Grundstücken als unentgeltlich erworbene, immaterielle, aber aktivierungspflichtige Wirtschaftsgüter, a.a.O., S. 197 mit Verweis auf *Schreiber, Ulrich/Storck, Alfred*: Mietereinbauten und Mieterumbauten in Ertragsteuerbilanz und Vermögensaufstellung, a.a.O., S. 1394.

1099 Vgl. hierzu auch oben, Erstes Kapitel B.I.2.

Veräußerungserlös auf beide Parteien aufzuteilen sein.[1100] Erst die das Prinzip wirtschaftlicher Vermögenszugehörigkeit konkretisierenden Kriterien „Substanz und Ertrag" legen hier fest, wer als Investor des Nutzungsobjektes anzusehen ist: Der Nutzungsberechtigte gilt nur dann als Investor, wenn er vollständig und dauerhaft über die Substanz und den Ertrag des Vermögensgegenstandes verfügt.

Die bei Mietereinbauten auftretenden Zurechnungsschwierigkeiten resultieren dagegen allein aus der gegenüber der betriebsgewöhnlichen Nutzungsdauer kürzeren Laufzeit des Mietvertrages. Es ist aber fraglich, ob das Kriterium des dauerhaften Innehabens von Substanz und Ertrag bei Mietereinbauten zur Anwendung kommen muß, wenn die Verteilung der Risiken und Chancen aus dem Investitionsobjekt unstrittig ist.

c) Der Vergleich zu den Partenteilungen begründenden Nutzungsverhältnissen erscheint daher nicht geeignet, die hier vorgeschlagene bilanzrechtliche Behandlung der Mietereinbauten in Frage zu stellen. Die Stellung des Mieters ähnelt wirtschaftlich eher der Position eines (zivilrechtlichen) Eigentümers, der einen Vermögensgegenstand mittels einer sogenannten Vorwegverfügung[1101] – bereits im Anschaffungszeitpunkt wird die spätere Übertragung des Gegenstandes vertraglich fixiert – einige Jahre vor dem Ende der betriebsgewöhnlichen Nutzungsdauer an einen Kunden verschenken oder ihm unentgeltlich überlassen wird, etwa um damit die Lieferbeziehung zu diesem Kunden zu fördern.[1102] Bis zum Zeitpunkt der Schenkung erfolgt die Bilanzierung des Vermögensgegenstandes beim Eigentümer, der die Chancen und Risiken der Investition vollständig innehat. Der zivilrechtliche Unterschied zwischen den beiden Sachverhalten – die Nutzung der Einbauten kraft Mietvertrag bzw. des Vermögensgegenstandes aufgrund zivilrechtlichen Eigentums – muß keine unterschiedliche bilanzrechtliche Behandlung rechtfertigen.

d) Die Aktivierung der Mietereinbauten als Sache anstelle des Ansatzes als Nutzungsrecht entspräche daher dem Prinzip wirtschaftlicher Vermögenszugehörigkeit;[1103] die mit dem Rekurs auf § 266 Absatz 2 A II 1 HGB be-

---

1100 Zur möglichen Aufteilung von Wertsteigerungschancen und Wertminderungs-
     risiken, vgl. oben, Erstes Kapitel B.III.2.c).
1101 Vgl. hierzu *Werndl, Josef*: Wirtschaftliches Eigentum, a.a.O., S. 150-151.
1102 Vgl. *Hommel, Michael*: Das Prinzip des wirtschaftlichen Eigentums – ein Stel-
     lungsfehler im GoB-System?, a.a.O., S. 31.
1103 Im Ergebnis gleicher Ansicht *Weber-Grellet, Heinrich*: Steuerbilanzrecht. a.a.O.,
     S. 111-112; *ders.*: Drittaufwand – Konsequenzen aus dem Beschluß des Großen
     Senats vom 30.1.1995 GrS 4/92, a.a.O., S. 2551 sowie *ders.*: Drittaufwand: Ge-
/...

absichtigte Umgehung des Prinzips des entgeltlichen Erwerbs würde hinfällig.

Auch dem „das Bilanzrecht mitgestaltenden Vereinfachungsprinzip"[1104] wäre Genüge getan: Trotz verschiedenartiger zivilrechtlicher Sachlagen (Scheinbestandteile, Einrichtungen, Ersatzansprüche, notwendige bzw. sonstige Verwendungen) erscheint eine einheitliche bilanzrechtliche Behandlung der Mietereinbauten aus Sicht des Prinzips wirtschaftlicher Vermögenszugehörigkeit möglich; zudem entfiele die bislang erforderliche Unterscheidung zwischen jenen Nutzungsrechten, die der Objektivierungsrestriktion des entgeltlichen Erwerbs unterliegen und Nutzungsrechten an Mietereinbauten, für die diese Vorschrift nicht einschlägig sein soll.

III. Aktivierung von Mietereinbauten als Rechnungsabgrenzungsposten?

1. Alternative bilanzrechtliche Behandlung der Mieterinvestitionen als Rechnungsabgrenzungsposten im Schrifttum

In der bilanzrechtlichen Literatur wird zum Teil vorgeschlagen, Mieteraufwendungen als aktive Rechnungsabgrenzungsposten (im folgenden: RAP) zu berücksichtigen: In den gerade diskutierten Sachverhalten, in denen der Mieter keine Ersatzansprüche gegenüber dem Vermieter hat und die Mietdauer unter der betriebsgewöhnlichen Nutzungsdauer der Einbauten liegt, sei die Bilanzierung eines RAP in Betracht zu ziehen.[1105]

Als Begründung wird auf die Analogie zur Behandlung der Investitionen des *Vermieters* verwiesen: Sofern die Einbauten durch den Vermieter veranlaßt und durch eine Mietvorauszahlung des Mieters abgegolten wurden, habe der Mieter unstreitig einen aktiven RAP anzusetzen. Trage dagegen der *Mieter* die Aufwendungen, verkörperten seine Investitionen in Sachwerten erbrachte Vorleistungen aus dem Mietvertrag und würden auf die

---

löste Fragen, offene Probleme, Handlungsgrundlagen, a.a.O., S. 112 und S. 159-160, der eine Aktivierung von Nutzungsrechten jedoch *generell* ablehnt.

1104 *Gschwendtner, Hubert*: Mietereinbauten als Vermögensgegenstand und Wirtschaftsgut im Sinne des Handels- und Steuerbilanzrechts, a.a.O., S. 233.

1105 Vgl. *Federmann, Rudolf*: Kommentierung zu § 5 EStG, in: Herrmann/Heuer/ Raupach, Anm. 2000 (Stichwort „Mietereinbauten und -umbauten") und *Richter, Martin*: Das Sachanlagevermögen, in: HdJ, Abt. II/1, Rn. 83.
Vgl. auch *Bundesminister der Finanzen*: Schreiben des Bundesministers der Finanzen vom 15.1.1976 IV B 2 – S 2133 – 1/76, BStBl I 1976, 66.

Miete angerechnet; beide Vorgänge seien hinsichtlich ihres wirtschaftlichen Gehalts gleich zu beurteilen.[1106] Der Mieter übernehme die Herstellung der Einbauten, um sie ohne zusätzliches Entgelt nutzen zu können, die anfallenden Baukosten seien wie ein Baukostenzuschuß auf die Dauer des Nutzungsverhältnisses zu verteilen. Eventuell bestehende Ansprüche des Mieters auf *Teil*entschädigung verringerten den als RAP zu berücksichtigenden Betrag.[1107]

2. Einwände gegen die Bilanzierung von Mietereinbauten als Rechnungsabgrenzungsposten

a) Aktive RAP unterliegen strengen Objektivierungskriterien, der *Bundesfinanzhof*[1108] versteht die aktiven RAP als geleistete Ausgaben für auf eine bestimmte, objektivierte Zeitspanne bezogene, noch ausstehende Gegenleistungen.[1109] Hierunter sind vor allem Vorleistungen aus (zeitbezogenen) gegenseitigen Verträgen zu subsumieren, bei denen Leistung und Gegenleistung zeitlich auseinanderfallen.[1110] Der zur Auflösung der aktiven RAP

1106 Vgl. *Gassner, Bruno/Lempenau, Gerhard*: Ausgewählte bilanzsteuerliche Fragen, a.a.O., S. 135.

1107 Vgl. *Groh, Manfred*: Bauten auf fremdem Grundstück: BGH versus BFH?, a.a.O., S. 1490.
Auf die Analogie zur Behandlung von Baukostenzuschüssen verweisen auch *Reiß, Wolfram*: Bilanzierungsfragen bei Bauwerken auf fremdem Grund und Boden, a.a.O., S. 128 und *Clemm, Herrmann*: Grenzen der zivilrechtlichen Betrachtungsweise für das Bilanzrecht – Kritische Würdigung der neueren BFH-Rechtsprechung, in: JbFfSt 1979/80, S. 173-194, hier S. 183.
Zurückhaltender äußert sich *Hanraths, Josef*: Umbauaufwendungen der Mieter und Pächter von Betriebsgebäuden in bilanzsteuerrechtlicher Sicht, a.a.O., S. 821, wonach die Behandlung als RAP von den vertraglichen Verrechnungsregeln abhängig zu machen sei.

1108 Vgl. exemplarisch die Urteile des *Bundesfinanzhofes* vom 25.10.1994 VIII R 65/91, BFHE 176, 359, hier 363; BStBl II 1995, 312; vom 4.3.1976 IV R 78/72, BFHE 121, 318, hier 321; BStBl II 1977, 380 und vom 31.5.1967 I 208/63, BFHE 89, 191, hier 192; BStBl III 1967, 607.

1109 Vgl. *Moxter, Adolf*: Bilanzrechtsprechung, 5. Aufl., a.a.O., S. 71.

1110 Die von der Rechtsprechung vorgenommene Beschränkung der RAP auf Vorleistungen aus (zeitbezogenen) gegenseitigen Verträgen erscheint indes zu weitgehend, auch (Rückforderungsansprüche verkörpernde) Ansprüche auf öffentlichrechtlicher Grundlage sind mit einzubeziehen, vgl. ebenda.
Vgl. dazu auch *Trützschler, Klaus*: Kommentierung zu § 250 HGB, in: Küting/Weber, Rn. 88.

zugrunde zu legende Zeitraum muß dabei zumindest insoweit bestimmbar sein, daß von bloßen Schätzungen abgesehen werden kann; die Nutzungsdauer eines Vermögensgegenstands erfüllt diese Anforderung nicht.[1111]

b) Gegen eine Bilanzierung von Mietereinbauten als RAP richten sich gewichtige Einwände: Fraglich erscheint mit *Mellwig* bereits in vielen Fällen, ob aus der Vereinbarung einer (Grund-)Mietzeit gesicherte Rückschlüsse auf die tatsächliche Laufzeit des Mietvertrages gezogen werden können. Häufig werden Verlängerungsoptionen und Anschlußvereinbarungen eindeutige Aussagen hinsichtlich der Vertragsdauer erschweren.[1112] Der Auflösungszeitraum ließe sich dann eventuell nur anhand individueller Schätzungen ermitteln; das Kriterium der „bestimmten Zeit" könnte nicht als erfüllt gelten.[1113]

c) Im Leiturteil zu Mietereinbauten heißt es überdies zu Recht, dem Mieter fehle es „an einer Forderung, die Grundlage für solche vorgezogenen Aufwendungen für eine bestimmte Zeit nach dem Abschlußstichtag sein könnte. Die Aufwendungen für Mietereinbauten [...] sind Entgelt für die Herbeiführung eines Erfolgs, nicht aber für Leistungen des Vermieters, die auf einen bestimmten Zeitraum bezogen sind"[1114].

Im Hinblick auf die Mietereinbauten existiert in den hier zu behandelnden Fällen keine ausstehende Gegenleistung des Vermieters: Anders als die vorausbezahlten Mieten verkörpern Einbauten keine Rückforderungsansprüche des Mieters; ein nur mittelbarer, wirtschaftlicher Zusammenhang zwischen den Ausgaben des Mieters und dem zeitraumbezogenen Vertrag genügt der Rechtsprechung nicht.[1115]

1111 Vgl. Urteil des *Bundesfinanzhofes* vom 25.10.1994 VIII R 65/91, BFHE 176, 359, hier 363-365; BStBl II 1995, 312.

1112 Vgl. (analog für Leasingverträge) *Mellwig, Winfried*: Erfolgsteuerliche Aktivierungsprobleme bei Mobilien-Leasingverträgen, a.a.O., S. 1811.

1113 Ein anderes Verständnis des Kriteriums findet sich noch im Urteil des *Bundesfinanzhofes* vom 9.10.1962 I 167/62 U, BFHE 76, 16, hier 18 f.; BStBl III 1963, 7.

1114 Urteil des *Bundesfinanzhofes* vom 26.2.1975 I R 32/73, BFHE 115, 238, hier 243; BStBl II 1975, 443.

1115 Vgl. Urteil des *Bundesfinanzhofes* vom 21.2.1978 VIII R 148/73, BFHE 124, 454, hier 456; BStBl II 1978, 345. Vgl. hierzu auch *Moxter, Adolf*: Bilanzrechtsprechung, 5. Aufl., a.a.O., S. 72-73 (dortige Fußnote 8). Zum engen Verständnis der aktiven RAP, vgl. ferner *Döllerer, Georg*: Rechnungslegung nach dem neuen Aktiengesetz und ihre Auswirkungen auf das Steuerrecht, a.a.O., S. 1408-1409; *ders.*: Statische oder dynamische Bilanz?, in: BB, 23. Jg. (1968), S. 637-641, hier S. 638-640 und *Tiedchen, Susanne*: Rechnungsabgrenzung und „bestimmte Zeit",

/...

d) Als problematisch erweist sich schließlich im Hinblick auf die Folgebewertung der Mietereinbauten, daß RAP (bislang) nicht bewertet, sondern nur nach Abgrenzungsaspekten aufgelöst werden[1116]: Behandelte man Mietereinbauten bilanzrechtlich als RAP, wäre zum einen zu fragen, wie bei einer rein schematischen Auflösung die – nach dem Beschluß des Großen Senats[1117] vom 30.1.1995 auch einem Mieter zustehenden – AfA-Vergünstigungen zu berücksichtigen sind. Zum anderen müßte bei der Bilanzierung von Mietereinbauten als RAP selbst dann von einer außerplanmäßigen Abschreibung abgesehen werden, wenn die Einbauten für den Mieter völlig wertlos geworden sind.[1118]

Nur dieser letzte Einwand gegen die Bilanzierung von Mietereinbauten als RAP ließe sich künftig eventuell entkräften: Da der *Bundesfinanzhof* in Fällen von Wertminderungen bei RAP bislang für die Passivierung einer Drohverlustrückstellung plädierte und diese inzwischen vom Gesetzgeber bilanzsteuerrechtlich verboten wurde, könnte die Judikatur gezwungen sein, von der bisherigen Rechtsprechung abzurücken und die Folgebewertung aktiver RAP zuzulassen. Eine Bilanzierung von Mietereinbauten als RAP muß wegen der verbleibenden, skizzierten Bedenken gleichwohl ausscheiden.[1119]

in: BB, 52. Jg. (1997), S. 2471-2475, passim.

1116 Vgl. *Moxter, Adolf*: Bilanzrechtsprechung, 5. Aufl., a.a.O., S. 77-80.
Vgl. dazu auch *Babel, Mathias*: Zur Bewertbarkeit von aktiven Rechnungsabgrenzungsposten, in: ZfbF, 50. Jg. (1998), S. 778-808, passim.

1117 Vgl. Beschluß des *Bundesfinanzhofes* vom 30.1.1995 GrS 4/92, BFHE 176, 267; BStBl II 1995, 281.

1118 Vgl. *Meyer-Scharenberg, Dirk E.*: Zweifelsfragen bei der Bilanzierung transitorischer Rechnungsabgrenzungsposten, in: DStR, 29. Jg. (1991), S. 754-758, hier S. 754 und *Hoyos, Martin/Bartels-Hetzler, Sibylle*: Kommentierung zu § 250 HGB, in: Beck'scher Bilanz-Kommentar, Anm. 32.

1119 Vgl. auch *Adler/Düring/Schmaltz*: Kommentierung zu § 250 HGB, Tz. 54 und *Weber-Grellet, Heinrich*: Kommentierung zu § 5 EStG, in: Schmidt, Rz. 256.

Zusammenfassende Thesen

1. In Ermangelung einer die (erstmalige) bilanzielle Erfassung von Vermögensgegenständen regelnden allgemeinen handelsrechtlichen Zurechnungsvorschrift und angesichts der Vielzahl der in Rechtsprechung und Schrifttum angewandten Kriterien stellte sich die Frage, welche Merkmale zu einer Konkretisierung des Prinzips wirtschaftlicher Vermögenszugehörigkeit beitragen können. Die vom sachenrechtlichen Eigentum abweichenden expliziten Zurechnungsvorschriften dokumentieren die Absicht des Gesetzgebers, der wirtschaftlichen Betrachtungsweise auch für die Zurechnungsfrage zentrale Bedeutung zukommen zu lassen; eine mit dem geltenden System handelsrechtlicher Grundsätze ordnungsmäßiger Bilanzierung im Einklang stehende Konkretisierung des Prinzips wirtschaftlicher Vermögenszugehörigkeit gebietet demnach die Formulierung wirtschaftlicher Kriterien, die zugleich den der Bilanz im Rechtssinne inhärenten Objektivierungsrestriktionen genügen müssen.

2. Den beiden das GoB-System prägenden Gewinnanspruchsermittlungsprinzipien – dem Vermögensermittlungs- und dem Gewinnermittlungsprinzip – sind grundlegende Anforderungen an die Ausgestaltung des Prinzips wirtschaftlicher Vermögenszugehörigkeit zu entnehmen: Da das Kriterium der Einzelveräußerbarkeit schon ungeeignet erscheint, das Vermögensgegenstandsprinzip zu konkretisieren, scheidet eine zentrale Bedeutung dieses Kriteriums auch für die Zurechnung aus. Die Gewinnermittlungsprinzipien ermöglichen die Konzeption des Prinzips wirtschaftlicher Vermögenszugehörigkeit: Dem Realisationsprinzip entsprechend sind zum einen alle (die Vermögensgegenstandskriterien erfüllenden) Ausgabengegenwerte dem Kaufmann zuzurechnen und durch Aktivierung in die Periode ihrer Umsatzalimentation zu transferieren; zum anderen gebietet es im Zeitpunkt eines Passivenzugangs, die Verbindlichkeit durch die Zurechnung des Vermögensgegenstands zu neutralisieren. Aus dem Imparitätsprinzip folgt die Bilanzierung jener Vermögensgegenstände, deren als mögliche künftige Wertminderungen (im Sinne erwarteter gesunkener Nettoeinnahmenpotentiale) verstandene Investitionsrisiken der Kaufmann zu tragen hat.

3. Ein nur auf der Grundlage des Realisationsprinzips und des Imparitätsprinzips konzipiertes Prinzip wirtschaftlicher Vermögenszugehörigkeit muß vor allem für (Partenteilungen begründende) Nutzungsverhältnisse weiter präzisiert werden: Konkretisierungserfordernisse verbleiben im Hinblick auf die Frage, unter welchen Voraussetzungen die Zurechnung des

Vermögensgegenstands zum Nutzungsberechtigten erfolgen soll, ob alternativ der Ansatz eines Nutzungsrechts zu erwägen ist oder der Grundsatz der Nichtbilanzierung schwebender Geschäfte einer Aktivierung entgegensteht. Die Defizite lassen sich nicht durch einzelne Merkmale des sachenrechtlichen Eigentums beseitigen: Die positiven Befugnisse des Eigentümers können an Nutzungsberechtigte übertragen werden, ohne daß diesen der Vermögensgegenstand zuzurechnen wäre; die negativen Merkmale beziehen sich allein auf das Verhältnis des Eigentümers zu unberechtigten Dritten und lassen offen, welche Kriterien die Zurechnung zum Nutzungsberechtigten erwirken sollen.

4. Da die steuerrechtliche Zurechnungsvorschrift des § 39 AO durch die Spezialvorschrift des § 5 EStG verdrängt wird, ist das handelsrechtliche Prinzip wirtschaftlicher Vermögenszugehörigkeit auch für die Zurechnung von Wirtschaftsgütern in der Steuerbilanz maßgeblich. Eine gewohnheitsrechtliche Bedeutung von § 39 AO für das Bilanzrecht kann aufgrund der Vielzahl der in Rechtsprechung und Schrifttum verwendeten Zurechnungskriterien ebenso verneint werden wie die Eignung der in § 39 AO kodifizierten Merkmale, in den strittigen Fällen eine systemkonforme Konkretisierung zu ermöglichen; gleiches bleibt gegen die von der Rechtsprechung zu deren Präzisierung entwickelten, auf das Gesamtbild der Verhältnisse abstellenden Typusmerkmale „Besitz, Nutzen, Lasten und Gefahren" einzuwenden.

5. Die Kriterien „Substanz und Ertrag vollständig und auf Dauer" erlauben die systemkonforme Konkretisierung des Prinzips wirtschaftlicher Vermögenszugehörigkeit: Verfügt der Kaufmann vollständig und dauerhaft über das Einnahmenpotential sowie über die Wertsteigerungschancen und Wertminderungsrisiken aus der getätigten Investition, wird ihm der Vermögensgegenstand zugerechnet. Die gegen die Kriterien vorgebrachten Einwände vermögen nicht zu überzeugen: Bei der erstmaligen bilanziellen Erfassung von Vermögensgegenständen läßt sich der Zugang des Investitionsrisikos regelmäßig durch den Übergang der Preisgefahr konkretisieren. Die Kriterien eignen sich auch bei Nutzungsverhältnissen und (bei verbleibenden Wertungserfordernissen) im Falle der Aufteilung von Wertminderungsrisiken und Wertsteigerungschancen zwischen den Vertragspartnern; bei im Rahmen von Nutzungsverhältnissen genutzten Grundstücken kann dem Veräußerungsrecht eine nachrangige Bedeutung als Subkriterium des Prinzips wirtschaftlicher Vermögenszugehörigkeit zukommen.

6. Mietereinbauten stellen ungeachtet möglicher, durch den Bilanzierenden nachzuweisender Fehlmaßnahmen einen wirtschaftlichen Vermögenswert für den Mieter dar, der einer besonderen Bewertung zugänglich ist: Ihre Zugangsbewertung erscheint unproblematisch, da sich die zur Erlangung der Einbauten angefallenen Ausgaben im Regelfall objektiviert bestimmen lassen; für die Folgebewertung ist sowohl die mögliche Verlängerung des Mietvertrags als auch eine ernsthaft in Betracht zu ziehende vorzeitige Beendigung des Mietverhältnisses zu berücksichtigen. Die Übertragung des Kriteriums des selbständigen Wirtschaftsguts von Einbauten des Eigentümers auf Mietereinbauten ist abzulehnen, weil das Kriterium damit eine über Abschreibungsgesichtspunkte hinausgehende Bedeutung für die Frage ihrer Aktivierung erlangt. Das das Greifbarkeitsprinzip konkretisierende Übertragbarkeitsprinzip kann bei Mietereinbauten als erfüllt gelten: Trotz der dem Mieter formal fehlenden Veräußerungsmöglichkeit bilden die Einbauten zusammen mit dem unternehmensbezogen zu verstehenden Mietvertrag eine wirtschaftliche Übertragungseinheit. Familienrechtlich gewährte Nutzungsbefugnisse sind selbst dann übertragbar, wenn der das Grundstück nutzende Ehegatte nicht über ein gesichertes Nutzungsrecht, sondern nur über einen in § 951 Absatz 1 Satz 1 BGB begründeten Ersatzanspruch verfügt. Das Prinzip greifbarer Werthaltigkeit erfährt durch das Prinzip wirtschaftlicher Vermögenszugehörigkeit eine Ergänzung, da sich erst in der Zugehörigkeit zum Vermögen die Werthaltigkeit von Vermögensgegenständen für den jeweiligen Kaufmann manifestiert.

7. Dem Prinzip wirtschaftlicher Vermögenszugehörigkeit entspricht es, zivilrechtlich als Scheinbestandteil einzustufende Einbauten dem Nutzungsberechtigten zuzurechnen. Bauten eines dinglich Berechtigten befinden sich ebenso in dessen Eigentum wie die dem Mieter dienenden, nur zu einem vorübergehenden Zweck errichteten Einbauten eines obligatorisch Berechtigten; Entsprechendes gilt für die nicht fest mit dem Grund und Boden verbundenen Sachen. Die vom *Bundesfinanzhof* vorgenommene bilanzrechtliche Umqualifizierung der nur zu vorübergehenden Zwecken errichteten – zivilrechtlich als Scheinbestandteile anzusehenden – Mietereinbauten ist als Überobjektivierung zu werten.

8. Das Prinzip wirtschaftlicher Vermögenszugehörigkeit gebietet eine Aktivierung der nicht im Eigentum befindlichen Einbauten als Sachen beim Mieter, wenn dieser (gesetzlich oder vertraglich) zur Entfernung der Einbauten nach Ablauf des Mietvertrages verpflichtet ist oder über deren Entfernung entscheiden kann, weil er in beiden Fällen über die Substanz

und den Ertrag verfügt. Eine Zurechnung der Einbauten zum Vermögen des Mieters erfolgt ferner, wenn sich der Mietvertrag (unter Berücksichtigung von mit hoher Wahrscheinlichkeit wahrzunehmenden Verlängerungsoptionen) über die betriebsgewöhnliche Nutzungsdauer der Einbauten erstreckt und eine Kündigung bei vertragsgemäßem Verhalten des Mieters für diesen Zeitraum ausgeschlossen werden kann. Bestehen seitens des Mieters gesetzliche oder vertragliche Ersatzansprüche gegen den Vermieter, resultiert aus diesem als Zwangskaufpreis zu interpretierenden, dem Zeitwert der Einbauten zumindest nahekommenden Wertausgleich der vollständige Übergang von Substanz und Ertrag auf den Mieter; die höchstrichterliche Rechtsprechung wirkt hier bislang wenig gefestigt.

9. Nicht im Eigentum des Mieters befindliche Einbauten, die trotz einer gegenüber der betriebsgewöhnlichen Nutzungsdauer kürzeren Mietdauer keine Ansprüche des Mieters verkörpern, sind nach der Rechtsprechung des *Bundesfinanzhofes* als Nutzungsrecht zu aktivieren und „wie ein materielles Wirtschaftsgut" zu behandeln. Diese mit der Gliederungsvorschrift des § 266 HGB begründete Vorgehensweise sichert zwar die richtige Erfolgsabgrenzung und ermöglicht es dem Mieter, Abschreibungsvergünstigungen in Anspruch zu nehmen; ob der Wortlaut der Vorschrift eine solche Begründung rechtfertigen kann, wird vom Schrifttum aber ebenso in Frage gestellt wie die damit verbundene Umgehung des entgeltlichen Erwerbs. Nachdem diese Rechtsfigur in einem jüngeren Urteil des *Bundesgerichtshofes* nicht zur Anwendung kam, erscheint sie nunmehr fraglich. Eine Relevanz des entgeltlichen Erwerbs bei Mietereinbauten kann negiert werden, da sie als Sachen (körperliche Gegenstände) eigentlich materielle Wirtschaftsgüter darstellen. Die Zurechnungsfrage bleibt damit weiter unbeantwortet, zumal die vom Schrifttum alternativ vorgeschlagene Bilanzierung der Mietereinbauten als aktive Rechnungsabgrenzungsposten an der fehlenden ausstehenden Gegenleistung des Vermieters, dem häufig unbestimmt bleibenden Auflösungszeitraum und der von der Rechtsprechung bislang abgelehnten Folgebewertung scheitern muß.

10. Das an den Investitionschancen und Investitionsrisiken orientierte Prinzip wirtschaftlicher Vermögenszugehörigkeit kann auch in den hier strittigen Fällen zu einer systemkonformen Lösung verhelfen: Während der Mieter als Investor die Anschaffungskosten der Einbauten trägt und sämtliche Chancen und Risiken übernimmt, verbleibt dem Vermieter nur das (für die Zurechnung vernachlässigbare) Risiko, nach Ablauf des Mietvertrages eventuell wertlose Einbauten übernehmen zu müssen. Für die Zurechnung zum Vermögen des Mieters spricht auch die Analogie zur Behandlung der

durch den Mieter vor dem Ende der Nutzungsdauer zu entfernenden Einbauten, bei denen die Rechtsprechung schon bisher die Aktivierung als Sache forderte. Die bilanzrechtliche Behandlung von Partenteilungen begründenden Nutzungsverhältnissen bleibt hiervon unberührt, da in diesen Fällen häufig gerade unklar bleibt, wer als Investor anzusehen ist. Die Orientierung am Prinzip wirtschaftlicher Vermögenszugehörigkeit ermöglicht somit trotz verschiedenartiger zivilrechtlicher Sachlagen in wirtschaftlicher Betrachtungsweise eine einheitliche bilanzrechtliche Behandlung der Mietereinbauten.

Verzeichnis der abgekürzt zitierten Schriften

Adler/Düring/Schmaltz	Rechnungslegung und Prüfung der Unternehmen, Kommentar zum HGB, AktG, GmbHG, PublG nach den Vorschriften des Bilanzrichtlinien-Gesetzes, 6. Aufl., bearb. von *Karl-Heinz Forster u.a.*, Stuttgart 1995.
Baumbach/Hueck	GmbH-Gesetz. Gesetz betreffend die Gesellschaften mit beschränkter Haftung, bearb. von *Götz Hueck u.a.*, 16. Aufl., München 1996.
Becker/Riewald/Koch	Reichsabgabenordnung mit Nebengesetzen, Bd. 1, 9. Aufl., Köln u.a. 1963.
Beck'scher Bilanz-Kommentar	Beck'scher Bilanz-Kommentar. Handels- und Steuerrecht. – §§ 238 bis 339 HGB –, bearbeitet von *Wolfgang Dieter Budde u.a.*, 4. Aufl., München 1999.
Beermann	Steuerliches Verfahrensrecht: AO, FGO, Nebengesetze, Kommentar, hrsg. von *Albert Beermann*, Bonn 1995 (Loseblatt).
Beck'sches Handbuch der Rechnungslegung	Beck'sches Handbuch der Rechnungslegung, hrsg. von *Edgar Castan u.a.*, München 1987 (Loseblatt).
Blümich	Kommentar zum Einkommensteuergesetz, Körperschaftsteuergesetz, Gewerbesteuergesetz, hrsg. von *Klaus Ebeling*, 15. Aufl., München 1997 (Loseblatt).
Bonner Handbuch Rechnungslegung	Aufstellung, Prüfung und Offenlegung des Jahresabschlusses, hrsg. von *Max A. Hofbauer* und *Peter Kupsch*, 2. Aufl., Bonn 1994 (Loseblatt).
FS Baetge	Jahresabschluß und Jahresabschlußprüfung. Probleme, Perspektiven, internationale Einflüsse, Festschrift für *Jörg Baetge*, hrsg. von *Thomas R. Fischer* und *Reinhold Hömberg*, Düsseldorf 1997.
FS Beisse	Handelsbilanzen und Steuerbilanzen. Festschrift zum 70. Geburtstag von Prof. Dr. h.c. *Heinrich Beisse*, hrsg. von *Wolfgang Dieter Budde, Adolf Moxter* und *Klaus Offerhaus*, Düsseldorf 1997.

FS Beusch	Festschrift für *Karl Beusch*, hrsg. von *Heinrich Beisse u.a.*, Berlin u.a. 1993.
FS Börner	Unternehmensrechnung und -besteuerung, Festschrift für *Dietrich Börner* zum 65. Geburtstag, hrsg. von *Heribert Meffert* und *Norbert Krawitz*, Wiesbaden 1998.
FS Budde	Rechenschaftslegung im Wandel, Festschrift für *Wolfgang Dieter Budde*, hrsg. von *Gerhart Förschle, Klaus Kaiser* und *Adolf Moxter*, München 1995.
FS Bühler	Probleme des Finanz- und Steuerrechts, Festschrift für *Ottmar Bühler*, hrsg. von *Armin Spitaler*, Köln 1954.
FS Busse von Colbe	Unternehmenserfolg – Planung, Ermittlung, Kontrolle, Festschrift für *Walther Busse von Colbe*, hrsg. von *Michel Domsch, Franz Eisenführ, Dieter Ordelheide* und *Manfred Perlwitz*, Wiesbaden 1988.
FS Claussen	Festschrift für *Carsten Peter Claussen*, hrsg. von *Klaus Martens u.a.*, Köln u.a. 1997.
FS Clemm	Rechnungslegung – warum und wie, Festschrift für *Hermann Clemm* zum 70. Geburtstag, hrsg. von *Wolfgang Ballwieser, Adolf Moxter* und *Rolf Nonnenmacher*, München 1996.
FS Döllerer	Handelsrecht und Steuerrecht, Festschrift für Dr. Dr. h.c. *Georg Döllerer*, hrsg. von *Brigitte Knobbe-Keuk, Franz Klein* und *Adolf Moxter*, Düsseldorf 1988.
FS Fischer	Unternehmenspolitik und Internationale Besteuerung, Festschrift für *Lutz Fischer*, hrsg. von *Hans-Joachim Kleineidam*, Berlin 1999.
FS Fleck	Festschrift für *Hans-Joachim Fleck*, hrsg. von *Reinhard Goerdeler u.a.*, Berlin und New York 1988.
FS Flick	Unternehmen, Steuern, Festschrift für *Hans Flick*, hrsg. von *Franz Klein u.a.*, Köln 1997.

FS Forster	Rechnungslegung, Entwicklungen bei der Bilanzierung und Prüfung von Kapitalgesellschaften, Festschrift für *Karl-Heinz Forster*, hrsg. von *Adolf Moxter u.a.*, Düsseldorf 1992.
FS Geßler	Festschrift für *Ernst Geßler*, hrsg. von *Kurt Ballerstedt* und *Wolfgang Hefermehl*, München 1971.
FS Goerdeler	Bilanz- und Konzernrecht, Festschrift für *Reinhard Goerdeler*, hrsg. von *Hans Havermann*, Düsseldorf 1987.
FS Hämmerle	Festschrift für *Hermann Hämmerle*, hrsg. von *Horst Wünsch*, Graz 1972.
FS Häuser	Öffentliche Finanzen und monetäre Ökonomie, Festschrift für *Karl Häuser*, hrsg. von *Wolfgang Gebauer*, Frankfurt am Main 1985.
FS Havermann	Internationale Wirtschaftsprüfung, Festschrift für *Hans Havermann*, hrsg. von *Josef Lanfermann*, Düsseldorf 1995.
FS Hax	Produktionstheorie und Produktionsplanung, Festschrift für *Karl Hax*, hrsg. von *Adolf Moxter, Dieter Schneider* und *Waldemar Wittmann*, Köln und Opladen 1966.
FS Hefermehl	Strukturen und Entwicklungen im Handels-, Gesellschafts- und Wirtschaftsrecht, Festschrift für *Wolfgang Hefermehl*, hrsg. von *Robert Fischer u.a.*, München 1976.
FS Heigl	Standort Deutschland. Grundsatzfragen und aktuelle Perspektiven für die Besteuerung, die Prüfung und das Controlling, Festschrift für *Anton Heigl*, hrsg. von *Volker H. Peemöller* und *Peter Ucker*, Berlin 1995.
FS Helmrich	Für Recht und Staat, Festschrift für *Herbert Helmrich*, hrsg. von *Klaus Letzgus u.a.*, München 1994.
FS Hübner	Festschrift für *Heinz Hübner*, hrsg. von *Gottfried Baumgärtel u.a.*, Berlin und New York 1984.

FS Klein	Steuerrecht, Verfassungsrecht, Finanzpolitik, Festschrift für *Franz Klein*, hrsg. von *Paul Kirchhof, Klaus Offerhaus* und *Horst Schöberle*, Köln 1994.
FS Koch	Unternehmenstheorie und Unternehmensplanung, Festschrift zum 60. Geburtstag von *Helmut Koch*, hrsg. von *Winfried Mellwig*, Wiesbaden 1979.
FS Kropff	Aktien- und Bilanzrecht, Festschrift für *Bruno Kropff*, hrsg. von *Karl-Heinz Forster* u.a., Düsseldorf 1997.
FS Leffson	Bilanzfragen, Festschrift zum 65. Geburtstag von Prof. Dr. *Ulrich Leffson*, hrsg. von *Jörg Baetge, Adolf Moxter* und *Dieter Schneider*, Düsseldorf 1976.
FS Loitlsberger	Aktuelle Fragen der Finanzwirtschaft und der Unternehmensbesteuerung, Festschrift für *Erich Loitlsberger*, hrsg. von *Dieter Rückle*, Wien 1991.
FS Ludewig	Rechnungslegung, Prüfung und Beratung, Festschrift für *Rainer Ludewig*, hrsg. von *Jörg Baetge u.a.*, Düsseldorf 1996.
FS Moxter	Bilanzrecht und Kapitalmarkt, Festschrift zum 65. Geburtstag von Professor Dr. Dr. h.c. Dr. h.c. *Adolf Moxter*, hrsg. von *Wolfgang Ballwieser, Hans-Joachim Böcking, Jochen Drukarczyk* und *Reinhard H. Schmidt*, Düsseldorf 1994.
FS Offerhaus	Steuerrechtsprechung, Steuergesetz, Steuerreform, Festschrift für *Klaus Offerhaus*, hrsg. von *Paul Kirchhof u.a.*, Köln 1999.
FS 75 Jahre Reichsfinanzhof – Bundesfinanzhof	Festschrift 75 Jahre Reichsfinanzhof – Bundesfinanzhof, hrsg. vom Präsidenten des Bundesfinanzhofes, Bonn 1993.
FS Schmidt	Ertragsbesteuerung. Zurechnung – Ermittlung – Gestaltung, Festschrift für *Ludwig Schmidt*, hrsg. von *Arndt Raupach* und *Adalbert Uelner*, München 1993.

FS Seicht	Fortschritte im Rechnungswesen, Festschrift für *Gerhard Seicht*, hrsg. von *Otto A. Altenburger u.a.*, 2. Aufl., Wiesbaden 2000.
FS Spitaler	Gegenwartsfragen des Steuerrechts, Festschrift für *Armin Spitaler*, hrsg. von *Gerhard Thoma*, Köln 1958.
FS von Wallis	Der Bundesfinanzhof und seine Rechtsprechung: Grundfragen – Grundlagen, Festschrift für *Hugo von Wallis*, hrsg. von *Franz Klein* und *Klaus Vogel*, Bonn 1985.
FS von Wysocki	Der Wirtschaftsprüfer im Schnittpunkt nationaler und internationaler Entwicklungen, Festschrift für *Klaus von Wysocki*, hrsg. von *Gerhard Gross*, Düsseldorf 1985.
FS Zimmerer	Umbruch und Wandel, Festschrift für *Carl Zimmerer*, hrsg. von *Carsten Peter Claussen*, *Oswald Hahn* und *Willy Kraus*, München und Wien 1996.
Großkommentar Handelsgesetzbuch	Hermann Staubs Großkommentar Handelsgesetzbuch, bearb. von *Dieter Brüggemann u.a.*, 4. Aufl., Berlin 1988.
GS Knobbe-Keuk	Gedächtnisschrift für *Brigitte Knobbe-Keuk*, hrsg. von *Wolfgang Schön*, Köln 1997.
Hachenburg	Gesetz betreffend die Gesellschaften mit beschränkter Haftung (GmbHG), Großkommentar, hrsg. von *Peter Behrens u.a.*, Bd. 1, 8. Aufl., Berlin u.a. 1992.
Hartmann/Böttcher/ Nissen/Bordewin	Kommentar zum Einkommensteuerrecht, hrsg. von *Gotthard Baumdicker u.a.*, Wiesbaden 1991 (Loseblatt).
HdJ	Handbuch des Jahresabschlusses in Einzeldarstellungen, hrsg. von *Klaus von Wysocki u.a.*, Köln 1984/92 (Loseblatt).
Herrmann/Heuer/ Raupach	Einkommensteuer- und Körperschaftsteuergesetz, hrsg. von *Carl Herrmann*, *Gerhard Heuer* und *Arndt Raupach*, 21. Aufl., Köln 1950/96 (Loseblatt).

Hübschmann/Hepp/ Spitaler	Abgabenordnung, Finanzgerichtsordnung, Kommentar, 10. Aufl., bearb. von *Albert Beermann u.a.*, Köln 1989 (Loseblatt).
HuRB	Handwörterbuch unbestimmter Rechtsbegriffe im Bilanzrecht des HGB, hrsg. von *Ulrich Leffson, Dieter Rückle* und *Bernhard Großfeld*, Köln 1986.
HWB	Handwörterbuch der Betriebswirtschaft, hrsg. von *Waldemar Wittmann u.a.*, Bd. 1, 5. Aufl., Stuttgart 1993.
IherJb	Iherings Jahrbücher für die Dogmatik des bürgerlichen Rechts, hrsg. von *Ferdinand Regelsberger* und *Victor Ehrenberg*, Jena 1903.
HWStR	Handwörterbuch des Steuerrechts unter Einschluß von Betriebswirtschaftlicher Steuerlehre, Finanzrecht, Finanzwissenschaft, hrsg. von *Georg Strickrodt u.a.*, 2. Aufl., München und Bonn 1981.
Kirchhof/Söhn	Einkommensteuergesetz. Kommentar, hrsg. von *Paul Kirchhof* und *Hartmut Söhn*, Heidelberg 1986/98 (Loseblatt).
Klein/Orlopp	Abgabenordnung – einschließlich Steuerstrafrecht, hrsg. von *Franz Klein* und *Gerd Orlopp*, 5. Aufl., München 1995.
Koch/Scholtz	Abgabenordnung, hrsg. von *Karl Koch* und *Rolf-Detlev Scholtz*, 5. Aufl., Köln u.a. 1996.
Kölner Kommentar	Kölner Kommentar zum Aktiengesetz, hrsg. von *Wolfgang Zöllner*, Bd. 2, 1. Aufl., Köln u. a. 1971.
Kühn	Abgabenordnung, Finanzgerichtsordnung, Nebengesetze, begründet von *Rolf Kühn*, 17. Aufl., Stuttgart 1995.
Küting/Weber	Handbuch der Rechnungslegung. Kommentar zur Bilanzierung und Prüfung, hrsg. von *Karlheinz Küting* und *Claus-Peter Weber*, 4. Aufl., Stuttgart 1995.

Lademann/Söffing/ Brockhoff	Kommentar zum Einkommensteuergesetz, bearb. von *Klaus Altehoefer u.a.*, 4. Aufl., Stuttgart u.a. 1997 (Loseblatt).
Littmann/Bitz/Hellwig	Das Einkommensteuerrecht, Kommentar zum Einkommensteuerrecht, hrsg. von *Horst Bitz* und *Peter Hellwig*, 15. Aufl., Stuttgart 1998 (Loseblatt).
Münchner Kommentar	Münchner Kommentar zum Bürgerlichen Gesetzbuch, hrsg. von *Kurt Rebmann* und *Franz Jürgen Säcker*, 2./3. Aufl., München 1986/95.
Palandt	Bürgerliches Gesetzbuch. Kommentar, bearb. von *Peter Bassenge u.a.*, 57. Aufl., München 1998.
Schmidt	Einkommensteuergesetz. Kommentar, hrsg. von *Ludwig Schmidt*, 18. Aufl., München 1999.
Scholz	Kommentar zum GmbH-Gesetz, bearb. von *Georg Crezelius u.a.*, I. Band, 8. Aufl., Köln 1993.
Staudingers Kommentar zum Bürgerlichen Gesetzbuch	J. von Staudingers Kommentar zum Bürgerlichen Gesetzbuch mit Einführungsgesetz und Nebengesetzen, kommentiert von *Hermann Amann u.a.*, Dreizehnte Bearbeitung, Berlin 1995.

Verzeichnis der zitierten Rechtsprechung

1. Entscheidungen des Bundesverfassungsgerichtes

Urteil des *Bundesverfassungsgerichtes* vom 30.4.1952 1 BvR 14, 25, 167/52, BVerfGE 1, S. 264-281.

Beschluß des *Bundesverfassungsgerichtes* vom 4.5.1960 1 BvL 17/57, BVerfGE 11, S. 64-77.

Beschluß des *Bundesverfassungsgerichtes* vom 17.5.1960 2 BvL 11/59, 11/60, BVerfGE 11, S. 126-136.

Beschluß des *Bundesverfassungsgerichtes* vom 10.10.1961 2 BvL 1/59, BVerfGE 13, S. 153-165.

Beschluß des *Bundesverfassungsgerichtes* vom 14.1.1969 1 BvR 136/62, BVerfGE 25, S. 28-40.

Beschluß des *Bundesverfassungsgerichtes* vom 18.3.1970 2 BvO 1/65, BVerfGE 28, S. 119-151.

Beschluß des *Bundesverfassungsgerichtes* vom 12.6.1979 1 BvL 19/76, BVerfGE 52, S. 1-42.

Beschluß des *Bundesverfassungsgerichtes* vom 13.5.1981 1 BvR 610/77 und 451/80, BVerfGE 57, S. 121-139.

Beschluß des *Bundesverfassungsgerichtes* vom 15.7.1981 1 BvL 77/78, BVerfGE 58, S. 300-353.

Beschluß des *Bundesverfassungsgerichtes* vom 20.4.1982 1 BvR 522/78, BVerfGE 60, S. 215-234.

Beschluß des *Bundesverfassungsgerichtes* vom 19.10.1982 2 BvE 1/81, BVerfGE 61, S. 149-208.

Beschluß des *Bundesverfassungsgerichtes* vom 9.1.1991 1 BvR 929/89, BVerfGE 83, S. 210-216.

Beschluß des *Bundesverfassungsgerichtes* vom 27.12.1991 2 BvR 72/90, StuW, 69. (22.) Jg. (1992), S. 186-190.

2. Entscheidungen des Preußischen Oberverwaltungsgerichtes in Staatssteuersachen

Entscheidung des *Preußischen Oberverwaltungsgerichtes in Staatssteuersachen* vom 6.6.1896 Rep. E. V. b. 8/96, PrOVGSt Bd. 5, S. 139-146.

Entscheidung des *Preußischen Oberverwaltungsgerichtes in Staatssteuersachen* vom 17.10.1896 Rep. E. XII. a. 59/96, PrOVGSt Bd. 5, S. 221-224.

Entscheidung des *Preußischen Oberverwaltungsgerichtes in Staatssteuersachen* vom 2.11.1896 Rep. E. XI. b. 49/96, PrOVGSt Bd. 5, S. 227-229.

Entscheidung des *Preußischen Oberverwaltungsgerichtes in Staatssteuersachen* vom 3.12.1896 Rep. E. VII. a. 135/96, PrOVGSt Bd. 5, S. 224-227.

3. Entscheidungen des Reichsfinanzhofes

Urteil des *Reichsfinanzhofes* vom 13.12.1923 III A 538/22, RStBl I 1923, S. 154.

Urteil des *Reichsfinanzhofes* vom 18.12.1925 I A 129/25, RFHE 18, S. 73-74.

Urteil des *Reichsfinanzhofes* vom 28.5.1927 VI A 154/27, RFHE 21, S. 201-207.

Urteil des *Reichsfinanzhofes* vom 21.9.1927 VI A 383/27, StuW, 6. Jg. (1927), Nr. 565, Sp. 803-806.

Urteil des *Reichsfinanzhofes* vom 26.10.1927 VI A 275/27, StuW, 6. Jg. (1927), Nr. 572, Sp. 815-816.

Urteil des *Reichsfinanzhofes* vom 22.2.1928 VI A 4/28, StuW, 7. Jg. (1928), Nr. 149, Sp. 219.

Urteil des *Reichsfinanzhofes* vom 27.3.1928 I A 470/27, RStBl 1928, S. 260-261; StuW, 7. Jg. (1928), Nr. 417.

Urteil des *Reichsfinanzhofes* vom 16.5.1928 VI A 590/27, StuW, 7. Jg. (1928), Nr. 413, Sp. 697-700.

Urteil des *Reichsfinanzhofes* vom 10.7.1928 I A 192/28, StuW, 7. Jg. (1928), Nr. 852, Sp. 1481-1484; RStBl 1928, S. 289.

Urteil des *Reichsfinanzhofes* vom 7.9.1928 VI A 724/28, StuW, 7. Jg. (1928), Nr. 810, Sp. 1415-1417.

Urteil des *Reichsfinanzhofes* vom 28.11.1928 VI A 1276/28, StuW, 8. Jg. (1929), Nr. 233, Sp. 433-434.

Urteil des *Reichsfinanzhofes* vom 23.1.1929 VI A 1071/28, StuW, 8. Jg. (1929), Nr. 234, Sp. 434-436.

Urteil des *Reichsfinanzhofes* vom 5.2.1929 I A 513/28, StuW, 8. Jg. (1929), Nr. 366, Sp. 687-691; RStBl I 1929, S. 210.

Urteil des *Reichsfinanzhofes* vom 13.3.1929 VI A 116/29, StuW, 8. Jg. (1929), Nr. 495, Sp. 920-926; RFHE 25, S. 151-158.

Urteil des *Reichsfinanzhofes* vom 22.3.1929 I A b 810/28, RStBl 1929, S. 504.

Urteil des *Reichsfinanzhofes* vom 10.4.1929 VI A 429/28, StuW, 8. Jg. (1929), Nr. 513, Sp. 964-965.

Urteil des *Reichsfinanzhofes* vom 3.7.1929 VI A 980/28, StuW, 8. Jg. (1929), Nr. 700, Sp. 1282-1284.

Urteil des *Reichsfinanzhofes* vom 25.9.1929 VI A 1085/28, StuW, 8. Jg. (1929), Nr. 977, Sp. 1707-1710.

Urteil des *Reichsfinanzhofes* vom 19.12.1929 VI A 575/29, StuW, 9. Jg. (1930), Nr. 511, Sp. 784-786.

Urteil des *Reichsfinanzhofes* vom 16.4.1930 VI A 497, 498/29, StuW, 9. Jg. (1930), Nr. 757, Sp. 1155.

Urteil des *Reichsfinanzhofes* vom 1.10.1930 VI A 173/30, StuW, 9. Jg. (1930), Nr. 1246, Sp. 1907-1908.

Urteil des *Reichsfinanzhofes* vom 22.7.1931 VI A 1416, 1417, 1418/31, RStBl 1931, S. 824; StuW, 10. Jg. (1931), Nr. 946.

Urteil des *Reichsfinanzhofes* vom 21.10.1931 VI A 2002/29, RFHE 30, S. 142-148; RStBl 1932, S. 305-308.

Urteil des *Reichsfinanzhofes* vom 14.1.1932 VI A 1111/31, StuW, 11. Jg. (1932), Nr. 255, Sp. 522-523.

Urteil des *Reichsfinanzhofes* vom 2.3.1932 VI A 2137/30, RFHE 30, S. 175-176; StuW, 11. Jg. (1932), Nr. 433, Sp. 829.

Urteil des *Reichsfinanzhofes* vom 14.3.1933 VI A 136/33, RStBl 1933, S. 634.

Urteil des *Reichsfinanzhofes* vom 23.5.1933 VI A 222/33, RFHE 33, S. 350-357.

Urteil des *Reichsfinanzhofes* vom 30.11.1933 III A 131/33, RStBl 1934, S. 166.

Urteil des *Reichsfinanzhofes* vom 3.5.1934 VI A 1897/32, StuW, 13. Jg. (1934), Nr. 368, Sp. 797-799.

Urteil des *Reichsfinanzhofes* vom 19.12.1935 I A 166/35, RStBl 1936, S. 252-255.

Urteil des *Reichsfinanzhofes* vom 27.5.1936 VI A 221/36, RFHE 39, S. 277-280; RStBl 1936, S. 886.

Urteil des *Reichsfinanzhofes* vom 1.3.1939 VI 125/39, RStBl 1939, S. 630-632.

Urteil des *Reichsfinanzhofes* vom 2.9.1939 III 185/39, StuW, 18. Jg. (1939), Nr. 500, Sp. 807-809.

Urteil des *Reichsfinanzhofes* vom 21.11.1940 III 65/40, RStBl 1941, S. 20-21.

Urteil des *Reichsfinanzhofes* vom 8.5.1941 IV 10/41, RStBl 1941, S. 548-550.

4. Entscheidungen des Bundesfinanzhofes

Urteil des *Bundesfinanzhofes* vom 22.10.1952 II 67/52 U, BFHE 56, S. 809-812; BStBl III 1952, S. 310.

Urteil des *Bundesfinanzhofes* vom 23.4.1953 IV 494/52, BStBl III 1953, S. 171-172.

Urteil des *Bundesfinanzhofes* vom 19.11.1953 IV 360/53 U, BFHE 58, S. 271-275; BStBl III 1954, S. 18.

Urteil des *Bundesfinanzhofes* vom 30.4.1954 III 169/53 U, BFHE 58, S. 736-740; BStBl III 1954, S. 194.

Urteil des *Bundesfinanzhofes* vom 17.7.1956 I 200/55 S, BFHE 63, S. 306-319; BStBl III 1956, S. 316.

Urteil des *Bundesfinanzhofes* vom 24.10.1956 II 60/56 U, BStBl III 1956, S. 364-366.

Urteil des *Bundesfinanzhofes* vom 6.5.1960 VI 223/59 U, BStBl III 1960, S. 289-290.

Urteil des *Bundesfinanzhofes* vom 22.7.1960 III 242/59 S, BFHE 71, S. 454-460; BStBl III 1960, S. 420-422.

Urteil des *Bundesfinanzhofes* vom 17.4.1962 I 296/61, DB, 15. Jg. (1962), S. 1031-1032.

Urteil des *Bundesfinanzhofes* vom 4.9.1962 I 307/60 U, BFHE 76, S. 12-14; BStBl III 1963, S. 6.

Urteil des *Bundesfinanzhofes* vom 9.10.1962 I 167/62 U, BFHE 76, S. 16-20; BStBl III 1963, S. 7.

Urteil des *Bundesfinanzhofes* vom 14.12.1962 VI 270/61 S, BFHE 76, S. 247-254; BStBl III 1963, S. 89.

Urteil des *Bundesfinanzhofes* vom 27.6.1963 IV 111/59 U, BFHE 77, S. 586-589; BStBl III 1963, S. 534.

Urteil des *Bundesfinanzhofes* vom 25.10.1963 IV 429/62 U, BFHE 78, S. 107-109; BStBl III 1964, S. 44.

Urteil des *Bundesfinanzhofes* vom 23.1.1964 IV 428/60 S, BFHE 78, S. 485-487; BStBl III 1964, S. 187.

Urteil des *Bundesfinanzhofes* vom 12.11.1964 IV 240/64, HFR, 5. Jg. (1965), S. 163-164.

Urteil des *Bundesfinanzhofes* vom 29.3.1965 I 411/61 U, BFHE 82, S. 123-126; BStBl III 1965, S. 291.

Urteil des *Bundesfinanzhofes* vom 9.7.1965 VI 202/64, HFR, 5. Jg. (1965), S. 508.

Urteil des *Bundesfinanzhofes* vom 15.10.1965 VI 192/65 U, BFHE 83, S. 576-580; BStBl III 1965, S. 709.

Urteil des *Bundesfinanzhofes* vom 22.10.1965 III 145/62 U, BFHE 84, S. 12-18; BStBl II 1966, S. 5.

Urteil des *Bundesfinanzhofes* vom 2.11.1965 I 51/61 S, BFHE 84, S. 171-179; BStBl III 1966, S. 61.

Urteil des *Bundesfinanzhofes* vom 21.12.1965 IV 228/64 S, BFHE 84, S. 407-411; BStBl III 1966, S. 147.

Urteil des *Bundesfinanzhofes* vom 28.3.1966 VI 320/64, BFHE 85, S. 433-437; BStBl III 1966, S. 456.

Urteil des *Bundesfinanzhofes* vom 12.5.1966 IV 472/60, BFHE 86, S. 119-123; BStBl III 1966, S. 372.

Urteil des *Bundesfinanzhofes* vom 23.6.1966 IV 75/64, BFHE 86, S. 625-628; BStBl III 1966, S. 589.

Urteil des *Bundesfinanzhofes* vom 9.8.1966 I 86/65, BFHE 87, S. 195-198; BStBl III 1967, S. 65.

Beschluß des *Bundesfinanzhofes* vom 22.8.1966 GrS 2/66, BFHE 86, S. 792-797; BStBl III 1966, S. 672.

Urteil des *Bundesfinanzhofes* vom 31.5.1967 I 208/63, BFHE 89, S. 191-194; BStBl III 1967, S. 607.

Urteil des *Bundesfinanzhofes* vom 4.7.1968 IV 298/63, BFHE 93, S. 66-67; BStBl II 1968, S. 681.

Beschluß des *Bundesfinanzhofes* vom 16.7.1968 GrS 7/67, BFHE 94, S. 124-134; BStBl II 1969, S. 108.

Urteil des *Bundesfinanzhofes* vom 15.1.1969 I 18/65, BFHE 95, S. 92-96; BStBl II 1969, S. 310.

Beschluß des *Bundesfinanzhofes* vom 3.2.1969 GrS 2/68, BFHE 95, S. 31-37; BStBl II 1969, S. 291.

Urteil des *Bundesfinanzhofes* vom 26.6.1969 VI 239/65, BFHE 97, S. 58-63; BStBl II 1970, S. 35.

Urteil des *Bundesfinanzhofes* vom 26.1.1970 IV R 144/66, BFHE 97, S. 466-487; BStBl II 1970, S. 264-273.

Urteil des *Bundesfinanzhofes* vom 26.2.1970 I R 42/68, BFHE 98, S. 486-490; BStBl II 1970, S. 419.

Beschluß des *Bundesfinanzhofes* vom 2.3.1970 GrS 1/69, BFHE 98, S. 360-364; BStBl II 1970, S. 382.

Urteil des *Bundesfinanzhofes* vom 1.10.1970 V R 49/70, BFHE 100, S. 272-278; BStBl II 1971, S. 34.

Urteil des *Bundesfinanzhofes* vom 27.10.1970 II 72/65, BFHE 101, S. 126-132; BStBl II 1971, S. 278.

Urteil des *Bundesfinanzhofes* vom 18.11.1970 I 133/64, BFHE 100, S. 516-524; BStBl II 1971, S. 133-136.

Urteil des *Bundesfinanzhofes* vom 24.11.1970 VI R 143/69, BFHE 100, S. 562-566; BStBl II 1971, S. 157.

Urteil des *Bundesfinanzhofes* vom 1.12.1970 VI R 170/69, BFHE 100, S. 566-570; BStBl II 1971, S. 159.

Urteil des *Bundesfinanzhofes* vom 1.12.1970 VI R 358/69, BFHE 101, S. 1-4; BStBl II 1971, S. 162.

Urteil des *Bundesfinanzhofes* vom 11.12.1970 VI R 387/69, BFHE 101, S. 5-9; BStBl II 1971, S. 165.

Urteil des *Bundesfinanzhofes* vom 18.6.1971 III R 10/69, BFHE 102, S. 298-301; BStBl II 1971, S. 618.

Urteil des *Bundesfinanzhofes* vom 31.8.1971 VIII R 61/68, BFHE 103, S. 141-146; BStBl II 1971, S. 768.

Urteil des *Bundesfinanzhofes* vom 9.2.1972 I R 23/69, BFHE 105, S. 344-348; BStBl II 1972, S. 563-565.

Urteil des *Bundesfinanzhofes* vom 7.6.1972 I R 199/72, BFHE 106, S. 289-294; BStBl II 1972, S. 850.

Urteil des *Bundesfinanzhofes* vom 12.7.1972 I R 203/70, BFHE 106, S. 313-316; BStBl II 1972, S. 802.

Urteil des *Bundesfinanzhofes* vom 13.10.1972 I R 213/69, BFHE 107, S. 418-423; BStBl II 1973, S. 209-212.

Urteil des *Bundesfinanzhofes* vom 15.3.1973 VIII R 90/70, BFHE 109, S. 254-256; BStBl II 1973, S. 591.

Urteil des *Bundesfinanzhofes* vom 15.3.1973 VIII R 150/70, BFHE 109, S. 257-261; BStBl II 1973, S. 593.

Urteil des *Bundesfinanzhofes* vom 5.10.1973 VIII R 78/70, BFHE 111, S. 43-47; BStBl II 1974, S. 130.

Beschluß des *Bundesfinanzhofes* vom 26.11.1973 GrS 5/71, BFHE 111, S. 242-254; BStBl II 1974, S. 132.

Urteil des *Bundesfinanzhofes* vom 28.2.1974 IV R 60/69, BFHE 112, S. 257-261; BStBl II 1974, S. 481.

Urteil des *Bundesfinanzhofes* vom 26.3.1974 VIII R 210/72, BFHE 112, S. 165-169; BStBl II 1975, S. 6.

Urteil des *Bundesfinanzhofes* vom 30.5.1974 V R 141/73, BFHE 112, S. 536-539; BStBl II 1974, S. 621.

Urteil des *Bundesfinanzhofes* vom 14.11.1974 IV R 3/70, BFHE 114, S. 22-28; BStBl II 1975, S. 281.

Urteil des *Bundesfinanzhofes* vom 7.2.1975 VI R 133/72, BFHE 115, S. 313-319; BStBl II 1975, S. 478.

Urteil des *Bundesfinanzhofes* vom 26.2.1975 I R 72/73, BFHE 115, S. 243-249; BStBl II 1976, S. 13-16.

Urteil des *Bundesfinanzhofes* vom 26.2.1975 I R 184/73, BFHE 115, S. 250-251; BStBl II 1975, S. 443.

Urteil des *Bundesfinanzhofes* vom 26.2.1975 I R 32/73, BFHE 115, S. 238-243; BStBl II 1975, S. 443-446.

Urteil des *Bundesfinanzhofes* vom 20.3.1975 IV R 16/72, BFHE 116, S. 112-115; BStBl II 1975, S. 689.

Urteil des *Bundesfinanzhofes* vom 18.6.1975 I R 24/73, BFHE 116, S. 474-478; BStBl II 1975, S. 809.

Urteil des *Bundesfinanzhofes* vom 4.3.1976 IV R 78/72, BFHE 121, S. 318-322; BStBl II 1977, S. 380.

Urteil des *Bundesfinanzhofes* vom 29.10.1976 III R 131/74, BFHE 121, S. 231-233; BStBl II 1977, S. 143.

Urteil des *Bundesfinanzhofes* vom 3.11.1976 VIII R 170/74, BHFE 120, S. 393-395; BStBl II 1977, S. 206.

Urteil des *Bundesfinanzhofes* vom 8.3.1977 VIII R 180/74, BFHE 122, S. 64-68; BStBl II 1977, S. 629.

Urteil des *Bundesfinanzhofes* vom 28.4.1977 IV R 163/75, BFHE 122, S. 121-127; BStBl II 1977, S. 560.

Urteil des *Bundesfinanzhofes* vom 16.6.1977 III R 80/75, BFHE 123, S. 107-109; BStBl II 1977, S. 792.

Urteil des *Bundesfinanzhofes* vom 21.6.1977 VIII R 18/75, BFHE 124, S. 313-315; BStBl II 1978, S. 303.

Urteil des *Bundesfinanzhofes* vom 13.7.1977 I R 217/75, BFHE 123, S. 32-35; BStBl II 1978, S. 6.

Urteil des *Bundesfinanzhofes* vom 16.11.1977 I R 83/75, BFHE 124, S. 501-505; BStBl II 1978, S. 386.

Urteil des *Bundesfinanzhofes* vom 26.1.1978 V R 137/75, BFHE 124, S. 259-264; BStBl II 1978, S. 280.

Urteil des *Bundesfinanzhofes* vom 21.2.1978 VIII R 148/73, BFHE 124, S. 454-456; BStBl II 1978, S. 345-346.

Urteil des *Bundesfinanzhofes* vom 2.6.1978 III R 4/76, BFHE 125, S. 240-243; BStBl II 1978, S. 507.

Urteil des *Bundesfinanzhofes* vom 31.10.1978 VIII R 182/75, BFHE 127, S. 163-167; BStBl II 1979, S. 399.

Urteil des *Bundesfinanzhofes* vom 31.10.1978 VIII R 146/75, BFHE 127, S. 501-504; BStBl II 1979, S. 507.

Urteil des *Bundesfinanzhofes* vom 31.10.1978 VIII R 196/77, BFHE 127, S. 168-170; BStBl II 1979, S. 401.

Urteil des *Bundesfinanzhofes* vom 14.3.1979 I R 37/75, BFHE 127, S. 386; BStBl II 1979, S. 470.

Urteil des *Bundesfinanzhofes* vom 28.5.1979 I R 1/76, BFHE 128, S. 367-375; BStBl II 1979, S. 734.

Urteil des *Bundesfinanzhofes* vom 27.9.1979 III R 171/86, BFHE 129, S. 439-442.

Urteil des *Bundesfinanzhofes* vom 8.11.1979 IV R 145/77, BFHE 129, S. 260-262; BStBl II 1980, S. 146.

Urteil des *Bundesfinanzhofes* vom 22.1.1980 VIII R 74/77, BFHE 129, S. 485-490; BStBl II 1980, S. 244.

Urteil des *Bundesfinanzhofes* vom 13.2.1980 I R 17/78, BFHE 129, S. 565-567; BStBl II 1980, S. 303.

Urteil des *Bundesfinanzhofes* vom 15.2.1980 III R 105/78, BFHE 130, S. 224-226; BStBl II 1980, S. 409.

Urteil des *Bundesfinanzhofes* vom 8.7.1980 VIII R 176/78, BFHE 131, S. 310-312; BStBl II 1980, S. 743.

Urteil des *Bundesfinanzhofes* vom 10.7.1980 IV R 136/77, BFHE 131, S. 313-324; BStBl II 1981, S. 84.

Urteil des *Bundesfinanzhofes* vom 20.11.1980 IV R 117/79, BFHE 131, S. 516-520; BStBl II 1981, S. 68.

Urteil des *Bundesfinanzhofes* vom 20.11.1980 IV R 126/78, BFHE 132, S. 418-422; BStBl II 1981, S. 398.

Urteil des *Bundesfinanzhofes* vom 28.7.1981 VIII R 35/79, BFHE 134, S. 133-135; BStBl II 1982, S. 380.

Urteil des *Bundesfinanzhofes* vom 28.7.1981 VIII R 141/77, BFHE 134, S. 409-412; BStBl II 1982, S. 454.

Urteil des *Bundesfinanzhofes* vom 10.12.1981 V R 75/76, BFHE 134, S. 470-480; BStBl II 1982, S. 200.

Urteil des *Bundesfinanzhofes* vom 15.12.1981 VIII R 116/79, BFHE 135, S. 267-270; BStBl II 1982, S. 385.

Urteil des *Bundesfinanzhofes* vom 19.1.1982 VIII R 102/78, BFHE 135, S. 434-440; BStBl II 1982, S. 533.

Urteil des *Bundesfinanzhofes* vom 11.3.1982 IV R 46/79, BFHE 135, S. 457-462; BStBl II 1982, S. 542-545.

Urteil des *Bundesfinanzhofes* vom 26.5.1982 I R 180/80, BFHE 136, S. 222-224; BStBl II 1982, S. 695.

Urteil des *Bundesfinanzhofes* vom 26.5.1982 I R 163/78, BFHE 136, S. 217-221; BStBl II 1982, S. 693.

Urteil des *Bundesfinanzhofes* vom 26.5.1982 I R 104/81, BFHE 136, S. 118-120; BStBl II 1982, S. 594.

Urteil des *Bundesfinanzhofes* vom 12.8.1982 IV R 184/79, BFHE 136, S. 280-287; BStBl II 1982, S. 696.

Urteil des *Bundesfinanzhofes* vom 7.12.1982 VIII R 153/81, BFHE 138, S. 180-184; BStBl II 1983, S. 627.

Urteil des *Bundesfinanzhofes* vom 20.1.1983 IV R 158/80, BFHE 138, S. 53-60; BStBl II 1983, S. 413.

Urteil des *Bundesfinanzhofes* vom 5.5.1983 IV R 43/80, BFHE 139, S. 36-41; BStBl II 1983, S. 631-633.

Urteil des *Bundesfinanzhofes* vom 26.7.1983 VIII R 30/82, BFHE 139, S. 171-174.

Urteil des *Bundesfinanzhofes* vom 28.7.1983 IV R 219/80, nicht veröffentlicht, zitiert nach dem Urteil des *Bundesfinanzhofes* vom 26.11.1998 IV R 39/98, BFHE 187, S. 390-395, hier S. 394; BStBl II 1999, S. 263-265.

Urteil des *Bundesfinanzhofes* vom 2.8.1983 VIII R 57/80, BFHE 139, S. 73-76; BStBl II 1983, S. 739-740.

Urteil des *Bundesfinanzhofes* vom 7.10.1983 III R 138/80, BFHE 140, S. 287-289; BStBl II 1984, S. 262.

Urteil des *Bundesfinanzhofes* vom 23.11.1983 I R 216/78, BFHE 139, S. 398; BStBl II 1984, S. 277.

Urteil des *Bundesfinanzhofes* vom 2.5.1984 VIII R 276/81, BFHE 141, S. 498-505; BStBl II 1984, S. 820.

Urteil des *Bundesfinanzhofes* vom 25.5.1984 III R 103/81, BFHE 141, S. 289-296; BStBl II 1984, S. 617.

Urteil des *Bundesfinanzhofes* vom 30.5.1984 I R 146/81, BFHE 141, S. 509-513; BStBl II 1984, S. 825.

Urteil des *Bundesfinanzhofes* vom 10.8.1984 III R 98/83, BFHE 142, S. 90-93; BStBl II 1984, S. 805.

Urteil des *Bundesfinanzhofes* vom 22.8.1984 I R 198/80, BFHE 142, S. 370-375; BStBl II 1985, S. 126.

Urteil des *Bundesfinanzhofes* vom 24.8.1984 III R 33/81, BFHE 142, S. 306-310; BStBl II 1985, S. 40-42.

Urteil des *Bundesfinanzhofes* vom 30.11.1984 III R 121/83, BFHE 143, S. 472-474; BStBl II 1985, S. 451.

Urteil des *Bundesfinanzhofes* vom 13.12.1984 VIII R 249/80, BFHE 143, S. 50-53; BStBl II 1985, S. 289.

Urteil des *Bundesfinanzhofes* vom 25.1.1985 III R 130/80, BFHE 143, S. 192-195; BStBl II 1985, S. 309.

Beschluß des *Bundesfinanzhofes* vom 11.12.1985 I B 49/85, BFH/NV, 1./2. Jg. (1985/86), S. 595-596.

Urteil des *Bundesfinanzhofes* vom 25.2.1986 VIII R 134/80, BFHE 147, S. 8-14; BStBl II 1986, S. 788.

Urteil des *Bundesfinanzhofes* vom 22.3.1986 II R 15/86, BFHE 157, S. 211; BStBl II 1989, S. 644.

Urteil des *Bundesfinanzhofes* vom 9.7.1986 I R 218/82, BFHE 147, S. 412-416; BStBl II 1987, S. 14.

Urteil des *Bundesfinanzhofes* vom 22.10.1986 II R 125/84, BFHE 148, S. 334-340; BStBl II 1987, S. 180.

Urteil des *Bundesfinanzhofes* vom 18.2.1987 X R 21/81, BFHE 149, S. 88-91; BStBl II 1987, S. 463.

Urteil des *Bundesfinanzhofes* vom 27.5.1987 X R 2/81, BFHE 150, S. 375-379; BStBl II 1987, S. 739.

Urteil des *Bundesfinanzhofes* vom 17.9.1987 III R 201-202/84, BFHE 152, S. 221-226; BStBl II 1988, S. 488-490.

Beschluß des *Bundesfinanzhofes* vom 26.10.1987 GrS 2/86, BFHE 151, S. 523-544; BStBl II 1988, S. 348.

Urteil des *Bundesfinanzhofes* vom 11.12.1987 III R 191/85, BFHE 151, S. 573-576; BStBl II 1988, S. 300.

Urteil des *Bundesfinanzhofes* vom 11.12.1987 III R 188/81, BFHE 152, S. 125-128; BStBl II 1988, S. 493.

Urteil des *Bundesfinanzhofes* vom 10.2.1988 VIII R 28/86, BFH/NV, 5. Jg. (1989), S. 94-95.

Urteil des *Bundesfinanzhofes* vom 10.3.1988 IV R 226/85, BFHE 153, S. 318-324; BStBl II 1988, S. 832.

Urteil des *Bundesfinanzhofes* vom 14.4.1988 IV R 160/84, BFH/NV, 5. Jg. (1989), S. 95-98.

Urteil des *Bundesfinanzhofes* vom 22.4.1988 III R 34/83, BFH/NV, 5. Jg. (1989), S. 127-128.

Urteil des *Bundesfinanzhofes* vom 20.5.1988 III R 151/86, BFHE 153, S. 566-571; BStBl II 1989, S. 269.

Urteil des *Bundesfinanzhofes* vom 10.6.1988 III R 18/85, BFH/NV, 5. Jg. (1989), S. 348-350.

Urteil des *Bundesfinanzhofes* vom 3.8.1988 I R 157/84, BFHE 154, S. 321-327; BStBl II 1989, S. 21-24.

Urteil des *Bundesfinanzhofes* vom 27.9.1988 VIII R 193/83, BFHE 154, S. 525-530; BStBl II 1989, S. 414.

Urteil des *Bundesfinanzhofes* vom 23.11.1988 II R 209/82, BFHE 155, S. 132-138; BStBl II 1989, S. 82.

Urteil des *Bundesfinanzhofes* vom 8.12.1988 IV R 33/87, BFHE 155, S. 532-537; BStBl II 1989, S. 407.

Urteil des *Bundesfinanzhofes* vom 15.2.1989 X R 97/87, BFHE 156, S. 423-428; BStBl II 1989, S. 604.

Urteil des *Bundesfinanzhofes* vom 17.3.1989 III R 58/87, BFHE 157, S. 83-87; BStBl II 1990, S. 6-8.

Urteil des *Bundesfinanzhofes* vom 22.3.1989 II R 15/86, BFHE 157, S. 211-215; BStBl II 1989, S. 644.

Urteil des *Bundesfinanzhofes* vom 16.5.1989 VIII R 196/84, BFHE 157, S. 508-512; BStBl II 1989, S. 877.

Urteil des *Bundesfinanzhofes* vom 1.6.1989 IV R 64/88, BFHE 157, S. 185-188; BStBl II 1989, S. 830.

Urteil des *Bundesfinanzhofes* vom 13.7.1989 IV R 137/88, BFH/NV, 6. Jg. (1990), S. 422-423.

Urteil des *Bundesfinanzhofes* vom 14.7.1989 III R 29/88, BFHE 157, S. 472-477; BStBl II 1989, S. 903.

Urteil des *Bundesfinanzhofes* vom 10.8.1989 X R 176-177/87, BFHE 158, S. 53-58; BStBl II 1990, S. 15.

Urteil des *Bundesfinanzhofes* vom 20.9.1989 X R 140/87, BFHE 158, S. 361-368; BStBl II 1990, S. 368.

Urteil des *Bundesfinanzhofes* vom 14.11.1989 IX R 110/85, BFHE 159, S. 442-446; BStBl II 1990, S. 462.

Urteil des *Bundesfinanzhofes* vom 7.12.1989 IV R 1/88, BFHE 159, S. 177-182; BStBl II 1990, S. 317-319.

Beschluß des *Bundesfinanzhofes* vom 16.2.1990 III B 90/88, BFHE 160, S. 364-367; BStBl II 1990, S. 794-795.

Urteil des *Bundesfinanzhofes* vom 2.3.1990 III R 70/87, BFHE 160, S. 22-28; BStBl II 1990, S. 733.

Urteil des *Bundesfinanzhofes* vom 15.3.1990 IV R 30/88, BFHE 160, S. 244-249; BStBl II 1990, S. 623-625.

Urteil des *Bundesfinanzhofes* vom 28.3.1990 II R 30/89, BFHE 160, S. 278-281; BStBl II 1990, S. 569-570.

Urteil des *Bundesfinanzhofes* vom 24.4.1990 IX R 9/86, BFHE 160, S. 522-526; BStBl II 1990, S. 888.

Urteil des *Bundesfinanzhofes* vom 10.5.1990 IV R 41/89, BFH/NV, 6. Jg. (1990), S. 585-586.

Urteil des *Bundesfinanzhofes* vom 8.8.1990 X R 149/88, BFHE 162, S. 251-256; BStBl II 1991, S. 70.

Urteil des *Bundesfinanzhofes* vom 6.12.1990 IV R 3/89, BFHE 163, S. 126; BStBl II 1991, S. 367.

Urteil des *Bundesfinanzhofes* vom 7.12.1990 III R 171/86, BFHE 163, S. 285-286; BStBl II 1991, S. 377.

Urteil des *Bundesfinanzhofes* vom 31.1.1991 IV R 31/90, BFHE 164, S. 232-235; BStBl II 1991, S. 627-628.

Urteil des *Bundesfinanzhofes* vom 27.2.1991 XI R 14/87, BFHE 163, S. 571-574; BStBl II 1991, S. 628.

Urteil des *Bundesfinanzhofes* vom 6.3.1991 X R 6/88, BFH/NV, 7. Jg. (1991), S. 525-527.

Urteil des *Bundesfinanzhofes* vom 4.6.1991 X R 136/87, BFHE 165, S. 349-355; BStBl II 1992, S. 70.

Urteil des *Bundesfinanzhofes* vom 24.7.1991 II R 81/88, BFHE 165, S. 290-293; BStBl II 1991, S. 909.

Urteil des *Bundesfinanzhofes* vom 12.9.1991 III R 233/90, BFHE 166, S. 49-55; BStBl II 1992, S. 182-185.

Urteil des *Bundesfinanzhofes* vom 7.11.1991 IV R 43/90, BFHE 166, S. 329-335; BStBl II 1992, S. 398-401.

Urteil des *Bundesfinanzhofes* vom 4.12.1991 I R 148/90, BFHE 166, S. 472-476; BStBl II 1992, S. 383.

Urteil des *Bundesfinanzhofes* vom 11.12.1991 II R 14/89, BFHE 166, S. 176-179; BStBl II 1992, S. 278.

Urteil des *Bundesfinanzhofes* vom 31.3.1992 IX R 245/87, BFHE 168, S. 248-254; BStBl II 1992, S. 890-893.

Urteil des *Bundesfinanzhofes* vom 15.4.1992 III R 65/91, BFH/NV, 9. Jg. (1993), S. 431-432.

Urteil des *Bundesfinanzhofes* vom 21.5.1992 X R 61/91, BFHE 168, S. 261-266; BStBl II 1992, S. 944.

Urteil des *Bundesfinanzhofes* vom 26.6.1992 III R 43/91, BFH/NV, 9. Jg. (1993), S. 436-437.

Urteil des *Bundesfinanzhofes* vom 26.8.1992 I R 24/91, BFHE 169, S. 163-171; BStBl II 1992, S. 977.

Urteil des *Bundesfinanzhofes* vom 16.12.1992 X R 15/91, BFH/NV, 9. Jg. (1993), S. 411-412.

Urteil des *Bundesfinanzhofes* vom 10.3.1993 I R 116/91, BFH/NV, 9. Jg. (1993), S. 595-597.

Urteil des *Bundesfinanzhofes* vom 28.7.1993 I R 88/92, BFHE 172, S. 333-338; BStBl II 1994, S. 164-167.

Urteil des *Bundesfinanzhofes* vom 3.8.1993 VIII R 37/92, BFHE 174, S. 31-40; BStBl II 1994, S. 444.

Urteil des *Bundesfinanzhofes* vom 25.8.1993 XI R 6/93, BFHE 172, S. 91-97; BStBl II 1994, S. 23.

Urteil des *Bundesfinanzhofes* vom 16.11.1993 IX R 103/90, BFH/NV, 10. Jg. (1994), S. 539-540.

Urteil des *Bundesfinanzhofes* vom 1.6.1994 X R 40/91, BFHE 174, S. 442-446; BStBl II 1994, S. 752.

Urteil des *Bundesfinanzhofes* vom 28.7.1994 IV R 89/93, BFH/NV, 11. Jg. (1995), S. 379-381.

Urteil des *Bundesfinanzhofes* vom 29.9.1994 III R 80/92, BFHE 176, S. 93-98; BStBl II 1995, S. 72-75.

Urteil des *Bundesfinanzhofes* vom 25.10.1994 VIII R 65/91, BFHE 175, S. 359-367; BStBl II 1995, S. 312-315.

Beschluß des *Bundesfinanzhofes* vom 30.1.1995 GrS 4/92, BFHE 176, S. 267-275; BStBl II 1995, S. 281-285.

Beschluß des *Bundesfinanzhofes* vom 31.1.1995 X B 230/94, BFH/NV, 11. Jg. (1995), S. 579-580.

Urteil des *Bundesfinanzhofes* vom 20.9.1995 X R 94/92, BFHE 178, S. 429-434; BStBl II 1996, S. 186.

Urteil des *Bundesfinanzhofes* vom 19.10.1995 IV R 136/90, BFH/NV, 12. Jg. (1996), S. 306-308.

Urteil des *Bundesfinanzhofes* vom 9.11.1995 IV R 60/92, BFH/NV, 12. Jg. (1996), Teil R, S. 29-30.

Urteil des *Bundesfinanzhofes* vom 25.1.1996 IV R 114/94, BFHE 180, S. 57-60; BStBl II 1997, S. 382-384.

Urteil des *Bundesfinanzhofes* vom 10.10.1996 III R 209/94, BFHE 182, S. 333-343; BStBl II 1997 S. 491.

Urteil des *Bundesfinanzhofes* vom 15.10.1996 VIII R 44/94, BFHE 182, S. 344-348; BStBl II 1997, S. 533-535.

Urteil des *Bundesfinanzhofes* vom 22.11.1996 VI R 77/95, BFHE 181, S. 362-376; BStBl II 1997, S. 208.

Urteil des *Bundesfinanzhofes* vom 27.11.1996 X R 92/92, BFHE 182, S. 104-110; BStBl II 1996, S. 97.

Urteil des *Bundesfinanzhofes* vom 9.4.1997 II R 95/94, BFHE 182, S. 373-378; BStBl II 1997, S. 452.

Urteil des *Bundesfinanzhofes* vom 11.6.1997 XI R 77/96, BFHE 183, S. 455-459; BStBl II 1997, S. 774.

Urteil des *Bundesfinanzhofes* vom 19.6.1997 III R 111/95, HFR, 38. Jg. (1998), S. 38-39.

Urteil des *Bundesfinanzhofes* vom 25.7.1997 VI R 129/95, BFHE 184, S. 293-304; BStBl II 1998, S. 435.

Urteil des *Bundesfinanzhofes* vom 30.7.1997 I R 65/96, BFHE 184, S. 297-304; BStBl II 1998, S. 402.

Urteil des *Bundesfinanzhofes* vom 31.7.1997 III R 247/94, DStRE, 2. Jg. (1998), S. 312-315.

Urteil des *Bundesfinanzhofes* vom 1.10.1997 X R 91/94, HFR, 38. Jg. (1998), S. 478-479.

Urteil des *Bundesfinanzhofes* vom 7.10.1997 VIII R 63/95, BFH/NV, 13. Jg. (1997), S. 1202-1204.

Urteil des *Bundesfinanzhofes* vom 19.11.1997 X R 78/94, BFHE 184, S. 522-526; BStBl II 1998, S. 59.

Urteil des *Bundesfinanzhofes* vom 4.2.1998 XI R 35/97, BFHE 185, S. 121-126; BStBl II 1998, S. 542-544.

Urteil des *Bundesfinanzhofes* vom 17.2.1998 VIII R 28/95, BFHE 186, S. 29-37; BStBl II 1998, S. 505-509.

Urteil des *Bundesfinanzhofes* vom 22.4.1998 X R 101/95, BFH/NV, 14. Jg. (1998), S. 1481-1484.

Urteil des *Bundesfinanzhofes* vom 26.11.1998 IV R 39/98, BFHE 187, S. 390-395; BStBl II 1999, S. 263-265.

Urteil des *Bundesfinanzhofes* vom 10.3.1999 XI R 22/98, FR, 81. Jg. (1999), S. 844-845.

Urteil des *Bundesfinanzhofes* vom 5.5.1999 XI R 6/98, NWB, Nr. 42 vom 16.10.2000, Fach 5a, S. 193-194.

Urteil des *Bundesfinanzhofes* vom 28.7.1999 X R 38/98, DStR, 37. Jg. (1999), S. 1804-1806.

Beschluß des *Bundesfinanzhofes* vom 23.8.1999 GrS 1/97, BFHE 189, S. 151-160; BStBl II 1999, S. 778.

Beschluß des *Bundesfinanzhofes* vom 23.8.1999 GrS 2/97, BFHE 189, S. 160-171; BStBl II 1999, S. 782.

Beschluß des *Bundesfinanzhofes* vom 23.8.1999 GrS 3/97, BFHE 189, S. 172-174; BStBl II 1999, S. 787.

Beschluß des *Bundesfinanzhofes* vom 23.8.1999 GrS 5/97, BFHE 189, S. 174-179; BStBl II 1999, S. 774.

Urteil des *Bundesfinanzhofes* vom 15.12.1999 I R 29/97, DStR, 38. Jg. (2000), S. 462-466.

5. Entscheidungen der Finanzgerichte

Urteil des *Finanzgerichts Münster* vom 19.5.1960 I a 82-85/59, EFG, 8. Jg. (1960), S. 413-414.

Urteil des *Finanzgerichts München* vom 15.5.1973 VII 118/72-E, EFG, 21. Jg. (1973), S. 483-484.

Urteil des *Finanzgerichts Baden-Württemberg* vom 10.2.1976 IV 177/74, EFG, 24. Jg. (1976), S. 223-224.

Urteil des *Finanzgerichts Münster* vom 24.1.1979 VII 2135/77 E, EFG, 27. Jg. (1979), S. 485-487.

Urteil des *Finanzgerichts Düsseldorf* vom 22.1.1981 XV/X 395/76 E, EFG, 29. Jg (1981), S. 508-510.

Urteil des *Finanzgerichts Düsseldorf* vom 25.5.1982 VIII (XI) 133/77 F, EFG, 31. Jg. (1983), S. 13.

Urteil des *Finanzgerichts Hamburg* vom 6.10.1982 III 165/79, EFG, 31. Jg. (1983), S. 338-339.

Urteil des *Finanzgerichts Hamburg* vom 8.6.1984 II 219/81, EFG, 32. Jg. (1984), S. 65-66.

Urteil des *Finanzgerichts Hamburg* vom 31.3.1987 I 15/84, EFG, 35. Jg. (1987), S. 612-613.

Urteil des *Finanzgerichts München* vom 27.9.1994 16 K 386/93, EFG, 43. Jg. (1995), S. 250-251.

Urteil des *Finanzgerichts München* vom 16.7.1996 16 K 2780/94, DStRE, 1. Jg. (1997), S. 182-184.

Urteil des *Finanzgerichts München* vom 18.10.1996 8 K 1927/93, EFG, 45. Jg. (1997), S. 774-775.

Urteil des *Finanzgerichts des Landes Brandenburg* vom 6.3.1997 5 K 1382/96 E, EFG, 45. Jg. (1997), S. 775-776.

Urteil des *Finanzgerichts Münster* vom 26.3.1997 14 (12) K 3591/94 F, EFG, 47. Jg. (1999), S. 653-654.

Urteil des *Hessischen Finanzgerichts* vom 26.6.1997 1 K 2331/95, HFR, 38. Jg. (1998), S. 610-612.

Urteil des *Finanzgerichts Baden-Württemberg* vom 24.9.1997 13 K 369/93, DStRE, 2. Jg. (1998), S. 361-362.

Urteil des *Finanzgerichts München* vom 18.10.1997 8 K 1927/93, EFG, 45. Jg. (1997), S. 774-775.

Urteil des *Hessischen Finanzgerichts* vom 21.1.1998 1 K 377/95, EFG, 46. Jg. (1998), S. 1628-1630.

Urteil des *Finanzgerichts Baden-Württemberg* vom 17.2.1998 1 K 107/94, EFG, 46. Jg. (1998), S. 934-936.

Urteil des *Finanzgerichts Münster* vom 11.8.1998 3 K 1091/96 EW, EFG, 47. Jg. (1999), S. 104-106.

Urteil des *Schleswig-Holsteinischen Finanzgerichts* vom 17.8.1998 III 635/93, EFG, 46. Jg. (1998), S. 1512-1513.

Urteil des *Niedersächsischen Finanzgerichts* vom 25.8.1998 VI 390/96, EFG, 47. Jg. (1999), S. 98-99.

Urteil des *Finanzgerichts Münster* vom 24.9.1998 3 K 3746/95 E, EFG, 47. Jg. (1999), S. 953.

Urteil des *Finanzgerichts München* vom 3.12.1998 7 K 2884/96, EFG, 47. Jg. (1999), S. 377-378.

Urteil des *Niedersächsischen Finanzgerichts* vom 18.2.1999 V (VIII) 418/97, EFG, 47. Jg. (1999), S. 1009-1011.

Urteil des *Finanzgerichts Düsseldorf* vom 11.3.1999 11 K 6985/96 BG, DStRE, 3. Jg. (1999), S. 486-488.

Urteil des *Finanzgerichts München* vom 12.5.1999 13 K 2924/98, DStRE, 3. Jg. (1999), S. 917-918.

Urteil des *Finanzgerichts München* vom 22.6.1999 16 K 767/95, EFG, 48. Jg. (2000), S. 12-13.

Urteil des *Finanzgerichts Nürnberg* vom 18.4.2000 I 193/97, EFG, 48. Jg. (2000), S. 791-792.

6. Entscheidungen des Reichsgerichtes

Urteil des *Reichsgerichtes* vom 23.12.1899 Rep.V. 233/99, RGZ 45, S. 80-87.

Urteil des *Reichsgerichtes* vom 23.6.1906 Rep. V. 584/04, RGZ 63, S. 416-423.

Urteil des *Reichsgerichtes* vom 3.6.1910 V 58/10, RGSt 43, S. 407-419.

Urteil des *Reichsgerichtes* vom 9.10.1913 Rep. II 360/13, RGZ 83, S. 172.

Urteil des *Reichsgerichtes* vom 10.10.1917 Rep.V. 159/17, RGZ 91, S. 12-16.

Urteil des *Reichsgerichtes* vom 2.12.1922 V 162/22, RGZ 106, S. 49-52.

7. Entscheidungen des Bundesgerichtshofes

Urteil des *Bundesgerichtshofes* vom 31.10.1952 V ZR 36/51, BGHZ 8, S. 1-8.

Urteil des *Bundesgerichtshofes* vom 10.7.1953 V ZR 22/52, BGHZ 10, S. 171-181.

Urteil des *Bundesgerichtshofes* vom 13.5.1955 V ZR 36/54, BGHZ 17, S. 236-242.

Urteil des *Bundesgerichtshofes* vom 13.10.1959 VIII ZR 193/58, NJW, 12. Jg. (1959), S. 2163-2164.

Urteil des *Bundesgerichtshofes* vom 26.11.1959 VII ZR 120/58, VersR, 11. Jg. (1960), S. 365-366.

Urteil des *Bundesgerichtshofes* vom 18.9.1961 VII ZR 118/60, BGHZ 35, S. 356-362.

Urteil des *Bundesgerichtshofes* vom 19.9.1962 V ZR 138/61, NJW, 15. Jg. (1962), S. 2293-2295.

Urteil des *Bundesgerichtshofes* vom 14.11.1962 V ZR 183/60, BB, 18. Jg. (1963), S. 10.

Urteil des *Bundesgerichtshofes* vom 17.2.1965 II ZR 43/57, NJW, 18. Jg. (1965), S. 816.

Urteil des *Bundesgerichtshofes* vom 22.5.1967 VIII ZR 25/65, NJW, 20. Jg. (1967), S. 2255-2258.

Urteil des *Bundesgerichtshofes* vom 14.7.1969 VIII ZR 5/68, WM, 23. Jg. (1969), S. 1114-1116.

Urteil des *Bundesgerichtshofes* vom 30.1.1970 V ZR 29/67, BB, 23. Jg. (1970), S. 584-585.

Urteil des *Bundesgerichtshofes* vom 13.3.1970 V ZR 71/67, BGHZ 53, S. 324-327.

Urteil des *Bundesgerichtshofes* vom 13.2.1974 VIII ZR 233/72, NJW, 27. Jg. (1974), S. 743-745.

Urteil des *Bundesgerichtshofes* vom 19.9.1977 VIII ZR 169/76, BGHZ 69, S. 254-260.

Urteil des *Bundesgerichtshofes* vom 20.12.1982 II ZR 13/82, WM, 35. Jg. (1983), S. 314-315.

Urteil des *Bundesgerichtshofes* vom 12.7.1984 IX ZR 124/83, NJW, 38. Jg. (1985), S. 789-791.

Urteil des *Bundesgerichtshofes* vom 10.10.1984 VIII ZR 152/83, NJW, 38. Jg. (1985), S. 313-315.

Urteil des *Bundesgerichtshofes* vom 24.4.1985 VIII ZR 95/84, BGHZ 94, S. 195-217.

Urteil des *Bundesgerichtshofes* vom 31.10.1986 V ZR 168/85, NJW, 40. Jg. (1987), S. 774-775.

Urteil des *Bundesgerichtshofes* vom 20.5.1988 V ZR 269/86, BGHZ 104, S. 298-304.

Urteil des *Bundesgerichtshofes* vom 18.1.1990 IX ZR 71/89, NJW-RR, 5. Jg. (1990), S. 411-414.

Urteil des *Bundesgerichtshofes* vom 4.4.1990 VIII ZR 71/89, BGHZ 111, S. 125-133.

Urteil des *Bundesgerichtshofes* vom 20.1.1993 VIII ZR 22/92, NJW-RR, 9. Jg. (1994), S. 522-524.

Urteil des *Bundesgerichtshofes* vom 2.2.1994 XII ZR 148/92, BGHZ 126, S. 261-266.

Urteil des *Bundesgerichtshofes* vom 26.4.1994 XI ZR 97/93, NJW-RR, 9. Jg. (1994), S. 847-848.

Beschluß des *Bundesgerichtshofes* vom 21.7.1994 II ZR 82/93, DB, 47. Jg. (1994), S. 1868-1869.

Urteil des *Bundesgerichtshofes* vom 6.11.1995 II ZR 164/94, BB, 51. Jg. (1996), S. 155-157.

Urteil des *Bundesgerichtshofes* vom 29.3.1996 II ZR 263/94, JZ, 51. Jg. (1996), S. 856-860.

8. Entscheidungen anderer Gerichte

Beschluß des *Gemeinsamen Senats der obersten Gerichtshöfe des Bundes* vom 6.2.1973 GmS-OGB 1/72, BFHE 109, S. 206-211.

Urteil des *Oberlandesgerichts Köln* vom 13.5.1960 4 U 58/59, NJW, 14. Jg. (1961), S. 461-463.

Beschluß des *Oberlandesgerichts Düsseldorf* vom 17.2.1988 3 W 494/87, NJW, 41. Jg. (1988), S. 1676-1677.

Urteil des *Oberlandesgerichts München* vom 26.4.1995 7 U 5093/94, ZMR, 48. Jg. (1995), S. 406-409.

Urteil des *Landgerichts Köln* vom 8.3.1957 3 0 243/56, ZMR, 10. Jg. (1957), S. 264.

Urteil des *Landgerichts Bielefeld* vom 28.2.1968 8 O 18/68, MDR, 22. Jg. (1968), S. 672.

Urteil des *Landgerichts Mannheim* vom 20.12.1995 4 S 145/95, NJW-RR, 11. Jg. (1996), S. 1357-1358.

Beschluß des *Arbeitsgerichts Duisburg* vom 31.12.1993 23 HR B 3193, BB, 49. Jg. (1994), S. 975.

9. Entscheidungen des Europäischen Gerichtshofes

Urteil des *Europäischen Gerichtshofes* vom 27.6.1996 Rs. C-234/94, Slg. 1996, I – 3133.

Urteil des *Europäischen Gerichtshofes* vom 14.9.1999 Rs. C-275/97, BB, 54. Jg. (1999), S. 2291-2294.

Verzeichnis der zitierten Schriften

Adler/Düring/Schmaltz: Rechnungslegung und Prüfung der Unternehmen, Kommentar zum HGB, AktG, GmbHG, PublG nach den Vorschriften des Bilanzrichtlinien-Gesetzes, neu bearbeitet von Karl-Heinz Forster u.a., Teilband 6, 6. Aufl., Stuttgart 1998.

Adler/Düring/Schmaltz: Rechnungslegung und Prüfung der Unternehmen, Kommentar zum HGB, AktG, GmbHG, PublG nach den Vorschriften des Bilanzrichtlinien-Gesetzes, neu bearbeitet von Karl-Heinz Forster u.a., Teilband 5, 6. Aufl., Stuttgart 1995.

Alessi, Louis de: Development of the Property Rights Approach, in: JITE/ZgS, Vol. 146 (1990), S. 6-11 und S. 19-23.

Appelt, Werner: Bilanzmäßige Behandlung von Mietereinbauten, in: NWB (1982), Fach 17a, S. 781-784.

Arden, Mary: True and fair view: a European perspective, in: EAR, Vol. 6 (1997), S. 675-679.

Ascher, Theodor: Bilanzierung fremden Eigentums, in: Handwörterbuch der Betriebswirtschaftslehre, 3. Aufl., hrsg. von Hans Seischab u.a., Bd. I, Stuttgart 1956, Sp. 1130-1134.

Ascher, Theodor: Die Behandlung fremden Eigentums in den Handelsbilanzen, in: BFuP, 1. Jg. (1949), S. 225-251 und S. 417-423.

Auer, Kurt Vinzenz: Mythos und Realität von US-GAAP und IAS. Vier zu der aktuellen Situation symptomatische Thesen, in: ZfB, 69. Jg. (1999), S. 979-1002.

Babel, Mathias: Ansatz und Bewertung von Nutzungsrechten, Frankfurt am Main u.a. 1997.

Babel, Mathias: Zum Saldierungsbereich bei Rückstellungen für drohende Verluste aus schwebenden Geschäften, in: ZfB, 68. Jg. (1998), S. 825-849.

Babel, Mathias: Zur Aktivierungsfähigkeit von Nutzungsrechten, in: BB, 52. Jg. (1997), S. 2261-2268.

Babel, Mathias: Zur Bewertbarkeit von aktiven Rechnungsabgrenzungsposten, in: ZfbF, 50. Jg. (1998), S. 778-808.

Baetge, Jörg: Bilanzen, 4. Aufl., Düsseldorf 1996.

Baetge, Jörg: Möglichkeiten der Objektivierung des Jahreserfolges, Düsseldorf 1970.

Baetge, Jörg: Rechnungslegungszwecke des aktienrechtlichen Jahresabschlusses, in: FS Leffson, S. 11-30.

Baetge, Jörg/Ballwieser, Wolfgang: Ansatz und Ausweis von Leasingobjekten in Handels- und Steuerbilanz, in: DBW, 38. Jg. (1978), S. 3-19.

Baetge, Jörg/Fey, Dirk/Fey, Gerd: Kommentierung zu § 243 HGB, in: Küting/Weber.

Baetge, Jörg/Kirsch, Hans-Jürgen: Grundsätze ordnungsmäßiger Buchführung, in: Küting/Weber.

Baetge, Jörg/Thiele, Stefan: Gesellschafterschutz versus Gläubigerschutz – Rechenschaft versus Kapitalerhaltung. Zu den Zwecken des deutschen Einzelabschlusses vor dem Hintergrund der internationalen Harmonisierung, in: FS Beisse, S. 11-24.

Ballwieser, Wolfgang: Bilanzansatz, in: Handwörterbuch des Rechnungswesens, hrsg. von Klaus Chmielewicz und Marcell Schweitzer. 3. Aufl., Stuttgart 1993, Sp. 221-229.

Ballwieser, Wolfgang: Bilanzielle Vorsorge zur Bewältigung des personellen Strukturwandels, in: ZfbF, 41. Jg. (1989), S. 955-973.

Ballwieser, Wolfgang: Buchbesprechung, in: NJW, 51. Jg. (1998), S. 46.

Ballwieser, Wolfgang: Ein neuer Ansatz zur Theorie des Rechnungswesens?, in: ZfbF, 47. Jg. (1995), S. 726-734.

Ballwieser, Wolfgang: Ein Überblick über Ansätze zur ökonomischen Analyse des Bilanzrechts, in: BFuP, 48. Jg. (1996), S. 503-527.

Ballwieser, Wolfgang: Grenzen des Vergleichs von Rechnungslegungssystemen – dargestellt anhand von HGB, US-GAAP und IAS, in: FS Kropff, S. 371-391.

Ballwieser, Wolfgang: Grundsätze der Aktivierung und Passivierung, in: Beck'sches Handbuch der Rechnungslegung, Band I, Abschnitt B 131.

Ballwieser, Wolfgang: Grundsätze ordnungsmäßiger Bilanzierung, in: Beck'sches Handbuch der Rechnungslegung, Band I, Abschnitt B 105.

Ballwieser, Wolfgang: Ist das Maßgeblichkeitsprinzip überholt?, in: BFuP, 42. Jg. (1990), S. 477-498.

Ballwieser, Wolfgang: Sind mit der neuen Generalklausel zur Rechnungslegung auch neue Prüfungspflichten verbunden?, in: BB, 40. Jg. (1985), S. 1034-1043.

Ballwieser, Wolfgang: Zum Nutzen handelsrechtlicher Rechnungslegung, in: FS Clemm, S. 1-25.

Ballwieser, Wolfgang: Zur Frage der Rechtsform-, Konzern- und Branchenunabhängigkeit der Grundsätze ordnungsmäßiger Buchführung, in: FS Budde, S. 43-66.

Baltzer, [ohne Vorname]*:* Die steuerliche Zurechnung von Gebäuden auf fremdem Grund und Boden, in: StuW, 30. Jg. (1953), Sp. 651-662.

Barth, Rainer: Richterliche Rechtsfortbildung im Steuerrecht, Berlin 1996.

Bassenge, Peter: Kommentierung zu § 872 BGB, in: Palandt.

Bassenge, Peter: Kommentierung zu § 951 BGB, in: Palandt.

Batzer, Daniela/Lickteig, Thomas: Steuerliche Behandlung des Factoring, in: StBp, 40. Jg. (2000), S. 137-146.

Bauer, Karl-Heinz: Geschäftswert, Kundenstamm und Wettbewerbsverbot im Steuerrecht, in: DB, 42. Jg. (1989), S. 1051-1055.

Baumgarte, Christian: Leasing-Verträge über bewegliche Sachen im Konkurs, Göttingen 1980.

Baur, Fritz: Die „Naßauskiesung" – oder wohin treibt der Eigentumsschutz?, in: NJW, 35. Jg. (1982), S. 1734-1736.

Baur, Fritz: Lehrbuch des Sachenrechts, fortgeführt von Jürgen F. Baur und Rolf Stürmer, 17. Aufl., München 1999.

Becker, Enno: Grundfragen aus den neuen Steuergesetzen, in: StuW, 6. Jg. (1927), Sp. 959-972.

Becker, Enno: Kommentierung zu § 4 RAO, in: Die Reichsabgabenordnung vom 13. Dezember 1919 nebst Ausführungsverordnungen, erläuterte Handausgabe von Enno Becker, Berlin 1922.

Becker, Enno: Steuerrecht und Privatrecht, in: StuW, 13. Jg. (1934), Sp. 299-328.

Becker, Enno: Von der Selbständigkeit des Steuerrechts. Klare Entwicklung seiner Grundgedanken als Lebensbedingungen des Steuerrechts. Zur wirtschaftlichen Betrachtungsweise, in: StuW, 11. Jg. (1932) Bd. 1, Sp. 481-552.

Becker, Enno/Riewald, Alfred/Koch, Carl: Kommentierung zu § 11 StAnpG, in: Reichsabgabenordnung mit Nebengesetzen, Bd. 1, 9. Aufl., Köln u.a. 1963.

Beine, Frank: Scheinkonflikte mit dem True and Fair View, in: WPg, 48. Jg. (1995), S. 467-475.

Beisse, Heinrich: Auslegung, in: Handwörterbuch des Steuerrechts, hrsg. von Georg Stickrodt u.a., Band I, 2. Aufl., München und Bonn 1981, S. 134-142.

Beisse, Heinrich: Die Generalnorm des neuen Bilanzrechts, in: FS Döllerer, S. 25-44.

Beisse, Heinrich: Die Generalnorm des neuen Bilanzrechts und ihre steuerrechtliche Bedeutung, in: Handelsbilanz und Steuerbilanz, hrsg. von Winfried Mellwig u. a., S. 15-31.

Beisse, Heinrich: Die steuerrechtliche Bedeutung der neuen deutschen Bilanzgesetzgebung, in: StVj, 1. Jg. (1989), S. 295-310.

Beisse, Heinrich: Die wirtschaftliche Betrachtungsweise bei der Auslegung der Steuergesetze in der neueren deutschen Rechtsprechung, in: StuW, 58. (11.) Jg. (1981), S. 1-14.

Beisse, Heinrich: Die wirtschaftliche Betrachtungsweise im Steuerrecht, in: NSt, Neues Steuerrecht von A-Z, Lexikonkommentar zum gesamten Steuerrecht (in Loseblattform), Nr. 21/1978, S. 35-48.

Beisse, Heinrich: Gebäudeabbruch und Neubau in Handels- und Steuerbilanz, in: Inf, 32. Jg. (1978), S. 529-535.

Beisse, Heinrich: Grenzen der Gesetzesauslegung im Steuerrecht, in: DStR, 14. Jg. (1976), S. 176-178.

Beisse, Heinrich: Grundsatzfragen der Auslegung des neuen Bilanzrechts, in: BB, 45. Jg. (1990), S. 2007-2012.

Beisse, Heinrich: Handelsbilanzrecht in der Rechtsprechung des Bundesfinanzhofs, in: BB, 35. Jg. (1980), S. 637-646.

Beisse, Heinrich: Handelsbrauch, in: HWStR, Bd. 1, S. 747.

Beisse, Heinrich: Normqualität und Normstruktur von Bilanzvorschriften und Standards. Adolf Moxter zum 70. Geburtstag, in: BB, 54. Jg. (1999), S. 2180-2186.

Beisse, Heinrich: Rechtsfortbildung durch den Europäischen Gerichtshof, in: StVj, 4. Jg. (1992), S. 42-50.

Beisse, Heinrich: Rechtsfragen der Gewinnung von GoB, in: BFuP, 42. Jg. (1990), S. 499-514.

Beisse, Heinrich: Tendenzen der Rechtsprechung des Bundesfinanzhofs zum Bilanzrecht, in: DStR, 18. Jg. (1980), S. 243-252.

Beisse, Heinrich: „True and fair view" in der Steuerbilanz?, in: DStZ, 86. Jg. (1998), S. 310-317.

Beisse, Heinrich: Von der Aufgabe des Großen Senats, in: FS von Wallis, S. 45-59.

Beisse, Heinrich: Wandlungen der Grundsätze ordnungsmäßiger Bilanzierung, in: GS Knobbe-Keuk, S. 385-409.

Beisse, Heinrich: Wandlungen der Rechnungsabgrenzung, in: FS Budde, S. 67-85.

Beisse, Heinrich: Wirtschaftliche Betrachtungsweise im Steuerrecht nach Wegfall des § 1 StAnpG, in: Inf, 31. Jg. (1977), S. 433-437.

Beisse, Heinrich: Zehn Jahre „True and fair view", in: FS Clemm, S. 27-58.

Beisse, Heinrich: Zum neuen Bild des Bilanzrechtssystems, in: FS Moxter, S. 3-31.

Beisse, Heinrich: Zum Verhältnis von Bilanzrecht und Betriebswirtschaftslehre, in: StuW, 61. (14.) Jg. (1984), S. 1-14.

Beisse, Heinrich: Zur Bilanzauffassung des Bundesfinanzhofs – Korreferat zum Referat Professor Dr. Kruse, in: JbFfSt 1978/79, S. 186-196.

Berndt, Thomas: Grundsätze ordnungsmäßiger passiver Rechnungsabgrenzung, Wiesbaden 1998.

Bieg, Hartmut/Kußmaul, Heinz: Externes Rechnungswesen, München 1996.

Bilsdorfer, Peter: Bilanzierung von Nutzungsmöglichkeiten an im Miteigentum stehenden Gebäuden und Gebäudeteilen, in: BB, 35. Jg. (1980), S. 197-199.

Böcking, Hans-Joachim: Betriebswirtschaftslehre und wirtschaftliche Betrachtungsweise im Bilanzrecht, in: FS Beisse, S. 85-103.

Böcking, Hans-Joachim: Bilanzrechtstheorie und Verzinslichkeit, Wiesbaden 1988.

Böcking, Hans-Joachim: Der Grundsatz der Nettobilanzierung von Zero-Bonds, in: ZfbF, 38. Jg. (1986), S. 930-955.

Böcking, Hans-Joachim: Der Grundsatz umsatzbezogener Gewinnrealisierung beim Finanzierungsleasing, in: ZfbF, 41. Jg. (1989), S. 491-515.

Böcking, Hans-Joachim: Verbindlichkeitsbilanzierung: wirtschaftliche versus formalrechtliche Betrachtungsweise, Wiesbaden 1994.

Böcking, Hans-Joachim/Orth, Christian: Offene Fragen und Systemwidrigkeiten bei den neuen Rechnungslegungs- und Prüfungsvorschriften des KonTraG und des KapAEG, in: DB, 51. Jg. (1998), S. 1873-1879.

Böhmer, Werner: Grundfragen der verfassungsrechtlichen Gewährleistung des Eigentums in der Rechtsprechung des Bundesverfassungsgerichts, in: NJW, 41. Jg. (1988), S. 2561-2574.

Bolsenkötter, Heinz: Die kurzfristigen Forderungen, in: HdJ, Abt. II/6.

Borchers, Hans-Jürgen: Untersuchung über die Abgrenzung des Bilanzvermögens unter besonderer Berücksichtigung der Bilanzierung fremden Eigentums, Diss. Mannheim 1964.

Bordewin, Arno: Grenzfragen des Bilanzsteuerrechts, in: JbFfSt 1975/76, S. 243-262.

Bordewin, Arno: Kommentierung zu §§ 4, 5 EStG, in: Hartmann/Böttcher/ Nissen/Bordewin.

Bordewin, Arno: Leasing im Steuerrecht, 3. Aufl., Wiesbaden 1989.

Brandenberg, Hermann Bernwart: Nutzungsrechte an Grundstücken des Betriebsvermögens, in: DB, 43. Jg. (1990), S. 1835-1840.

Brandis, Peter: Kommentierung zu § 7 EStG, in: Blümich.

Brandner, Hans Erich: Das Mietverhältnis bei Wechsel in der Inhaberschaft eines Unternehmens, in: NJW, 13. Jg. (1960), S. 127-131.

Brezing, Jürgen: Der Gegenstand der Bilanzierung und seine Zurechnung im Handels- und Steuerrecht, in: HdJ, Abt. I/4.

Breidert, Ulrike: Grundsätze ordnungsmäßiger Abschreibungen auf abnutzbare Anlagegegenstände, Düsseldorf 1994.

Buchloh, Hans-Jürgen: Der Leasing-Erlaß im Spiegel des Leasing-Urteils, in: BB, 26. Jg. (1971), S. 776-779.

Buciek, Klaus. D.: Zur Bilanzierung von Güterfernverkehrsgenehmigungen, in: BB, 42. Jg. (1987), S. 1979-1981.

Budde, Wolfgang Dieter/Förschle, Gerhart: Das Verhältnis des „True and fair view" zu den Grundsätzen ordnungsmäßiger Buchführung und zu den Einzelrechnungslegungsvorschriften, in: Einzelabschluß und Konzernabschluß, hrsg. von Winfried Mellwig u. a., Wiesbaden 1988, S. 27-45.

Budde, Wolfgang Dieter/Karig, Klaus Peter: Kommentierung zu § 246 HGB, in: Beck'scher Bilanz-Kommentar.

Budde, Wolfgang Dieter/Kunz, Karlheinz: Kommentierung zu § 240 HGB, in: Beck'scher Bilanz-Kommentar.

Budde, Wolfgang Dieter/Steuber, Elgin: Normsetzungsbefugnis eines deutschen Standard Setting Body, in: DStR, 36. Jg. (1998), S. 1181-1187.

Budde, Wolfgang Dieter/Steuber, Elgin: Verfassungsrechtliche Voraussetzungen zur Transformation internationaler Rechnungslegungsgrundsätze, in: DStR, 36. Jg. (1998), S. 504-508.

Buhl, Hans-Ulrich: Finanzierungsleasing und wirtschaftliches Eigentum, in: BB, 47. Jg. (1992), S. 1755-1758.

Bund, Elmar: Kommentierung zu § 872 BGB, in: Staudingers Kommentar zum Bürgerlichen Gesetzbuch.

Bundesminister der Finanzen: Schreiben des Bundesministers der Finanzen vom 19.4.1971 IV B/2 – S 2170 – 31/71, BStBl I 1971, S. 264-266.

Bundesminister der Finanzen: Schreiben des Bundesministers der Finanzen vom 26.7.1974 – IV B 2 – S 2196 – 16/74, in: BB, 29. Jg. (1974), S. 965.

Bundesminister der Finanzen: Schreiben des Bundesministers der Finanzen vom 22.12.1975 IV B 2 – S 2170 – 161/75, in: DB, 29. Jg. (1976), S. 172-173.

Bundesminister der Finanzen: Schreiben des Bundesministers der Finanzen vom 15.1.1976 IV B 2 – S 2133 – 1/76, in: BStBl I 1976, S. 66-67.

Bundesminister der Finanzen: Schreiben des Bundesministers der Finanzen vom 23.11.1983 IV B 1 – S 2253 – 90/83, BStBl I 1983, S. 508-511.

Bundesminister der Finanzen: Schreiben des Bundesministers der Finanzen vom 4.6.1986 IV B 1 – S 2253– 59/86, BStBl I 1986, S. 318-319.

Bundesminister der Finanzen: Schreiben des Bundesministers der Finanzen vom 5.10.1994 IV A 8 – S 1551 – 98/94, BStBl I 1994, S. 771.

Bundesminister der Finanzen: Schreiben des Bundesministers der Finanzen vom 5.11.1996 IV B 2 – S 2134 – 66/96, in: BStBl I 1996, S. 1257-1258.

Burkhardt,Dietrich: Grundsätze ordnungsmäßiger Bilanzierung für Fremdwährungsgeschäfte, Düsseldorf 1988.

Canaris, Claus-Wilhelm: Die Feststellung von Lücken im Gesetz, 2. Aufl., Berlin 1983.

Canaris, Claus-Wilhelm: Handelsrecht, 22. Aufl., München 1995.

Canaris, Claus-Wilhelm: Systemdenken und Systembegriff in der Jurisprudenz, 2. Aufl., Berlin 1983.

Carlé, Dieter/Felix, Günther: Wirtschaftliches Eigentum, in: HWStR, S. 1632-1633.

Castan, Edgar: Vermögen, in: Handwörterbuch des Rechnungswesens, hrsg. von Klaus Chmielewicz und Marcell Schweitzer, 3. Aufl., Stuttgart 1993, Sp. 2033-2045.

[Engel-]Ciric, Dejan: Grundsätze ordnungsmäßiger Wertaufhellung, Düsseldorf 1995.

Claßen, Rüttger: Kommentierung zu § 7 EStG, in: Lademann/Söffing/Brockhoff.

Clausen, Uwe: Aktivierung und Abschreibung von Nutzungsrechten, in: DStZ/A, 64. Jg. (1976), S. 371-380.

Clausen, Uwe: Kommentierung zu § 5 EStG, in: Herrmann/Heuer/Raupach.

Clausen, Uwe: Zur Bilanzierung von Nutzungsverhältnissen, in: JbFfSt 1976/77, S. 120-145.

Claussen, Carsten Peter: Kommentierung zu § 151 AktG, in: Kölner Kommentar.

Claussen, Carsten Peter: Zum Stellenwert des Rechnungslegungsrechts, in: FS Kropff, S. 431-444.

Clemm, Hermann: Grenzen der zivilrechtlichen Betrachtungsweise für das Bilanzrecht – Kritische Würdigung der neueren BFH-Rechtsprechung, in: JbFfSt 1979/80, S. 173-194.

Clemm, Hermann: Wirtschaftliche versus formalrechtliche Betrachtung im Steuer- und Bilanzrecht, in: FS Klein, S. 715-736.

Clemm, Hermann/Scherer, Thomas: Kommentierung zu § 247 HGB, in: Beck'scher Bilanz-Kommentar.

Costedde, Jürgen: Die Aktivierung von Wirtschaftsgütern im Einkommensteuerrecht, in: StuW, 72. (25.) Jg. (1995), S. 115-123.

Crezelius, Georg: „Aktienrechtliches Eigentum" – Zur Bilanzierung von Mieterinvestitionen, in: DB, 36. Jg. (1983), S. 2019-2023.

Crezelius, Georg: Das Handelsbilanzrecht in der Rechtsprechung des Bundesfinanzhofs, in: ZGR, 16. Jg. (1987), S. 1-45.

Crezelius, Georg: Die Bilanz als Rechtsinstitut, in: FS Zimmerer, S. 509-522.

Crezelius, Georg: Steuerrechtliche Rechtsanwendung und allgemeine Rechtsordnung: Grundlagen für eine liberale Besteuerungspraxis, Herne und Berlin 1983.

Curtius-Hartung, Rudolf: Wichtige Fragen des Bilanzsteuerrechts, insbesondere Rückstellungen, in: StBJb 1975/76, S. 345-368.

Damrau-Schröter, Heike: Zivilrechtliche Aspekte der „Mieter-Modernisierung": Die Rechtsstellung des Mieters zwischen Verwendungsersatz und Wegnahmerecht, Berlin 1994.

Degener, Thomas: Die Leasingentscheidung bei beweglichen Anlagegütern – ein Vorteilhaftigkeitsvergleich zwischen Leasing und Kreditkauf aus der Sicht gewerblicher Investoren, Frankfurt am Main 1986.

Demsetz, H[arold]: Towards a Theory of Property Rights, in: AER, Papers and Proceedings, Vol. 57 (1967), S. 347-359.

Deutscher Bundestag: Begründung des Finanzausschusses zu § 39 AO 1977, in: Bundestagsdrucksache 7/4292, S. 19.

Deutscher Bundestag: Begründung zu § 42 AO 1977, in: Bundestagsdrucksache VI/1982, S. 113-114.

Dilcher, Herrmann: Kommentierung zu §§ 94, 95 BGB, in: Staudingers Kommentar zum Bürgerlichen Gesetzbuch.

Döllerer, Georg: Bilanzielle Behandlung von Ein- und Umbauten in gemieteten Räumen: Podiumsdiskussion, in: JbFfSt 1975/76, S. 270-271.

Döllerer, Georg: Das Kapitalnutzungsrecht als Gegenstand der Sacheinlage bei Kapitalgesellschaften, in: FS Fleck, S. 35-51.

Döllerer, Georg: Die Grenzen des Imparitätsprinzips, in: StbJb 1977/78, S. 129-152.

Döllerer, Georg: Die neueste Rechtsprechung des Bundesfinanzhofes zum Bilanzrecht in handelsrechtlicher Sicht, in: BB, 19. Jg. (1964), S. 95-99.

Döllerer, Georg: Die Rechtsprechung des Bundesfinanzhofs und die Wirtschaftsprüfung, in: Wirtschaftsprüfung heute: Entwicklung oder Reform, hrsg. von Walter Busse von Colbe und Marcus Lutter, Wiesbaden 1977, S. 185-193.

Döllerer, Georg: Die Rechtsprechung des Bundesfinanzhofs zum Steuerrecht der Unternehmen, in: ZGR, 4. Jg. (1975), S. 294-318.

Döllerer, Georg: Die Rechtsprechung des Bundesfinanzhofs zum Steuerrecht der Unternehmen, in: ZGR, 5. Jg. (1976), S. 349-372.

Döllerer, Georg: Die Rechtsprechung des Bundesfinanzhofs zum Steuerrecht der Unternehmen, in: ZGR, 9. Jg. (1980), S. 374-398.

Döllerer, Georg: Die Rechtsprechung des Bundesfinanzhofs zum Steuerrecht der Unternehmen, in: ZGR, 14. Jg. (1985), S. 386-418.

Döllerer, Georg: Die Rechtsprechung des Bundesfinanzhofs zum Steuerrecht der Unternehmen, in: ZGR, 15. Jg. (1986), S. 518-544.

Döllerer, Georg: Die Rechtsprechung des Bundesfinanzhofs zum Steuerrecht der Unternehmen, in: ZGR, 17. Jg. (1988); S. 587-593.

Döllerer, Georg: Die Verknüpfung handels- und steuerrechtlicher Rechnungslegung, in: ZHR 157 (1993), S. 349-354.

Döllerer, Georg: Die Vierte EG-Richtlinie und das Steuerrecht, in: JbFfSt 1981/82, S. 369-388.

Döllerer, Georg: Droht eine neue Aktivierungswelle?, in: BB, 35. Jg. (1980), S. 1333-1337.

Döllerer, Georg: Gedanken zur „Bilanz im Rechtssinne", in: JbFfSt 1979/80, S. 195-205.

Döllerer, Georg: Grundsätze ordnungsmäßiger Bilanzierung, deren Entstehung und Ermittlung, in: BB, 14. Jg. (1959), S. 1217-1221.

Döllerer, Georg: Grundsätze ordnungswidriger Bilanzierung, in: BB, 37. Jg. (1982), S. 777-781.

Döllerer, Georg: Handelsbilanz ist gleich Steuerbilanz, in: Der Jahresabschluß im Widerstreit der Interessen, hrsg. von Jörg Baetge, Düsseldorf 1983, S. 157-177.

Döllerer, Georg: Handelsbilanz und Steuerbilanz nach den Vorschriften des Bilanzrichtlinien-Gesetzes, in: BB, 42. Jg. (1987), Beilage 12 zu Heft 16, S. 1-16.

Döllerer, Georg: Handelsrechtliche Entscheidungen des Bundesfinanzhofs, in: FS Klein, S. 699-714.

Döllerer, Georg: Leasing – wirtschaftliches Eigentum oder Nutzungsrecht?, in: BB, 26. Jg. (1971), S. 535-540.

Döllerer, Georg: Maßgeblichkeit der Handelsbilanz in Gefahr, in: BB, 26. Jg. (1971), S. 1333-1335.

Döllerer, Georg: Nutzungen und Nutzungsrechte – keine verdeckten Einlagen bei Kapitalgesellschaften, in: BB, 43. Jg. (1988), S. 1789-1796.

Döllerer, Georg: Rechnungslegung nach dem neuen Aktiengesetz und ihre Auswirkungen auf das Steuerrecht, in: BB, 20. Jg. (1965), S. 1405-1417.

Döllerer, Georg: Zur Bilanzierung des schwebenden Vertrages, in: BB, 29. Jg. (1974), S. 1541-1548.

Dornbach, Eike-Goetz: Die Bedeutung und Funktion der „wirtschaftlichen Betrachtungsweise" in der höchstrichterlichen Rechtsprechung – Vergangenheit, Gegenwart und Zukunft, in: DStR, 15. Jg. (1977), S. 3-13.

Dörr, Dieter: Die neuere Rechtsprechung des Bundesverfassungsgerichts zur Eigentumsgarantie des Art. 14 GG, in: NJW, 41. Jg. (1988), S. 1049-1054.

Drenseck, Walter: Kommentierung zu § 7 EStG, in: Schmidt.

Dusemond, Michael/Knop, Wolfgang: Kommentierung zu § 266 HGB, in: Küting/Weber.

Dziadkowski, Dieter: Verhältnis von Handelsbilanz und Steuerbilanz, in: Beck'sches Handbuch der Rechnungslegung, Abschnitt B 120.

Eckert, Ralf: Besteuerung von Stock Options, in: DB, 52. Jg. (1999), S. 2490-2493.

Eckhardt, Walter: Das Steuerrecht und die Einheit der Rechtsordnung, in: StBJb 1961/62, S. 77-142.

Ehlig, Frank: Steuerliche Zurechnung von Grundstücken im Privatvermögen nach Schenkung im Wege vorweggenommener Erbfolge unter Vorbehaltsklauseln, in: DStR, 34. Jg. (1996), S. 1629-1636.

Eibelshäuser, Manfred: Abschreibungen und Realisationsprinzip, in: FS Beisse, S. 153-169.

Eibelshäuser, Manfred: Der Bundesfinanzhof und die statische Bilanzauffassung, in: ZfbF, 33. Jg. (1981), S. 56-68.

Eibelshäuser, Manfred: Die Aufgaben des Abschlußprüfers nach § 53 Haushaltsgrundsätzegesetz, in: FS Moxter, S. 919-950.

Eibelshäuser, Manfred: Immaterielle Anlagewerte in der höchstrichterlichen Finanzrechtsprechung, Wiesbaden 1983.

Eibelshäuser, Manfred: Rückstellungsbildung nach neuem Handelsrecht, in: BB, 42. Jg. (1987), S. 860-866.

Eisgruber, Thomas: Bauten auf fremden Grund und Boden, in: DStR, 35. Jg. (1997), S. 522-529.

Ekkenga, Jens: Anlegerschutz, Rechnungslegung und Kapitalmarkt, Tübingen 1998.

Ekkenga, Jens: Gibt es „wirtschaftliches Eigentum" im Handelsbilanzrecht?, in: ZGR, 26. Jg. (1997), S. 262-270.

Ekkenga, Jens: Kommentar zum Beschluß des Bundesfinanzhofs vom 16.12.1998 I R 50/95, in: BB, 54. Jg. (1999), S. 1212-1214.

Ekkenga, Jens: Zur Aktivierung und Einlagefähigkeit von Nutzungsrechten nach Handelsbilanz- und Gesellschaftsrecht, in: ZHR 161 (1997), S. 599-627.

Emmerich, Volker: Kommentierung zu § 549 BGB, in: Staudingers Kommentar zum Bürgerlichen Gesetzbuch.

Engisch, Karl: Einführung in das juristische Denken, 8. Aufl., Stuttgart 1983.

Europäische Gemeinschaften: Vierte Richtlinie des Rates vom 25.7.1978 aufgrund von Artikel 54 Absatz 3 Buchstabe g) des Vertrages über den Jahresabschluß von Gesellschaften bestimmter Rechtsformen (78/660/ EWG), in: Amtsblatt der Europäischen Gemeinschaften Nr. L 222 vom 14.8.1978, S. 11.

Euler, Roland: Bilanzrechtstheorie und internationale Rechnungslegung, in: FS Beisse, S. 171-188.

Euler, Roland: Das System der Grundsätze ordnungsmäßiger Bilanzierung, Stuttgart 1990.

Euler, Roland: Der Ansatz von Rückstellungen für drohende Verluste aus schwebenden Dauerrechtsverhältnissen, in: ZfbF, 42. Jg. (1990), S. 1036-1056.

Euler, Roland: Grundsätze ordnungsmäßiger Gewinnrealisierung, Düsseldorf 1989.

Euler, Roland: Steuerbilanzielle Konsequenzen der internationalisierten Rechnungslegung, in: StuW, 75. (28.) Jg. (1998), S. 15-24.

Euler, Roland: Zur Verlustantizipation mittels des niedrigeren beizulegenden Wertes und des Teilwertes, in: ZfbF, 43. Jg. (1991), S. 191-212.

Fabri, Stephan: Grundsätze ordnungsmäßiger Bilanzierung entgeltlicher Nutzungsverhältnisse, Bergisch Gladbach und Köln 1986.

Fahrholz, Bernd: Leasing in der Bilanz: Die bilanzielle Zurechnung von Leasing-Gütern und die Frage der Aktivierbarkeit des Nutzungsrechtes des Leasing-Nehmers, Köln u.a. 1979.

Federmann, Rudolf: Bilanzierung nach Handelsrecht und Steuerrecht, 9. Aufl., Berlin 1992.

Federmann, Rudolf: Kommentierung zu § 5 EStG, in: Herrmann/Heuer/Raupach.

Fikentscher, Wolfgang: Methoden des Rechts in vergleichender Darstellung, Band 3. Mitteleuropäischer Rechtskreis, Tübingen 1976.

Findeisen, Klaus-Dieter: Asset-Backed Securities im Vergleich zwischen US-GAAP und HGB, in: DB, 51. Jg. (1998), S. 481-488.

Findeisen, Klaus-Dieter/Roß, Norbert: Wirtschaftliche Zurechnung und Anhangsangabe bei Asset-Backed Securities, in: DB, 52. Jg. (1999), S. 1077-1079.

Fischer, Hermann J.: Grunderwerbsteuerbare Treuhandgeschäfte und Zurechnungsvorschriften der Abgabenordnung, in: BB, 33. Jg. (1978), S. 1772-1774.

Fischer, P[eter]: Kommentar zum Urteil des Bundesfinanzhofes vom 10.3.1999 XI R 22/98, in: FR, 81. Jg. (1999), S. 845-847.

Fischer, Peter: Eigenaufwand und Drittaufwand. Zum Beschluß des Großen Senats des BFH vom 30.1.1995 – GrS 4/92, in: NWB, Fach 3, S. 9331-9342.

Fischer, Peter: Kommentar zum Beschluß des Bundesfinanzhofes vom 23.8.1999 GrS 1/97, in: FR, 81. Jg. (1999), S. 1171-1172.

Fischer, Peter: Kommentar zum Urteil des Bundesfinanzhofes vom 2.12.1999 IX R 45/95, in: FR, 81. Jg. (1999), S. 662-664.

Fischer, Peter: Kommentierung zu § 39 AO, in: Hübschmann/Hepp/Spitaler.

Flechtheim, [ohne Vorname]*:* Die Bedeutung der Rechtsprechung des Reichsfinanzhofs für das Handelsrecht, in: StuW, 12. Jg. (1933), Sp. 401-420.

Flume, Werner: Das Rechtsverhältnis des Leasing in zivilrechtlicher und steuerrechtlicher Sicht, in: DB, 25. Jg. (1972), S. 1-6, S. 53-61, S. 105-109 und S. 152-155.

Flume, Werner: Die Frage der bilanziellen Behandlung von Leasing-Verhältnissen, in: DB, 26. Jg. (1973), S. 1661-1667.

Flury, Cornelia: Gewinnerläuterungsprinzipien, Frankfurt am Main 1999.

Förschle, Gerhart/Kofahl, Günther: Kommentierung zu § 247 HGB, in: Beck'scher Bilanz-Kommentar.

Freericks, Wolfgang: Bilanzierungsfähigkeit und Bilanzierungspflicht in Handels- und Steuerbilanz, Köln u. a. 1976.

Freericks, Wolfgang: Der entgeltliche Erwerb immaterieller Anlagewerte, in: FR, 24. (51.) Jg. (1969), S. 518-522.

Freericks, Wolfgang: Moderne Buchführungsverfahren und Grundsätze ordnungsmäßiger Buchführung, Diss. Würzburg 1966.

Fresl, Karlo: Die Europäisierung des deutschen Bilanzrechts, Wiesbaden 2000.

Freundlieb, Rolf: Die steuerliche Behandlung von Gebäuden auf fremdem Grund und Boden im Bereich des Privatvermögens, in: FR, 78. Jg. (1986), S. 450-452.

Friedemann, Bärbel: Umweltschutzrückstellungen im Bilanzrecht, Wiesbaden 1996.

Friederich, Hartmut: Grundsätze ordnungsmäßiger Bilanzierung für schwebende Geschäfte, Düsseldorf 1979.

Frotz, Gerhard: Leasing in Österreich und seine Rechtsfragen, in: FS Hämmerle, S. 97-126.

Gail, Winfried: Rechtliche und faktische Abhängigkeiten von Steuer- und Handelsbilanzen, in: FS Havermann, S. 109-141.

Gassner, Bruno/Lempenau, Gerhard: Ausgewählte bilanzsteuerliche Fragen, in: DStZ/A, 62. Jg. (1974), S. 134-141.

GEFIU: Die Behandlung von Leasingverträgen in der Rechnungslegung, in: DB, 48. Jg. (1995), S. 333-337.

Gelhausen, Wolf/Gelhausen, Hans Friedrich: Die Bilanzierung von Leasingverträgen, in: HdJ, Abt. I/5.

Gericke, Fritz: Zum BMF-Schreiben vom 22.12.1975, in: FR, 30. (57.) Jg. (1976), S. 139-142.

Glade, Anton: Bilanzierungs- und Bewertungsprobleme bei Grundstücken und Gebäuden, in: StbJb 1976/77, S. 175-219.

Glanegger, Peter: Grund und Boden in der Bilanz des Landwirts, in: DStZ, 77. Jg. (1989), S. 132-141.

Glaser, Lothar/Hütz, Jürgen/Steins, Theo: Steuerliche Fragen im Zusammenhang mit Ein- und Umbauten in gemieteten Räumen, in: StBp, 20. Jg. (1980), S. 73-83.

Gnam, Arnulf: Ist die „Steuerbilanz" eine dynamische Bilanz?, in: StuW, 33. Jg. (1956), Sp. 243-258.

Gorski, Hans-Günter: Anmerkung zum Urteil des Bundesfinanzhofes vom 20.11.1980 IV R 117/79, in: DStZ/A, 71. Jg. (1983), S. 151-152.

Gosch, Dietmar: Anmerkung zum BFH-Beschluß vom 30.1.1995 GrS 4/92, in: StBp, 35. Jg. (1995), S. 139-143.

Gosch, Dietmar: Neue Entwicklungen in der Rechtsprechung des BFH, in: WPg, 47. Jg. (1994), S. 73-81.

Götz, Peter: Der Vergütungsanspruch gemäß § 951 Absatz 1 Satz 1 BGB, Berlin 1975.

Grewe, Wolfgang: Grundfragen der Bilanzierung beim Leasinggeber, in: WPg, 43. Jg. (1990), S. 161-168.

Grimm, Claus: Das Steuerrecht im Spannungsfeld zwischen wirtschaftlicher Betrachtungsweise und Zivilrecht, in: DStZ/A, 66. Jg. (1978), S. 283-290.

Groh, Manfred: Adolf Moxter und der Bundesfinanzhof, in: FS Moxter, S. 61-74.

Groh, Manfred: Bauten auf fremdem Grundstück: BGH versus BFH?, in: BB, 51. Jg. (1996), S. 1487-1492.

Groh, Manfred: Die wirtschaftliche Betätigung im rechtlichen Sinne, in: StuW, 66. (19.) Jg. (1989), S. 227-231.

Groh, Manfred: Nutzungseinlage, Nutzungsentnahme und Nutzungsausschüttung, in: DB, 41. Jg. (1988), S. 514-524 und S. 571-575.

Groh, Manfred: Nutzungseinlagen im Handels- und Steuerrecht, in: BB, 37. Jg. (1982), S. 133-142.

Groh, Manfred: Rechtsprechung zum Bilanzsteuerrecht, in: StuW, 71. (24.) Jg. (1994), S. 90-96.

Groh, Manfred: Sechs Thesen und ein Nachwort zum Maßgeblichkeitsprinzip, in: DB, 51. Jg. (1998), Heft 47, S. I.

Groh, Manfred: Steuerentlastungsgesetz 1999/2000/2002: Imparitätsprinzip und Teilwertabschreibung, in: DB, 52. Jg. (1999), S. 978-984.

Groh, Manfred: Verbindlichkeitsrückstellung und Verlustrückstellung: Gemeinsamkeiten und Unterschiede, in: BB, 43. Jg. (1988), S. 27-33.

Groh, Manfred: Vor der dynamischen Wende im Bilanzsteuerrecht?, in: BB, 44. Jg. (1989), S. 1586-1588.

Groh, Manfred: Zur Bilanztheorie des BFH, in: StbJb 1979/80, S. 121-139.

Großfeld, Bernhard: Börsenkurs und Unternehmenswert, in: BB, 55. Jg. (2000), S. 261-266.

Gruber, Thomas: Der Bilanzansatz in der neueren BFH-Rechtsprechung, Stuttgart 1991.

Gschwendtner, Hubert: Anmerkung zum BFH-Urteil vom 15.10.1996 VIII R 44/94, in: DStR, 35. Jg. (1997), S. 996-997.

Gschwendtner, Hubert: Mietereinbauten als Vermögensgegenstand und Wirtschaftsgut im Sinne des Handels- und Steuerbilanzrechts, in: FS Beisse, S. 215-233.

Gursky, Karl-Heinz: Kommentierung zu § 951 BGB, in: Staudingers Kommentar zum Bürgerlichen Gesetzbuch.

Haan-Gast, Brigitte de: Bilanzierung von Erbbaurechten, in: DB, 29. Jg. (1976), S. 1347-1349.

Haas, Franz Josef: Das Verhältnis des Zivilrechts zum Steuerrecht und das wirtschaftliche Eigentum in der Rechtsprechung des BFH, in: DStZ/A, 63. Jg. (1975), S. 363-367.

Hahn, Hans: Zum Begriff „wirtschaftlicher Verschleiß" – Anmerkung zum Urteil des BFH vom 19.11.1997 –, in: DStZ, 87. Jg. (1999), S. 845-853.

Hallerbach, Dorothee: Der Einfluß des Zivilrechts auf das Steuerrecht, in: DStR, 37. Jg. (1999), S. 2125-2130.

Handzik, Peter: Kommentierung zu § 7 EStG, in: Littmann/Bitz/Hellwig.

Hanraths, Josef: Umbauaufwendungen der Mieter und Pächter von Betriebsgebäuden in bilanzsteuerrechtlicher Sicht, in: BB, 26. Jg. (1971), S. 818-821.

Hanraths, Josef: Unentgeltlicher Heimfall beim Erbbaurecht, in: BB, 20. Jg. (1965), S. 1303.

Hartmann, Peter: Kommentierung zu § 857 ZPO, in: Beck'scher Kurz-Kommentar, Band I, Zivilprozeßordnung mit Gerichtsverfassungsgesetz und anderen Nebengesetzen, 56. Aufl., München 1998.

Hartung, Werner: Wertpapierleihe und Bankbilanz: Ist § 340 b HGB richtlinienkonform?, in: BB, 48. Jg. (1993), S. 1175-1177.

Häuselmann, Holger: Der Forderungsverkauf im Rahmen des Asset Backed-Financing in der Steuerbilanz, in: DStR, 36. Jg. (1998), S. 826-832.

Heddäus, Birgit: Handelsrechtliche Grundsätze ordnungsmäßiger Bilanzierung für Drohverlustrückstellungen, Düsseldorf 1997.

Heddäus, Birgit: Grenzen der Bilanzierung von Drohverlustrückstellungen nach geltendem Recht und nach dem Entwurf eines Steuerreformgesetzes 1998, in: BB, 52. Jg. (1997), S. 1463-1470.

Heibel, Reinhold: Handelsrechtliche Bilanzierungsgrundsätze und Besteuerung, Köln 1981.

Heidner, Hans-Hermann: Die Behandlung von Treuhandverhältnissen in der Abgabenordnung, in: DB, 49. Jg. (1996), S. 1203-1212.

Heidner, Hans-Hermann: Die rechtsgeschäftliche Treuhand im Steuerrecht, in: DStR, 27. Jg. (1989), S. 305-309.

Heilmann, Hans/Klopp, Onno: Insolvenzrechts-Handbuch, hrsg. von Peter Gottwald, München 1990.

Heinrichs, Helmut: Kommentierung zu § 95 BGB, in: Palandt.

Heißenberg, Lutz: Einkommensteuerfragen bei Ehegatten-Grundstücken – Teil II, in: KÖSDI (1996), S. 10650-10655.

Helmschrott, Harald: Leasinggeschäfte in der Handels- und Steuerbilanz, Wiesbaden 1997.

Henninger, Fritz: Zur gesonderten Abschreibung für Gebäudeanlagen, in: DB, 27. Jg. (1974), S. 988-989.

Herzig, Norbert: Anmerkung zum EuGH-Urteil vom 27.6.1996 Rs. C-234/94, in: DB, 49. Jg. (1996), S. 1401-1402.

Herzig, Norbert: Rückstellungen wegen öffentlich-rechtlicher Verpflichtungen, insbesondere Umweltschutz, in: DB, 43. Jg. (1990), S. 1341-1354.

Heuer, Gerhard: Kommentierung zu § 5 EStG, in: Herrmann/Heuer/Raupach.

Heuer, Gerhard/Jansen, Rudolf: Kommentierung zu § 7 EStG, in: Herrmann/Heuer/Raupach.

Hintzen, Lothar: Zur Entscheidung des Bundesfinanzhofs über die Aktivierung von Mietereinbauten, in: BB, 30. Jg. (1975), S. 735-737.

Hinz, Michael: Bilanzierung von Pensionsgeschäften, in: BB, 46. Jg. (1991), S. 1153-1156.

Hinz, Michael: Jahresabschlußpolitische Implikationen des Factoring und der Forfaitierung, in: DStR, 32. Jg. (1994), S. 1749-1752.

Hofbauer, Max A.: Der Buchungszeitpunkt bei Eigentumsänderungen an Grundstücken, in: WPg, 20. Jg. (1967), S. 142-145.

Hoffmann, Ralph: Kommentierung zu § 39 AO, in: Koch/Scholtz.

Hoffmann, Wolf-Dieter: Kommentierung zu §§ 4, 5 EStG, in: Littmann/Bitz/Hellwig.

Hofmann, Ruth: Kommentierung zu § 39 AO, in: Kühn.

Holch, Georg: Kommentierung zu §§ 94, 95 BGB, in: Münchner Kommentar, Bd. 1, 3. Aufl.

Hommel, Michael: Bilanzierung immaterieller Anlagewerte, Stuttgart 1998.

Hommel, Michael: Das Prinzip des wirtschaftlichen Eigentums – ein Stellungsfehler im GoB-System?, unveröffentlichtes Manuskript.

Hommel, Michael: Grundsätze ordnungsmäßiger Bilanzierung für Dauerschuldverhältnisse, Wiesbaden 1992.

Hommel, Michael: Internationale Bilanzrechtskonzeptionen und immaterielle Vermögensgegenstände, in: ZfbF, 49. Jg. (1997), S. 345-369.

Hommel, Michael: Überschuldungsmessung nach neuem Insolvenzrecht: Probleme und Lösungsmerkmale, in: ZfB, 68. Jg. (1998), S. 297-322.

Hommel, Michael/Berndt, Thomas: Wertaufhellung und funktionales Abschlussstichtagsprinzip, in: DStR, 38. Jg. (2000), S. 1745-1752.

Hommelhoff, Peter: Europäisches Bilanzrecht im Aufbruch, in: RabelsZ, Bd. 62 (1998), S. 381-404.

Hommelhoff, Peter/Schwab, Martin: Gesellschaftliche Selbststeuerung im Bilanzrecht – Standard Setting Bodies und staatliche Regulierungsverantwortung nach deutschem Recht, in: BFuP, 50. Jg. (1998), S. 38-56.

Hoyos, Martin/Bartels-Hetzler, Sibylle: Kommentierung zu § 250 HGB, in: Beck'scher Bilanz-Kommentar.

Hoyos, Martin/Schmidt-Wendt, Dietrich: Kommentierung zu § 247 HGB, in: Beck'scher Bilanz-Kommentar.

Hoyos, Martin/Schramm, Marianne/Ring, Maximilian: Kommentierung zu § 253 HGB, in: Beck'scher Bilanz-Kommentar.

Huber, Ulrich: Bereicherungsansprüche beim Bau auf fremdem Boden, in: JuS, 10. Jg. (1970), S. 342-347.

Hübschmann, Walter: Die Problematik der wirtschaftlichen Betrachtungsweise, in: FS Spitaler, S. 107-123.

Hüffer, Uwe: Kommentierung zu §§ 238 ff. HGB, in: Großkommentar Handelsgesetzbuch.

Hütz, Jürgen: Das wirtschaftliche Eigentum im Urteil des BFH, in: FR, 34. (61.) Jg. (1979), S. 607-612.

Hutzler, Adolf: Zum Ausweis des wirtschaftlichen Eigentums in der Handelsbilanz, in: WPg, 23. Jg. (1970), S. 14-17.

Institut der Wirtschaftsprüfer: Wirtschaftsprüfer-Handbuch 1996, Handbuch für Rechnungslegung, Prüfung und Beratung, 11. Aufl., Düsseldorf 1996.

Isele, Horst: Grundlagen, Miet-, Pacht- und Leasingverhältnisse, in: Küting/Weber.

Jansen, Rudolf: Kommentierung zu § 7 EStG, in: Herrmann/Heuer/Raupach.

Jansen, Rudolf: Zur Aktivierung von Transferentschädigungen nach den Vorschriften des Lizenzspielerstatuts des Deutschen Fußball-Bundes, in: DStR, 30. Jg. (1992), S. 1785-1789.

Jäger, Rainer: Grundsätze ordnungsmäßiger Aufwandsperiodisierung, Wiesbaden 1996.

John, Gerd: Die Bewertung von Grund und Boden und Gebäuden in der Steuerbilanz, Köln u.a. 1964.

Joost, Detlev: Kommentierung zu § 872 BGB, in: Münchner Kommentar, Bd. 4, 2. Aufl.

Joussen, Edgar: Das wirtschaftliche Eigentum an Gebäuden – Hinweise zur Vertragsgestaltung –, in: WPg, 52. Jg. (1999), S. 388-401.

Jüttner, Uwe: GoB-System, Einzelbewertungsprinzip und Imparitätsprinzip, Frankfurt am Main 1993.

Kahle, Holger: Zur Bedeutung der US-GAAP für die steuerliche Gewinnermittlung, in: StuB, 1. Jg. (1999), S. 1145-1151.

Kählert, Jens-Peter/Lange, Sabine: Zur Abgrenzung immaterieller von materiellen Vermögensgegenständen, in: BB, 48. Jg. (1993), S. 613-618.

Kaufmann, Hans: Bilanzielle Behandlung von Umbauten in gemieteten Räumen, in: FR, 27. (54.) Jg. (1972), S. 6-9.

Kempermann, Michael: Anmerkung zum BFH-Beschluß 1 R 6/96 vom 9.9.1998, in: FR, 81. Jg. (1999), S. 135.

Kempermann, Michael: Kommentierung zu § 5 EStG, in: Kirchhof/Söhn.

Kirchhof, Paul: Kommentierung zu § 2 EStG, in: Kirchhof/Söhn.

Kirchhof, Paul: Steuerumgehung und Auslegungsmethoden, in: StuW, 60. (13.) Jg. (1983), S. 173-183.

Klauser, Karl-August: Aufwendungsersatz bei Neubauten und werterhöhenden Verwendungen auf fremdem Grund und Boden, in: NJW, 18. Jg. (1965), S. 513-518.

Klein, Franz/Orlopp, Gerd/Brockmeyer, Hans Bernhard: Kommentierung zu § 39 AO, in: Klein/Orlopp.

Klinkhammer, Heinz: Die Rückabwicklung einverständlich vorgenommener Verwendungen beim Bau auf fremdem Boden, in: DB, 25. Jg. (1972), S. 2385-2388.

Klussmann, Günther: Die einkommensteuerliche Behandlung des unentgeltlichen Heimfalls beim Erbbaurecht, in: BB, 20. Jg. (1965), S. 863-865.

Knapp, Lotte: Leasing in der Handelsbilanz, in: DB, 25. Jg. (1972), S. 541-549.

Knapp, Lotte: Mietereinbauten und -umbauten sowie Gebäude auf fremdem Grund in der Handelsbilanz, in: BB, 30. Jg. (1975), S. 1103-1109.

Knapp, Lotte: Problematischer Leasing-Erlaß, in: DB, 24. Jg. (1971), S. 685-691.

Knapp, Lotte: Was darf der Kaufmann als seine Vermögensgegenstände bilanzieren?, in: DB, 24. Jg. (1971), S. 1121-1129.

Knobbe-Keuk, Brigitte: Bilanz- und Unternehmensteuerrecht, 9. Aufl., Köln 1993.

Knobbe-Keuk, Brigitte: Die steuerliche Behandlung von Nutzungsrechten, in: StuW, 56. (9.) Jg. (1979), S. 305-313.

Knoppe, Helmut: Pachtverhältnisse gewerblicher Betriebe im Steuerrecht, 5. Aufl., Düsseldorf 1979.

Knop, Wolfgang: Kommentierung zu § 240 HGB, in: Küting/Weber.

Körner, Werner: Das Prinzip der Einzelbewertung, in: WPg, 29. Jg. (1976), S. 430-441.

Körner, Werner: Die wirtschaftliche Betrachtungsweise im Bilanzsteuerrecht, in: BB, 29. Jg. (1974), S. 797-802.

Körner, Werner: Wesen und Funktion der Grundsätze ordnungsmäßiger Buchführung, in: BB, 41. Jg. (1986), S. 1742-1749.

Körner, Werner/Weiken, Heinz : Wirtschaftliches Eigentum nach § 5 Abs. 1 Satz 1 EStG, in: BB, 47. Jg. (1992), S. 1033-1042.

Kraus-Grünewald, Marion: Steuerbilanzen – Besteuerung nach der Leistungsfähigkeit contra Vorsichtsprinzip?, in: FS Beisse, S. 285-297.

Kronner, Markus: Entgeltlicher Erwerb und Erwerb im Tauschwege bei immateriellen Wirtschaftsgütern des Anlagevermögens, in: DStR, 34. Jg. (1996), S. 1185-1191.

Kronner, Markus: GoB für immaterielle Anlagewerte und Tauschgeschäfte, Düsseldorf 1995.

Kropff, Bruno: Begründung des Regierungsentwurfes zu § 151 AktG, in: Aktiengesetz, Textausgabe des Aktiengesetzes vom 6.9.1965 und des Einführungsgesetzes zum Aktiengesetz vom 6.9.1965 mit Begründung des Regierungsentwurfs, Bericht des Rechtsausschusses des Deutschen Bundestags, Verweisungen und Sachverzeichnis, zusammengestellt von Bruno Kropff, Düsseldorf 1965.

Kropff, Bruno: Kommentierung zu § 151 AktG, in: Aktiengesetz, Kommentar von Ernst Geßler u. a., Bd. III, München 1973.

Kropff, Bruno: Zur Wirksamkeit bilanzpolitisch motivierter Rechtsgeschäfte, in: ZGR, 22. Jg. (1993), S. 41-62.

Krumnow, Jürgen: Die deutsche Rechnungslegung auf dem Weg ins Abseits? Ein Ausblick nach der vorläufig abgeschlossenen EG-Harmonisierung, in: FS Moxter, S. 679-698.

Krumnow, Jürgen: Kommentierung zu § 340b HGB, in: Rechnungslegung der Kreditinstitute, Kommentar zum Bankbilanzrichtlinie-Gesetz und zur RechKredV, Stuttgart 1994.

Kruse, Heinrich Wilhelm: Aktivierungsfragen: Von der dynamischen zur statischen Bilanzauffassung und zurück?, in: JbFSt 1978/79, S. 172-185.

Kruse, Heinrich Wilhelm: Ende oder neuer Anfang der wirtschaftlichen Betrachtungsweise?, in: JbFfSt 1975/76, S. 35-51.

Kruse, Heinrich Wilhelm: Grundsätze ordnungsmäßiger Buchführung, Köln 1970.

Kruse, Heinrich Wilhelm: Lehrbuch des Steuerrechts, Bd. I: Allgemeiner Teil, 14. Aufl., München 1991.

Kruse, Heinrich Wilhelm: Über Gewohnheitsrecht, in: StuW, 36. Jg. (1959), Sp. 209-256.

Kübler, Friedrich: Gesellschaftsrecht, 5. Aufl., Heidelberg 1998.

Kübler, Friedrich: Vorsichtsprinzip versus Kapitalmarktinformation, in: FS Budde, S. 361-375.

Kuhlewind, Andreas-Markus: Grundlagen einer Bilanzrechtstheorie in den USA, Frankfurt am Main 1997.

Kühn, Rolf: Reichsabgabenordnung, Steueranpassungsgesetz und Nebengesetze, erläutert von Rolf Kühn, 3. Aufl., Stuttgart 1954.

Kupsch, Peter: Die bilanzielle Behandlung von Baumaßnahmen auf fremden Grundstücken, in: BB, 36. Jg. (1981), S. 212-219.

Kupsch, Peter: Kommentierung zu § 246 HGB, in: Bonner Handbuch Rechnungslegung, Fach 4.

Kupsch, Peter: Zum Verhältnis von Einzelbewertungsprinzip und Imparitätsprinzip, in: FS Forster, S. 339-357.

Kurz, Volker: Bauten auf fremden Grundstücken als unentgeltlich erworbene, immaterielle, aber aktivierungspflichtige Wirtschaftsgüter, in: DStZ/A, 68. Jg. (1980), S. 196-198.

Kurz, Volker: Die betriebliche Nutzung von Fremd- und Ehegattengrundstücken im Ertragsteuerrecht nach der neueren BFH-Rechtsprechung (Teil I und II), in: FR, 32. (59.) Jg. (1977), S. 1-6 und S. 29-34.

Kußmaul, Heinz: Bilanzierung von Nutzungsrechten an Grundstücken, in: StuW, 65. (18.) Jg. (1988), S. 46-60.

Kußmaul, Heinz: Grundlagen, Bilanzierungsfähigkeit und Bilanzierungspflicht, in: Küting/Weber.

Kußmaul, Heinz: Kommentierung zu § 246 HGB, in: Küting/Weber.

Kußmaul, Heinz: Nutzungsrechte an Grundstücken in Handels- und Steuerbilanz, Hamburg 1987.

Kußmaul, Heinz: Sind Nutzungsrechte Vermögensgegenstände bzw. Wirtschaftsgüter?, in: BB, 43. Jg. (1987), S. 2053-2065.

Kusterer, Stefan: Handelsrechtliche Bilanzierung von Bauten auf fremden Grund und Boden, in: DStR, 21. Jg. (1996), S. 438-439.

Labus, Otto: Anmerkung zum Urteil des Bundesfinanzhofes vom 26.1.1970 IV R 144/66, in: BB, 25. Jg. (1970), S. 334.

Lamers, Alfons: Aktivierungsfähigkeit und Aktivierungspflicht immaterieller Werte, München 1981.

Larenz, Karl: Kennzeichen geglückter richterlicher Rechtsfortbildungen, in: Schriftenreihe der juristischen Studiengesellschaft Karlsruhe, Heft 64, Karlsruhe 1965.

Larenz, Karl: Methodenlehre der Rechtswissenschaft, 6. Aufl., Berlin u.a. 1991.

Leffson, Ulrich: Die Darstellung von Leasingverträgen im Jahresabschluß, in: DB, 29. Jg. (1976), S. 637-641 und S. 685-690.

Leffson, Ulrich: Die Grundsätze ordnungsmäßiger Buchführung, 7. Aufl., Düsseldorf 1987.

Leffson, Ulrich: Zur Gemeinsamkeit juristischer und ökonomischer Ermittlung der Grundsätze ordnungsmäßiger Buchführung, in: WPg, 26. Jg. (1973), S. 582-585.

Ley, Ursula: Der Begriff „Wirtschaftsgut" und seine Bedeutung für die Aktivierung, 2. Aufl., Bergisch Gladbach und Köln 1987.

Ley, Ursula: Steuerliche Zurechnung von Nießbrauchsgegenständen, in: DStR, 22. Jg. (1984), S. 676-680.

Liebs, Rüdiger: Zur Maßgeblichkeit von Entscheidungen des Bundesfinanzhofs für den Wirtschaftsprüfer, in: AG, 23. Jg. (1978), S. 44-50.

Littmann, Eberhard: Zur Tragweite der neugefaßten §§ 5,6 EStG, in: DStR, 7. Jg. (1969), S. 321-325.

Löcke, Jürgen: Aktivierung konzernintern erworbener immaterieller Vermögensgegenstände des Anlagevermögens, in: BB, 53. Jg. (1998), S. 415-419.

Löcke, Jürgen: Steuerrechtliche Aktivierungsgrundsätze und Property-Rights-Theorie, in: StuW, 75. Jg. (1998), S. 124-132.

Löw, Edgar: Deutsche Bankabschlüsse nach IAS, Stuttgart 2000.

Löw, Edgar: Die externe Rechnungslegung der öffentlichen Verwaltung, Baden-Baden 1994.

Löw, Edgar/Roggenbuck, Harald E.: Neue Publizitätsanforderungen zu Anteilsbesitzverhältnissen für den Jahresabschluß 1999, in: DB, 52. Jg. (1999), S. 2481-2484.

Löw, Edgar/Töttler, Claus R.: Bankspezifische Aspekte der Umstellung auf IAS, in: Die Umstellung der Rechnungslegung auf IAS/US-GAAP, hrsg. von Kurt V. Auer, Wien 1998, S. 271-309.

Lüders, Jürgen: Der Zeitpunkt der Gewinnrealisierung im Handels- und Steuerbilanzrecht, Köln 1987.

Lutter, Marcus: Fortführung der Unternehmenstätigkeit, in: HuRB, S. 185-191.

Lutz, Günter: Der Vermögensgegenstand – ein Abbild der Gewinnerwartung?, in: Neuorientierung der Rechenschaftslegung, Bericht über die Fachtagung des Instituts der Wirtschaftsprüfer in Deutschland e.V., hrsg. vom IDW, Düsseldorf 1994, S. 81-100.

Martens, Joachim: Eigenbesitz als wirtschaftliches Eigentum, in: NJW, 15. Jg. (1962), S. 1849-1851.

Mathews, Kurt: Bilanzierung von Treuhandvermögen, in: BB, 47. Jg. (1992), S. 738-740.

Mathiak, Walter: Kommentierung zu § 5 EStG, in: Kirchhof/Söhn.

Mathiak, Walter: Rechtsprechung zum Bilanzsteuerrecht, in: StuW, 60. (13.) Jg. (1983), S. 262-269.

Mathiak, Walter: Unmaßgeblichkeit von kodifiziertem Handelsrechnungslegungsrecht für die einkommensteuerrechtliche Gewinnermittlung?, in: FS Beisse, S. 323-334.

Mathiak, Walter: Zum Bilanzsteuerrecht, in: StuW, 15. (37.) Jg. (1985), S. 273-279.

Mathiak, Walter: Zur Bilanzierung dinglicher Rechtsverhältnisse, in: FS Döllerer, S. 397-409.

May, Erich: Das Wirtschaftsgut, Wiesbaden 1970.

Mayer-Maly, Theo: Das Eigentumsverständnis der Gegenwart und die Rechtsgeschichte, in: FS Hübner, S. 145-158.

Medicus, Dieter: Bürgerliches Recht, 13. Aufl., Köln u.a. 1987.

Meilicke, Wienand: Obligatorische Nutzungsrechte als Sacheinlage, in: BB, 46. Jg. (1991), S. 579-587.

Mellwig, Winfried: Beteiligungen an Personengesellschaften in der Handelsbilanz, in: BB, 45. Jg. (1990), S. 1162-1172.

Mellwig, Winfried: Bilanzrechtsprechung und Betriebswirtschaftslehre, in: BB, 38. Jg. (1983), S. 1613-1620.

Mellwig, Winfried: Die bilanzielle Darstellung von Leasingverträgen nach den Grundsätzen des IASC, in: DB, 51. Jg. (1998), Beilage Nr. 12 zu Heft 35, S. 1-16.

Mellwig, Winfried: Die Konsolidierung von Leasingobjektgesellschaften im Konzernabschluss, in: BB, 55. Jg. (2000), Beilage 5 zu Heft 18, S. 25-28.

Mellwig, Winfried: Erfolgsteuerliche Aktivierungsprobleme bei Mobilien-Leasingverträgen, in: BB, 36. Jg. (1981), S. 1808-1815.

Mellwig, Winfried: Für ein bilanzzweckadäquates Teilwertverständnis, in: FS Moxter, S. 1069-1088.

Mellwig, Winfried: Herstellungskosten und Realisationsprinzip, in: FS Budde, S. 397-417.

Mellwig, Winfried: Investition und Besteuerung, Wiesbaden 1985.

Mellwig, Winfried: Laudatio anläßlich der Verleihung der Ehrendoktorwürde an Georg Döllerer am 16. Juni 1983 in der Aula der Universität, hrsg. vom Dekan des Fachbereichs Wirtschaftswissenschaften der Johann Wolfgang Goethe-Universität Frankfurt am Main, Frankfurt am Main 1983.

Mellwig, Winfried: Meinungsspiegel, in: BFuP, 41. Jg. (1989), S. 159-175.

Mellwig, Winfried: Niedrigere Tageswerte, in: Beck'sches Handbuch der Rechnungslegung, Abschnitt B 164.

288

Mellwig, Winfried: Rechnungslegungszwecke und Kapitalkonten bei Personengesellschaften, in: BB, 34. Jg. (1979), S. 1409-1418.

Mellwig, Winfried: Vorwort des Betreuers, in: Babel, Mathias: Ansatz und Bewertung von Nutzungsrechten, Frankfurt am Main u.a. 1997.

Mellwig, Winfried/Hastedt, Uwe: Gewinnrealisation bei Unbestimmbarkeit der Gegenleistung – dargestellt am Beispiel des Wärmelieferungsvertrages, in: DB, 45. Jg. (1992), S. 1589-1592.

Mellwig, Winfried/Weinstock, Marc: Die Zurechnung von mobilen Leasingobjekten nach deutschem Handelsrecht und den Vorschriften des IASC, in: DB, 49. Jg. (1996), S. 2345-2352.

Meyer[-Scharenberg], Dirk E.: Einkommensteuerliche Behandlung des Nießbrauchs und anderer Nutzungsüberlassungen, Herne und Berlin 1984.

Meyer-Scharenberg, Dirk E.: Eigenen Wohnzwecken dienende Gebäude auf fremdem Grund und Boden nach der Neuregelung der Wohnungsbesteuerung, in: DStR, 24. Jg. (1986), S. 785-788.

Meyer-Scharenberg, Dirk E.: Sind Nutzungsrechte Wirtschaftsgüter?, in: BB, 42. Jg. (1987), S. 874-877.

Meyer-Scharenberg, Dirk E.: Zweifelsfragen bei der Bilanzierung transitorischer Rechnungsabgrenzungsposten, in: DStR, 29. Jg. (1991), S. 754-758.

Mittelbach, Rolf: Bilanzierung der Aufwendungen für die Verbesserung von Miet- und Pachträumen, in: DStR, 14. Jg. (1976), S. 541-548.

Mittelbach, Rolf: Gewerbliche Miet- und Pachtverträge in steuerlicher Sicht, 4. Aufl., Herne und Berlin 1979.

Mittelbach, Rolf: Grundstücke, Gebäude und Gebäudeteile im Betriebsvermögen, 3. Aufl., Köln 1981.

Mittelbach, Rolf: Nießbrauch, Zivilrecht. Steuerrecht, 5. Aufl., Köln 1982.

Moxter, Adolf: Aktivierungsgrenzen bei „immateriellen Anlagewerten", in: BB, 33. Jg. (1978), S. 821-825.

Moxter, Adolf: Anlegerschutz durch Rechnungslegung bei Kapitalgesellschaften, in: FS Häuser, S. 257-272.

Moxter, Adolf: Anmerkung zum EuGH-Urteil vom 14.9.1999, Rs. C-275/97, in: BB, 54. Jg. (1999), S. 2294.

Moxter, Adolf: Anmerkung zum Urteil des Bundesgerichtshofs vom 29.3.1996 II ZR 263/94, in: JZ, 51. Jg. (1996), S. 860-861.

Moxter, Adolf: Besitzen IAS-konforme Jahres- und Konzernabschlüsse im Hinblick auf die Unternehmens- und Konzernsteuerung Vorteile gegenüber den Rechnungslegungstraditionen im EWR?, in: FS Seicht, S. 497-505.

Moxter, Adolf: Besondere Aktivierungsgrundsätze, unveröffentlichtes Manuskript, Frankfurt am Main 1999.

Moxter, Adolf: Besprechungsaufsatz zu Dieter Schneider: Die wirtschaftliche Nutzungsdauer von Anlagegütern, in: FA, Bd. 23, 1963/64, S. 365-367.

Moxter, Adolf: Betriebswirtschaftslehre und Bilanzrecht, in: Zur Verleihung der Ehrendoktorwürde an Adolf Moxter, hrsg. vom Dekan des Fachbereichs IV: Wirtschafts- und Sozialwissenschaften/Mathematik der Universität Trier, Peter Hecheltjen, Trier 1992, S. 19-30.

Moxter, Adolf: Betriebswirtschaftliche Gewinnermittlung, Tübingen 1982.

Moxter, Adolf: Bilanzauffassungen, in: HWB, Sp. 500-510.

Moxter, Adolf: Bilanzierung nach der Rechtsprechung des Bundesfinanzhofs, Tübingen 1982.

Moxter, Adolf: Bilanzlehre, 1. Aufl., Wiesbaden 1974.

Moxter, Adolf: Bilanzlehre, Band I: Einführung in die Bilanztheorie, 3. Aufl., Wiesbaden 1984.

Moxter, Adolf: Bilanzlehre, Band II: Einführung in das neue Bilanzrecht, 3. Aufl., Wiesbaden 1986.

Moxter, Adolf: Bilanzrechtliche Abzinsungsgebote und -verbote, in: FS Schmidt, S. 195-207.

Moxter, Adolf: Bilanzrechtsprechung, 2. Aufl., Tübingen 1985.

Moxter, Adolf: Bilanzrechtsprechung, 3. Aufl., Tübingen 1993.

Moxter, Adolf: Bilanzrechtsprechung, 4. Aufl., Tübingen 1996.

Moxter, Adolf: Bilanzrechtsprechung, 5. Aufl., Tübingen 1999.

Moxter, Adolf: Buchbesprechung, in: ZHR 163 (1999), S. 486-487.

Moxter, Adolf: Buchbesprechung, in: ZIP, 8. Jg. (1987), S. 608-611.

Moxter, Adolf: Das „matching principle“: Zur Integration eines internationalen Rechnungslegungs-Grundsatzes in das deutsche Recht, in: FS Havermann, S. 487-504.

Moxter, Adolf: Das Realisationsprinzip – 1884 und heute, in: BB, 39. Jg. (1984), S. 1780-1786.

Moxter, Adolf: Das System der handelsrechtlichen Grundsätze ordnungsmäßiger Bilanzierung, in: FS von Wysocki, S. 17-28.

Moxter, Adolf: Der Einfluß der EG-Bilanzrichtlinie auf das Bilanzsteuerrecht, in: BB, 33. Jg. (1978), S. 1629-1632.

Moxter, Adolf: Der Einfluß von Publizitätsvorschriften auf das unternehmerische Verhalten, Köln und Opladen 1962.

Moxter, Adolf: Der Kochsche Plangewinn und die Konzeption des objektivierten Plangewinns, in: FS Koch, S. 181-190.

Moxter, Adolf: Deutsches Rechungslegungs Standards Committee: Aufgaben und Bedeutung, in: DB, 51. Jg. (1998), S. 1425-1428.

Moxter, Adolf: Die Aktivierungsvoraussetzung „entgeltlicher Erwerb" im Sinne von § 5 Abs. 2 EStG, in: DB, 31. Jg. (1978), S. 1804-1809.

Moxter, Adolf: Die BFH-Rechtsprechung zur Aktivierungspflicht von beim Erwerb von Nutzungsrechten anfallenden Nebenkosten, in: DStR, 37. Jg. (1999), S. 51-54.

Moxter, Adolf: Die Geschäftswertbilanzierung in der Rechtsprechung des Bundesfinanzhofs und nach EG-Bilanzrecht, in: BB, 34. Jg. (1979), S. 741-747.

Moxter, Adolf: Die handelsrechtlichen Grundsätze ordnungsmäßiger Buchführung und das neue Bilanzrecht, in: ZGR, 9. Jg. (1980), S. 254-276.

Moxter, Adolf: Die Helmrich-Konzeption des Bilanzrichtlinien-Gesetzes: Bedeutung und Bedrohung, in: FS Helmrich, S. 709-719.

Moxter, Adolf: Die Jahresabschlußaufgaben nach der EG-Bilanzrichtlinie: Zur Auslegung von Art. 2 EG-Bilanzrichtlinie, in: AG, 24. Jg. (1979), S. 141-146.

Moxter, Adolf: Eigenkapitalmessung – Möglichkeiten und Grenzen, in: Eigenkapital und Kapitalmarkt, hrsg. von Georg Bruns und Karl Häuser, Frankfurt am Main 1978, S. 80-96.

Moxter, Adolf: Einschränkung der Rückstellungsbilanzierung durch das Haushaltsbegleitgesetz 1983?, in: BB, 37. Jg. (1982), S. 2084-2087.

Moxter, Adolf: Entwicklung der Theorie der handels- und steuerrechtlichen Gewinnermittlung, in: ZfbF, Sonderheft 32 (1993), S. 61-84.

Moxter, Adolf: Entziehbarer Gewinn?, in: FS Clemm, S. 231-241.

Moxter, Adolf: Erfahrungen mit dem Bilanzrichtlinien-Gesetz, in: Jahrbuch für Controlling und Rechnungswesen '92. Konzernrechnungslegung, Bilanzreform, Steueroptimierung, Kreditüberwachung, Sachwalterausgleich, Unternehmensbewertung und Kaufpreisbindung, Management-Control, hrsg. von Gerhard Seicht, Wien 1992, S. 139-150.

Moxter, Adolf: Fremdkapitalbewertung nach neuem Bilanzrecht, in: WPg, 37. Jg. (1984), S. 397-408.

Moxter, Adolf: Fundamentalgrundsätze ordnungsmäßiger Rechenschaft, in: FS Leffson, S. 87-100.

Moxter, Adolf: Funktionales Teilwertverständnis, in: FS Loitlsberger, S. 473-481.

Moxter, Adolf: Geleitwort des Betreuers, in: Flury, Cornelia: Gewinnerläuterungsprinzipien, Frankfurt am Main 1999, S. VII.

Moxter, Adolf: Grundsätze ordnungsmäßiger Buchführung – ein handelsrechtliches Faktum, von der Steuerrechtsprechung festgestellt, in: FS 75 Jahre Reichsfinanzhof – Bundesfinanzhof, S. 533-544.

Moxter, Adolf: Grundsätze ordnungsmäßiger Unternehmensbewertung, 1. Aufl., Wiesbaden 1976.

Moxter, Adolf: Grundwertungen in Bilanzrechtsordnungen – ein Vergleich von überkommenem deutschen Bilanzrecht und Jahresabschlußrichtlinie, in: FS Beisse, S. 347-361.

Moxter, Adolf: Heinrich Beisse 65 Jahre, in: StVj, 4. Jg. (1992), S. 187-189.

Moxter, Adolf: Immaterielle Anlagewerte im neuen Bilanzrecht, in: BB, 34. Jg. (1979), S. 1102-1109.

Moxter, Adolf: Ist bei drohendem Unternehmenszusammenbruch das bilanzrechtliche Prinzip der Unternehmensfortführung aufzugeben?, in: WPg, 33. Jg. (1980), S. 345-351.

Moxter, Adolf: Maßgeblichkeitsprinzip am Ende?, in: BB, 55. Jg. (2000), Heft 8, S. I.

Moxter, Adolf: Missverständnisse um das Maßgeblichkeitsprinzip, in: DStZ, 88. Jg. (2000), S. 157-161.

Moxter, Adolf: Pauschalrückstellungen in der Steuerbilanz unzulässig?, in: DB, 51. Jg. (1998), S. 269-272.

Moxter, Adolf: Periodengerechte Gewinnermittlung und Bilanz im Rechtssinne, in: FS Döllerer, S. 447-458.

Moxter, Adolf: Publizität und Rechnungswesen, in: Handwörterbuch des Rechnungswesens, hrsg. von Erich Kosiol, Stuttgart 1970, Sp. 1478-1484.

Moxter, Adolf: Publizität, in: Handwörterbuch der Betriebswirtschaft, hrsg. von Erwin Grochla und Waldemar Wittmann, Bd. 2, Stuttgart 1975, Sp. 3282-3288.

Moxter, Adolf: Rechnungslegungsmythen, in: BB, 55. Jg. (2000), S. 2143-2149.

Moxter, Adolf: Rückstellungen nach IAS: Abweichungen vom geltenden deutschen Bilanzrecht, in: BB, 54. Jg. (1998), S. 519-525.

Moxter, Adolf: Rückstellungskriterien im Streit, in: ZfbF, 47. Jg. (1995), S. 311-326.

Moxter, Adolf: Rückstellungskriterien nach neuem Bilanzrecht, in: BB, 34. Jg. (1979), S. 433-440.

Moxter, Adolf: Saldierungs- und Abzinsungsprobleme bei Drohverlustrückstellungen, in: BB, 48. Jg. (1993), S. 2481-2485.

Moxter, Adolf: Selbständige Bewertbarkeit als Aktivierungsvoraussetzung, in: BB, 42. Jg. (1987), S. 1846-1851.

Moxter, Adolf: Standort Deutschland: Zur Überlegenheit des deutschen Rechnungslegungsrechts, in: FS Heigl, S. 31-41.

Moxter, Adolf: Statische Bilanz, in: Handwörterbuch des Rechnungswesens, hrsg. von Klaus Chmielewicz und Marcell Schweitzer, 3. Aufl., Stuttgart 1993, Sp. 1852-1859.

Moxter, Adolf: Steuerliche Gewinn- und Vermögensermittlung, in: Handwörterbuch der Finanzwissenschaft, hrsg. von Fritz Neumark, Bd. 2, 3. Aufl., Tübingen 1980, S. 203-237.

Moxter, Adolf: Ulrich Leffson und die Bilanzrechtsprechung, in: WPg, 39. Jg. (1986), S. 173-177.

Moxter, Adolf: Verletzt das Auskunftsverweigerungsrecht des § 131 Abs. 3 Nr. 3 AktG die Eigentumsgarantie des Grundgesetzes?, in: FS Börner, S. 305-321.

Moxter, Adolf: Wege zur Vereinfachung des Steuerrechts, in: FS Offerhaus, S. 619-630.

Moxter, Adolf: Zum Passivierungszeitpunkt von Umweltschutzrückstellungen, in: FS Forster, S. 427-437.

Moxter, Adolf: Zum Sinn und Zweck des handelsrechtlichen Jahresabschlusses nach neuem Recht, in: FS Goerdeler, S. 361-374.

Moxter, Adolf: Zum Verhältnis von Handelsbilanz und Steuerbilanz, in: BB, 52. Jg. (1997), S. 195-199.

Moxter, Adolf: Zum Verhältnis von handelsrechtlichen Grundsätzen ordnungsmäßiger Bilanzierung und True-and-fair-view-Gebot bei Kapitalgesellschaften, in: FS Budde, S. 419-429.

Moxter, Adolf: Zur Abgrenzung von Verbindlichkeitsrückstellungen und (künftig grundsätzlich unzulässigen) Verlustrückstellungen, in: DB, 50. Jg. (1997), S. 1477-1480.

Moxter, Adolf: Zur Bestimmung der optimalen Nutzungsdauer von Anlagegegenständen, in: FS Hax, S. 75-105.

Moxter, Adolf: Zur bilanzrechtlichen Behandlung von Mietereinbauten nach der neueren höchstrichterlichen Rechtsprechung, in: BB, 53. Jg. (1998), S. 259-263.

Moxter, Adolf: Zur Interpretation des True-and-fair-view-Gebots der Jahresabschlußrichtlinie, in: FS Baetge, S. 98-116.

Moxter, Adolf: Zur Klärung der Teilwertkonzeption, in: FS Klein, S. 827-839.

Moxter, Adolf: Zur neueren Bilanzrechtsprechung des I. BFH-Senats, in: DStR, 35. Jg. (1997), S. 433-436.

Moxter, Adolf: Zur wirtschaftlichen Betrachtungsweise im Bilanzrecht, in: StuW, 66. (19.) Jg. (1989), S. 232-241.

Moxter, Adolf: Zwölf Thesen zum Stand der Bilanzrechtstheorie, Frankfurt am Main 1985, nicht veröffentlicht.

Müller, Welf: Der Jahresabschluß im Spannungsfeld zwischen öffentlichem Recht und Gesellschaftsrecht, in: FS Moxter, S. 75-99.

Müller-Dahl, Frank P.: Betriebswirtschaftliche Probleme der handels- und steuerrechtlichen Bilanzierungsfähigkeit, Berlin 1979.

Münzinger, Rudolf: Bilanzrechtsprechung der Zivil- und Strafgerichte, Wiesbaden 1987.

Mutze, Otto: Rechtliches oder wirtschaftliches Eigentum, in: NJW, 16. Jg. (1963), S. 513-517.

Naumann, Thomas K.: Bewertungseinheiten im Gewinnermittlungsrecht der Banken, Düsseldorf 1995.

Naumann, Thomas K.: Zur Abgrenzung von künftig ertragsteuerlich nicht mehr zu bildenden Drohverlustrückstellungen, insbesondere bei Kreditinstituten, in: BB, 53. Jg. (1998), S. 527-531.

Nelgen, Volker/Klug, Rainer: Investitionszulage und wirtschaftliches Eigentum, in: BB, 34. Jg. (1979), S. 1286-1292.

Neufang, Bernd: Mietereinbauten – ein neues Spannungsfeld in der Steuerberatung, in: Inf, 52. Jg. (1998), S. 65-70.

Neufang, Bernd/Abenheimer, Arno: Vertrauensschutz bei Rechtsprechungsänderungen am Beispiel der Mietereinbauten, in: Inf, 52. Jg. (1998), S. 513-515.

Niehues, Karl/Kränke, Sabine: Steuerliche Behandlung von Baumaßnahmen des Mieters, in: NWB, Fach 3, S. 9323-9330.

Niehus, Karl: Die bilanzielle Behandlung von Güterfernverkehrsgenehmigungen, in: BB, 42. Jg. (1987), S. 1429-1431.

Niehus, Rudolf J.: Neuregelung der Bilanzierung von Leasing in den USA, in: DB, 30. Jg. (1977), S. 1862-1865.

Nieland, Hubert: Kommentierung zu §§ 4, 5 EStG in: Littmann/Bitz/Hellwig.

Nieskens, Hans: Schwebende Geschäfte und das Postulat des wirtschaftlichen Eigentums, in: FR, 71. Jg. (1989), S. 537-542.

Nipperdey, Hans Carl: Allgemeiner Teil des bürgerlichen Rechts, 1. Halbband, 15. Aufl., Tübingen 1959.

Obermeier, Arnold/Weinberger, Armin: Die ertragsteuerliche Behandlung von Bauten auf fremdem Grund und Boden, insbesondere die Problematik des Ehegatteneigentums, in: DStR, 36. Jg. (1998), S. 913-920.

Oefele, Helmut Freiherr von: Kommentierung zu § 1 ErbbauVO, in: Münchner Kommentar, Bd. 4, 2. Aufl.

Oestreicher, Andreas/Spengel, Christoph: IAS, Maßgeblichkeitsprinzip und Besteuerung, in: DB, 52. Jg. (1999), S. 593-600.

Offerhaus, Klaus: Anmerkung zu den BFH-Urteilen I R 32/73 vom 26.2.1975 und I R 184/73 vom 26.2.1975, in: StBp, 15. Jg. (1975), S. 239-241.

Offerhaus, Klaus: Anmerkung zum BFH-Beschluß GrS 5/71 vom 26.11.1973, in: StBp, 14. Jg. (1974), S. 143-146.

Offerhaus, Klaus: Zur Bilanzierung von in Pension gegebenen Wirtschaftsgütern, in: BB, 38. Jg. (1983), S. 870-874.

Ohne Verfasser: Anmerkung zum Urteil des Bundesfinanzhofes vom 15.10.1996 VIII R 44/94, in: HFR, 37. Jg. (1997), S. 660-661.

Ordelheide, Dieter: Bilanzen in der Investitionsplanung und -kontrolle, in: FS Loitlsberger, S. 507-534.

Ordelheide, Dieter: Institutionelle Theorie und Unternehmung, in: HWB, Sp. 1838-1855.

Ordelheide, Dieter: Kapital und Gewinn. Kaufmännische Konvention als kapitaltheoretische Konzeption?, in: Zeitaspekte in betriebswirtschaftlicher Theorie und Praxis, hrsg. von Herbert Hax, Werner Kern und Hans-Horst Schröder, Stuttgart 1988, S. 21-41.

Ordelheide, Dieter: Kaufmännischer Periodengewinn als ökonomischer Gewinn − Zur Unsicherheitsrepräsentation bei der Konzeption von Erfolgsgrößen, in: FS Busse von Colbe, S. 275-302.

Ordelheide, Dieter: True and fair view. A European and a German perspective, in EAR, Vol. 1 (1993), S. 81-90.

Ordelheide, Dieter: True and fair view. A European and a German perspective II, in EAR, Vol. 5 (1996), S. 495-506.

Ordelheide, Dieter: Wertpotential und Objektivierung der IAS im Vergleich zu den Bilanzierungsvorschriften des dHGB und des öHGB, in: FS Seicht, S. 507-532.

Ordelheide, Dieter: Zu einer neoinstitutionalistischen Theorie der Rechnungslegung, in: Betriebswirtschaftslehre und Theorie der Verfügungsrechte, hrsg. von Dietrich Budäus, Elmar Gerum und Gebhard Zimmermann, Wiesbaden 1988, S. 269-295.

Ordelheide, Dieter/Hartle Joachim: Rechnungslegung und Gewinnermittlung von Kapitalgesellschaften nach dem Bilanzrichtlinien-Gesetz, in: GmbHR, 77. Jg. (1986), S. 9-19 und S. 38-42.

Paulick, Heinz: Immaterielle Wirtschaftsgüter und Posten der Rechnungsabgrenzung, in: FR, 23. (50.) Jg. (1968), S. 449-456 und S. 483-486.

Paus, Bernhard: Das Gebäude auf dem Grundstück des Ehegatten, in: BB, 50. Jg. (1995), S. 2399-2407.

Paus, Bernhard: Einkommensteuerliche Behandlung der unentgeltlichen Überlassung von Wirtschaftsgütern zwischen Ehegatten, in: FR, 38. (65.) Jg. (1983), S. 28-32.

Pawlowski, Hans-Martin: Abschied von der „wirtschaftlichen Betrachtungsweise" im Steuerrecht?, in: BB, 32. Jg. (1977), S. 253-259.

Petzoldt, Rolf: Vorbemerkungen vor § 1030 BGB, in: Münchner Kommentar, Bd. 4, 2. Aufl.

Pfeiffer, Thomas: Begriffsbestimmung und Bilanzfähigkeit des immateriellen Wirtschaftsguts, in: StuW, 61. (14.) Jg. (1984), S. 326-339.

Piltz, Jürgen: Aktivierung von Wirtschaftsgütern ohne rechtliches oder wirtschaftliches Eigentum?, in: DB, 28. Jg. (1975), S. 2054-2055.

Piltz, Jürgen: Ertragsteuerrechtliche Behandlung von Mietereinbauten und Mieterumbauten, in: Schriftenreihe des Instituts „Finanzen und Steuern", Brief 159, Bonn 1976.

Plathe, Peter: Zur rechtlichen Beurteilung des Leasing-Geschäfts, in: BB, 25. Jg. (1970), S. 601-605.

Plückebaum, Rudolf: Kommentierung zu § 4 EStG, in: Kirchhof/Söhn.

Plückebaum, Rudolf: Nutzungsmöglichkeiten, die wie körperliche Wirtschaftsgüter zu bilanzieren sind, in: DB, 32. Jg. (1979), S. 2006-2007.

Prahl, Reinhard/Naumann, Thomas K.: Überlegungen für eine sachgerechte Bilanzierung der Wertpapierleihe, in: WM, 46. Jg. (1992), S. 1173-1181.

Putzo, Hans: Kommentierung zu §§ 547 ff. BGB, in: Palandt.

Pyszka, Tillmann/Kamphaus, Christine: DStR-Fachliteratur-Auswertung: Bilanzen und Gewinnermittlung, in: DStR, 36. Jg. (1998), S. 108-113.

Quack, Friedrich: Kommentierung zu § 951 BGB, in: Münchner Kommentar, Bd. 4, 2. Aufl.

Rabe, Otmar: Die bilanzsteuerrechtliche Behandlung des eisern verpachteten Grundstücksinventars, in: BB, 42. Jg. (1987), S. 439-444.

Raisch, Peter: Zur Abgrenzung von Gewohnheitsrecht und Richterrecht im Zivil- und Handelsrecht, in: ZHR 150 (1986), S. 117-140.

Reiche, Astrid: Leasing, zivilrechtliche Beurteilung und steuerrechtliche Zurechnung, Diss. Marburg 1972.

Reimer, Jürgen: Die aufgedrängte Bereicherung: Paradigma der „negatorischen" Abschöpfung in Umkehrung zum Schadensersatz, Berlin 1990.

Reinhard, Herbert: Kommentierung zu § 247 HGB, in: Küting/Weber.

Reiß, Wolfram: Bilanzierungsfragen bei Bauwerken auf fremdem Grund und Boden, in: DStZ/A, 68. Jg. (1980), S. 125-130.

Reiß, Wolfram: Zur bilanziellen und umsatzsteuerlichen Behandlung von Mieterein- und -umbauten, in: DStZ/A, 69. Jg. (1981), S. 323-326.

Reithmeier, Hans: Die Bilanzierung von Leasing-Verträgen über bewegliche Gegenstände nach Aktienrecht, Frankfurt am Main u.a. 1979.

Richter, Heinz: Aktuelles zur Einkommensteuer, in: KÖSDI (1980), S. 3662-3670.

Richter, Martin: Das Sachanlagevermögen, in: HdJ, Abt. II/1.

Richter, Rudolf/Furubotn, Eirik: Neue Institutionenökonomik. Eine Einführung und kritische Würdigung, Tübingen 1996.

Rittner, Fritz: Die sogenannte wirtschaftliche Betrachtungsweise in der Rechtsprechung des Bundesgerichtshofs, Karlsruhe 1975.

Rohling, Rainer H.: Vorteile und immaterielle Werte als Wirtschaftsgüter, in: DB, 38. Jg. (1985), S. 1609-1613.

Röhricht, Volker: Das Wettbewerbsverbot des Gesellschafters und des Geschäftsführers, in: WPg, 45. Jg. (1992), S. 766-786.

Roland, Helmut: Der Begriff des Vermögensgegenstandes im Sinne der handels- und aktienrechtlichen Rechnungslegungsvorschriften, Göttingen 1980.

Rometsch, Wilfried: Steuerliche Behandlung von Einzelhandelsgebäuden und Mietereinbauten, in: FS Flick, S. 555-564.

Rose, Manfred: Konsumorientierung des Steuersystems – theoretische Konzepte im Lichte empirischer Erfahrungen, in: Steuersysteme der Zukunft, Jahrestagung des Vereins für Socialpolitik, Gesellschaft für Wirtschafts- und Sozialwissenschaften, in Kassel 1996, hrsg. von Gerold Krause-Junk, Berlin 1998, S. 247-278.

Rössler, Rudolf/Troll, Max: Kommentierung zu § 68 BewG, in: Bewertungsgesetz und Vermögensteuer, Kommentar, hrsg. von Max Troll u.a., 15. Aufl., München 1989.

Rückle, Dieter: Finanzlage, in: HuRB, S. 168-184.

Rudolph, Karl: Bilanzsteuerliche Behandlung von Gebäuden, Gebäudeteilen, Einrichtungen und Mietereinbauten, Herne und Berlin 1985.

Rudolph, Karl: Die Absetzungen für Abnutzung von Betriebs- und Privatgebäuden, in: BB, 29. Jg. (1974), S. 538-540.

Rudolph, Karl: Gebäude, Einrichtungen, Ein- und Umbauten als selbständige Wirtschaftsgüter, in: BB, 30. Jg. (1975), S. 1626-1631.

Rudolph, Karl: Gesonderte AfA für Gebäude und Einrichtungen als Grundsatz ordnungsmäßiger Buchführung, in: DB, 27. Jg. (1974), S. 1495-1499.

Runge, Berndt: Finanzierungs-Leasing in der Behandlung der Finanzverwaltung, in: DB, 24. Jg. (1971), S. 973-976.

Runge, Berndt: Leasing – Betriebswirtschaftliche, handels- und steuerrechtliche Grundlagen, hrsg. von Berndt Runge, Horst Bremser und Günter Zöller, Heidelberg 1978.

Ruppel, Alfred: Der Grundstücks-(Gebäude-)teil mit Eigenfunktion – Ersatzfigur des wirtschaftlichen Eigentums?, in: DStR, 17. Jg. (1979), S. 69-72.

Säcker, Franz Jürgen: Einleitung, in: Münchner Kommentar, Bd. 1, 3. Aufl.

Säcker, Franz Jürgen: Kommentierung zu § 903 BGB, in: Münchner Kommentar, Bd. 6, 3. Aufl.

Saelzle, Rainer: Steuerbilanzziele und Maßgeblichkeitsprinzip. Ein Beitrag zur Auslegung von § 5 I EStG, in: AG, 22. Jg. (1977), S. 181-189.

Sauer, [Otto]: Zur Frage der Aktivierungspflicht von Aus- und Umbaukosten des Mieters (Pächters) eines Gebäudes, in: StBp, 14. Jg. (1974), S. 98-101.

Sauren, Marcel M.: Die neue Rechtslage bei Mietereinbauten, in: DStR, 36. Jg. (1998), S. 706-709.

Schellenberger, Heinz: Streitfragen bei Abschreibungen und Absetzungen, in: FR, 35. (62.) Jg. (1980), S. 29-34.

Schencking, Margret: Kommentierung zu § 5 EStG, in: Herrmann/Heuer/Raupach.

Scheuffele, Peter: Zur Anwendung der erhöhten Absetzungen bei Wohngebäuden, in: BB, 25. Jg. (1970), S. 1429-1434.

Schiffbauer, Siegfried: Das wirtschaftliche Eigentum im Steuerrecht, in: StuW, 33. Jg. (1956), Sp. 457-484.

Schiffbauer, Siegfried: Zurechnung von Gebäuden auf fremdem Grund und Boden, in: DB, 8. Jg. (1955), S. 736-737.

Schildbach, Thomas: Der handelsrechtliche Jahresabschluß, 4. Aufl., Herne und Berlin 1995.

Schildbach, Thomas: Die neue Generalklausel für den Jahresabschluß von Kapitalgesellschaften – zur Interpretation des Paragraphen 264 Abs. 2 HGB, in: BFuP, 39. Jg. (1987), S. 1-15.

Schildbach, Thomas: Harmonisierung der Rechnungslegung – ein Phantom, in: BFuP, 50. Jg. (1998), S. 1-22.

Schilling, Claudia: Bauten auf fremden Grundstücken im Einkommensteuerrecht, Köln u.a. 1997.

Schloßmann, Siegmund: Über den Begriff des Eigentums, in: IherJb 45 (1903), S. 289-390.

Schmalenbach, Eugen: Die Abschreibung, in: ZfhF, 3. Jg. (1908/1909), S. 81-88.

Schmalenbach, Eugen: Dynamische Bilanz, 5. Aufl., Köln und Opladen 1931.

Schmidt, Karsten: Handelsrecht, 5. Aufl., München 1999.

Schmidt, Ludwig: Anmerkung zum Urteil des Bundesfinanzhofes vom 26.2.1975 I R 32/73, in: FR, 30. (57.) Jg. (1975), S. 251-252.

Schmidt, Reinhard H./Terberger, Eva: Grundzüge der Finanzierungstheorie, 3. Aufl., Wiesbaden 1996.

Schmieszek, Hans Peter: Kommentierung zu § 39 AO, in: Beermann.

Schneider, Dieter: Bilanzrechtsprechung und wirtschaftliche Betrachtungsweise, in: BB, 35. Jg. (1980), S. 1225-1232.

Schneider, Dieter: Rechtsfindung durch Deduktion von Grundsätzen ordnungsmäßiger Buchführung aus gesetzlichen Jahresabschlußzwecken?, in: StuW, 60. (13.) Jg. (1983), S. 121-160.

Scholtz, Rolf-Detlev: „Objektivierung der Gewinnermittlung", in: DStZ, 87. Jg. (1999), S. 698-700.

Schön, Wolfgang: Steuerliche Einkünfteermittlung, Maßgeblichkeitsprinzip und Europäisches Bilanzrecht, in: FS Flick, S. 573-586.

Schönwald, Stefan: Die steuerliche Behandlung von Mietereinbauten und Mieterumbauten, in: BuW, 50. Jg. (1996), S. 458-460.

Schoor, Hans Walter: Aktivierung von Nutzungsrechten bei Ehegatten-Grundstücken, in: StBp, 39. Jg. (1999), S. 132-134.

Schoor, Hans Walter: Neue Tendenzen bei Mietverträgen zwischen nahen Angehörigen, in: Inf, 54. Jg. (2000), S. 236-242.

Schreiber, Jochem: Kommentierung zu § 5 EStG, in: Blümich.

Schreiber, Ulrich: Hat das Maßgeblichkeitsprinzip noch eine Zukunft?, in: FS Beisse, S. 491-509.

Schreiber, Ulrich: Rechnungslegung im Einzelabschluß nach internationalen Grundsätzen?, in: FS Fischer, S. 879-912.

Schreiber, Ulrich/Storck, Alfred: Mietereinbauten und Mieterumbauten in Ertragsteuerbilanz und Vermögensaufstellung, in: BB, 32. Jg. (1977), S. 1391-1395.

Schülen, Werner: Allgemeine Schutzklauseln, in: Beck'sches Handbuch der Rechnungslegung, Abschnitt B 437.

Schulze-Osterloh, Joachim: Aufstellung und Feststellung des handelsrechtlichen Jahresabschlusses der Kommanditgesellschaft, in: BB, 50. Jg. (1995), S. 2519-2525.

Schulze-Osterloh, Joachim: Die anderen Zuzahlungen nach § 272 Abs. 2 Nr. 4 HGB, in: FS Claussen, S. 769-784.

Schulze-Osterloh, Joachim: Die Rechnungslegung der Innengesellschaft – insbesondere der stillen Gesellschaft –, in: WPg, 27. Jg. (1974), S. 393-401.

Schulze-Osterloh, Joachim: Handelsbilanz und steuerrechtliche Gewinnermittlung, in: StuW, 68. (21.) Jg. (1991), S. 284-296.

Schulze-Osterloh, Joachim: Herstellungskosten in der Handels- und Steuerbilanz, in: StuW, 66. (19.) Jg. (1989), S. 242-249.

Schulze-Osterloh, Joachim: Kommentierung zu § 42 GmbHG, in: Baumbach/Hueck.

Schulze-Osterloh, Joachim: Kurzkommentar zum BGH-Urteil vom 6.11.1995 II ZR 164/94, in: EWiR, 12. Jg. (1996), S. 177-178.

Schultzke, Jürgen: Grundlagen, Factoring-Verhältnisse, in: Küting/Weber.

Schwab, Karl Heinz/Prütting, Hanns: Sachenrecht, 25. Aufl., München 1994.

Seeliger, Gerhard: Das wirtschaftliche Eigentum im Steuerrecht als Reflex eines Ausschließungsrechts, in: StuW, 40. Jg. (1963), Sp. 17-24.

Seeliger, Gerhard: Der Begriff des wirtschaftlichen Eigentums im Steuerrecht, Stuttgart 1962.

Seeliger, Gerhard: Wirtschaftliches Eigentum und steuerliche Zurechnung, in: DStR, 1. Jg. (1962/63), S. 645-648.

Seeliger, Gerhard: Zur Zurechnung von Gegenständen eines Leasing-Vertrages – Zugleich Besprechung des BFH-Urteils IV R 144/66 vom 26.1.70, in: FR, 25. (52.) Jg. (1970), S. 254-260.

Seiler, Hans Hermann: Vorbemerkung und Kommentierung zu § 903 BGB, in: Staudingers Kommentar zum Bürgerlichen Gesetzbuch.

Serick, Rolf: Eigentumsvorbehalt und Sicherungsübereignung, Bd. II, Heidelberg 1965.

Siegel, Theodor: Allgemeine Bewertungsgrundsätze, in: Beck'sches Handbuch der Rechnungslegung, Abschnitt B 161.

Siegel, Theodor: Das Realisationsprinzip als allgemeines Periodisierungsprinzip?, in: BFuP, 46. Jg. (1994), S. 1-24.

Siegel, Theodor: Mangelnde Ernsthaftigkeit des Gläubigerschutzes als offene Flanke der deutschen Rechnungslegungsvorschriften, in: FS Baetge, S. 117-149.

Siegel, Theodor: Metamorphosen des Realisationsprinzips?, in: FS Forster, S. 585-605.

Siegel, Theodor: Rückstellungen, Teilwertabschreibungen und Maßgeblichkeitsprinzip, in: StuB, 1. Jg. (1999), S. 195-201.

Sigloch, Heinrich: Strukturfehler der Steuergesetze, in: JbFfSt 1977/78, S. 45-81.

Sikorski, Ralf/Wüstenhöfer, Ulrich: Abgabenordnung, 4. Aufl., München 1996.

Simon, Hermann Veit: Die Bilanzen der Aktiengesellschaften und der Kommanditgesellschaften auf Aktien, 3. Aufl., Berlin 1899.

Söffing, Günter: Die Folgen der neuen Gebäuderechtsprechung des BFH, in: FR, 34. (61.) Jg. (1979), S. 25-35.

Söffing, Günter: Für und Wider den Maßgeblichkeitsgrundsatz, in: FS Budde, S. 635-673.

Söffing, Günter: Sinn und Widersinn der wirtschaftlichen Betrachtungsweise, in: StVj, 4. Jg. (1992), S. 51-62.

Söffing, Günter: Zum Begriff Wirtschaftsgut, in: JbFfSt 1978/79, S. 199-227.

Sprenger, Andrea: Möglichkeiten zur Vermeidung von Betriebsvermögen und zur Schaffung von Erhaltungsaufwand durch den Mietereinbautenerlaß, in: Inf, 51. Jg. (1997), S. 523-527.

Stadie, Holger: Die persönliche Zurechnung von Einkünften, Berlin 1983.

Stahlschmidt, Michael: Die Maßgeblichkeit – Glücksfall oder Störfaktor, in: DStZ, 88. Jg. (2000), S. 415-417.

Stapperfend, Thomas: Die Bilanzierung entgeltlicher Nutzungsrechte bei Einmalzahlung, in: FR, 75. Jg. (1993), S. 525-532.

Steinberg, Wilhelm: Zur Problematik der sogenannten wirtschaftlichen Betrachtungsweise im Steuerrecht, in: StBp, 1. Jg. (1961), S. 181-190.

Stendel, Eberhard: Grundlagen steuerrechtlicher Betrachtungsweise, in: JbFfSt 1975/76, S. 52-77.

Stengel, Gerhard: Die persönliche Zurechnung von Wirtschaftsgütern im Einkommensteuerrecht, Berlin 1990.

Stephan, Rudolf: Bauten auf fremdem Grund und Boden, in: DB, 40. Jg. (1987), S. 297-304.

Stewing, Clemens: Bilanzierung bei langfristiger Auftragsfertigung, in: BB, 45. Jg. (1990), S. 100-106.

Stobbe, Thomas: Ist der Maßgeblichkeitsgrundsatz bei der Zurechnung des wirtschaftlichen Eigentums anwendbar?, in: BB, 45. Jg. (1990), S. 518-525.

Stoll, Gerold: Leasing, steuerrechtliche Beurteilungsgrundsätze, 2. Aufl., Köln 1977.

Strahl, Martin: Bauten auf fremden Grundstücken, in: KÖSDI (2000), S. 12300-12310.

Streim, Hannes: Kommentierung zu § 240 HGB, in: Bonner Handbuch Rechnungslegung, Fach 4.

Strutz, Georg: Kommentierung zu § 13 EStG, in: Kommentar zum Einkommensteuergesetz vom 10.8.1925 nebst den Ausführungsbestimmungen, erster Band, Berlin 1927.

Stüdemann, Klaus: Grundlagen zur Unterscheidung von materiellen und immateriellen Gütern und zu ihrer Aktivierung, in: DB, 38. Jg. (1985), S. 345-352.

Stuhrmann, Gerd: Einkommensteuerrechtliche Behandlung des Nießbrauchs und der obligatorischen Nutzungsrechte bei den Einkünften aus Vermietung und Verpachtung, in: DStR, 36. Jg. (1998), S. 1405-1411.

Stuhrmann, Gerd: Kommentierung zu § 7 EStG, in: Hartmann/Böttcher/ Nissen/Bordewin.

Suhr, Gerhard: Die umsatzsteuerliche, bilanzmäßige und bewertungsrechtliche Behandlung von Umbauaufwendungen des Mieters bei diesem, in: StBp, 12. Jg. (1972), S. 49-55.

Suhr, Gerhard: Uneinheitliche Rechtsprechung zur steuerrechtlichen Behandlung von Mietereinbauten und Mieterumbauten als materielle und immaterielle Wirtschaftsgüter des Mieters, in: StBp, 16. Jg. (1976), S. 101-107.

Theis, Winfried: Sicherungsübereignung, in: Handwörterbuch des Steuerrechts, hrsg. von Georg Strickrodt u.a., Band II, 2. Aufl., München und Bonn 1981, S. 1203-1204.

Thiel, Jochen: Die Bilanzierung von Nutzungsrechten, in: DStJG 1991, S. 161-198.

Thies, Andrea: Rückstellungen als Problem der wirtschaftlichen Betrachtungsweise, Frankfurt am Main u.a. 1996.

Thomas, Heinz: Kommentierung zu § 812 BGB, in: Palandt.

Tiedchen, Susanne: Der Vermögensgegenstand im Handelsbilanzrecht, Köln 1991.

Tiedchen, Susanne: Rechnungsabgrenzung und „bestimmte Zeit", in: BB, 52. Jg. (1997), S. 2471-2475.

Tipke, Klaus: Zur Reform der Reichsabgabenordnung. Stellungnahme zum Reformentwurf, 1. Teil (II), in: FR, 25. (52.) Jg. (1970), S. 261-263.

Tipke, Klaus/Kruse, Heinrich Wilhelm: Kommentierung zu § 39 AO, in: Tipke/Kruse.

Tipke, Klaus/Lang, Joachim: Steuerrecht, 16. Aufl., Köln 1998.

Tischer, Frank: Der Übergang des wirtschaftlichen Eigentums bei schwebender Verschmelzung, in: WPg, 49. Jg. (1996), S. 745-751.

Treuberg, Hubert Graf von/Scharpf, Paul: Pensionsgeschäfte und deren Behandlung im Jahresabschluß von Kapitalgesellschaften nach § 340b HGB, in: DB, 44. Jg. (1991), S. 1233-1238.

Trützschler, Klaus: Kommentierung zu § 250 HGB, in: Küting/Weber.

Uelner, Adalbert: Aktuelle Fragen des Ertragsteuerrechts, in: StBJb 1975/76, S. 305-344.

Uelner, Adalbert: Besteuerung immaterieller Wirtschaftsgüter, in: StKgR 1975, S. 95-116.

Ulmer, Peter: Kommentierung zu § 5 GmbH-Gesetz, in: Hachenburg.

Urbas, Helmut: Die wirtschaftliche Betrachtungsweise im Steuerrecht, Frankfurt am Main u.a. 1987.

Van der Velde, Kurt: Zur Behandlung immaterieller Wirtschaftsgüter und Rechnungsabgrenzungsposten in der Handels- und Steuerbilanz, in: FR, 24. (51.) Jg. (1969), S. 441-449.

Voelskow, Rudi: Kommentierung zu §§ 535 ff. BGB, in: Münchner Kommentar, Bd. 3, 3. Aufl.

Wacker, Roland: Kommentierung zu § 4 EStG, in: Blümich.

Wagner, Franz W.: Aufgabe der Maßgeblichkeit bei einer Internationalisierung der Rechnungslegung?, in: DB, 51. Jg. (1998), S. 2073-2077.

Wagner, Franz W.: Die umgekehrte Maßgeblichkeit der Handelsbilanz für die Steuerbilanz, in: StuW, 67. (20.) Jg. (1990), S. 3-14.

Wagner, Steffen: Grundsätze ordnungsmäßiger Bilanzierung in Frankreich, Düsseldorf 2000.

Wallis, Hugo von: Anmerkung zum BFH-Beschluß GrS 5/71 vom 26.11.1973, in: DStZ/A, 62. Jg. (1974), S. 151.

Wallis, Hugo von: Die wirtschaftliche Betrachtungsweise im Steuerrecht, in: FS Bühler, S. 249-277.

Walter, Norbert: Zur Ansatzfähigkeit immaterieller Anlagewerte in der Handels- und Steuerbilanz, Berlin 1982.

Walz, Rainer: Wirtschaftsgüter und wirtschaftliches Eigentum, in: FS Fischer, S. 463-483.

Waschbusch, Gerd: Die Rechnungslegung der Kreditinstitute bei Pensionsgeschäften, in: BB, 48. Jg. (1993), S. 172-179.

Wassermeyer, Franz: Drittaufwand aus der Sicht des Großen Senats des BFH − Anmerkung zu den Beschlüssen vom 23.8.1999 GrS 1/97, GrS 2/97, GrS 3/97, GrS 5/97 −, in: DB, 52. Jg. (1999), S. 2486-2489.

Weber, Heinz: Der Begriff des wirtschaftlichen Eigentums im Steuerrecht, Diss. Münster 1955.

Weber-Grellet, Heinrich: Adolf Moxter und die Bilanzrechtsprechung, in: BB, 49. Jg. (1994), S. 30-33.

Weber-Grellet, Heinrich: Aktuelle bilanzsteuerliche Probleme nach dem Steuerentlastungsgesetz, in: BB, 55. Jg. (2000), S. 1024-1029.

Weber-Grellet, Heinrich: Anmerkung zum BFH-Urteil vom 11.6.1997 XI R 77/96, in: DStR, 35. Jg. (1997), S. 1567.

Weber-Grellet, Heinrich: Anmerkung zum BFH-Urteil vom 28.7.1999 X R 38/98, in: DStR, 37. Jg. (1999), S. 1806-1807.

Weber-Grellet, Heinrich: Bestand und Reform des Bilanzsteuerrechts, in: DStR, 36. Jg. (1998), S. 1343-1349.

Weber-Grellet, Heinrich: Bilanzrecht im Lichte, Bilanzsteuerrecht im Schatten des EuGH, in: DB, 49. Jg. (1996), S. 2089-2092.

Weber-Grellet, Heinrich: Der Maßgeblichkeitsgrundsatz im Lichte aktueller Entwicklungen, in: BB, 54. Jg. (1999), S. 2659-2666.

Weber-Grellet, Heinrich: Der Typus des Typus, in: FS Beisse, S. 551-569.

Weber-Grellet, Heinrich: Drittaufwand – Konsequenzen aus dem Beschluß des Großen Senats vom 30.1.1995 GrS 4/92, in: DB, 48. Jg. (1995), S. 2550-2560.

Weber-Grellet, Heinrich: Drittaufwand: Gelöste Fragen, offene Probleme, Handlungsgrundlagen, in: StBJb 1995/96, S. 105-167.

Weber-Grellet, Heinrich: Fairneß, Aufklärung und Transparenz. Wege zu einer leistungsgerechten Besteuerung, in: StuW, 76. (29.) Jg. (1999), S. 311-320.

Weber-Grellet, Heinrich: Kommentierung zu § 5 EStG, in: Schmidt.

Weber-Grellet, Heinrich: Maßgeblichkeitsgrundsatz in Gefahr?, in: DB, 50. Jg. (1997), S. 385-391.

Weber-Grellet, Heinrich: Maßgeblichkeitsschutz und eigenständige Zielsetzung der Steuerbilanz, in: DB, 47. Jg. (1994), S. 288-291.

Weber-Grellet, Heinrich: Realisationsprinzip und Rückstellungen unter Berücksichtigung der neueren Rechtsprechung, in: DStR, 34. Jg. (1996), S. 896-908.

Weber-Grellet, Heinrich: Steuerbilanzrecht, München 1996.

Weber-Grellet, Heinrich: Tendenzen der BFH-Rechtsprechung, in: StuW, 70. (23.) Jg. (1993), S. 195-212.

Weinstock, Marc: Die Bilanzierung von Leasingverträgen nach IASC, Frankfurt am Main 2000.

Wendt, K.F.: Ertragsteuerliche Behandlung von Mietereinbauten, in: Inf, 29. Jg. (1975), S. 529-533.

Werndl, Josef: Kommentierung zu § 7 EStG, in: Kirchhof/Söhn.

Werndl, Josef: Wirtschaftliches Eigentum, Köln 1983.

Westermann, Harm Peter: Kommentierung zu § 446 BGB, in: Münchner Kommentar, Bd. 3, 3. Aufl.

Weyand, Klaus/Reiter, Jürgen: Ertragsteuerliche Folgen von Baumaßnahmen eines Mieters, in: Inf, 53. Jg. (1995), S. 646-649.

Wichmann, Gerd: Anschaffung und Herstellung als Vorgänge im Wirtschaftsleben – und deren steuerrechtliche Beurteilung, in: DStR, 22. Jg. (1984), S. 547-556.

Wichmann, Gerd: Das Gebäude – als Wirtschaftsgut ein Phänomen?, in: DB, 36. Jg. (1983), S. 1329-1331.

Wichmann, Gerd: Der Vermögensgegenstand als Bilanzierungsobjekt nach dem HGB, in: DB, 41. Jg. (1988), S. 192-194.

Wiedmann, Harald: Kommentierung zu § 246 HGB, in: Bilanzrecht: Kommentar zu den §§ 238-342a HGB, München 1999.

Winnefeld, Robert: Bilanz-Handbuch, 2. Aufl., München 2000.

Winter, Heinz: Kommentierung zu § 5 GmbH-Gesetz, in: Scholz.

Woerner, Lothar: Adolf Moxter und die Bilanzrechtsprechung, in: BB, 54. Jg. (1999), S. 2199.

Woerner, Lothar: Der schwebende Vertrag im Gefüge der Grundsätze ordnungsmäßiger Bilanzierung – Vollständigkeitsgebot, Vorsichtsprinzip, Realisationsprinzip, in: Handelsbilanz und Steuerbilanz, Beiträge zum neuen Bilanzrecht, Band II, hrsg. von Winfried Mellwig u.a., Wiesbaden 1989, S. 33-55.

Woerner, Lothar: Die Gewinnrealisierung bei schwebenden Geschäften, in: BB, 43. Jg. (1988), S. 769-777.

Woerner, Lothar: Grundsatzfragen zur Bilanzierung schwebender Geschäfte, in: FR, 39. (66.) Jg. (1984), S. 489-496.

Woerner, Lothar: Korreferat zum Referat Dr. Söffing, in: JbFfSt 1978/79, S. 228-241.

Woerner, Lothar: Spielraum der Rechtsanwendung im steuerlichen Eingriffsrecht, in: GS Knobbe-Keuk, S. 967-986.

Wolff-Diepenbrock, Johannes: Die Entscheidungen des Großen Senats des BFH zum Drittaufwand bei Eheleuten, in: DStR, 37. Jg. (1999), S. 1642-1645.

Wolffgang, Hans-Michael: Kommentierung zu § 5 EStG, in: Kirchhof/ Söhn.

Wüstemann, Jens: Funktionale Interpretation des Imparitätsprinzips, in: ZfbF, 47. Jg. (1995), S. 1029-1043.

Wüstemann, Jens: Generally Accepted Accounting Principles. Zur Bedeutung und Systembildung der Rechnungslegungsregeln der USA, Berlin 1999.

Wüstemann, Jens: Internationale Rechnungslegungsnormen und Neue Institutionenökonomik, Frankfurt am Main 1999 (Working Paper Series: Finance & Accounting; No. 37; Johann Wolfgang Goethe-Universität Frankfurt am Main 1999).

Wüstemann, Jens: Ökonomische Theorie gesetzlicher Informationsprinzipien. Institutionenökonomische Grundprobleme und Interpretation gesetzlicher Informationsnormen, unter besonderer Berücksichtigung der US-amerikanischen Kapitalmarktregulierung, unveröffentlichte Habilitationsschrift, Frankfurt am Main 2000.

Wüstemann, Jens: US-GAAP: Modell für das deutsche Bilanzrecht?, in: WPg, 49. Jg. (1996), S. 421-431.

Ziegler, Franz: Die steuerliche Behandlung von Mietkauf- und Leasing-Verträgen, in: StBp, 11. Jg. (1971), S. 279-285.

Zippelius, Reinhold: Juristische Methodenlehre, 7. Aufl., München 1999.

Zitzmann, Gerhard: Begriff der Anschaffungs- oder Herstellungskosten eines Wohngebäudes, in: BB, 29. Jg. (1974), S. 1201-1202.

Zitzmann, Gerhard: Einheitliche AfA bei Gebäuden und Gebäudeteilen des Betriebs- und des Privatvermögens, in: BB, 29. Jg. (1974), S. 778-781.

Zitzmann, Gerhard: Zulässigkeit gesonderter Absetzungen für Abnutzung für Gebäudeteile, in: BB, 29. Jg. (1974), S. 965-966.

Zöller, Artur: Wirtschaftliches Eigentum im Steuerrecht (§ 11 Ziff. 4 StAnpG), in: WPg, 11. Jg. (1958), S. 576-580.

Sachregister